數位寬頻傳播產業研究

The Studies of Digital Broadband Communication Industry

蔡念中 / 著

成　序

　　進入二十一世紀，人們開始慣於期待新傳播科技不斷延伸出來的娛樂、教育及資訊產品，有人擔憂過多的選擇會使消費主義變本加厲，導致更嚴重的貧富差距，有人卻相信生活會因此而多元化，形成新的生活社群會模糊傳統的族群界限，可能讓世界成爲名副其實的「地球村」。傳播科技被賦予強大的力量，刺激我們對未來的想像。

　　新媒體的運用和社會因素往往不如蘊涵的科技受人注目。因此，美、英學者利芙柔（L. Lievrouw）及李文斯頓（S. Livingstone）在二○○二年特別出版了長達五百六十四頁的《新媒體手冊》，聚焦於傳播資訊科技的社會背景和社會影響。可惜書中三十一篇論文中沒有任何台灣案例。對台灣的傳播學界及產業界而言，確實遺憾。

　　新媒體在不同國家，比如在法國和美國的發展軌跡，就因政治結構的不同而相異，放在台灣的社會脈絡裏，想必會有更不一樣的呈現。台灣的特殊歷史和社會背景又如何影響新傳播科技的發展與應用？新媒體又將對台灣的社會有怎樣的影響？這些或許都是許多學界與產業界人士很想瞭解的。

　　世新大學蔡念中教授在過去十年中從事新傳播媒體產業的教學、應用與研究，他所主導的「數位影音暨網路教學中心」整合了提供內容的教師，加上攝製、多媒體、廣播、網際網路等等不同媒體的技術專家，讓各地的學生可以使用網際網路分享圖像、文字、影音兼具的「台灣史」、「媒體識論」等大學課程。

　　除此之外，他也親身涉獵數位電視、電訊、網路音樂、網路動畫、網路廣告等領域。前述這些均是新近所稱「寬頻傳播產業」的領域，所涵蓋的數位經濟活動的內容，也可以說與現代社會人息息相關，相當值得學界關注並深入研究。

　　苦於國內新傳播媒體產業案例的缺乏，最近幾年他透過研究計畫，運

用量化、質化方法，蒐集數位寬頻傳播產業相關資料，有系統地進行分析研究，並陸續發表過不少論文報告。很高興看到蔡教授將這些文章改寫、增修並集結成書，便利關心台灣新傳播媒體產業的人閱讀參考。相信這本著作不僅能協助國內學、產、官瞭解台灣的特殊情況，還能拓展國際傳播學界的視野。

世新大學新聞傳播學院院長

成露茜 博士

二〇〇三年七月

自　序

　　原始人類的生活環境，就是屬於寬頻的環境。舉凡光線、色彩、聲音等都是屬於電磁波頻譜中的一部分，人類靠電磁波傳送符碼，使得物體、聲音、圖像與影像能夠被感知與解讀。因此，我們可以說人類早就生活在寬頻的環境中，寬頻是一種「載具」、「介質」，也是「通路」，藉著寬頻人類得以交流思想，傳遞訊息。

　　透過科技迅速演變，人類不僅利用了原有的大自然寬頻環境，還可以運用「創造」出來的數位寬頻的環境，達成傳達資訊、溝通想法、教育娛樂等功能。自從數位科技被人類運用以來，傳播科技可說是變化一日千里，發展極為迅速，同時也影響到傳播媒體產業的發展，特別是數位科技帶動了媒體大匯流與整合的趨勢，更是直接地將傳播媒體產業引進了一個新境界。

　　二十一世紀是個數位科技蓬勃發展的世紀，隨著寬頻環境的建置，知識、訊息、休閒、影音等內容，將可藉由寬頻網路傳輸到使用者手中，沒有國界、沒有藩籬。而在寬頻環境之下，最需要的就是內容，影音內容不僅需要多元、互動且大量的節目以滿足顧客的需求；再者，各式多樣的數位內容訊息，也需要共通的系統平台與介面規格，方得以呈現。因此，世界各先進國家莫不紛紛積極發展有關數位與內容結合的產業，期望能成為制定規格的領導者，以掌握商機與市場。

　　所謂「產業」，可以說是生產事業的簡稱，它涵蓋層面包括產品與生產相關行業、組織在市場的活動。若以數位影音的內容產業結構來看，影音產業的垂直分布為廣播及電視節目製作業、音樂製作業、遊戲製作業、漫畫業或電子出版品業等，更可延伸到網際網路的互動式影音節目。在水平產業分布而言，更可結合禮品、休閒娛樂、零售或量販通路、日常用品等周邊行業，跨業整合以創造新商機（見本書第八、九章）。

　　為了在未來的寬頻市場得以積極卡位，我國的寬頻產業包含有線、無

線、固網及網站業等經營，早已開始從事數位寬頻環境的投資與建置；而我國的軟體業如音樂創作、原型設計、軟件設計、動畫加工、動畫製作、數位後製等亦具有與國際接軌的能力，讓我國的數位寬頻環境日趨成熟，因此，於此成熟環境之下，我國的傳統影音媒體事業諸如電影、影音光碟、音樂、廣播、無線電視、有線電視、衛星電視等，正可以藉由寬頻市場的成形暨「數位創意」內容科技的發展，從事跨業整合、提升產業技術、改善經營體質、擴大產品利基，增加事業競爭力，在未來寬頻環境中開發商機。

為了瞭解我國寬頻相關產業營運狀況，筆者自數年前即著手進行數位寬頻產業之研究。正巧，筆者這幾年來的工作與研究，明顯地從傳統的廣播與電視移轉到數位影音領域上面，也因此較有機會接觸到數位寬頻產業的商品，包括數位電視、付費語音資訊、有線電視與電信固網、網路音樂、網路動畫、網路廣告以及網路教學等。這些寬頻商品都是目前國內正在發展中的，因此檢視他人的經驗，不管是國內、外業者的經驗，都可以做為有意從事者的借鏡。也正因為如此「單純」的想法，所以筆者將近三年來所從事的研究成果，加以增修改寫，並承蒙揚智文化事業股份有限公司的同意出版。

本書的產生，可以說源自於一九九六年亞太出版公司商請敝人校譯由Joseph Straubhaar和Robert LaRose所著的《傳播媒介與資訊社會》（*Communications Media in the Information Society*）一書。這本書的特點是從新傳播科技與媒介的觀點，透視資訊社會的發展。因此，舉凡數位科技的運用、網際網路的發展、多媒體互動內容、有線與電信戶跨經營等議題均有著墨。然而，諸多同事與朋友在閱讀後向敝人反應，該書內容豐富紮實，但是討論的案例都是外國的，頗有隔靴搔癢之憾。是故，筆者特別將本書的案例討論著重於國內寬頻傳播相關事業之探討，以有助於讀者對該項產業之瞭解。

特別感謝世新大學新聞傳播學院成露茜院長為本書作序。自從成院長接任傳播學院以來，對於傳播教育的改革頗有創意，包括學程制定、基礎課程變革、以及對教師研究之鼓勵等等作為，令人耳目一新。此外，一併

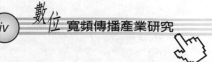

感謝曾跟筆者一起協同研究的好友們，包括劉幼琍、范建得、羅曉南、李筱峰、趙慶河、陳清河、戴國良、張宏源、陳明珠、周韻采、江耀國、江義平等多位教授，還有經常被我請益的師長們，如賴鼎銘、郭良文、謝章富、梁朝雲、李天鐸、齊隆壬教授等，此外研究助理們如張美娟、陳文浩、黃勻祺等費心蒐集、整理資料與校對、編輯亦功不可沒。因為要感謝的人實在太多，無法一一詳列，謹此致歉。再者，如果沒有這麼多朋友的腦力激盪與協助，本書無法完成。

最後，說明本書的架構。本書共分四部分，第一部分為「緒論」，共分三章，分別從第一章「傳播與科技的匯流」、第二章「數位寬頻技術的傳播產業發展趨勢」，以及第三章「傳播產業研究與數位經濟學」，闡述科技匯流趨勢、寬頻技術發展與數位寬頻影音產業研究的學理背景與依據。

第二部分為「電視產業相關研究」，即第四章「國內無線與有線電視數位化競爭策略之研究」，分析相關業者的競爭力與未來因應之道。

第三部分為「電信產業相關研究」，包括第五章「付費語音資訊業務現況與經營模式探討」，以及第六章「有線電視與電信固網跨業經營現況與產業生態之研究」。

第四部分為「網路產業相關研究」，包括第七章「寬頻網路廣告新趨勢：影音廣告之應用與其未來性之探討」，第八章「網路音樂產業之研究」，第九章「網路動畫產業之研究」，第十章「網路多媒體教學系統建構之研究——以世新大學規劃台灣史與媒體識讀課程為例」。此外，本書部分章節內容係源自教育部、台灣有線視訊寬頻網路發展協進會、與中華電信研究所等單位委託研究案，謹此向上述單位致謝。

末了，本書雖集結了筆者近年來的研究成果，各章亦經審慎撰稿、資料整理與編校流程，然而可能尚有許多疏漏不足之處，個人也必須對此負起全責，並祈讀者不吝給予指正。

蔡念中　謹誌

二〇〇三年七月於世新大學

nctsai@cc.shu.edu.tw

目　錄

第二部分　電視產業相關研究　139

第四章　國內無線與有線電視數位化競爭策略之研究　141

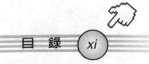

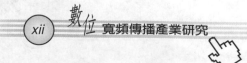

第九章　網路動畫產業之研究　533

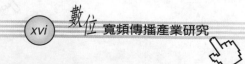

第一部分

緒　論

第一章
傳播與科技的匯流

引言　柏拉圖對文字抵死不從嗎？

　　自有人類以來，就開始有傳播行為。透過傳播，人類得以表情達意、傳遞訊息、累積智慧。而隨著智慧的累積，人類所發明出來的傳播方式與傳播工具也跟著越來越多。其中，最具革命性的發明，當屬於「文字創造」。

　　試想，原本簡單的喜怒哀樂情感，或是花鳥樹木的形象，要捨棄口語或繪圖的方式而改以文字來傳達，首先，人類必須要先背誦構成文字的基本元素——字元或字母。然後，再學習這些字元或字母組成的詞彙，之後，再將這些詞彙依據正確的文法，組成適當時態的語句。仔細觀察整個文字傳播的過程，如果沒有後天的教育與學習，人類是無法擁有文字傳送或接收訊息的能力。

　　文字的出現，同時也促成了書本的誕生。由於讀者的意見往往無法透過書本立即回饋給作者，因此，書本的流通便促成了「訊息產製者」與「閱聽人」的角色劃分。希臘時期的哲學家——柏拉圖，標榜著「真理越辯越明」的傳播典範，他認為，只有面對面的口語傳播才能達到最大的溝通效果，文字反而阻礙了人與人之間的互相瞭解。即使如此，柏拉圖仍然免不了要依靠文字的記錄，才能將他的思想、意念流傳到今日。只是，隨著人類追求最佳傳播方法的發展過程，今日傳播科技的進步，早已解決了柏拉圖的困擾。

　　以廣播、電視、電話為例，無論識字與否，任何閱聽人都能接收訊息的特色，迄今其他媒體仍難以取代。而為了縮短訊息回饋的時間，即時互動的傳播科技，諸如：現場節目call in、網路會議、互動電視、線上遊戲等傳播技術，更是極力將傳播模式回復到面對面口語傳播時的情境。回顧過去傳播與科技的互動關係，科技與人類文明，先是拉開了訊息產製者與閱聽人的距離，現在，又要將他們綁在一起。未來，透過各類數位寬頻網路的連結，訊息產製者與閱聽人的角色將更顯得重疊而難以劃分。

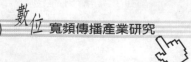

第一節　人類傳播史回顧

一、傳播的定義與模式

　　隨著傳播工具的進步與傳播行為的普及，人類的傳播活動已達到了「隨時」、「隨地」，甚至「傳真」的最高境界。而由於傳播技術的演變，傳播行為在人類生活中所扮演的角色，已越來越重要。

　　傳播（communication）在《牛津英文辭典》（*Oxford English Dictionary*）中，其定義為「藉說話、寫作或形象，進行對觀念、知識等的分享、傳遞或交換」。傳播一字，原來是出自拉丁字 "commnis"，意思是指建立共同性（蔡念中等，1998）。但是，在許多情境下，傳播不一定能達到建立共同性，因此，歸納若干文獻與學者的定義可知，傳播的意義應擴及於在一個情境架構中，由一個人或更多人發出訊息，透過聯絡彼此的通道媒介傳達，以建立起雙方的共識（鄭瑞城，1988）。

　　為了明確表達傳播的概念與過程，許多學者都嘗試建立起所謂的「傳播模式」。亞里斯多德於其《修辭學》（*Rhetoric*）一書中所提出的架構，可能是歷史上最早的一個傳播模式。他提出五項傳播要素，分別為：說話者、演講內容（或訊息）、閱聽人、場合及效果，作為此一傳播模式的主要架構，並且建議說話者應為了達成不同的效果，針對不同的場合與閱聽人，構思其演講的內容。西方學者拉斯威爾（Laswell, 1948）所提出的「5W」傳播模式：「誰（who）說了什麼（says what）以何種通道（in which channel）給了誰（to whom）有什麼效果（with what effect）」，更明確地說明傳播的流程。

　　而後的山農和偉佛（Shannon & Weavor, 1949）提出了一份完整的傳播系統簡圖（參見**圖1-1**），來說明傳播的過程。山農與偉佛所提出的傳播系統，可說是傳播界相當重要的貢獻，因為不僅刺激了許多學者提出相關理

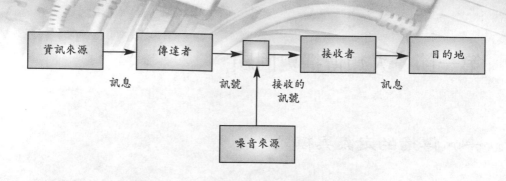

圖1-1　山農與偉佛的一般傳播系統簡圖

資料來源：Shannon & Weavor（1949）。

論與概念，而且也推動了許多傳播模式的誕生。

　　例如：奧斯古（Osgood, 1954）認為山農和偉佛所發表的傳播模式，是為了數學工程問題而發展出來的一種「機械傳播模式」，無法普遍應用於人類各式各樣的傳播行為。施蘭姆（Schramm, 1954）則不似山農或奧斯古那樣，將技術面與非技術面的傳播流程做截然的劃分，特別強調回饋和分享的資訊，會在傳者與受播者的經驗範疇間不斷地「循環」，若雙方擁有共同的經驗範圍，則達成良好傳播結果的機會也會較大。其他學者還有紐康姆（Newcomb, 1953），為了能表現人類之間的互動，而提出對稱模式。衛司特里和麥克里（Westley & Maclean, 1976）則是擷取紐康姆的模式，並將其擴大至包括大眾傳播。

　　關於傳播模式中的種種要素，百家爭鳴，各有各的說法，但若進一步整理各家說法可以得知，其實仍不超出傳播學者施蘭姆（Schramm, 1982）所定義的傳播過程八項要素內容：發訊者（source）、訊息（message）、製碼者（encoder）、管道（channel）、解碼者（decoder）、收訊者（receiver）、回饋（feedback），以及雜訊（noise）。綜而言之，傳播可以說是訊息傳遞的過程，而在此一過程中，傳的各項要素將彼此相互激盪運作，以產生訊息交換的效果。

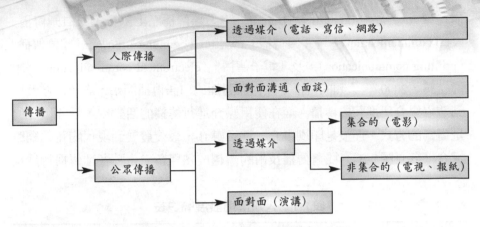

圖1-2　德意志曼對人類傳播形式的分類

資料來源：鄭瑞城（1988）；蔡念中等（1998）。

二、傳播的分類

　　傳播過程中的種種相關要素，在經過學者們的整理分析後，已能歸納出若干的要項，然而這些要素表現在具體的傳播行為上，仍然是相當多樣的。依傳播行為的特性，學者們也嘗試將傳播行為進行分類。例如：以傳播過程中參與人數的多寡來作為分類標準，可以將傳播區分為「個人的內在傳播」、「人與人之間的傳播」、「小群體傳播」、「大群體傳播」、「大眾傳播」等幾種。其他還有以方向性來區分，例如：「單向式傳播」與「雙向式傳播」；或是以發生的範圍來區分，例如：「組織傳播」、「國際傳播」等。

　　社會學家德意志曼（Deutschmann, 1967），則是依據傳播過程參與人數與傳播管道，做出以下的人類傳播分類方式（參見**圖1-2**）。

三、人類傳播的發展進程

　　觀察人類傳播的發展歷史（參見**表1-1**）可以發現，正如傳播學者馬歇

爾‧麥克魯漢（Marshall McLuhan）將人類傳播歷史劃分爲「口頭傳播」（oral communication）、「手寫傳播」（writing communication）、「印刷傳播」（printing communication），及「電子傳播」（electronical communication）（宋偉航譯，2000）。人類的傳播是先從面對面的口語傳播開始，之後，才發展到透過媒介所進行的傳播。而在使用媒介進行傳播的活動中，最先出現的是書寫的方式，而後是印刷媒介、電子媒介，最後發展到現代的寬頻網路媒介（參見**圖1-3**）。隨著傳播技術的漸趨成熟與多元化，各種傳播行爲也

表1-1　人類傳播發展簡史表

西元前	5,000	口頭傳播；洞穴圖形石雕
	4,000	馬雅人石刻象形文字
	2,500	埃及人發明由水草製紙
	1,800	腓尼基人發明字母
西元	105	漢朝蔡倫造紙
	618	唐朝「邸報」問世
	1045	宋朝畢昇發明膠泥活字版
	1453	德國人古騰堡發明金屬活字版
	1835	美國人摩斯發明電報
	1876	美國人貝爾發明電話
	1877	美國人愛迪生發明留聲機
	1888	德國人赫茲發現電磁波
	1895	義大利人馬可尼發明無線電
	1920	美國KDKA電台播出
	1927	美國AT&T展示電視
	1937	銅軸電纜第一次使用
	1942	美國第一座電動電腦
	1957	蘇俄發射第一顆人造衛星史潑尼克
	1976	英國第一座無線視訊（無線電讀）
	1978	光纖系統首次使用
	1984	日本發射直播衛星
	1997	美國立法通過數位電視發展時程

資料來源：鄭瑞城（1988）；蔡念中等（1998）。

| 面對面
口頭傳播 | → | 書寫媒介
傳播 | → | 有線電子
媒介傳播 | → | 無線電子
媒介傳播 | → | 寬頻網路
媒介傳播 |

圖1-3　人類傳播發展進程

資料來源：作者自行繪製。

越來越能照顧到對傳播過程中八大要素的控制與服務。

　　隨著傳播科技的進步，大眾傳播媒介的種類，從傳統的報紙、雜誌、電視、廣播，更擴大到網路、行動電話等新媒介。雖然，新傳播科技的誕生，並不一定表示傳統的傳播技術就會被淘汰。例如：人類可以運用新興的傳播科技，改變原有的傳播形式，而使傳統媒介重新發展出另一種新的面貌，像是電子報、電子書、網路廣播、網路電視、電子郵件、遠距教學等等。但是，也由於多媒體、數位、網路技術等科技的發展，使得原本無法相通的媒介得以互相溝通，而媒介的服務功能也逐漸趨於一致。例如：DVD與電影院的影音服務品質已不相上下；電子報比報紙更易搜尋特定訊息；數位廣播與數位電視都是可聽可看的媒體；最特別的是超媒介的網際網路，透過電腦終端機的連線，就能讓使用者在出版、電視、廣播和電腦等多媒介資訊環境中來去自如。就像是欣賞超媒介的百科全書，不但能看到貝多芬的文獻、音樂作品、樂譜等等，甚至於相關影片與新聞，也都能輕易獲得。

　　新傳播科技的便利，透過數位寬頻技術的串連，逐漸模糊了大眾傳播和其他形式傳播活動之間的界線，而且，各類的傳播科技，都可以廣泛地為大眾、小眾，甚至人際傳播所使用，例如：個人可以透過網路收發私人信件，也可以對外發行自己的電子刊物。因此，在傳播媒介上，對大眾傳播與人際傳播的服務功能劃分，已不再那麼清楚與絕對。

第二節　傳播科技的發展

一、快速發展的新傳播科技

　　人類為了促進必要的傳播活動，不停地進行傳播工具的發明與改進。從早期的面對面口語傳播，進化到書寫傳播，進而利用媒介傳遞訊息，各種傳播活動的興起，無一不和傳播科技的發展密切相關。觀察人類投入研發科技的目的，不外乎是因應人類的需求，要求物質世界提供有益於人類利益、利用與控制的服務，可以說是相當主動、人為而主觀的一種活動（程予誠，1999）。科技的運用，改變了生產活動的速度、數量與效益，進而使得生產者與未生產者之間的差距拉大，促成了「生存條件」上的變化。同樣的，就傳播產業而言，新傳播科技的輔助，不僅加強了傳播活動的速度與效能，同時也改變了經營者所需擁有的資源與條件。

傳播工具與人類的發展時程比較

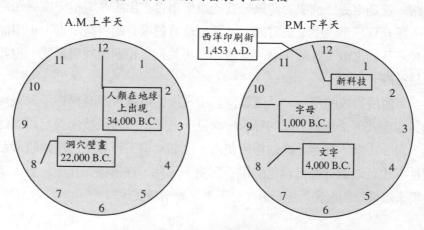

圖1-4　傳播科技與人類發展時程濃縮的二十四小時

資料來源：Williams Frederick（1982）。

從古至今傳播科技的發展，大致可劃分為口頭傳播時代、文字出現的時代、印刷時代，以及電子時代。近代由於大量新傳播科技的誕生，促使傳播活動轉變的速度加快許多，正如傳播學者Williams Frederick（1982）於其《傳播革命》（*Communication Revolution*）一書中所提，若將人類發展的歷史濃縮成二十四小時來計算，並在這一天的時程內標上各項傳播科技的發明時間，結果發現，人類一直到晚上八點才發明出文字符號，九點半才開始使用字母，而在午夜的前二分鐘內，才開始使用目前人們天天都在使用的各種電子傳播新科技。可見，近代新傳播科技的發展迅速。

　　由於近代新傳播科技的種類相當多，且各項新科技對於人類的傳播活動都具有相當大的影響，部分學者因而依據各種主要使用的技術，進一步將電子時代至今的發展，再細分為電力時代（剛開始使用電力於傳播技術）、電子（光電子）時代，以及多媒體時代（參見**表1-2**）。

表1-2　傳播工具發展過程

時代性	年代	傳播工具	訊息	傳播方式
肢體時代	六萬年前	肢體／動作	圖像	雙向傳播
	四萬年前	語言／語詞	聲音	雙向傳播
	1730-1580 B.C.	文字／字詞	文字	雙向傳播
機械時代	89-104 A.D.	紙／造紙術／印刷術	文字／圖形	單向／雙向傳播
電力時代	1839 A.D.	電報／電流技術／有線電技術	文字	雙向傳播
	1876 A.D.	電話／線纜技術／無線電技術	聲音	雙向傳播
電子／光電子時代	1936 A.D.	電視／線纜技術／無線電技術／衛星技術	圖像／文字／聲音／圖形	單向傳播
多媒體時代	1990 A.D.	網路電腦／線纜技術／無線電技術／衛星技術／光纖技術／半導體技術／積體電路技術／雷射技術／電腦技術	圖像／文字／聲音／圖形／數據	雙向傳播

資料來源：作者自行整理。

二、近代新傳播科技的特色

雖然，人類在近幾十年間所發展出來的各種傳播科技所運用的技術並不相同，但若進一步觀察近代傳播科技的研發目標與研究成果，可以發現近代新傳播科技，其實多具有以下若干特性，包括：

1. 頻率不斷開發。
2. 頻寬的改變。
3. 距離感的解除。
4. 媒介功能不斷被挑戰。
5. 傳輸速度越來越快。
6. 互動性要求成為基本功能。
7. 高品質的訊息要求。
8. 電腦化的普遍採用。
9. 異步性功能提高。
10. 數位化的普及。
11. 網路化的趨勢。
12. 微體化的趨勢。

上述這些特性的發展，尤其是數位寬頻網路相關技術的普及，促使傳播活動中的資訊流通，更加地直接、快速、簡單而廉價，不僅觸及到更多的閱聽人，而且由於操作及使用上的便利，更使得個體化、客製化的設計模式逐漸成形（蔡念中等，1998）。雖然，新傳播媒體的出現往往掩蓋舊媒體的光彩，但舊媒體並不會因此而全然消滅（Davison, 1976）。在傳播媒體的經營管理方面，相關傳播產業的經濟基礎由於科技成分的加重，因此需要擴大經濟規模以支持媒體經營所需的成本支出，全球各地的傳播媒體經濟控制，也由零散趨向整合。若干經營策略的應用，例如：交叉控制（cross-control）、多重控制（multiple control）、集團控制（conglomerate control）、寡占控制（oligopolic control）等，也更為頻繁。

由此可見，傳播科技的發展，不僅提升了傳播媒介的效能，在傳播產業的經營方面，也造成了大幅的變動。正如同機器革命促成工業社會的形成，新興的數位寬頻傳播科技，使人類面臨到工業化社會的解組以及資訊化社會的來臨。鄭貞銘等（1980）指出，工業化社會的特徵是——標準化、專門化、同步化、集中化、極大化以及集權化，然而，這些特性都將在新傳播科技與新傳播活動形式的轉移下，逐漸朝向多樣化、個人化、彈性化、家庭化、分權化、小眾化的傳播型態發展，而將大眾傳播推向一個完全不同於以往的境界。

三、新傳播科技與大眾傳播研究

大眾傳播在現今社會裏扮演非常重要的角色，特別是在資訊社會中，大眾傳播提供閱聽人作為交換訊息的管道，可以說是影響大眾生活條件的關鍵因素。對於大眾傳播，一般有兩種定義，其一為範圍可及於大眾的傳播活動（例如大型演講），其二為利用大眾傳播媒介進行的傳播活動（蔡念中等，1998）。這二種定義所涉及的層面，大致上仍不超出施蘭姆所提出的八項要素（如本章第一節所述），只是由於傳統大眾傳播活動所使用的媒介管道，並非是一般民眾所能使用，因此，關於大眾傳播的相關研究，也多集中於探討媒介特性、經營與影響效果上。

然而，新傳播科技的出現，賦予了訊息產製者與閱聽人更多「控制」傳播過程的能力。例如：數位技術使得觀眾得以和電視節目內容互動，寬頻提供給觀眾更多更豐富的頻道內容（McQuail & Windahl, 1981）。新科技為閱聽人所帶來的更多的選擇，平衡了原來大眾傳播媒介所欠缺的回饋與選擇機制，因此，未來的訊息產製者與閱聽人在媒介的使用角色上將日趨平等。

當閱聽人擁有更多的控制和活動的能力，這也表示傳播研究者必須投入觀察新的媒介互動模式和相關理論的變化（Rogers & Chaffee, 1983）。或許是經營方式的不同，或許是使用行為的變化，新科技所造成的結果之一，可能促使研究者減少對傳統傳播效果理論的著墨，轉而強調閱聽人與

新媒介互動面向的觀察。例如：使用與滿足、創新傳布、科技決定論等（在本章第四節將有進一步的探討）。

　　仔細觀察國內傳播媒體的發展現況，競爭激烈的環境早已存在多時，而隨著傳播技術與其他類科技相互結合的過程，時下的傳播科技，逐漸邁向一個新的時代。舉凡與資訊、數位、寬頻網路相關的各種傳播產業，無不極力爭取傳播媒介明日之星的地位。因此，本書作者進行一連串有關數位寬頻傳播產業之研究（第四章至第十章），期望能透過對新傳播科技的瞭解，進行國內傳播產業發展趨勢的觀察與預測。

第三節　關鍵的傳播科技

　　新傳播科技的發展看似相當多元，不僅要追求多樣化、小眾化、個人化，又同時追求彈性化、互動化，彷彿相當複雜，但若進一步探究其技術，可以發現多集中於若干關鍵科技的相互整合。這些關鍵的傳播科技，包括有「資訊科技與數位技術」、「光纖與壓縮技術」，以及「非同步傳輸技術」等。

一、「資訊科技與數位技術」推動數位化格式與　　媒體整合

(一)傳播產業對資訊科技的運用

　　電腦的問世，可以說是科技史上僅次於電力運用的大事，電力使得人類的工作負擔減輕，而電腦，則是使人類的工作效率大幅提升，並且使其效能得以普及到社會各個角落。

　　一九三七年，哈佛大學數學家霍華德‧艾肯（Howard Aiken）製造出世界第一部電腦，重量三十噸，體積占去好幾個房間，其功能主要是做加減乘除的運算（程予誠，1999）。短短不到一百年間，電腦已從原來簡單的

運算功能，轉變成處理日常生活中所有資訊活動的工具，甚至由於人工智慧的發展，而誕生了一九九六年世界棋王卡斯帕洛夫（Garry Kasparov）與電腦「深藍」（Deep Blue）的精彩棋賽（汪琪、鍾蔚文，1998）。

學者巴拉斯蒂（Ross Parastech）曾說道，小公司如果擁有優越的資訊系統，其成效將足以抵消大競爭者所具有之規模經濟能力（洪平峰，1999）。傳播業，同樣具有一般企業組織複雜的業務競爭、經營環境與製作流程，更需要倚靠電腦的資訊技術，予以統整資訊，節省工作時間，提高工作效率。近年來，國內傳播產業積極投入「電腦化管理資訊系統」的建立，主要也是為了因應產業內的若干發展趨勢。這些趨勢包括：

1. 電腦應用趨勢：現代傳播事業經營管理，都涉及量多質雜的資料，要將這些資料予以蒐集、整理、過濾、分析，轉變為有意義的資訊，非人工所能勝任。
2. 媒體廣告市場：面臨競爭激烈的媒體市場與不景氣的經濟環境，如何預知各廠商的廣告策略，甚至進行事前的分析與統計工作，都需要藉助資訊科技輔助，才能迅速完成。
3. 制訂媒體內容參考需要：閱聽人使用媒體的需求相當多元，而且變化快速，媒體常常需要在短時間內進行分析，以作為企劃媒體內容的參考。因此，各項調查資料的統計，尤其是複雜的交叉分析，更需資訊科技的輔助，才能達到時效需求。
4. 謀求有效經營：現代化傳播事業的有效經營，例如減少浪費、提高製作效率、促進研究發展等等，都需要以系統性的資訊作為策劃與決策之基礎。因此，整體資訊系統的建立，已是傳播產業刻不容緩的工作。

當原始的社會，轉變為以資訊為基礎的社會時，資訊科技與產業的匯流將帶來許多工作方法上的轉變。例如：資訊科技的使用環境限制，促使工作者必須直接在資料來源處予以電腦化，一方面可以省去多餘的步驟，另一方面，亦大量降低了人為錯誤的機率。

在管理者的資訊經營觀念上，雖然初期的電腦只能協助組織執行低階

的打字工作，但是管理者卻需要從最初的分工、工作設計、工作標準、結果儲存等，就以數位化的方式思考，才能建立起最完整的資訊資源經營架構。正如亞伯拉罕‧馬斯洛（Abraham Maslow）指出，如果你只剩下榔頭這項工具，不久，每樣東西就會開始越來越像釘子（陳秀娟譯，1998）。

因此，從一九八○年代，電腦開始走進國內傳播業後，數位化的資訊型態與工作設備，也開始逐步推動傳播工作方式與流程的全面電腦化。而在工作過程中所蒐集、製作的各種內容素材，也需要事先進行數位化的程序（輸入電腦），以便進行管理、編排、保存，或是重新製作整理，以供做其他用途，例如網路新聞。傳播產業內容素材數位化之後，就可以以電腦網路的方式流通、傳遞，不僅促成內容素材資料庫的產生，線上多工同時進行的大編輯台概念也因此成形，而終至於達到全面電腦化的結果。而隨著工作流程的電腦化，電腦工作技能亦逐漸成為傳播產業各階段工作人員的重要工作技能之一（張美惠譯，1999；劉本炎，2000）。

(二)傳播內容的數位化

人與人溝通需要透過符號，而隨著資訊科技與各類產業的匯流，電腦也發展出自己的語言，使電腦與電腦，或電腦與人類之間便於進行溝通，那就是二進位的數位運算模式。

所謂「數位化」，就是將聲音、圖像及文字等各式各樣的資訊，經過取樣、量化、編碼等過程，轉換成電腦可判讀的一連串0與1的「二進位」組合形式訊號，以便將資訊以暗碼的形式做傳輸。例如：「數位電視」，就是利用數位化的技術，把傳統的類比電視訊號經過抽樣、量化和編碼，轉換成用二進位數字代表的數位式訊號，然後進行各種功能的處理、傳輸、儲存和記錄的一種電視廣播系統（王行，2000）。簡單的說，數位電視就是以0與1傳遞電視訊號。

數位訊號基本上是一種離散訊號，與類比的連續訊號是不同的。以電視產業為例，在電視技術中採用數位技術，從節目製作到資訊的接收和顯示，其工作過程與原理可說與傳統類比電視全然不同。當電視傳播採用數位方式來進行訊號的紀錄、處理、壓縮、編碼、調變、傳送等過程時，不

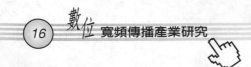

僅可以使得影像畫質會更清晰，聲音不失真，不受雜訊影響。而且，原本的類比式電視訊號需要使用6MHz的頻寬，但是數位訊號經過壓縮後，播放一般節目只要1MHz，因此，原來的一個頻道至少可以當成四到六個數位頻道播送。此外，若再加上寬頻網路的結合，數位化的電視訊號將可以進行雙向的傳輸工作，突破以往單向傳播的局限。

　　總括來說，越來越多的傳播媒介使用數位技術，主要是因為數位化具有以下的優點（程予誠，1999）：

1.數位訊號可採用編碼技術，提高抗干擾能力，在同等傳輸條件下的抗干擾能力將優於類比媒介。

2.數位訊號在再生中繼過程中，不易產生雜訊，如有雜訊也較易消除，並且可以自動補強與強化。

3.數位訊號便於做訊號加密及保密通訊的處理。

4.數位訊號可無限次複製。

5.數位訊號易於長久保存。

6.數位訊號可單獨分離，做特別處理。

7.數位化設備可採用大型積體電路，降低功耗，減小體積，可靠性高，較易執行調整、測試、維護等工作，大規模生產時也可大幅降低成本。反之，也便於整合或小型化。

8.數位化資訊傳輸設備易於和電腦連結，構成長距離、大容量、靈活且多樣化的傳輸網路。

9.數位訊號適合數據網路傳輸，利用後來的「分封」傳輸技術，傳輸更有效率。

10.數位技術容易整合各種數位訊號（電報、電話、影像、數據），構成「整體服務數位網路」。

11.數位訊號清晰度高，未來可能可以完全達到與攝影棚內相同的「傳真」水準。

12.可充分使用壓縮編碼技術壓縮其資料量，降低儲存空間。占用頻道較窄，可大幅增加原頻道空間的使用效率。

(三)數位科技的內涵

　　早在媒介數位化之前，許多傳播媒介的工作環境就已經出現許多與電腦科技結合的數位處理技術，例如電視節目片頭的設計、電視剪輯系統與各項特效的運用，甚至虛擬人物與實景、實物，或演員的搭配演出等等。隨著媒介與數位科技的結合，數位化的影音訊號，將更易於配合電腦，結合呈現電腦的各種特效技術，例如3D動畫、虛擬實境的技術、音效等等，增加訊息的表現型態，卻不用擔心訊號格式轉換可能造成的訊號衰減和結合問題。

　　數位科技應用於傳播產業最大的不同之處，除了可以避免掉以往非數位訊號容易在傳輸過程中品質衰減的問題之外，還包含有國內學者關尚仁所提出的八項數位科技內涵，包括儲存、切割、重組、交換、傳輸、多功、再生、壓縮等等（廣告雜誌，2000）。這八項特點，彼此依存，沒有特定的順序關係，而是以循環的方式相互連結（參見圖1-5）。

　　例如：「儲存」使得業者得以在日後「再生」使用。「再生」，經過時間、空間的累積與時代潮流的變化，會衍生出很多不一樣的用途與利用價值，產生一種加值的創新應用。像是運用影像資料庫的內容，可針對消費者需求推出系列主題影片、人物專輯影片、珍奇畫面集錦、今昔畫面合成等等服務。而這些創新應用，則必須倚賴資料庫的「分類」與「模組」工作的確實執行。

　　當訊息內容被數位化之後，即使經過大量的複製或重組，仍能保持原有的品質，而不會有類比式訊號衰減的缺點，更容易保存與再使用，進而提升傳播內容的品質與效率。數位化科技的特色，使資訊可以重新組合、切割、壓縮和混合。此外，數位化之後的內容素材具有「通透性」的特點，隨時處在一種可再使用、準備流通的狀態，而且可在任何一種數位化通路或載體上呈現，不僅易於整合，也增加了素材使用的空間與效率，並使其成品獲得更充分的運用。

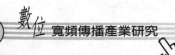

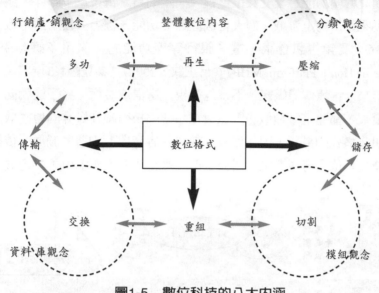

行銷產銷觀念　　　　整體數位內容　　　　分類觀念

多功　　　　　　再生　　　　　　壓縮

傳輸　　　　數位格式　　　　儲存

交換　　　　　　重組　　　　　　切割

資料庫觀念　　　　　　　　　模組觀念

圖1-5　數位科技的八大內涵

資料來源：作者自行繪製。

（四）多媒體產業興起

　　各種數位科技交互運作的結果，使得所產生的數位內容，不再只是一種技術的呈現，若搭配各種行銷策略的運用，將使得傳統的大眾傳播媒體，分裂成許多小眾傳播、分眾傳播系統。再者，為了因應使用者的不同需求，可設計出不同的服務內容與服務方式，真正地衍生出「多功」的效能，多媒體的表現型態。

　　例如：從類比轉換成數位的電視節目娛樂消費環境，由於朝向分眾化、互動化，已迫使電視業者不得不重新檢討電視產業的經營模式。數位科技一方面提高了電視節目的影音品質，另一方面，數位化之後的電視訊號，也得以與電腦、網路以及各種電子商品的資訊內容相結合。因此，未來的數位電視，不管是透過有線或無線的傳輸方式（ADSL、Cable、地面無線、電話線、微波、衛星等等），在進入使用者的數位視訊轉換器之後，

將可進一步整合個人攝影機、電玩遊樂器、家庭媒體中心及各式家電，成為可以隨時轉換功能，享受數位電視、網際網路、電視電子郵件、隨選視訊、互動電視、線上遊戲、個人化數位錄影功能、線上公投、遠距教學、電子商務、寬頻視訊會議、電子銀行等等功能的「家用多媒體平台」（Multimedia Home Platform, MHP）（呂正欽，2002）（參見圖1-6）。

近年來，各種傳播媒體，不管是電視、電信或廣播，為了能朝向多媒體平台發展，都運用了類似的數位與寬頻傳輸技術提升媒介的傳播效能，而由於訊息格式的更新，因而促成「數位內容產業」的蓬勃發展。依據經濟部工業局數位內容產業推動辦公室對「數位內容產業」所下的定義為，

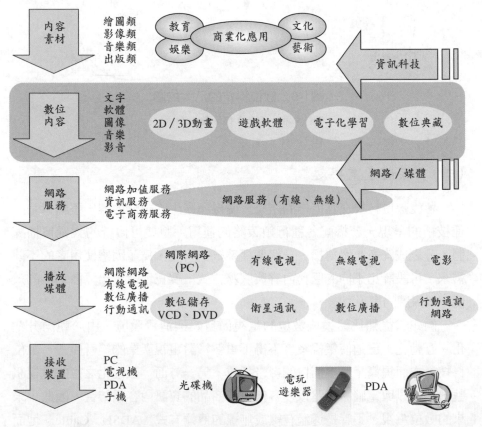

圖1-6　多媒體產業的定義與範疇

資料來源：本研究整理自中國多媒體協會（2002）。

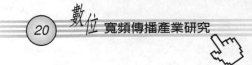

「將圖像、文字、影像、語音等資料，運用資訊科技，加以數位化並整合運用之產品或服務」。由此可知，「數位寬頻技術」正是時下傳播產業的發展關鍵，不管是無線、有線、衛星電視、網路服務業者以及電信業者，甚至各種家電、電腦以及電信3C產業，都將因數位寬頻之發展，而成為多媒體產業的一員。

(五)傳播媒體大匯流

數位寬頻技術的興起，使得以往互不相干的各種傳播媒體，產生了相互融合、匯流的基礎。首先，在訊號的格式方面，透過0與1的數位格式化，不管是視訊、音訊或是資訊的記錄方式，都開始採用相同的數位語言。而在傳輸的通道方面，也因為數位格式的通透性，而使得各種傳輸管道得以相互串連。訊號格式的統一，配合傳輸通道的串連，媒體產業的數位化變革與匯流已是必然的趨勢。

傳統的傳播產業，依據業者傳播的內容或是使用的傳輸技術的不同，往往可以清楚地將其劃分或區別為性質單一的媒體。然而，經過數位化轉換後的媒體，再也不是過去那種性質單一的媒體，而是整合了通訊、傳播以及資訊科技的新媒體，不管是水平整合，或是垂直整合，未來在不同的數位平台上，都將能提供類似的內容服務（陳玉霖，2002）（參見圖1-7）。

訊息流通透過有線、無線傳輸網路的相互串連，全球化影響下的電信業者、網路服務業者、廣播電視網路、有線電視網路以及直播衛星等產業，已經逐漸整合成一個水平相關的層級式產業（王如蘭，2001）。因此，數位革命在傳播技術、傳播內容、傳播產業等方面，都帶來了新的發展趨勢。

近年來，由於消費者需求提升，通訊技術發展成熟，加上相關政策趨於開放等環境因素，使得全球的通信、資訊、電腦、傳播與娛樂業等產業，均吸引了許多來自不同行業大型企業的投入，進而相互結盟兼併，或是相互競爭，大大地改變了原有傳統媒體產業的結構，產生媒體整合與匯流的趨勢。例如，有線電視跨足了寬頻網路服務，而電腦也跨足了電視娛樂與電信通訊的角色。在此一大媒體時代中，逐漸呈現出幾項不同於以往

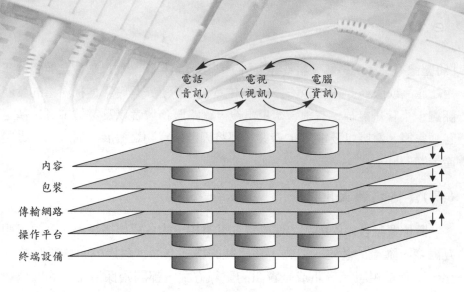

圖1-7 數位媒體產業之水平與垂直整合

資料來源：Bane, Bradley & Collins (1999).

的媒體環境特點，包括有：

1.各種網路互通，各類服務整合（資訊、音訊、視訊整合）。
2.產業界線模糊，跨業經營風行。
3.市場競爭跨國界，產業競爭全球化。
4.寬頻多媒體內容當道，休閒娛樂及遠距教育先行。

因此，在技術與環境的持續變動下，各類的傳播媒體逐漸整合，而形成業界所謂的「3C產業」（Computer／資訊、Communication／音訊、Cable TV／視訊），甚至由於經營管理方式的變化，而往「新3C」產業（Content、Commerce、Community）邁進。

二、「光纖與壓縮技術」推動寬頻網路化發展

傳播媒體運用數位化科技，將語音、音訊、影像、文字、圖形等種種型態的資訊予以格式化，以便統一進行包裝、處理，但最重要的，還是要設法將製造出來的訊息，傳送到需要的消費者手中，建構起溝通的管道，

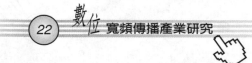

才算完成了傳播的動作。

近年來，人類對於網路的應用，由於光纖以及訊號壓縮技術的發展，大幅地提升了傳輸通道的容量與速度，形成了所謂的「資訊高速公路」。

(一)網際網路發展沿革

一九五○年代末期，美國國防部為能提高其戰爭相關資訊的處理能力，特別成立ARPA（Advanced Research Project Agency, ARPA）機構，進行有關資訊處理技術的重要研究工作，其中，電腦類科技更是進步神速。

一九六○年代，各政府研發單位與若干主要大學已擁有當時最尖端的電腦設備。為了分享研發成果，美國國防部有意將當時已有的電腦設備連成一個網路，因此由ARPA委託BBN公司研發此系統。BBN利用「分封交換」（packet switching）技術，在美國西部架設了一個實驗網路——"ARPANET"，這個網路的特色是當部分的網路出問題時，其他電腦仍能倚靠其他線路維持連線，可說是網際網路，也就是"Internet"的前身（吳顯東、張文鐘，1998）。

一九七○年代，ARPANET已連接包含哈佛大學、麻省理工學院等四十多個學校、軍方及政府機構單位，甚至連往英國、挪威等美國以外的地區。為能解決電腦系統連接的問題，因而建立TCP/IP通訊協定，並將相關技術公開，成為全世界電腦的共同通訊協定。當時，Internet已能提供遠程終端模擬、檔案傳輸與電子郵件等三種服務。

然而，ARPANET終究是美國的國防網路，因此，一九八一年美國國家科學基金會（National Science Foundation, NSF）出資建立Csnet（Computer Science Network）專供電腦科學研究之用。同時，TCP/IP的原設計者研發出相關技術，讓CSnet的子網路與ARPANET相連，此時真正的Internet才算誕生。

一九八六年，NSF出資建立美國研發網路骨幹系統，提供高速之資料傳輸能力，使公民營研發機構及學校能以路由器連上此一高速骨幹網路，並於一九八七年委託Merit、IBM、MCI等專業維護運作廠商提供研發單位更好之電腦網路。

一九八九年ARPANET功成身退，由NSFNET接手研發單位之電腦網路，並於一九九一年建立商用之Internet連網交換服務，並且急速在世界各地發展。網路的線路結構，也從傳統的電話線，發展到拉專線（整合服務數位網路，Integrated Service Digital Network, ISDN）、非對稱數位用戶迴路（Asymmetric Digital Subscriber Line, ADSL）、混合光纖同軸線纜（Hybrid Fiber Coaxial, HFC），甚至是無線電波等等。

(二)網路連線方式

目前，網際網路的連線方式大致可區分為有線以及無線兩種。有線上網，依據連線工具之不同，又可細分為：窄頻數據機撥接上網、ISDN上網、Cable上網以及xDSL上網等四種。無線上網方式，則可分為使用Direct PC、行動電話上網或是在公眾無線區域網路中，使用安裝有無線網卡的筆記型電腦上網。

■有線上網

．撥接上網

撥接上網，就是透過傳統的電話系統進行連線。早期的電話系統，是使用簡單的、直接的點對點方式進行連接（參見圖1-8）。當用戶打電話時，接線生便拿起與用戶話機相連的線，並把它插入所呼叫的電話的插孔，但目前多數的電話系統已採用了比較複雜的數位形式途徑（參見圖1-9）。

接線生

家庭A

家庭B

圖1-8　早期的公共交換電話網

資料來源：作者自行繪製。

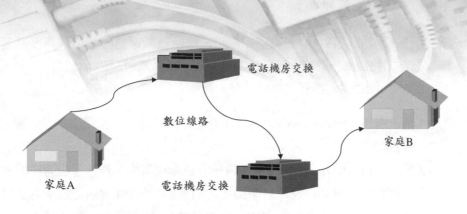

圖1-9　現今的公共交換電話網

資料來源：作者自行繪製。

　　相較於其他幾種上網方式，由於若干物理因素的限制，像是簡易老式電話業務（Plain Old Telephone Service, POTS）受到音頻濾波器的控制，而將類比頻寬限制為4KHz，也影響了現代數據機所能發揮的效能。

　　數據機的作用是將數位信號轉換為聲音，或者把聲音轉換回數位信號。撥接數據機的總處理容量因調制技術的進步，而從最初的14.4Kbps、28.8Kbps，到當今的56Kbps。以56Kbps為例，電話機房端將POTS呼叫的類比信號加以數位化，轉換成56Kbps的數據流，再加上6Kbps的控制訊息，形成總共64Kbps的數據流，然後送至電話幹線。但是56Kbps只是理論上的最大值，將類比信號轉換為數位信號的過程中，不可避免的損耗使得數據機的總處理容量通常在56Kbps以下。此種上網方式，通常亦稱「窄頻上網」。

・ISDN上網

　　整合服務數位網路（Integrated Service Digital Network, ISDN），依照國際電話與電報諮詢商委員會CCITT（Comité Consultatif International Téléphonique et Telegraphique，即 International Telegraph and Telephone Consultative Committee）的定義，ISDN是由整合網路數位（Integrated Service Digital, IDN）延伸而來，提供廣泛的，包括聲音及非聲音的服務項目。

　　一般使用者可以將ISDN定位為「將目前各自獨立且以不同方式（如電

話線、數據傳輸電話）傳送訊息的網路，包括數據網路、電信網路，甚至郵政網路，整合為一個統一以數位方式傳輸的整合數位網路」。

ISDN所能提供的服務主要包括有：

1. 傳送服務（bearer service），以「運輸」訊息為主，和電信業者的傳統角色相同。
2. 電子服務（teleservice），類似傳統資訊處理業的工作。過去傳統的電信網路只負責把信息原封不動地送到目的地，ISDN則可對訊息加以處理，增加傳輸的效率。例如：電話轉接、立即撥號、聲音郵件等。

此外，ISDN也可以提供資訊處理的服務，例如：電傳視訊、高畫質電視。換句話說，ISDN除了整合通訊網路，也能整合時下各種網路的內容，並且提供更多更好的服務。

不同於電話網路，ISDN將電話系統由類比世界完全轉為數位化，其連線架構如圖1-10。

我國開放的ISDN網路，目前所採行的接取介面有兩種：一為採用基本速率介面（Basic Rate Interface, BRI），其頻寬為I28Kbps的「2B+D」，就是兩個B通道及一個D通道，如圖1-11所示，其中B通道為64Kbps，提供企業

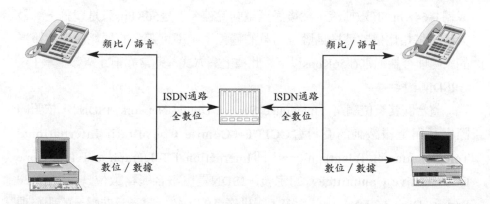

圖1-10　ISDN系統架構圖

資料來源：作者自行繪製。

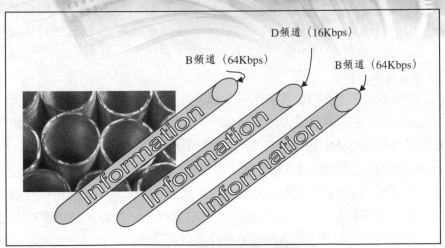

D頻道（16Kbps）

B頻道（64Kbps）

B頻道（64Kbps）

圖1-11　ISDN通路種類及架構

資料來源：作者自行繪製。

體傳輸語音、數據、文字或視訊；D通道為16Kbps，主要用於傳輸控制訊號。第二種接取介面為原級接取（Primary Access），採用的基本速率介面頻寬為23B+D（1.544Mbps），適合中大型企業傳輸語音、大量數據、圖形、影像、視訊會議等用途使用。

B頻道是模組化的元件。若想得到比單一64KbpsB頻道更寬的頻寬，可將兩個B頻道合併為一個128Kbps的頻道，因為ISDN硬體允許這樣的合併使用。以此類推，若需要更大的頻寬，無論它是來自多條ISDN線路或像T1般的高容量線路，都可以透過結合來完成。

由於ISDN線路的特性比POTS線路更能夠精確地定義，所以ISDN線路攜帶的音頻品質比POTS好。只要條件允許，許多廣播節目都可以採用1SDN作為語音中繼線路。同樣地，許多辦公室的電話設備也是依ISDN規範設計的，目的就是希望能利用POTS所沒有的音頻品質和快速D頻道的交換特性。

現今的ISDN均屬於窄頻整體服務數位網路N-ISDN（Narrowband ISDN），而其技術僅能支援普通畫質互動式的視訊會議、視訊電話或資訊查

詢等服務。若要進一步提供高品質的動態視訊服務，則須發展寬頻整體服務數位網路B-ISDN（Broadband ISDN）技術。只是，隨著國內Cable與ADSL的快速發展，ISDN的市場拓展狀況並不理想。

・Cable纜線上網

使用有線電視的同軸電纜作為傳輸通路，由於傳輸材質優勢，可擁有750MHz的頻寬，傳輸量大於ADSL。目前，有線電視節目的類比傳輸部分，每一頻道為6MHz，目前約有八十個頻道占去550MHz以下之頻寬，而550至750MHz之間即為發展電腦網路的傳輸空間。

就傳輸特性而言，纜線數據機大致可區分為兩大類，一為對稱型纜線數據機，即資料接收與發送皆以同樣速率進行；二為非對稱型纜線數據機，即資料接收與發送以不同速率進行，且可依回傳方式區分為電話回傳及同軸電纜回傳兩種方式，前者稱為單向式纜線數據機系統，後者稱為雙向式纜線數據機系統。

單向式纜線數據機系統，是由混合光纖同軸網路及纜線數據機所構成，下傳時有線電視訊號經由同軸電纜進入家中，再由分配器（Splitter）分成兩條線路，一端接上電視，另一端接上Cable Modem，藉由電腦透過乙太網路連接網際網路上網（參見圖1-12）。上傳時，則透過類比數據機與電話線路回傳。

雙向式纜線數據機系統之下行訊號傳送方式與單向式纜線數據機系統相同，上行訊號則利用同一條同軸電纜回傳，不再透過電話網路。

Cable Modem使用之纜線為RG-59，其優點為傳輸量大，除了進行有線電視節目內容的傳輸，還有多餘的發展空間。不過，由於其網路形態為串接型頻寬需分享，因此會有隨上網人數增加而傳輸頻寬遞減的現象。此外，由於大部分有線電視纜線為外掛方式，暴露於戶外，管理較為不易，因此纜線受損的機會也較高。

目前，國內大約有450萬的有線電視收視戶，普及率超過80%，是亞洲有線電視普及率最高的國家，國內包括東森及和信等大型有線電視多系統經營者，均提供有纜線數據機的服務。

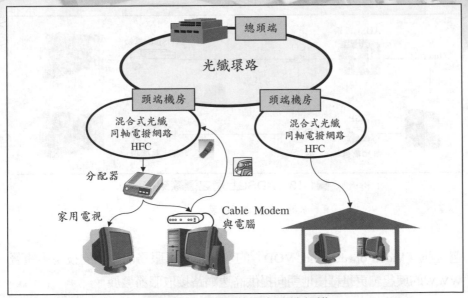

圖1-12　Cable上網之連線架構

資料來源：作者自行繪製。

・ADSL上網

　　非對稱數位用戶迴路（Asymmetric Digital Subscriber Line, ADSL）為數位用戶迴路（Digital Subscriber Line, DSL）之一種。

　　ADSL乃是利用電話雙絞線的較高頻帶傳送信號，亦即將現有電話線轉變成高速資料傳輸線路的數據技術。ADSL上網的使用者必須在用戶端與電信機房之間加裝ADSL設備，如ADSL Transceiver、POTS Splitter、ADSL Modem等，提供64Kbps至640Kbps之間的上傳速度，1.5至9Mbps之間的下載速度，由於上傳與下載頻寬不同，故名之為非對稱性。

　　ADSL上網的原理不同於撥接上網，它可以同時進行打電話與上網。ADSL的技術，為電話公司先使用數據語音分離設備分離語音與數據資料後，數據資訊經ADSL數據機傳至用戶的ADSL數據機再連接至電腦，語音則直接傳至電話上，所以兩種活動是可以同時進行的（參見圖1-13）。

　　ADSL所使用的頻率為1MHz，其線路大致可分為三個頻道，包括數據傳送頻道、數據接收頻道與語音頻道。原本，ADSL是電話公司為了提供隨

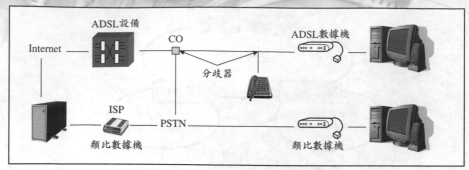

圖1-13　ADSL上網之連線架構

資料來源：作者自行繪製。

選視訊（Video on demand, VOD）的多媒體應用服務而發展的技術，隨著WWW的興起，更是積極地朝向提供高速網路接取服務發展。

　　ADSL的優點為可直接於現有電話機房加裝設備，直接利用現有的電話線路傳輸資料。而且，目前全省普及率已達95%以上，幾乎不需再重新鋪設新的路線。因為ADSL為點對點專線傳輸，其網路架構為星狀，所以在速率和安全性上都較為穩定。使用者毋需撥號便可上網，也可於同時間上網、聽電話，或是使用隨選視訊、廣播電視（Broadcast TV）、網路文件（Text）、線上遊戲（On-line Gaming）、家庭購物（Home Shopping）、遠距教學（Distance Learning）、視訊會議（Video Conference）等等應用服務。

　　此外，由於ADSL傳輸對於線材要求的品質極高，因此其傳輸的範圍也受影響，在電信機房距離六公里內，才能享有較佳的傳輸品質，因此基地台的設置數量需較多。線路超賣亦使業者實際提供的速度，往往不能達到向訂戶保證的速度。其頻寬因僅有1MHz，所以在能切割的頻道數方面也是有限。

■無線上網

・Direct PC

　　有線電視第四台尚未普及前，很多人家中都有「小耳朵」，以收看衛星電視節目，而直播衛星（Direct PC），就是美國休斯公司以此衛星電視服務

為基礎，延伸發展出來，利用衛星天線傳送網際網路訊號，所提供的無線上網服務。

就外觀來看，直播衛星天線就如同一個直徑約四十五至六十公分的碟子，負責蒐集微波訊號。碟子前面的裝置，可將蒐集到的微波訊號轉換成實質訊號，然後再用同軸電纜將訊號傳遞到家中。只要在個人電腦上加裝Direct PC卡，接上同軸電纜，以及安裝好各種軟硬體裝置後，就可以進行網際網路傳輸。

Direct PC的傳輸採用單向模式，當用戶欲透過衛星來接收資料時，先透過撥號數據機與網路服務業者連繫，告知所需的資料內容，衛星服務業者再將資料透過人造衛星傳送到客戶當地的衛星接收站（Network Operations Center），再由各衛星接收站傳送到個人的碟型接收器來獲取所需的資料（參見圖1-14）。

換言之，在Direct PC系統下，雖然電腦接收資料的途徑是衛星，但是上傳部分還要透過傳統的數據機連線方式進行，因此Direct PC下傳速率最

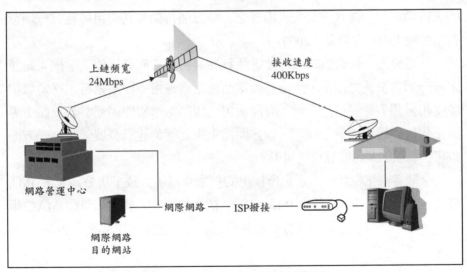

圖1-14　Direct PC之連線架構

資料來源：作者自行繪製。

快可達400Kbps，上傳最高速率則依撥接、ADSL或Cable等方式而有所不同。

國內直播衛星和其他寬頻網路的競爭上，始終受到價格、天候干擾等兩大問題的影響。首先在價格方面，包括設備、安裝費用、衛星連線服務費，加上電話費或撥接費，其使用成本遠比Cable Modem和ADSL高。雖然衛星上網在接收訊息方面的確能有效解決網路塞車的問題，但是衛星上網會受到天候、地形、建築物的影響。

‧行動電話上網

依據國際電信聯盟（International telecommunication Union, ITU）統計，截至二○○○年，全球有30%為類比式行動電話，包括AMPS、TAGS、NMT等系統。另外的70%為數位式行動電話，包括GSM、TDMA/D-AMP、CDMA、PDC、PHS等系統（高凱聲，2000a）。過去由於行動電話的傳輸頻寬與功率有限，因此，持有支援上網功能的行動電話用戶並不多。然而，隨著行動傳輸技術的進步，英國ARC顧問公司預估，全球行動電話使用者將於二○○三年達到十億人，其中，使用行動電話上網的人口數將有一億八千萬人，換言之，每五個行動電話使用者就有一個會利用手機上網（葉恆芬，2000）。

有鑑於第一代與第二代行動電話發展之初，各研發單位及手機大廠並未統一通信系統之標準，使得行動電話使用者身處不同國家時，必須佩帶多支相異頻率或規格的手機，方能使用。國際電信聯盟因而嘗試出面主導第三代行動通訊標準之訂定，一方面為未來之行動通訊發展鋪路，一方面也可使有限的頻譜資源有效利用。

全球各國第三代行動通訊所採用的技術規格，大致上可分為W-CDMA技術、TDMA技術，以及TDMA/CDMA結合技術等。其中，以CDMA技術最受重視，同時也是第三代行動通訊規格發展之主流（何瑞光，2000）（參見圖1-15）。

以第三代行動通訊的技術層面看來，第三代行動通訊系統具有傳輸速率提高、傳輸功率降低、收訊品質提升、通訊安全增加、全球漫遊、終端設備多元等特點。尤其是寬頻高速的傳輸能力，正是第三代行動通訊系統

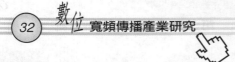

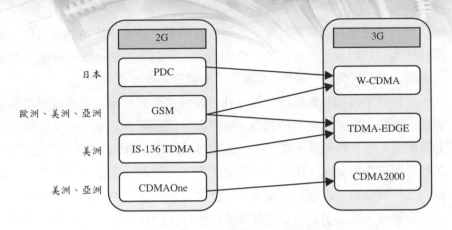

圖1-15　第三代行動電話升級演進圖

資料來源：本研究整理自高凱聲（2000b）。

明顯優越於前兩代行動通訊之處。

在邁入第三代行動通訊系統之後，行動電話的外觀可能仍會以目前的行動電話為基礎，但在顯示螢幕方面會越來越大，以便瀏覽較多的網路資料，並於通話時清楚看到對方樣貌。此外，結合行動電話及個人數位助理（PDA）功能的Smart Phone，亦可能是第三代行動通訊時代的熱門終端設備。

除了消費者使用的行動設備之外，3G技術亦可與各式各樣設備與產品進行整合。例如，無線通訊模組可以把3G技術應用到事務機器、車輛或家用電器，以提供各種特定功能。另外，電話、電腦與數位照相機等器材，也可利用藍芽的無線連結功能相互傳遞訊息，使行動通訊的應用層面更多元、服務內容更彈性。

(三)光纖與壓縮技術的發展

光纖技術自一九八○年代開始，蓬勃發展。因為光纖具有低損失、寬頻帶、無感應干擾、纖徑小、重量輕等傳輸特性及物理上的優點，使用上，又必須是在長期穩定的環境下，所以相當適合作為中長距離的訊號傳

輸媒介（程予誠，1999）。

由於光纖優越的傳輸特性，各國政府和業者都希望能朝向全面化光纖網路的基礎建設發展，但由於經費的龐大，所以，目前多採用同軸光纖混合網路，以因應全面光纖寬頻網路化前的過渡時期需求。

光纖除了作為長距離傳輸媒介外，若要在多個使用者之間建構起訊息溝通的管道，就必須要形成網路，將各個終端點接合起來。這種終端光纖通訊網路，可分為光纖區域網路（Local Area Network, LAN），以及光纖寬頻整合服務數位網路。由於各種語音、音訊、影像、文字、圖形等型態的資訊，都將被整合在網路上使用，因此，需要相當大的頻寬，以達到大容量、高速度、高品質的資訊傳輸與交換動作，因此，世界各國無不積極投入光纖的基礎建設。

至於光纖所承載的訊息內容，當然是以採用數位化格式之訊息，最能表現出光纖的優越傳輸特性。只是，數位化的資料處理雖有其好處，然而對於多媒體資料來說，未經壓縮處理的原始訊號，不管是存放或是傳輸都會有很大的問題。因此，適當的對多媒體資料進行空間的壓縮以利存放及傳遞，實有其必要。

由於壓縮技術種類太多，在壓縮格式上也發展得太過繁複，因此，國際標準組織（International Standardization Organiztion, ISO）與國際電報電話諮詢委員會共同成立「影像專家群」（Joint Photographic Expert Group, JPEG），作為靜態影像壓縮處理的通用標準。另外，同樣由ISO所認定的「動畫影像專家群」（Motion Picture Experts Group, MPEG），則成為影音訊號壓縮技術的主流。

MPEG的技術原理，是將影片擷取出一個個的圖框（Frame），再把每一個圖框細分成無數個小方格。壓縮時，比較前後兩個圖框的差異，相同的部分不取，只抓取變動的部分，如此便能大幅減少檔案的儲存空間。

基本的MPEG壓縮格式包括有（徐偉翰，2001）：

1.MPEG-1：這是目前VCD光碟所採用的格式，每秒可傳送三十個圖框。通常一片650MB的光碟可儲存七十四分鐘長度的影片，解析度是

352×240（NTSC模式），傳送速度1.5Mbps。

2.MPEG-2：原本是專為有線電視和高畫質電視（High Definition Television, HDTV）制訂的標準，也是當前DVD所採用的格式，其解析度可以從352×288到1920×1152不等，但一般以720×486（DVD的解析度）為主。

3.MPEG-3：也是針對高畫質電視所制訂的標準，但因MPEG-2 HDTV的制訂，目前已被最新的MPEG-2所取代。

4.MPEG-4：適用於網際網路，傳送速度為28-384Kbps。和MPEG-1、MPEG-2不同的是，除了沿用比對前後畫面差異的方式，另外還將畫面中的背景、物體、聲音等各個元素劃分成一個個物件，再依據各個物件不同的屬性採取不同的壓縮方式，如果固定不變的物件就只傳送一次。解碼時，Decoder先將收到的資料依各個物件不同的屬性分開，按各自的格式解碼，再予以組合還原。

　　由於MPEG技術，是採用開放原始碼的方式流通，因此，只要是具有電腦程式撰寫能力的使用者，都可以依據自己的需求，撰寫出不同壓縮特性的MPEG程式。目前，MPEG的技術已持續發展到MPEG-7的版本以上，但其基本的設計理念，仍源自於基礎的MPEG-1到MPEG-4格式。尤其是MPEG-4，由於是採用物件的觀念，可依物件本身不同的特性採取不同的壓縮格式，因此在壓縮時，就有許多不同的組合可供選擇。例如：將影像部分採用MPEG-2格式，壓縮成DVD的畫質（掃瞄線480-580條，解析度720×480），在聲音部分，則採用Dolby AC-3 5.1聲道（即左右聲道、中聲道、左右分離立體環繞聲道，外加低頻效果聲道）的音效處理技術，達到立體環場音效的水準。由於MPEG-4的多重組合之靈活性，目前已被逐漸應用於數位電視的訊號壓縮技術上。

（四）寬頻網路影音傳播的形成

　　網際網路形成初期，最主要的用途是在於資訊的快速傳遞。當時，所謂的資訊，大多是指靜態的文字或圖片。然而，隨著網際網路基礎建設的

進步與普及，使得人們在網際網路上接收動態影音資訊的需求，也就越來越高。

　　國內開始普遍在網路上接收影音資訊，其實只是最近幾年的事，主要推動網路影音傳播的前提，乃是寬頻網路基礎建設與串流影音技術的成熟。在網際網路上傳輸與接收影音資訊，使得電腦開始也有了「看電視」的功能，甚至因而產生了許多「網路電視台」。然而，由於網際網路為新興媒介，在法規、政府管理，或是人們的使用習慣上，畢竟仍和傳統的電視角色有著些許的不同，如何為多功能的網路傳播找到適當的定位，這是身處媒體匯流時代，政府和業者仍在持續努力的。

　　大致而言，網路傳播的發展特性與優勢，包括有以下幾個面向（王公誠，2001）：

1. 網路傳播為首先結合電視與電腦的媒體，是一個最新、最完備的新媒體型態。
2. 電視廣播雖為國家政策所推動，但由於電視訊號的傳輸頻寬有限，節目內容多需要事先妥善規劃，因此，即時性、多樣性的內容仍以網路傳播最為有利。
3. 網路傳播突破了傳統媒體在時間、版面上的限制，具有可以隨時收看、任意取閱，以及更多即時資訊的特色。
4. 小眾市場（專業化）。
5. 傳播個人化、互動化。

　　以網路電視為例，所謂的「網路電視」廣義地說，就是透過Internet網際網路或Intranet企業內部網路，以網路為載體，影像及聲音內容為載具的傳輸方式（蔡可娟，2001；郭宇，1998）。網路電視和以往傳統的地面無線電視、有線電視、衛星電視的差異，只是收視的介面與用戶端的瀏覽方式不同而已。不過，由於網際網路的特性，網路電視這個模糊的名詞，卻可以遠遠超越傳統電視所扮演的角色，而運用在遠距教學、企業內部訓練、保全、監視系統等等的功能上。

　　不同於傳統電視媒體昂貴的營運設備與高科技的發射台技術，網路電

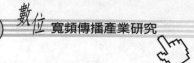

視的角色,較像是一個「資料交換中心」,參與網路電視營運的通訊服務提供者和內容提供者得以分開運作。架設網路電視台大約只要數百萬的軟硬體投資,就可以達到數位網路廣播的理想品質。投資成本降低,大大地調降了進入的門檻,再加上網際網路有著無遠弗屆的特性,使得網路電視的收視人口逐漸增多。

基於網路傳播的種種特色,網路電視目前的應用方式大致可分為幾類:

■即時視訊(Real-Time Video / Live Video)

針對已經擁有攝影棚,有製作及轉播節目能力的業者而言,架構一個網路電視台,只需要再準備網路直播副控系統(包含導播機、字幕、網路壓縮和解壓縮機制),以及編碼器直接連上Internet,就可以立即播送(蔡可娟,2001)。

網路電台就是常見的網路即時傳播,如果再加上視訊,透過網路及串流技術,就可以進行即時影音轉播。即時視訊多應用在各類演唱會、記者會、公關活動、教育學習及股市解盤等等方面,也有部分衛星電視台、無線電視台開始採用全天的同步網路廣播,以擴大該台的傳播範圍、收視群眾,例如:大愛衛星電視台、ICRT的錄音室實況。

■隨選視訊(Video on Demand)

隨選視訊,不同於即時視訊,乃是將預錄的影音多媒體檔案,經由使用者點選,透過串流多媒體伺服主機在網路上進行播放,可說是「互動式隨意選取視訊服務系統」。適用於將既有的影音內容,依照特定串流檔案格式加以數位化後,直接置放於網路上提供大眾選擇播放。舉凡各類教學、娛樂(電影、音樂)、新聞節目,均可大量置放於網路上。

目前,隨選視訊的服務型態,若依服務內容而分,則包括有隨選影片服務(Movie on Demand, MOD)、隨選卡拉OK服務(Karaoke on Demand, KOD)、隨選資訊服務(Information on Demand, IOD)、家中購物服務(Home shopping)等。

・隨選影片服務

　　服務內容包括新聞、音樂、影片等各類影音訊號資料。從網路端提供服務至用戶後，使用者可執行類似家中放影機功能。其他功能還包括選片、使用的語言、熱門節目選取、個人偏好之節目類選取、節目限時選取等等。

・隨選卡拉OK服務

　　乃是經過網路傳送之卡拉OK，提供用戶點播歌曲，用戶可設定不同節拍、曲調、背景畫面，未來甚至可以和不同地點的用戶合唱。

・隨選資訊服務

　　用戶可以透過網路擷取訊息，例如：交通運輸時間表、文藝活動演出時間，可讀取遠端資料庫訊息，包含學習、娛樂、電動遊樂等多種功能。也可以提供即時新聞，用戶可隨時接收重點新聞或詳細新聞內容，觀看方式可為文字檔或同時包含動態視訊等。

・家中購物服務

　　用戶可瀏覽視訊目錄或虛擬商店，由多媒體訊息如文字、聲音、影像、動畫等，獲得產品多方面的訊息後進行訂購。

■互動電視（Interactive TV）

　　寬頻技術的發展，打破了傳統類比式電視與網際網路之間的藩籬，在電視數位化之後，更讓觀眾與電視、媒體之間產生互動。

　　林怡君（1999）指出，「互動電視」是讓觀眾與電視、媒體本身具有互動關係。換句話說，電視不再只是單向傳送影音的一種傳播媒體。未來，電視提供的服務內容包括遠距教學、電視廣告、電子銀行、家中購物等等，其原理是利用數位廣播電視接收機，也就是俗稱「機上盒」（Set Top box, STB)的視訊解碼器，讓觀眾可以透過電視遙控器將要求的訊號回傳，服務的項目包羅萬象。

　　透過互動電視，觀眾對電視機的使用除了延續傳統類比式電視機觀賞電視節目的用途之外，還可以利用電子節目單或螢幕節目索引在上百個頻道中尋找特定節目、角色、演員或主題等等，收看籃球、網球或其他競賽

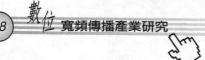

節目時，不但可以利用遙控器選擇觀看的鏡頭、角度，甚至可以查詢選手出賽紀錄等資料；收看汽車廣告時，觀眾可以檢視有興趣的車型；收看益智節目或古典音樂之類的文化節目時，可以利用電視節目的資料播送功能，讓輔助性資料、互動遊戲、訪問片段、電子商務等額外資訊伴隨節目主要內容而來。觀眾可經由點選螢幕按鈕打開視窗，獲取資訊或參與活動；觀賞烹飪節目時，可以下載食譜；收看財經報導時，甚至可以打開一個視窗和其他投資人相互比較及交換資訊（陳弘儒，2001）。

■其他網路傳播

網路電視在其他面向的運用還包括有遠距視訊會議傳播（Interactive Conference）、遠距監視系統（Interactive Monitoring）、互動廣告（Interactive Advertisement）、遠距教學服務（Distance Learning）、遠距醫療服務（Telemedicine）、網際網路擷取服務（Internet Access）、遠距工作服務（Telework）、互動性電玩遊樂（Interactive Games）、視訊電信服務（Videotelephony）、即時交易服務（Transaction Services）、家中銀行服務（Home Banking）、用戶節目自製服務（Content Production）……等多種服務類型。

而所謂的「網路電視」，也不限於建構於網際網路上的電視媒體，舉凡無線廣播、有線廣播，甚至是電信網路所串連而成的寬頻網路，都可以建構起寬頻網路的影音服務，達到互動影音以及更多頻道負載空間的傳播目標。

（五）網路的進步與普及

網路連線方式的多元化，促使網際網路這項最新的傳播工具，成長得比歷史上任何一樣媒體都快速。國際電訊傳播聯盟曾經做過一項有趣的比較，發現電話花了七十四年才有五千萬名使用人口，廣播三十八年，電腦十六年，電視十三年，而網際網路僅花了四年時間就達到這樣的普及率，可見網際網路驚人的成長速度（圖1-16）。

而根據經濟部技術處委託資策會ECRC-FIND所進行的「我國網際網路

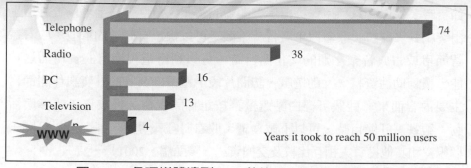

Telephone	74
Radio	38
PC	16
Television	13
WWW	4

Years it took to reach 50 million users

圖1-16　各項媒體達到5000萬使用人口所花費的年數

資料來源：ITU（1999）。

用戶數調查統計」顯示，至二○○三年七月底止，我國電話撥接上網用戶數為481萬戶，xDSL用戶數為198.6萬戶，Cable Modem用戶數為27.7萬戶，固接專線用戶數為1.5萬戶，ISDN用戶數為1.1萬戶，衛星用戶數約4戶，學術網路（TANet）用戶數為345萬人。將上述用戶數經過加權運算，並扣除低用度用戶及一人多帳號、多人一帳號等重複值後，計算出我國上網人口達867萬人。此外，根據交通部統計處最新資料顯示，國內台灣地區上網人口，於二○○三年七月初，已突破千萬大關，上網普及率達49%，等於平均每二人就有一人有上網經驗。

在寬頻網路方面，根據資策會統計發現，至二○○三年三月底止，我國寬頻用戶數已達226萬戶，可知我國寬頻用戶也是呈現持續成長。

最近一季寬頻用戶成長量，主要是來自於xDSL用戶的增加，反之，Cable Modem用戶則停滯不前。可知，在各項寬頻網路技術中，xDSL仍為國內寬頻上網的主流技術，其用戶數已突破200萬戶，居我國各項寬頻技術之冠。

而在無線網路部分，根據電信總局所完成的國內WAP和GPRS用戶調查資料顯示，至二○○三年三月底止，我國無線網路用戶為129萬戶，相較於上一季，成長率為21%，成長量的主要來源，又以GPRS用戶為主。目前，無線網路用戶占我國整體商用網路帳號數的比例，已從二○○二年同期的6%提升到15%，成長相當快速。

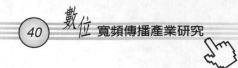

三、「非同步傳輸技術」推動互動化設計與趨分工整合

在網際網路的傳輸能力尚未能完全滿足人類需求的過渡期間，如何運用各種技巧，在有限的網路頻寬下，傳輸更多的訊息內容，就是媒介可以努力的目標。業者因而開發出所謂「非同步傳輸技術」，不僅提升了網路的傳輸效能，更為媒介設計者帶來許多內容設計以及工作流程上的改變，使其有能力為不同的閱聽人量身打造不同的服務內容，並透過分工整合，加以有效率地運用，為媒介傳播帶來更多元化的發展。

(一)非同步傳輸技術

非同步傳輸模式（Asynchronous Transfer Mode, ATM），是第一個能有效整合語音、數據和視訊在一個通訊頻道上的技術和協定結構。其原理，是不管媒介的資料傳輸速率多少，都將資料切割成相等的細胞（cell）或封包（packets），然後，將這些封包混合在一個傳輸媒介上傳送。

固定長度的封包，使得網路上的各種資料，都能公平地傳送出去，而運用分封傳輸的方式，更能使傳輸媒介的頻寬達到最佳的分配效果。ATM的這種分工傳輸方式，又稱為統計式分工方式（Statistical Multiplexing）。其特色包括有（程予誠，1999）：

1. ATM能針對不同資訊，依照其不同特性，而能提供不同層級的不同服務類別來傳送不同資訊。換句話說，ATM能夠將不同資料做轉換，讓不同資料都能在ATM網路上傳送。
2. ATM具有跨平台能力，提供新興資訊網路傳播能力，並保持品質的穩定。
3. 可與傳統網路相連，具有主流傳輸技術上的保障。
4. ATM能提供點對點或點對多點的服務品質，進行跨平台傳輸時，會針對資訊的可延遲或不可延遲，決定傳輸優先順序。

5.可與不同傳輸速率的網路相連。

6.透過虛擬網路的運用，節省工作站設定及管理成本。

ATM技術的應用範圍相當廣泛。除了影音服務外，消費性服務，例如：隨選視訊等互動式媒體應用；公眾服務，例如：遠距教學；商業應用，例如：視訊會議、電子銀行；社會應用，例如：長途語音傳輸的高速交換服務、社區多媒體有線電視傳輸交換服務等，都是ATM技術的應用。

(二)數位化後的超媒體訊息結構

為能推動整體工作流程的數位化、寬頻化，各類傳播媒體工作者開始改以各種數位技術進行內容的製作與蒐集工作。以電視媒體為例，採用數位設備進行錄影、使用虛擬佈景、運用非線性剪輯，或是以組合式拍攝的工作方式，將同一畫面中的元件單獨拍攝好，再將元件輸入電腦中。數位格式化的訊息內容，配合ATM所提供的各種不同傳輸速率的服務，將更易於滿足各種不同型態的影音訊息傳送需求，進而推動網路上多媒體資訊內容的大量生產，形成所謂的「超媒體」訊息。「超媒體」一詞，如同網際網路發展之初的「超文本」一詞，意指網路上的訊息可跨越媒體種類相互連結、相互溝通的特性。

超媒體的訊息結構，一方面破除傳統媒體單面向的線性思維，另一方面串聯起跨媒體的素材運用。因此，為媒體工作者帶來內容創作上的許多新觀點。例如：將這些新觀點應用在數位影音節目內容的設計上，就產生了許多有趣的創新表現形式。像是以製作網路動畫「阿貴」而知名的春水堂，在幾年前曾運用「拼圖式的節目段落」技巧，製作一部網路電影——「175度色盲」。當時，設計者為了讓觀眾能在短時間內下載該部影片的檔案，而將整部電影分割成十一段，並將十一段影片內容，以一種塊狀的、片段的，以及空間設置的搭配形式出現，提供了未來數位影像創作者新的創作概念（黃平融，2001年）。

其他的創新表現方式，還包括有Wirebreak.com公司，提供每一個故事更多「結局選項」的「多線並行的故事企劃」技巧；以及傳統大眾媒體所

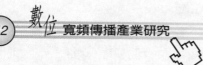

不願製作的極小眾節目內容,例如:線上音樂教學等等。

(三)大編輯平台的分工整合

　　審視數位化後的多媒體訊息結構,可以發現數位化的媒體訊息,具有相當多的特性便於業者簡化工作流程,或是減少工作成本。例如:各種媒體檔案都可以互通與相容,有益於免除各種的轉拷、備份工作;透過寬頻網路架構,可快速傳送資訊內容,不僅減少了實體物品的傳送成本,而且,各部門皆可同時取閱資料內容,將大幅提升工作與資源的使用效率;此外,各種圖文影音訊號只需擷取一次,即可加以編號管理,有助於降低實體物品的管理成本,同時提升管理效率。

　　為了能達成以上目標,部分業者配合數位寬頻網路的發展趨勢,特別強調利用媒體製作部門間的素材交換特性(Interoperability),以及數位檔案的相容性(File Compatibility),研發出線上資料庫以及線上製作平台的觀念。例如:國外的Matrox公司,就提出以Storage Area Network、Acquire、Creat、Edit、Playout等五個部分,所組成的線上大編輯台概念(參見圖1-17)。

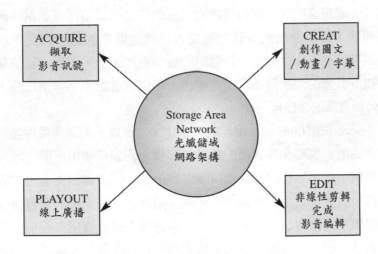

圖1-17　線上大編輯平台的基本概念

資料來源:作者研究整理。

數位線上資料庫與製作平台的搭配運用將有助於達到以下目標，實現數位寬頻時代所預期的全數位化工作流程：

1. 提升彈性（Flexibility）：隨抓隨剪，隨剪即播。即使到播出前的最後一分鐘，仍可輕易更換影音內容。
2. 提升效率與產能（Productivity）：允許多人、多部門同時運用相同的媒體檔案，無須等候錄影帶的轉拷、轉檔，或是跑帶的時間。
3. 提升品質（Quality）：在整體製播過程中，仍能保持原生素材的品質，一氣呵成，無品質損耗，也無轉檔造成的訊號偏差。
4. 降低成本（Reduce Cost）：減少影帶設備數量與投資，同時也省下設備維護成本的投資。

第四節　新傳播科技下的傳播理論

隨著傳播科技的進步，許多傳統的傳播媒介功能都不再局限於原來所扮演的角色。例如：電信媒體除了提供傳統的電話語音服務還可以傳輸多媒體訊息；電視媒體除了提供傳統的電視節目也可以進行互動電子商務；廣播媒體除了提供傳統的收聽功能還可以傳送簡單的圖形與文字……等等。各類媒體之匯流發展使得媒體間的競爭更加激烈。然而，若欲釐清新傳播科技所引發的大眾傳播環境的變化，仍可以透過大眾傳播理論，來分析時下傳播產業的運作現象。

學者Severin和Tankard（羅世宏譯，2000）認為，大眾傳播理論較具體的目標有四項：解釋大眾傳播的效果、解釋人們如何使用媒體、解釋人們如何從媒體學習，以及解釋大眾傳播媒體形塑人們價值觀與看法的過程。新傳播科技改變了大眾傳播媒體的面貌，對社會帶來深刻的影響與改變，更是大眾傳播理論關切的議題。因此，本書作者以新傳播科技中，帶來的影響層面最大的「數位寬頻技術」為中心，針對與數位寬頻技術相關之傳播產業活動，進行一連串的研究，觀察對象包括正在轉型中的電信、電視

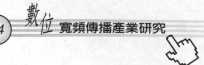

以及網路產業。在研究過程中，作者發現到若干傳播理論與時下傳播產業變遷情形實具有極密切的關係，它們分別是從巨觀的觀點，探討媒介科技在社會變遷過程中，扮演決定性角色的「科技決定論」；從社會心理學角度，探討閱聽人主動接觸特定媒介尋找資訊的「使用與滿足」理論；以及從微觀的角度，審視傳播活動在新事物傳布過程中所扮演的角色，或資訊在社會中的傳布過程的「創新傳布」理論。

隨著新傳播科技的發展，這些發展已久的傳播理論，同時得到了新的應用與詮釋。例如：企業組織透過推出新傳播科技產品，改變市場競爭條件；媒體細心觀察新傳播科技產品先驅使用者的使用與滿足情況，以儘早改善服務內容；企業組織運用創新傳布的理論，推廣新科技產品等等。新傳播科技下的傳播理論，仍有許多觀點值得研究者深思。

一、科技決定論

學者Joshua Meyrowitz使用「媒介論」（Medium Theory）指涉那些把焦點放在媒介科技層面的著作。媒介論者在界定媒介時，不只是將它們視為訊息傳送的管道，而是以超越媒介內容的觀點來看媒介的本質。媒介論者認為，媒介的本質就是影響社會的關鍵（湯允一等譯，2001）。其中，最廣為涉獵「媒介論」的學者，就是知名的加拿大籍學者麥克魯漢。

麥克魯漢在一九六四年以「媒介就是訊息」（the medium is the message）一詞震撼全世界。他認為，科技的效果並未在意見或觀念的層次上發揮作用，但卻逐漸地改變了感官認知的形式（McLuhan, 1964）。意指人們在使用媒介時，會強調某種感官勝過其他的感官。例如：印刷媒介強調的是視覺；電視，則比印刷媒體包含了更多感官的參與。當時，他對於印刷媒體興起讓人們產生疏離感以及極端個人主義的影響，以及電視媒體比印刷媒體提供閱聽人更深的參與感所做的詮釋，為其論點奠定了重要的基礎。

麥克魯漢的觀點與一般傳播學者看法出入較大的部分是：大眾傳播的內容（content）並不重要，真正重要的是傳播媒體的形式本身（form）（涂瑞華譯，1996；羅世宏譯，2000）。也就是說，不論人們選用那種傳播媒

體，此一選擇所導致的影響，遠大於人們加諸該媒體的內容，或是該媒體可以傳播的內容。例如：使用網路這個動作對人類事務所產生的革命效應，其實比人類在網路上所傳輸的內容都大得多。

麥克魯漢之所以要將人們的注意力從內容轉移到媒體，是因為他擔心內容會把人們的注意力抓得太緊，損及對媒體以及媒體周圍一切的瞭解（宋偉航譯，2000）。於是，在一九七○年代後期，麥克魯漢又提出了「使用者即內容」的見解，來強調科技與人類的密切關係。其意義可分成三種層級：使用媒體的人即等於決定媒體之內容；使用媒體的人透過單向電子媒體，進行「神遊」，因而成為這類媒體的內容；人類在使用早期互動式媒體，例如電話時，其內容全由交談的人來決定，至於現在的電腦網際網路，其內容有一部分是由使用者決定。這樣的主張，又有人稱之為「肢體延伸論」，意即所有的傳播工具，就像是人類肢體的延伸，例如：衣服、貨幣、照片等等一般，其傳情達意的方式，能改變人們的感官生活。一旦人的感官改變，其所知所為也將隨之改變。所以，麥克魯漢認為，真正對人類社會文化造成影響的，是傳播工具本身，換句話說，就是「傳播科技決定了人類的生活」。

正如學者威廉士（Williams）在其著作《電視：科技與文化形式》（*Television: Technology and Culture Form*）一書中所說的，新科技的影響和衝擊，經常是社會中的「既定現象」。在科技決定論理論中，不同的媒介以不同的方式形塑人們的感官感覺，造成某些不可避免的社會結果（湯允一等譯，2001）。以此理論檢視數位寬頻傳播產業的形成與運作過程，雖然有些簡化了媒介匯流與演變過程中的複雜性，但是，從新傳播科技所帶來的新興服務，例如網路音樂，廣受大眾歡迎的景象來看，科技，確實扮演著極重要的角色。

此外，新傳播科技的出現，也為傳播模式與人類社會系統，帶來更多元化的轉變。就像《當代傳播的動力學》（*Dynamics of Modern Communication*）一書的作者芙里契（Patrice Flichy, 1995）指出，人們可以將劇院包廂的發展，視為原屬於私有空間的「客廳」向「劇院」公共空間擴展的一個方式。他認為，「劇院包廂為私有和公共空間兩者的結合」。顯

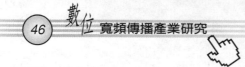

然，收音機與電視，甚至後來的VCD、DVD，以及數位寬頻影音時代的科技，都使得這個轉變更為明確。

而在社會系統的轉變上，芙里契認為，當另一種媒體科技發展時，會更進一步使消費它們的團體更為分裂，也因此創造出一種更為個人主義的消費模式。觀察數位寬頻時代，各種新傳播科技產品的發展，像是行動電話、PDA、MP3等的發展，都是以不同的方式，促使人們的消費習慣不斷地轉向個人消費模式。

二、使用與滿足

「使用與滿足」研究最早是出現在美國學者凱茲於一九五九年時，針對學者Bernard Berelson「傳播研究即將死亡」的說法，所提出的回應。他在〈大眾傳播研究與流行文化〉（Mass communication and popular culture）一文中表示，若要探討媒介效果，研究者應該要考量的是為什麼閱聽人會選擇媒介的特定面向（簡妙如譯，1999）。他認為，人們基於自身的心理偏好與社會環境，對媒體有特定的使用方式，媒介也會考量不同的文本，以滿足閱聽人的需求。早期傳播研究大多被設定在回答「媒介對人們做了些什麼」（What do media do to people?）的問題上，而凱茲則是建議，應該將問題改成「人們要媒介為他們做什麼／人們如何處理媒介？」（What do people do with the media?）（孟淑華譯，1999；羅世宏譯，2000）。也就是從媒介使用的角度，來探討大眾傳播媒體與閱聽人的關係。凱茲的論點，便是「使用與滿足」的理論基礎。

一九六四年，哈佛的社會心理學家Bauer提出「頑固閱聽人」的口號，認為閱聽人可以主動地尋找資訊；英國學者Blumler則更進一步指出「主動的閱聽人」，其中，「主動」涵蓋了功利性、意向、選擇性和不輕易受影響等四個面向，使得傳播研究開始進入「從媒介使用角度觀察傳播現象」的一個新領域（翁秀琪，1996）。

當時，相關的研究還包括有貝勒森（Berelson, 1965）所做的「失去報紙的意義是什麼」（What Missing the Newspaper Means），瑞里和瑞里

（Riley & Riley, 1951）所做的「利用媒介內容幻想的兒童與同儕的互動關係」，拉查斯裴和史東（Lazarsfeld & Stanton, 1942, 1944, 1949）所做的「廣播的功能」研究，沃爾夫和費斯克（Wolfe & Fiske, 1949）所做的「兒童對喜劇興趣的發展」，以及布拉姆和馬奎爾（Blumler & McQuail, 1969）依據使用與滿足理論，針對一九六九年英國選舉活動所做的研究。

凱茲和布魯勒（Katz & Blumler, 1974）等人也指出，使用與滿足理論具有五個基本假設：

1. 閱聽人使用大眾傳播媒介是有目的的。
2. 傳播過程中，需靠閱聽人把媒介的使用及需求聯繫起來。
3. 大眾傳播媒介所能滿足的需求，只是人類需求的一部分。
4. 在研究方法上，使用與滿足研究的資料蒐集得自於閱聽人的自我報告。
5. 由於閱聽人是以自我報告的方式，陳述有關傳播文化的意義，所以不必要對大眾傳播下任何價值判斷。

從這五點基本假設可以看出，使用與滿足理論是從閱聽人的角度來探討媒體的效果，而這些假設，也可套用在今日的數位寬頻產業的傳播研究中，因為新興傳播媒介的推廣，更需要主動的閱聽人去學習、使用，收訊者一定要主動地上網或打開數位電視，尋找其所要的資訊，才能架構起傳播的通道。Stone、Singletary和Richmond（1999）也指出，當資訊革命使得娛樂、新聞與資訊媒介之間，產生更多不可預測的選擇時，使用與滿足理論將更適合用來解釋閱聽人之所以採用新媒體的意圖。

使用與滿足理論提醒學界很重要的一點是，閱聽人並非只是個空容器，等著被媒介訊息填充，人們是為了很多不同的目的而使用媒介，他們自己會選擇想看想聽的內容。媒介內容設計者都應該對潛在的受眾，和那些想要獲得滿足的受眾進行更多的研究。

過去的傳播學者，依據研究的結果，對於閱聽人使用媒介的動機，有著幾種不同的分類方式。馬奎爾、布拉姆和布朗（McQuail, Blumler & Brown, 1972）在英格蘭做研究時，建議將人們的使用動機劃分為消遣娛

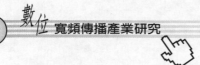

樂、人際關係、個人目標或個人心理、監督等四大類。凱茲、葛瑞夫提契和赫斯（Katz, Gurevitch & Hass, 1973），則是將人們使用大眾媒介的需求分為五大類，包括有認知、情感、人際整合、社會整合，以及壓力紓解的需要等。

　　而在數位寬頻技術發展之後，數位影音訊號與網路結合後所呈現的超媒體特性，使得觀眾在欣賞節目之餘，可以隨時做鏈結。加上超媒體所提供的許多獨特設計，例如聊天室、雙向語音、留言版等，更是擴展了人際和公眾溝通的既定模式，使得超媒體成為一種兼具好玩與好用、公眾與隱密、說服與告知等多項傳播功能的媒體系統。孫榮光等（2001）認為，數位寬頻科技引發了閱聽人不同於使用其他媒介的「超媒體遊歷經驗」，也促成閱聽人新型態的「使用與滿足」經驗。例如：

1. 互動經驗：數位寬頻媒介的使用者可即時參與媒介環境的形式與內容，也就是傳播者與受播者的角色可以互換，因此，數位寬頻媒介的操作已能趨近於人際傳播的過程。
2. 沉浸經驗：沉浸經驗是一種樂趣，一種發生在玩樂活動時，個人體驗的專心一致、渾然忘我的內在愉快經驗。沉浸經驗，最容易發生在「飆網」，或是參加「線上遊戲」的時候。使用者的時空觀念被扭曲，對自己和周遭環境的差距也沒什麼感覺，只是全心投入在刺激與反應間。
3. 信心經驗：Fredin（1997）研究網路超媒體新聞的閱讀活動及呈現方式時發現，使用者閱讀網路新聞的滿足感，並不來自於對相關媒體環境的陌生與生澀，而是對相關閱讀活動和內容的瞭解與知識。信心的多寡也和過往的使用經驗有關。
4. 遊歷經驗：寬頻網路，也有人稱之為「電子空間」，使用者在其中瀏覽並進行檢索，彷彿在三度空間中遊走，因此稱之為「遊歷」（navigation）（Stontan & Baber, 1994）。其特徵為：沒有空間限制、使用者權力最大、沒有一定順序、沒有固定模式、不必浪費時間等待。這種自由自在的主控權和傳統媒體相較，實有天壤之別。

可見，在不同的時空下，隨著新傳播科技的發展，依「使用與滿足」理論所進行的傳播研究結果，也有相當的差異。正如同網路音樂、網路教學、數位電視的出現，為閱聽人帶來了更新、更多元化的媒介選擇。而對於以新傳播科技為重心之傳播事業經營者而言，勢必要主動出擊，調查閱聽人接觸新科技時的動機與需求，才能確實研擬出時下數位寬頻傳播產業所適用之經營策略。

三、創新傳布

傳布研究（Diffusion Research）是研究「創新」（Innovations）（包含新思想、新工具、新發明等）如何擴散到整個社會體系，從而廣為人知的社會過程（羅世宏譯，2000）。如同學者Rogers（1995）在 *"Diffusion of Innovations"* 一書中所說，傳播的目的是在建立傳播成員間相互瞭解的認同度或趨同性，同樣的，新事物的傳布也需要經歷這樣的傳播過程。由於傳布的內容是創新的、前所未有的，所以，傳布的過程會有某種程度的不確定性。而從另一角度來看，這樣的不確定性，也可能是指更多選擇性的產生。因為創新傳布的目的，大多是在促成社會的改變，所以，傳布也可以說是一種社會變遷，亦即，發生在社會體系上，改變結構與功能的過程。

創新傳布有四個主要條件：新事物或新發明（the innovation）、傳播管道或溝通管道（communication channels）、時間（time）與社會體系（social system）。其中，新事物可以是一個觀念（idea）、作為（practice）或物體（object），凡是群眾從未接觸過的，採用的個人或單位認為它是新的事物，都可稱為「新事物」。但是，Rogers（1995）所指稱的新事物，則是以新科技、新技術為主要對象。他認為，所謂的科技是用來減低生活中不確定性的一種工具，而科技通常包含硬體與軟體二個面向，硬體面是指組成這個工具中的物質或物理性零件；軟體面則是與這個工具有關的知識。換言之，每項新科技出現，除了硬體本身的操作及其效用為人類帶來衝擊，軟體方面，也間接的改變人類的思考方式及相關的價值觀。

Rogers（1995）認為，新事物是否會被人們採納，還有採納的速率為

何，需取決於新事物的幾項特質，包括有：相對利益（relative advantage）、相容性（compatibility）、複雜性（complexity）、可驗證性（trialability），以及可觀察性（observability）。因為，創新的相對利益、相容程度、可驗證性及可觀察性越高，複雜性越低，則越容易被人們採納。

專門研究傳播新科技的學者Rogers認為，影響「創新」是否容易被人們採納的另一項因素，是人們對創新的熟悉程度。例如，習慣使用電話及呼叫器的人，很容易採納行動電話，因為行動電話本質上結合了這些消費者已熟知的相對舊科技（羅世宏譯，2000）。而就推廣數位寬頻網路服務而言，人們已經習慣使用網路、看電視、聽MP3，因此，若藉由新科技與閱聽人「舊經驗」的結合，推出網路教學、數位電視、網路音樂，應該很容易達到創新傳布的效果，因為人們已經熟知部分的媒介使用方式了。

因此，若要利用創新傳布理論，推廣新傳播科技所提供的相關服務，就必須要熟悉新事物的決定過程。Rogers認為，創新傳布是一種個人或單位下決定的精神過程，大致包括有五個步驟（Rogers, 1995）：

1.知曉（knowledge）：暴露於新事物及略知其如何運用。
2.說服（persuasion）：對新事物態度的形成。
3.決定（decision）：個人進行觀察、請教專家，對新事物增加認識，並決定選擇採用或拒絕新事物的行為結果。
4.施行（implementation）：個人開始試用新事物或嘗試新觀念。
5.確定（confirmation）：個人使用一段期間後，決定繼續採用或終止使用新事物所做的決定。

此外，學者們對於創新傳布的研究重點，還包括有早採用者與晚採用者的差別、新事物的特性（例如複雜性或便利性）、臨界點的地位等等。例如：Rogers依據個人或單位決定採用新事物的時間早晚，將使用者分成五種類別（Rogers, 1983）：

1.創新者（innovator）：冒險、熱中嘗試新觀念的，較之同儕更為交遊廣闊。

2.早採用者（early adopters）：受地方尊重的，通常是社會系統中最高級的意見領袖。

3.早跟進者（early majority）：深思熟慮的，經常與其同輩互動，但很少處於領袖的地位。

4.晚跟進者（late majority）：疑神疑鬼，採用新事物通常是因為經濟上的需求或交際壓力的增加。

5.落後者（laggards）：傳統的，大多數是偏愛鄉土的，很多是近乎孤立的，參與點是著眼於過去。

　　以創新傳布理論來分析數位寬頻科技與服務的推廣，將有益於對數位寬頻傳播產業，有進一步的認識。例如，人們在知曉階段會認知到新事物（數位電視、網路教學、智慧型網路付費語音資訊服務等）的存在，以及一些有關新事物運作功能（STB機上盒操作、撥打0204擷取資訊）的知識，而開始尋求軟體資訊（數位電視節目內容、網路教學課程、付費電話資訊內容等）。到了勸服階段，人們對新事物的態度逐漸形成。而到決定階段，就會依個人進行觀察、請教專家或他人的結果，選擇採納或拒絕這個新事物。至於對創新評估資訊的尋求，就成了勸服與決定階段的重點。施行階段，人們開始實際採用新事物。當人們嘗試使用新事物一段時間後，就會進入確定階段，決定強化或改變，甚至終止先前對新事物採納的決定。由此可見，善加運用創新傳播理論，掌握先驅消費者的特質與使用滿意度，確實是研擬數位寬頻傳播產業經營策略之重要依據。

參考文獻

■中文部分

王行，2000，〈開啟多媒體新紀元——台灣數位電視的現況與發展〉，《廣電人》，第67期，頁22-23。

王公誠，2001，〈網路傳播應用與發展〉，《廣電人》，2001年2月，頁60-62。

王如蘭，2001，〈迎接寬頻時代的挑戰——論台灣無線電視業者內容加值服務方向〉，政治大學廣播電視研究所碩士論文。

呂正欽，2002，〈淺談數位電視產業之推動〉，《數位視訊多媒體月刊》，2002年5月號。http://www.dvo.org.tw/dvd/m/2002-5/0205sam4.asp

汪琪、鍾蔚文，1998，《第二代媒介——傳播革命之後》（第二版），台北市：台灣東華。

宋偉航譯，2000，《數位麥克魯漢》，台北市：貓頭鷹。

李依倩，2001，〈資訊勞工——數位互動媒介的使用者〉，數位時代中的媒介與文化趨向國際學術會議，台北。

何瑞光，2000，〈行動通訊資料同步協定標準訂定昂首起步〉，《通訊雜誌》，第76期。

林怡君，2001，〈寬頻作靠山？互動／數位電視即將登場？〉，《數位觀察者》，第56期，2001年4月15日。http://www.digitalobserver.com/51-60/56/Linda.htm

吳顯東、張文鐘，1998，〈網際網路的誕生〉，《科學月刊》，第29卷第6期，頁450-454。

孟淑華譯（Werner J. Severin & James W. Tankard Jr.原著），1999，《傳播理論——起源、方法與應用》，台北市：五南。

洪平峰，1999，《電視事業經營管理概論》，台北市：亞太。

涂瑞華譯（Joseph Straubhaar & Robert LaRose原著），1996，《傳播媒介與

資訊社會》，台北市：亞太。

徐偉翰，2001，〈數位影音壓縮技術〉，《廣電人》，2001年2月版，頁54-55。

高凱聲，2000a，〈全球第三代行動電話發展現況〉，《通訊雜誌》，第76期，頁73-76。

高凱聲，2000b，〈全球及我國3G規劃方向〉，《通訊雜誌》，第76期，頁77-84。

高凱聲，2000c，〈我國寬頻網路線況與發展（上）〉，《台灣通訊雜誌》，2000年10月，頁60-62。

翁秀琪，1996，《大眾傳播理論》，台北：三民書局。

孫榮光、康敏平、巫亮全，2001，〈電子報之超媒體特質與使用者瀏覽經驗〉，《網路新聞媒體的發展與願景論文集》。

郭宇，1998，〈顛覆生活視界的網路電視〉，《動腦雜誌》，第266期，頁28。

陳玉霖，2002，〈數位影音產業在寬頻時代下之經營方式〉，清華大學科技管理研究所碩士論文。

陳弘儒，2001，〈另一個廣播電視!?網路影音的直播〉，《廣電人》，2001年1月，頁30-31。

陳秀娟譯，1998，《靈活運用資訊》，台北市：牛頓出版公司。

黃平融，2001，〈網路電影技術及未來〉，《廣電人》，2001年2月，頁44-45。

葉恆芬，2000，〈行動電子商務市場之競合──由DoCoMo購併談起〉，《網路通訊雜誌》，第113期，頁6-10。

張美惠譯，1999，《資訊經營法則》，台北市：時報文化出版公司。

湯允一等譯（D. Croteau & W. Hoynes原著），2001，《媒體／社會──產業，形象，與閱聽大眾》，台北：學富。

程予誠，1999，《新媒介科技論》，台北市：五南。

蔡可娟，2001，〈網路電視切開看〉，《廣電人》，2001年1月，頁54-56。

蔡念中等，1998，《大眾傳播概論》，台北市：五南。

《廣告雜誌》，2000，〈串連數位媒體平台〉，《廣告雜誌》，第124期。

虞金燕，2000，〈強敵壓境，ISP何去何從〉，《網際先鋒》，2001年4月，
　　頁54-60。

鄭貞銘等，1980，《傳播媒介與社會》，台北市：國立空中大學。

鄭瑞城，1988，《透視傳播媒介》，台北市：天下文化。

劉本炎，2000，《eNews台灣》，台北市：正中書局。

賴佳淳等，2000，〈台灣寬頻網路發展趨勢分析──以Cable Modem為
　　例〉，《產業金融》，第108期，頁120-141。

簡妙如譯（Lisa Taylor & Andrew Willis原著），1999，《大眾傳播媒體新
　　論》，台北市：韋伯文化。

羅世宏譯（Werner J. Severin & James W. Tandard原著，第三版），2000，
　　《傳播理論──起源、方法與應用》，台北市：五南。

■英文部分

Berelson, B., 1965. What "missing the newspaper" means. In W. Schramm
　　(ed.), *The Process and Effects of Mass Communication,* pp.36-47. Urbana:
　　University of Illinois.

Blumler, J. G. & D. McQuail, 1969. *Television in Politics: Its Uses and Influence.*
　　Chicago: University of Chicago Press.

C. Shannon & W. Weaver, 1949. *Theory of Communication.* Urbana: University
　　of Illinoins.

Davison, W. P., 1976, *Mass Media: Systems and Effects.* Praeger Publications.

Deutschmann, Paul, 1967. The Sign-situation classification of human communi-
　　cation. *Journal of Communication,* 7, no.2: 63-73.

Flichy, Patrice, 1995. *Dynamics of Modern Communication: The Shaping and
　　Impact of New Communication Technologies.* London: Sage.

Gerbner, G., 1965. Toward a general model of communication. *Audio Visual
　　Communication Review,* 4: 171-199.

Herzog, H., 1944. Motivations and gratification of daily serial listeners. In W.

Schramm (ed.), *The Process and Effects of Mass Communication*, pp.50-55. Urbana: University of Illinois Press.

Katz, E., M. Gurevitch & H. Haas, 1973. On the use of the mass media for important things. *American Sociological Review,* 38: 164-181.

Katz, E., J. G. Blumler & M. Gurevitch, 1974. Utilization of mass communication by the individual. In J. G. Blumler & E. Katz (eds.), *The Uses of Mass Communications: Current Perspectives on Gratifications Research,* pp.19-32. Beverly Hills, Cal: Sage.

Lasswell, H. D., 1948. The structure and function of communication in society. In. L. Bryson (ed.), *The Communication of Ideas.* New York: Harper & Bros. Also reprinted in W. Schramm, 1960, *Mass Communications,* pp.117-130. Urbana: University of Illinois Press.

Lazarsfeld, P. F. & F. M. Stanton (eds.), 1942. *Radio Research, 1941.* New York: Duell, Sloan & Pearce.

Lazarsfeld, P. F. & F. M. Stanton (eds.), 1944. *Radio Research, 1942-1943.* New York: Duell, Sloan & Pearce.

Lazarsfeld, P. F. & F. M. Stanton (eds.), 1949. *Communication Research, 1948-1949.* New York: Harper.

Levy, M. R., 1978. Television news uses: A cross-national comparison. *Journalism Quarterly 55,* 334-337.

McLuhan, M., 1964. *Understanding Media: The Extensions of Man.* New York: McGraw-Hill.

McQuail, D., J. G. Blumler & J. R. Brown, 1972. The television audience: a revised perspective. In D. McQuail (ed.), *Sociology of Mass Communications,* pp.135-165. Harmondsworth: Penguin.

McQuail, D. & S. Wundahl, 1981. *Communication Models for the Study of Mass Communication.* London: Longman.

Newcomb, T. M., 1953. An approach to the study of communicative acts. *Psychological Review,* 60: 393-404.

數位寬頻傳播產業研究

Osgood, C. E. (ed.), 1954. Psycholinguistics: A survey of theory of research problems. *Journal of Abnormal and Social Psychology,* 49(Oct). Morton Prince Memorial Supplement.

P. W. Bane, S. P. Bradley & D. J. Collis, 1999. ＂Converging Worlds of Telecommunication＂, *Computing and Entertainment.*

Riley, M. W. & J. W. Riley, Jr., 1951. A sociological approach to communications research. *Rublic Opinion Quarterly,* 15: 445-460.

Roger, E. M., 1983. *Diffusion of Innovations.* 3rd ed., New York: Free Press.

Rogers, E. M. & S. H. Chaffee, 1983. Communication as an academic discipline: A dialogue. *Journal of Communication,* 33, no.3: 18-30.

Schramm, W. (ed.), 1954. How communication works. In *The Process and Effects of Mass Communication,* Ch. 1. Urbana: University of Illinois Press. Also in revised edition, 1971, W. Schramm and D. Roberts (eds.).

Schramm, W., 1982. *Men, Women, Message and Media.* New York: Harper & Row.

Stone G., Singletary M. & Richmond V. P., 1999. *Clarifying Communication Theories: A Hands-On Approach.* Ames: Iowa State University.

Westley, B. H., 1976. Maclean and I and ＂The Model.＂ In L. Manca (ed.), *Journal of Communication Inquiry* (spring), pp.26-34. Essays in Honor of Malcom S. Maclean. Jr.

Williams, Raymond, 1974. Television: *Technology and Cultural Form.* London: Fontana.

Williams, Frederick, 1982. *The Communication Revolution,* Beverly Hills: Sage Publications.

Wolfe, K. M. & M. Fiske, 1949. The children talk about comics. In P. F. Lazarsfeld & F. M. Stanton (eds.), *Communication Research, 1948-1949,* pp.3-50. New York: Harper & Brothers.

■網站部分

中國多媒體協會，http://www.cma.org.tw/school/media.htm
財團法人資訊工業策進會電子商務應用推廣中心，http://www.ecrc.iii.org.tw/
ITU（International Telecommunication Union），http://www.itu.int/home/

第二章
數位寬頻技術下的傳播產業發展趨勢

引言　你會以怎樣的名詞來形容現在這個時代？

西方學者Frank Koelsch在其著作 "*The Information Revolution*" 中曾表示，以「資訊」這個名詞來想電腦，就如同以「蒸汽」來想汽車，以「風帆」來想輪船一樣。若要以科技的眼光，來衡量一個不斷逝去的年代，就必須訂定一個足以反應當代科技運用與未來演變的新名詞（譚天譯，1996）。那麼，處在數位寬頻風潮下的人們，又該以怎樣的名詞來形容現在呢？

十八世紀的工業革命，藉由人力、獸力，轉變為機械生產的重大變革，引發了產業環境與資本權力的重組；同時，也造就了許多明星企業的誕生。時至今日，雖然也有許多新科技的發展，引發產業經濟的變動，諸如電腦、資訊科技等，然而，在數位寬頻技術發展之後，各種產業經濟，尤其是最重視訊息傳輸效率與品質的傳播產業，才真正遭遇到改頭換面的挑戰。

首先，在傳播的通路方面，數位化使得所有的傳播服務，不管是平面圖文，或是語音、影音娛樂，均以一致的數位格式加以儲存、傳輸。而且，最重要的是，由於寬頻網路的連結，以往原本不相往來的傳播通道，舉凡無線電波、有線電纜、電信網路，都可以相互連結，互通有無。

其次，在傳播的服務內容與形式方面，數位所衍生的多媒體科技，使得媒體匯流特性，越形重要。由於多媒體服務的表現形式千變萬化，賣出產品後的售後服務、周邊利益、加值服務，更是經營者的創意與智慧的表現。因此，更為許多缺乏資金，但能以創意與新興服務進入市場的小型服務業者帶來機會。

第三，在傳播產業的經營管理模式方面，由於數位寬頻技術的普遍運用，使得四通八達的傳播網路與資源，成為經營傳播產業的基本要件。如何同時兼顧企業專長，並擴大企業與其他類媒體的連結關係，則需要善加運用新的經營管理模式。因此，舉凡跨業經營、多角化經營、策略聯盟、創新管理等等管理模式，逐漸成為數位寬頻相關產業予以重視的經營策略。因此，「新通路」、「新服務」、「新模式」，正是時下數位寬頻傳播產業多變面貌的起點。

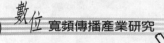

第一節 數位寬頻技術下的傳播產業發展趨勢一：新通路

一、寬頻上網營造數位台灣根基

%近年來，國內外經濟環境景氣低落，政府與民間均將未來提振景氣之希望，寄放於未來高科技產業的發展，尤其是數位寬頻技術所帶來的傳播產業新氣象。以日本為例，該國歷經十年的景氣低迷時期，日本政府在這段期間投入許多公共建設，都未能有效地讓景氣復甦。二〇〇一年日本政府推出「e-Japan」計畫，首度以政府預算投入非公共建設，明顯地將期望投注於e化產業上。

同樣地，我國行政院也於二〇〇二年推出「挑戰2008——六年國家發展重點計畫」（何佩儒，2002；何英煒，2002），其中的「數位台灣」（e-Taiwan）計畫，以高達新台幣366.3億元的政府預算投入，將採用委外方式由民間承包，執行未來六年期間一連串的發展子計畫，期望帶動資訊服務及軟硬體市場的商機。

數位台灣的主要計畫項目包括「六百萬戶寬頻到家」、「e化生活」、「e化商務」、「e化政府」及「e化交通」五大發展架構，共涵蓋三十九項計畫。例如：政府網站服務單一窗口、產業協同設計電子化計畫等，都一併整合到這個大型的數位台灣計畫當中。

整個數位台灣計畫的預期效益，包括經濟面將可創造兩萬個工作機會，提高電子商務交易占國內生產毛額（GDP）比率。產業e化率從目前的26%，提高到60%，估算將帶動e化服務業超過1,000億元的營業額。在政府所編列的新台幣366.3億元預算中，有276.6億元是經建預算，80.7億元為科技預算。而除了政府撥出的預算以外，也將帶動周邊相當多的寬頻網路服務產業發展。

寬頻產業的發展與應用，均需要立基於消費者與消費環境之轉變，也

就是數位寬頻環境的建立。因此，e化台灣計畫之首要建設，便標明了「寬頻到家」，點出寬頻基礎建設的重要性。寬頻網路成了實現e化台灣的基礎，在五大架構中的「六百萬戶寬頻到家」子計畫中，其目的即在於為國內民眾建構起資訊通信基礎建設及網路安全的環境。

二、寬頻網路服務之基本條件

就科技面而言，寬頻上網的技術早已存在多時。但是，能否以大眾能夠負擔的費用，來推動消費者投入使用，才是最大的困難點。過去，寬頻網路服務，就是受限於工程建置和使用費過高，才無法廣為推行。現在，政府開放民間投入經營各種基礎通信建設，有利於成本降低，並推動「寬頻上網服務」，衍生出更多的電子商務服務。

以數位寬頻網路為中心而提供服務的業者，大致可以分為兩類，一為「ICP」，亦即Internet Content Provider ——內容提供者；另一為「ISP」，亦即Internet Service Provider——網路服務業者。

ICP，顧名思義就是提供網路內容的業者，由於網路的應用層面擴及大眾生活的許多面向，因此，除了傳統的資訊、娛樂、藝術創作行業外，舉凡百貨、金融、交通等，也可以因提供資訊，而扮演著ICP的角色。

ISP，有時又稱為IAP（Internet Access Provider），其服務內容以硬體的連線上網，和其他相關的網路周邊服務為主，例如：電子信箱、主機伺服器代管（Co-location）、網頁製作、硬碟出租、伺服器與網站架設等等。消費者只要透過向ISP申請為合法用戶後，就可以連上網路，享用各種網路服務。時下的「寬頻網路服務業者」（Broadband Internet Service Provider, BISP），和傳統的ISP業者服務內容相同，只是透過寬頻網路技術，提供更快的網路傳輸速度，而且因為傳輸的速度與容量大增，在服務內容與產品形式上也更為多樣化。

目前，全球最大的ISP為美國的AOL，而臺灣較具代表性的ISP則為台灣學術網路（TANet）、中華電信網際資訊網路（Hinet），與數位聯合電信（Seednet）。這些ISP或BISP，由於掌握了寬頻網路通路，成為消費者、內容

提供者、廣告商、政府等角色的互動中樞，加上若干通路業者還同時進行垂直整合，兼具內容提供者的角色，可見寬頻網路服務業者應是數位寬頻傳播產業之營運中心。

各家網路服務業者，由於基礎設備、運作方式的不同，因此，服務品質上有若干的差異。加上業者所推出的各式服務方案，往往很難比較得出哪一家業者的方案對使用者最為有利。此外，也要考量使用者本身的需求，才能決定較適合哪一家業者所提出的方案。李佳哲（2000）認為，衡量寬頻服務的標準可以歸納出以下幾項：

(一)網路基礎建設

1.連外網路：包括與島內各大網的連結、資料交換協定，以及國際網路資料交換的頻寬建設和協定。
2.島內骨幹：島內骨幹，除頻寬外，使用的傳輸技術也是決定速度的要件，例如採用ATM非同步傳輸技術，就會擁有較高速的效能。
3.路由設定：擴大了頻寬，更要搭配良好的路由管理，在敲定合作廠商之前，必須瞭解ISP對於網路交換的路由政策。
4.備援系統：一旦某條主要傳輸線路中斷，ISP必須立即有系統提供備援服務。
5.機房建設：機房的不斷電系統、冷氣系統、安全管理系統，都是維持良好服務的基礎。

(二)服務內容

1.附屬服務：除了消費者購買的主要服務之外，還需要附屬服務做搭配，並瞭解網路使用情形，做為未來規劃的參考。
2.加值服務：可供選購的加值服務或是產品搭配，可以幫助用戶擁有量身定做般的網路規劃，增加使用彈性。

(三)技術支援能力

1.技術支援人員：網路規劃及建設的實力，取決於服務提供廠商的技術能力。
2.技術支援時間：強調二十四小時無國界的網路服務，必須擁有相應的技術支援時間，才能確保用戶的使用權益不中斷。

(四)設備相容性

1.設備廠牌：設備廠牌雖然是各擅勝場，但是每個機器的特性及專長皆不同。
2.設備相容性：每種廠牌的設備擁有獨特的專屬技術，如果ISP的設備能夠與用戶端相容，將能使設備的效能達到最高。

(五)服務擴充性

合作的ISP必須持續在技術以及服務上精進發展，以及持續投資設備和網路架構，才能與使用者一起成長。

三、國內寬頻網路發展現況

上一章曾經提到，目前網路的連線方式，包括有線的撥接、ISDN、Cable、xDSL；無線的衛星、行動上網、區域無線等方式。而依據工研院電通所統計，一九九八年台灣ISP產值為新台幣30.8億，較一九九七年的13.6億元成長126%，其中連線服務所占比重達90%，撥接及固接專線各占58%、32%。如中華電信固網，收入50%為語音，10%為數據。而隨著新固網業者的加入，以及國內以政府預算支持寬頻產業的發展，預計國內整個e化服務業的營業額，將可達到一千億的目標。

依資策會調查結果顯示，目前台灣寬頻上網服務多集中在Cable Modem

與ADSL兩種上網方式。Cable Modem部分，主要服務業者為東森ETWebs與和信Giga Media。ADSL部分的主要服務業者，則包括有大型固網電信集團的中華電信、台灣固網、東森電信、新世紀資通，以及中型網際網路公司的SEEDNet、亞太線上APOL和其他公司。

在二〇〇〇年以前，世界各國多對Cable Modem抱有較樂觀的期望，因為Cable Modem在本身傳輸設備的性質上，讓未來的寬頻產業擁有較大的發展潛力空間。但是，相對於Cable Modem穩定的成長速度，ADSL的急速成長率，已使得全球的ADSL使用人口，在二〇〇二年五月首度超越了Cable Modem的使用人口（資策會，2002）。目前，國內之上網總人口已超越一千萬人，普及率達49%。寬頻用戶數則已達到226萬戶，可見寬頻網路已成為大眾生活中相當重要的一項資訊、娛樂，甚至商務活動之傳輸通路。

第二節　數位寬頻技術下的傳播產業發展趨勢二：新服務

一、國內寬頻網路使用現況調查

隨著國內寬頻網路的普及與使用人口的增加，人們在寬頻網路上所從事的活動內容也越來越多元。依據網路評量機構NetValue的報告顯示，台灣上網人口喜愛的網路活動，除了在網上瀏覽之外，最主要的活動就是收發電子郵件，占60.7%；除了收發電子郵件以外，網友也喜歡在網路上傳輸訊息、檔案，或是從事影音內容欣賞等等的活動。

雖然目前所謂的「寬頻網路」是以Cable或ADSL為主要上網方式，而以電腦為主要的收看平台，但在未來，當電視、行動電話、PDA，甚至是一般家電，都提供了平價的寬頻上網服務時，無時無刻上網，豐富多元的資訊，以及因時因地制宜的操作方法，都將為寬頻網路服務的形式與內容，建立起更多采多姿的樣貌。

由於目前的數位寬頻網路仍屬於新興媒體的一員，尚未產生大量的重

度使用者，所以，如欲為寬頻網路研發出更多創新的服務內容，同時引發使用者的需求與滿足，應從時下先驅消費者之使用行為與習慣切入探討。因此，本節依劉幼琍、陳清河（2002）與資策會之調查報告內容，分別就消費者使用寬頻網路之「動機」、「行為」、「內容」與「特殊應用」等四個面向進行探討。

(一)消費者使用寬頻網路之「動機」概況

依據國內針對「消費者已安裝寬頻網路的時間」調查結果顯示，以安裝寬頻網路「六個月以上，未滿一年」的受訪者最多（占28%）；其次為「一年以上，未滿兩年」（20.2%），以及「未滿三個月」（20.1%）（參見圖2-1）。呼應國內逐年攀升的寬頻網路使用戶數，可知民眾已相當能夠接受在寬頻網路接取服務上的消費，並且在近一、二年間，開始大量改採寬頻網路接取服務。

另外，從「消費者安裝寬頻網路的動機」、「消費者選擇安裝ADSL或Cable Modem的原因」調查結果最高者均為「速度較快」，以及「使用寬頻時的困擾」最高者為「尖峰時段容易塞車」等調查結果可以看出，時下的

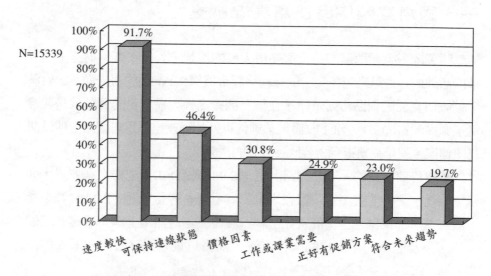

圖2-1　消費者安裝寬頻網路的最主要動機

資料來源：劉幼琍、陳清河（2002）。

網路使用者對於寬頻網路的傳輸速度要求甚高，已成為使用網路時的最基本條件。

(二)消費者使用寬頻網路之「行為」概況

而在消費者的網路使用行為方面，相關調查結果發現，相較於過去的網路使用行為，時下消費者大多已經養成每天上網的習慣（占74%左右），每天上網時數也以二小時以上未滿三小時（約占21.5%），或三小時以上未滿四小時（約占19.2%）居多，甚至，一次使用七小時以上的消費者也達到16.9%之多，可見，有越來越朝向重度使用的趨勢。使用時段，則以晚間十點到十二點為巔峰，晚間九點到十點次之。

(三)消費者使用寬頻網路之「內容」概況

至於消費者在網路上所從事的行為，相關調查結果發現，消費者使用寬頻網路的主要用途，第一是「收發電子郵件」（占82.9%），其次為「搜尋資料」（占50.3%），以及「下載軟體資料」（占39.1%）（參見圖2-3）。

最常去的網站類型以「入口網站」最多（占74.9%），「軟體下載類」（占30.6%），以及「搜尋引擎類」（占20.6%）次之。

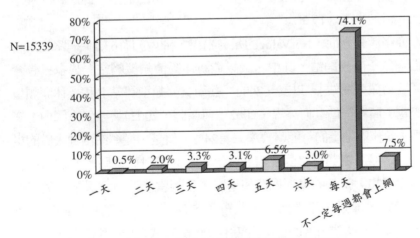

圖2-2　消費者每週使用網路的天數

資料來源：劉幼琍、陳清河（2002）。

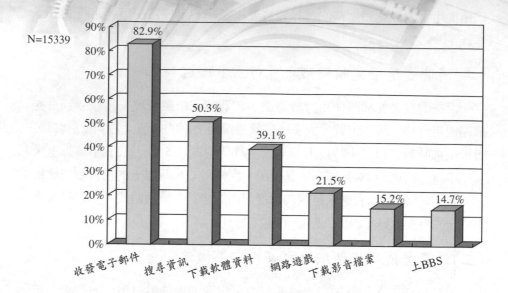

N=15339

收發電子郵件	82.9%
搜尋資訊	50.3%
下載軟體資料	39.1%
網路遊戲	21.5%
下載影音檔案	15.2%
上BBS	14.7%

圖2-3　消費者上網的主要目的

資料來源：劉幼琍、陳清河（2002）。

　　最常下載的檔案類型為「應用程式」（占45.4%）；其他依序為圖片（44.4%）、遊戲（30.3%）、動畫／影片（24.3%）、MP3檔案（23.7%）、驅動程式（20.6%）、桌面（19.3%）等。

　　而在商務活動方面，NetValue的報告指出，國內約有63.1%網路使用者曾經參觀過電子商務網站，其中，又以造訪「經濟類型網站」最多，包含最高的「購物類型網站」，以及其次的「藝術文學類型網站」和「休閒類型網站」等電子商務網站（何英煒，2002；何佩儒，2002）。雖然，國內上網人口在電子商務網站上的可能購買率只有24%，但是，從網站瀏覽人數的提升可以看出，隨著寬頻網路的應用普及，以及大眾對於電腦相關知識與技術的熟悉度增加，時下的寬頻網路使用者，已相當能適應透過網路從事部分的日常活動，像是人際溝通、資訊蒐集，甚至娛樂、購物活動等。可見，寬頻網路在網路使用者的日常生活中，將扮演越來越重要的角色。

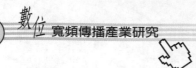

(四)消費者使用寬頻網路之「特殊應用」概況

　　未來，隨著數位寬頻技術的持續提升，產業經營成本以及消費價格的下降，有許多已開發但尚未普及之寬頻網路特殊應用服務，將爲網路使用者的生活，帶來更多的便利與樂趣。依據相關研究針對「消費者使用寬頻網路特殊應用服務」的調查結果顯示，使用者常常使用和還算常使用的前三名項目分別爲「下載音樂」（42.1%）、「網路電動遊戲」（38.1%），以及「線上收聽音樂」（34.8%）。目前，這三種服務都已成爲全球網路服務業者的熱門經營項目（參見**表**2-1）。

　　至於從未使用以及幾乎不曾使用的排名前三名爲「視訊會議」、「線上即時對談」、「影音聊天」、「網路KTV」等。這幾項服務的相關技術，均已有業者投入研發，但可能因爲操作上還不夠簡易，或是使用時需要另外購買相關配件（例如網路攝影機），因此，較少消費者使用。

表2-1　寬頻網路特殊應用使用情形

特殊應用	從未使用	幾乎不使用	偶爾使用	還算常使用	常常使用
視訊會議	76.4%	11.4%	9.2%	1.6%	1.4%
線上即時對談	58.9%	13.1%	16.8%	5.1%	5.8%
影音聊天	65.7%	13.8%	13.7%	3.7%	3.3%
網路廣播	41.3%	17.7%	28.7%	7.5%	4.8%
線上試聽音樂	9.5%	10.9%	44.7%	20.4%	14.4%
下載音樂	13.9%	11.9%	31.9%	19.2%	22.9%
網路KTV	56.6%	18.8%	16.2%	4.9%	3.4%
隨選視訊	32.9%	17.5%	30.0%	12.2%	8.2%
網路電動遊戲	23.5%	14.3%	24.0%	14.8%	23.3%
遠距教學	54.0%	18.9%	18.5%	5.8%	2.8%
線上學習	29.9%	18.5%	31.4%	13.6%	6.5%
網路金融服務	46.8%	14.9%	19.4%	10.1%	8.8%
寬頻網路購物	38.8%	15.4%	27.1%	11.8%	6.9%
網路電話	68.9%	16.1%	10.2%	2.7%	2.0%

資料來源：劉幼琍、陳清河（2002）。

未來，消費者希望能夠加強的數位寬頻服務，依次為「安全監控設備」、「數位電視服務」、「遠距醫療服務」、「隨選遊戲」。可見，除了休閒和娛樂活動之外，消費者也期望寬頻網路能為其帶來更實用之生活機能服務。

二、寬頻網路服務的發展趨勢

前一節所陳述的寬頻網路使用現況，其實，仍局限於時下消費者較熟悉的網際網路使用行為。未來，還有新興的固網業者、衛星通訊業者、地面無線通訊業者，也會加入寬頻網路服務提供的行業，屆時可能仍會有使用行為上的變化。

以固網業者為例，觀察國外相關業者的服務重點發展趨勢，雖然語音服務在短期內仍將是固網業者的主要營收來源，像是日本新進的固網業者，初期仍以國際語音、國際專線以及國內長途電話為主要營業項目，但從二○○二年開始，全球電信公司的數據通訊流量已逐漸成長，甚至超過語音通訊流量，顯示出數據通訊服務，包括數據傳輸、電路出租、多媒體影音內容的傳送等，將成為網路產業的明日之星。

而在有線電視系統業者方面，也可以結合數據通信，以及有線電視的內容服務，提供高品質的網路多媒體影音內容與資訊，未來更可以開發雙向的互動式服務，像是電子銀行、家庭保全、電子購物、互動式電玩、遠距教學、隨選視訊等。

未來的寬頻網路服務業者，除了基本的「上網服務」之外，還可以發揮創意，徹底運用寬頻網路的各項軟硬體，進行包裹式的套裝行銷。大致上，寬頻網路服務所能提供的服務類型，可分為以下幾類：

1. 硬體設施上的服務（如電路出租、固網傳輸通信、HFC雙向網路等）。
2. 接觸平台的服務（如語音與數據電信服務、上網連線服務、Cable電話、衛星電話等）。

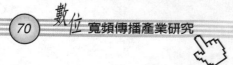

3.軟體的服務（如情報加值服務、電子商務加值IPP、網站內容服務
  ICP、Cable TV、TV購物、IDC網路資料中心等）。

　　過去，受限於網際網路的接取技術以及頻寬的限制，網路所能提供的
服務形式與內容，大多只能以靜態的資訊模式呈現，導致早期的消費者的
網路使用行為多以查詢資料為主。例如：美國網路廣告營業額前三名的網
站，搜尋引擎就占了兩家，其餘名列榜上的網站，亦多以提供新聞和科技
訊息為主，極少有提供影音視聽訊息或即時鉅額資料互動的網站。台灣過
去的情形也是如此。

　　但早期網路使用者的使用習慣，必將隨著寬頻網路服務業者帶來多樣
化的服務內容與型態而有所改變。此外，對於寬頻網路服務業者而言，由
於網路接取技術的進步，以及各數位媒體間的通透性，足以為大型企業機
構提供專業的網路服務內容。因此，在寬頻網路服務的形式與內容的發展
趨勢上，研究者依業者種類的差別，而從寬頻網路服務提供者（BISP）與
寬頻網路內容提供者（Broadband Internet Content Provider, BICP）兩種角
度，切入觀察。

(一)BISP之發展趨勢

■ISP業者減少，加值服務風行

　　對傳統的ISP而言，ICP可以是完全不涉獵經營的領域，因為ISP的用戶
可以任意連線到任何ICP建構的網站，並自那些網站讀取他們所需要的資
料；但對大部分BICP來說，其提供的即時影音資訊礙於檔案龐大，無法在
網際網路上自由傳遞，只能在BISP的網路內部消費。因此好的網路內容服
務將導致BISP的使用戶數增加，而BISP用戶數的增加又將導致BICP業務量
增加，兩者形成一個方向一致的良性或惡性循環。

　　由於BICP的品質而導致BISP成敗榮枯的情形，不單出現在ISP和BISP之
間的競爭，也出現在BISP業者之間的競爭。然而，未來的寬頻網路時代，
舉凡有線電視業者、電信業者、固網業者都可以提供上網連線的服務，因
此，在相同競爭條件的基礎下，預計未來BISP業者的營業額中，其連線服

務的收入部分應該會降低，甚至有朝向「免費提供」的發展趨勢，而以加值服務的項目，作為與其他同行業者競爭的主要業務項目。例如：主機代管、網路廣告、網路電話、電子商務、訊息整合等網際電信服務。或是發展出特屬於寬頻網路環境的「殺手級應用」，例如網路遊戲等，並利用經營網路社群的方式，養成固定的客戶群，一方面可提升客戶忠誠度，一方面也是第二類電信業者可以存活的利基。

■上網通路擴大，3C媒體整合

隨著數位寬頻技術的普及與相互串連，未來，消費者將可透過各式各樣的終端設備及傳輸工具，達到上網的目的。在無線寬頻上網部分，諸如衛星、行動通訊（3G、CDMA）。在有線寬頻上網部分，諸如固網、ADSL、Cable（HFC）、STB等等。未來不管是電視上網、電信加值，上網媒體的擴大與整合，將建構起一個合縱連橫的整合型平台

而觀察媒體與未來的3C產業趨勢，可以發現在未來的世界裏，媒體與媒體之間的界線將漸趨模糊，因為媒體之間彼此的通透性與功能重複，除了產業間將不斷地整合，以分享共同的數位內容之外，有線電視在可見的未來將不再是有線電視，而電腦也將不再只是單純的電腦科技產業。他們將打破目前各個產業獨立分離的狀態，整合成為一個大媒體科技產業。例如：有線電視系統台未來的營收及獲利的成長，也將與固網電信、HFC寬頻上網、數位有線電視、電視購物、網路電視、數位電子商務等相互結合。

■策略聯盟，大者恆大，小者淘汰

在3C媒體整合的過程中，不管是哪一種媒體的運作和生存，都需要有大規模的併購與雄厚資金的累積，才能具備市場競爭的實力，並確實掌握到3C整合的主要目的。因此，併購成為商場上近一兩年來慣見的手法。尤其是隨著數位寬頻科技的不斷整合，可見的未來是，部分產業必將走向合併與合作，才能發揮最大的利基。例如有線電視業者與長途電話業者的結盟，電腦與電視的結合與跨業經營等。

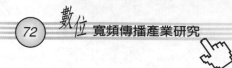

(二)BICP之發展趨勢

在寬頻網路內容提供者方面，觀察數位寬頻內容與資訊傳輸科技的相互配合，以及消費者使用時之需求與行為模式，可以歸納出以下幾點發展趨勢：

■首頁分道，滿足各類傳輸設備使用者需求

為方便56Kbps Modem，甚至是行動電話使用者的到訪，也為了增加網站的瀏覽人數，BICP會希望他們的網站被網路使用者設定為大門網站（Portal Site）。若要達到這種目的，就需要從首頁開始，依據使用不同種類傳輸設備的使用者，分別設計適合其設備傳輸能力的資訊內容（因為56Kbps Modem用戶絕不會將一個需要耗時等待的網頁設定為他的大門網站）。

此外，礙於網路資訊的繁瑣，網路使用者大多有資訊檢索和指引的需求。所謂資訊檢索，就是提供網站分類和搜尋引擎，讓使用者得以迅速找到他所需要的網站，例如：Yahoo、蕃薯藤都是屬於這類的網路內容提供者。而所謂資訊指引，就是每天推薦網路使用者連結不同的網頁，以滿足其日常生活的需求。網路使用者的需求有些是日常性的，如統一發票兌獎、節日送賀卡、節慶參加活動、選舉時辦網路民調等；有些則是時事性的，例如每天發生的重大新聞和娛樂消息服務等。目前，奇摩網站所提供的，就是同時結合資訊檢索和資料指引的服務，希望讓訪客的多元需求能夠一次滿足，畢竟，唯有消費者覺得網站首頁的資訊夠充足、開啟網頁的投資報酬率夠高，他才會將這個網站設定為大門網站。

■女性內容抬頭

雖然目前台灣網際網路的主要使用者仍然是男性（51%），不過值得注意的是，女性使用人口和過去比較起來，成長速度大幅增加，是未來寬頻網路最具開發潛力的族群，也是寬頻網路內容提供者所欲爭取的市場。

■資訊內容個人化

基於使用者付費和分眾的原理，未來網路使用者讀取新聞資訊時，必將走向「線上編輯」（on-line editing）的趨勢。這意味著讀者不再像過去只能購買一整份報紙或雜誌，接收一堆自己不感興趣的資訊；未來的讀者將可以依新聞標題選取想要閱讀的資訊，這些資訊可能來自不同的報紙或刊物，然後組合成一份個人專屬的網路出版品，而使用者也只需支付他所訂閱的新聞資訊費用。

同樣的原理也將運用於影視資訊，隨著隨選視訊的應用，觀眾從此可以不再依據節目表等待想看的節目，也不用額外花錢支付不感興趣的影音節目，BICP的用戶可以依其需求自由選取想收視的新聞、影音娛樂、電影和教學節目，並且按照自己的作息時間編排專屬使用者個人的節目表。

■網路安全引起重視

由於寬頻網路的普遍運用，已容納了大量的政府、企業與個人隱私資料，並且，在商業上的運用，也將逐漸出現高額的交易行為，因此網路安全已成為影響BICP業務發展的重要因素。

目前，網路使用者對網路消費安全的信心仍有待提升。根據過去資策會所作的調查顯示，網路交易安全是影響網路消費無法大幅成長的最主要原因之一。然而，隨著軟硬體技術的進步，保障網路安全的相關科技也有相當的提升。不管未來BICP究竟會使用電子錢包（E-Wallet），或是安全電子交易系統（Secure Electronic Transaction, SET）來從事網路購物服務，安全絕對是成功的第一要件。此外，如何架構安全的防火牆阻隔網路駭客的入侵，以及如何在網路上設置防毒功能，並為用戶提供網路掃毒的服務，都是BICP提升競爭力的重要措施。

■網路消費蓬勃發展

如果BICP能有效解決網路交易的安全問題，網路消費將可成為BICP最重要的收入來源之一。在推動實物商品的消費方面，如何幫助消費者透過網路掌握商品狀況，減少在購買商品時預期內容與實質上的落差；如何以最便捷、最低廉的方式，將商品送到消費者的手上，這些都是極需要解決

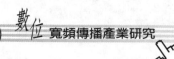

的問題。反觀在虛擬商品部分，例如網路遊戲、影音娛樂、資訊等方面，則將成為推廣網路消費初期最受歡迎的主力商品。一來，由於這些商品可透過數位寬頻技術傳輸，免去了傳統產業的量產與通路費用，有助於降低成本與售價；二來，這些商品可透過寬頻網路，提供給消費者試用，提升消費者買氣，是最適合數位寬頻產業經營的商品種類。

■大量應用虛擬實境技術

多媒體技術，使得寬頻網路的服務內容更為寬廣，同時，也提升了消費者對於寬頻網路服務內容的要求。反之，也由於數位寬頻網路的傳輸能力，使得虛擬實境技術得以開始廣泛應用在寬頻網路服務中。例如：虛擬旅遊、虛擬商店，甚至美容、教學、醫療等等，都將運用到虛擬實境的技術。

■IP服務與網路社群的發展

隨著網路的普及，現實生活中的若干行為與活動，也需要予以「網路化」。例如：現實生活環境中的住址、電話，在未來，每一位網路使用者則可能以個人的IP，作為網路服務業者提供傳輸服務的依據，或是進行顧客管理的資料蒐集管道。未來，寬頻網路也將發展出更多以IP為基礎而發明的各式服務內容。

透過IP，透過使用者熟悉的網上路徑，將能輕易地連結起有類似行為與特性的人群，因而促使網路社群的興起，甚至創造出從事「社群建構」的服務行業。在網路流量每隔一百天就增加一倍的情況下，「建立社群」已成為許多網路服務業者的主要目標之一。

■熱門時興網路服務

國內BISP的服務仍屬於起步階段，但從時代華納（Time Warner）在佛羅里達奧蘭多推出的「全方位服務網路」（Full Service Network, FSN）實驗計畫中，可以看出未來寬頻網路上可能會受消費者青睞的若干服務項目，包括有快速網路瀏覽、隨選視訊、隨選電玩、遠距商務，以及互動式視訊等服務。

三、國內寬頻網路服務業者的競爭與發展

國內現有或是具發展潛力的大型寬頻網路服務業者，依據各自擁有的網路資源與媒介特性，正積極嘗試開發數位寬頻傳播產業之新方向。業者之間的競爭與發展，或有重疊，或有不同，但若從市場區隔利基與經營數位寬頻產業所需的基本條件來看，國內寬頻網路服務業者多具有以下發展趨勢。

(一)搶占全球與大陸華文網路市場

寬頻網路的發展，連結起全球的消費者與市場，同時，也使得企業經營者的版圖，有機會從地方區域的經濟，擴展到全球性的領域。消費者使用網路的基本條件之一，除了數位化的網路設備外，最重要的就是能夠相互溝通的語言與文字。由此看來，占有全球最多人口比例的華人，無疑是未來最有潛力的全球寬頻網路服務業者。尤其是擁有十三億人口的中國大陸，預計在二○○三年將成為全球最大的網際網路市場之一。再加上其他地區的華人市場，全球華人網路市場已成為眾所矚目的大餅。

挾著成熟的技術與多樣化的服務內容，國內若干BISP業者，也計畫往大陸發展，期望能以台灣為中心，逐漸發展成為亞洲地區之寬頻網路服務中心。例如華網聯盟，在很早以前就以進軍全球華文網路市場為目標。目前，大陸地區市場之現況如下：

1.ISP部分：目前不開放外資經營，由中國電信China Telecom（chinanet）主導。

2.ICP部分：大陸網站內容仍有極大的開發空間，計畫進軍大陸市場之國內寬頻網路服務業者，可由ICP著手，或與大陸企業共同出資經營，或以大陸企業名義經營，爭取大陸網路市場。

3.E-Advertisement：為特許行業，但仍可迂迴取得經營執照。

4.E-Commerce：大陸之法律、金融制度等大環境尚未成熟，信用卡消

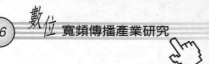

費習慣也尚未普遍建立，傳統消費習性仍強，因此，還無法有穩定的成長。

5. 資金：大陸資金取得不易，融資更是困難，且中國大陸尚未接受高科技公司股票上市，自有資金必須準備充裕。欲進軍大陸之網路服務業者，不管在資金上或心理上都必須有長期投入的準備。

由上述大陸網路市場現況看來，國內寬頻網路服務業者若欲進軍大陸市場，可與大陸在地的網路公司合作，利用其較優勢的地方性或某部分專業性，一同搶占市場，建立市場地位。

(二)回歸基本面的競爭重點

觀察目前寬頻網路的發展，以及搶占大陸及全球華文網路市場之所需條件，可以發現數位寬頻網路企業間的競爭，仍將回歸於基本面的經營重點，包括有：

1. 掌握寬頻網路基礎建設：例如Cable HFC、無線行動、固網電信網路、衛星網路等等，最重要的是要擁有最後一哩（Last Mile）接及有效客戶數，及其業務行銷平台的能力。

2. 掌握內容：包括高品質與充足數量的文字、影音、畫面、圖片等資訊內容。

3. 掌握規模：未來的競爭是屬於全球性的，業者不管是從BISP、BICP、B2C、B2B、Portal、Cable、Telecom，或是DTH的角色，進入數位寬頻產業的市場內，都必須要成為市場中的佼佼者，因為在經歷媒體整合與匯流之後，從各類市場崛起而能存活到最後的獲利者，恐怕除了第一、二名之外，皆無可取。

4. 掌握大陸市場：在激烈的媒體整合競爭中，若能擁有大中華十三億市場的地理經營範疇，幾乎等於掌握了大部分的華文網路市場，也擁有了相當的勝算。

5. 掌握靈活的跨業策略聯盟：跨媒體、跨領域的競爭，需要善用策略，一方面對外結盟，一方面對內有效推展各單位的資源整合與行銷運

用，以真正掌握數位寬頻產業的多面向經營。

6.掌握顧客資料庫：數位寬頻產業之服務面向，不僅分眾，甚至藉由資訊科技的進步，可做到個人化的服務，因此，數位寬頻服務業者應該要懂得掌握顧客資料庫，以開發更多、更體貼的服務。

7.掌握品牌：值此產業環境重組之際，新興之數位寬頻企業亦需儘速建立起令消費者信賴之電視、電信或網路品牌，有助於未來長久且多面向之經營。

8.掌握資金：由於數位寬頻產業仍在發展之初，新興之數位寬頻產業業者，需投入龐大資金進行寬頻網路的基礎建設、數位內容的製作，以及數位寬頻服務之行銷推廣，因此，難以在短期內回收成本，需有大量的資金支持初期的營運。

從以上種種競爭條件來看，目前國內具有潛力，且已投入數位寬頻產業發展之集團包括有：

1.中華電信：結合固網電信、行動電話、窄頻ISP、寬頻ISP（ADSL）等內容。

2.東森集團：結合固網電信、有線電視系統台、有線電視節目、衛星電視DTH、寬頻ISP（ET Webs）、寬頻內容、電視購物等。

3.台灣大哥大集團：結合固網電信、行動電話、寬頻BISP等。

4.遠東集團：結合固網電信、行動電話、寬頻BISP等。

5.和信集團：結合行動電話、寬頻ISP（Giga）、有線電視系統台、有線電視節目、寬頻內容等。

6.太平洋多媒體集團：結合有線電視系統台、寬頻ISP等。

第三節　數位寬頻技術下的傳播產業發展趨勢三：新模式

在數位寬頻科技的衝擊下，傳播生態產生很大的改變，原本的媒體產業難以再繼續維持原有的樣貌，而開始走向聚合與匯流，無論是電視、廣

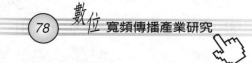

播、網際網路等，彼此間的界限都因數位寬頻化的發展而趨於模糊。媒體產業走向匯流的趨勢，同時也帶動了跨產業、跨媒體、跨國際性的合作。各傳播媒體相關產業，包括廣播、有線無線電視、電腦資訊、電信、電玩、電影等，皆開始迅速利用各種併購或策略聯盟方式整合，以取得更大的市場競爭優勢及獲得更高利潤的可能。近年來媒體企業的發展，就在不斷的整合下，形成集團化、大媒體（Megamedia）的新經營模式。

一、併購、策略聯盟、集團化相關理論

(一)併購與策略聯盟之意義、類型

■併購之定義

「併購」（mergers and acquisitions, M&A）就法律層面而言，指獲取另一家公司組織或機構的經營權與控制權（楊嘉瑜，2001），通常是企業追求外部成長，維持競爭優勢最快速的方式之一（邱顯鴻，1999）。併購，一般而言可分為合併（mergers）與收購（acquisitions）兩種財務活動。

所謂「合併」（mergers）是指兩家或兩家以上的企業，為了達到某種目的，彼此經由議定契約，重組成一公司或另設一家新公司。在做法上，可分成吸收合併（mergers）與創設合併（consolidation）兩種型態。「吸收合併」指兩家以上的公司進行合併，其中一家繼續存續，其他公司則消滅；「創設合併」指兩個或更多的公司結合形成一個新的實體公司，新的合併公司承擔自己的資產與負債，而所有原來的公司都喪失它的獨立生存權（楊嘉瑜，2001；姚蕙芸、鄭伊岑、晶建中，2000）。

至於「收購」（acquisitions），簡單來說就是透過股權及資產交易，取得另一公司之決策主導權（林志成，1989）。此種做法亦即個人（自然人）或企業（法人）向另一企業購買資產或股權，可分為股權收購（purchase of stocks）與收購資產（purchase of assets）兩種方式。「股權收購」是指直接或間接購買目標公司部分或全部股權，使目標公司成為收購者之轉投資事

表2-2　併購的定義

併購形態		特色
合併	吸收合併	兩家以上的公司合併，其中一家繼續存續，其他公司消滅。
	創設合併	兩個以上的公司合併，重新成立一新的實體公司。
收購	股權收購	直接或間接購買目標公司部分或全部股權，收購者需承受目標公司一切的權利與義務、資產與負債。
	資產收購	僅收購公司的資產，不購買購併公司的股份，爲一般資產的買賣行爲，收購者不需承擔未來標的公司的債務。
資本合作		收購合作者少部分股權或新股認購，甚至合作共同成立合資公司、控股公司。
營業合作		兩個以上的公司以營業租賃、經營委任、策略聯盟、關係企業、共同經營、生產、販賣、技術合作等方式營業合作。

資料來源：鍾麗華（1997）。

業，而收購者需承受目標公司一切的權利與義務、資產與負債（姚蕙芸等，2000）；「資產收購」僅收購公司的資產，但不購買購併公司的股份，此一方式爲一般資產的買賣行爲，因此收購者不需承擔未來標的公司的債務（楊嘉瑜，2001）。

若以廣義角度來探討「併購」一詞，還包括「資本合作」與「營業合作」，資本合作是指收購者收購合作者的股權，包括無控制權股份和新股認購，也就是「少數股合資」，甚至合作共同成立合資公司、控股公司，都可以算是併購的一種。另外，「營業合作」指的是兩個以上的公司以營業租賃、經營委任、策略聯盟、關係企業、共同經營、生產、販賣、技術合作等方式進行營業合作（鍾麗華，1997）。

■併購之類型

企業併購的基本型態可分爲下列四種：

・水平併購（Horizontal M&A）

是指相同產業中，二個或二個以上不同廠商的併購，優點是可以產生規模經濟，降低資金成本，減少重複投資，並增加市場占有率來提升壟斷力（鍾麗華，1997；楊嘉瑜，2001）。

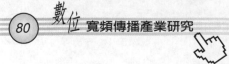

· 垂直併購（Vertical M&A）

　　指同一產業中，上游和下游之間的合併。這項做法主要的考量為公司為了穩定原料供應來源、管理效率、技術提升等因素，進行垂直整合，從原料、主成品，甚至是市場銷售體系均納入公司的業務範圍，以作全面性的整體規劃（姚蕙芸等，2000）。此舉的優點是能降低公司交易成本、掌握原料來源與行銷市場、增強研發能力等，但缺點是可能因沒有競爭壓力而造成效率低，生產成本比市場競爭者高，甚至連帶影響公司的競爭力（楊嘉瑜，2001）。

· 複合性併購（Conglomerate M&A）

　　就是所謂的多角化經營，其做法為併購和本業完全無關的公司，藉由併購方式進入新行業，此行業所經營的產品、勞務和企業本身原有的部門、行銷市場完全無關（鍾麗華，1997）。優點是可以快速進入企業本身沒有經驗的新市場，擴大經營層面，但缺點是經營風險比較大。

· 同源式合併（Congeneric Merger）

　　指同一產業中，兩家公司業務性質不大一樣，且沒有業務往來的公司之結合，此方式是企業尋求新的收益和利潤的最好途徑，有時為追求在某個領域的全面領導地位，可能會利用此方式來達到目標（姚蕙芸等，2000）。如金融業中，銀行和證券公司的合併，建立完整的金融服務網，提供消費者一次購足的服務，便是屬於這類型的併購（楊嘉瑜，2001）。

■策略聯盟之定義

　　策略聯盟（strategic alliance）的定義眾說紛紜，使用的名詞也不一，因此，常常與Cooperation、Collaboration、Coalition、Network等名詞交互使用。其實，聯盟本身的型態即包含許多種類，就理論上來說策略聯盟是一種介於市場與科層組織間的混合性組織（hybrid），是一種跨組織的交易行為（吳美珍，1999）。

　　依據經濟部「中小企業白皮書」（1992）的定義，「策略聯盟，是指企業為了達到某種目的，如降低生產成本，提升研究發展能力，增強銷售能力，彼此尋找合作夥伴，訂定書面契約的行為；參與聯盟的企業，基本上

仍然是維持獨立自主的個體，在基於參與者本身的目標，藉由聯合結盟等合作方式，共同創造出有利的條件，維持或提升競爭能力，但是聯盟成員的企業關係，並不包含另一新設企業創立」此一定義已統合了大部分學者的看法與意見。其他關於策略聯盟眾多不同的定義，曹富生（2001）針對國內外文獻，將其定義整理如**表2-3**。

■策略聯盟之類型

策略聯盟的類型和其定義一樣，有許多種分類方式，像是以商業型態、價值活動、地理位置、策略網路、投入資源程度、成員特性、附加價值、聯盟目的……等等的劃分標準。大致上來說，各種不同的分類方式所劃分出來的內容，多半是聯盟程度上的差異，有些企業採取與其他公司進

表2-3　策略聯盟之定義彙總表

學者	年代	定義
Porter & Fuller	1986	策略聯盟為長期非合併的合作關係，其中包括合資，授權契約、供給協定、行銷協定以及其他形式的合作協定。
Devlin & Bleackley	1988	策略聯盟是基於企業策略考量，用以確保、維持或增進企業競爭優勢。策略聯盟存在於企業長期策略規劃中，而且企圖改善或快速地改變企業的競爭優勢。
Magsaysay	1989	策略聯盟是企業整體策略的一部分，構想來自企業基本使命與方向，目的是要達成企業的長期目標，建立未來的競爭優勢。
蔡正陽、許正郎	1991	企業間為提升或維持競爭優勢而建立的正當合作協議關係。
吳清松	1992	實際或潛在競爭者間非市場導向之企業間交易。
Takac & Singh	1992	聯盟成員合作以達到某種專案協定的管理，此專案專為設計達成某項策略目標。
Murray & Mahon	1993	策略聯盟是兩個或兩個以上組織的合作，來達到共同利益的策略性目標。
Aaker	1995	策略聯盟是一種合作關係，以提升兩家或數家企業的優勢達成策略性目標。他不僅是一種戰術，還包含彼此所需資源與技術的合作，並產生策略價值。

資料來源：曹富生（2001）。

行大範圍的聯盟，造成大規模的相互依賴合作，有些採小範圍的聯盟，只針對自己所需，或特定部分的聯盟。就時間而言，有短暫或長期合作的模式，依據各公司本身條件和與其他公司協商的情形，發展出自己策略聯盟的型態。

(二)併購與策略聯盟之動機

併購與策略聯盟都是屬於企業整合的一種方式，其目的皆是希望企業有更良好的發展，增加競爭力、降低成本，以達到規模經濟的效益。而併購和策略聯盟的關係，在於整合程度的高與低的差別，併購的整合程度較高，因此投資量、控制力、影響力皆會增大，相對的必須承擔整合成敗的風險也較高；策略聯盟的整合程度較低，需承擔整合成敗的風險較小，但投資量、控制力、影響力也就有所限制（參見圖2-4）。基本上兩者的動機都是希望建立有效的結合，來達到充分發揮某種能力或資產（趙敏，2002）。

以下分別就併購與策略聯盟說明企業組織之經營動機。

■企業組織併購之動機

·創造市場獨占力

相同產業間的企業併購可使產業集中度提高，而高度市場集中有助於產業內的各廠商達成結合，使占有率增加，再運用價格策略，將可享有獨占或寡占的利潤。簡言之，透過併購，增加市場占有率，擴充公司的規模，可強化市場競爭的力量。此類併購通常來自水平型態（鍾麗華，

授權	策略聯盟	合資	合併	併購

低	→	投資／控制／影響／整合	→	高

圖2-4　併購與策略聯盟之整合程度關係

資料來源：作者整理自趙敏（2002）。

1997）。

・達到綜效

綜效（Synergy）是媒體併購效果的一個重要指標。黃淑蕙（1998）指出，所謂綜效是指：併購後的公司應比原合併公司有更大的獲利率，包括營運、財務及市場綜效。張宏源（1999）認為，綜效利益通常是指生產效率或組織效率提高而造成的成本降低。

・增加規模經濟

併購後廠商規模擴大，可以促使企業有效地運用生產要素和公司資源，並專業分工，使平均成本隨產量增加而下降，達到生產上的規模經濟。換句話說，併購後可消除設備重置現象，減少重複投資的浪費，並重新分配生產秩序，提高生產線專業化程度而享有生產上的經濟規模（林坤正，1990；林禎民，1991）。

・節省創設時間，順利進入新產業

企業為了提升競爭力，採多角化的經營策略以進入新的產業領域。進入新產業，可選擇自行創設新公司，或藉由併購此產業中的某一公司來跨入市場。由於設立一個新的公司，並且開發市場、達到相當的市場規模，往往需要花費許多時間與成本，而且等正式生產時，市場情況與設廠前的評估結果可能已有差距，處在競爭激烈的環境裏，花時間與金錢來培育新的經營資源並不划算，因此，藉由併購來進入新產業，可說是「換取時間及成本」的一條捷徑。併購的基本特性，就是可以節省設廠時間，迅速獲取現成人員及設備，有助於縮短投資回收年限，使投資者迅速獲益（鍾麗華，1997；張宏源，1999）。

■企業組織策略聯盟之動機

・降低成本

企業在投資市場時，有不確定是否能回收成本的顧慮，所以與其他公司形成策略聯盟，共同分攤成本、減輕負擔，是很重要且有效的經營策略。當企業間形成聯盟關係後就可以達到規模經濟、範疇經濟、降低交易成本等優點，規模經濟的效益可以表現在價值鏈上任一階段，如設計、生

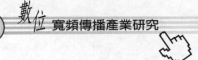

產製造、通路及售後服務等等。範疇經濟使企業可以資源共享，進而擴大資源應用範圍，聯盟後亦可以降低交易過程中的各項成本（曹富生，2001）。

・分散風險

　　透過企業的結合，可使單一廠商不必承擔全部風險，減少投資的不確定性可能造成的嚴重影響（吳美珍，1999）。Pfeffer（1978）認為當組織不能完全控制而達某一目標之情況時，可利用策略聯盟降低不確定性，並且共同面對快速變化的市場，降低個別企業在財務投資、研發技術、新市場進入等風險。蔡正揚（1993）認為策略聯盟可以分散風險，使得公司有機會參與高風險的開發機會。吳青松（1996）指出，整合不同公司的研發計畫或同時參與不同的研發計畫，更可以達到研發的規模與範疇經濟、分散風險。

・競爭優勢的建立

　　廠商的資源、能力有限，透過策略聯盟可結合多方資本、資源，進而增強了廠商的競爭能力（陳渼臻，2001）。Kougt（1988）認為，許多策略聯盟的動機在於強化競爭地位，減少企業所面對的不確定性，增加企業市場力量。此動機主要發生在中大型廠商間的水平策略聯盟。Porter（1985）亦曾說道，策略聯盟是取得低成本或差異化優勢的手段之一。企業透過策略聯盟形成集體力量，合作開發新產品、進行產品的改良，或提供顧客整體服務，均有助於企業在市場競爭地位的提升。

・技術移轉、技術互補

　　策略聯盟可以移轉、互補各聯盟廠商間的技術，以達到技術共享，彼此截長補短，支援其間的資源差異。通常表現在共同研發、專利授權、資金取得、原料供應、提供當地文化和經驗等。Hamel（1991）認為，策略聯盟形成之動機在於學習，透過合作研究或盟友間技術移轉來發展新技術，提供了彼此良好學習之機會。Teece（1992）也指出聯盟行為使廠商得到相互的互補性技術。

・資源整合

　　企業間合作後，資源共享，可避免重複性投資，包括設備、研發等。

且可以取得關鍵資源，因為許多無形資產無法透過市場交易移轉，例如經驗、商譽、關係網路等隱性知識，因此透過策略聯盟較易取得關鍵資源（曹富生，2001），並達到資源整合。

(三)併購與策略聯盟之相關理論

併購與策略聯盟的相關理論很多，而這些理論也常被使用於輔助兩者在動機上的說明。最常被討論且較重要的幾項理論，包括以下幾項。

■併購相關理論

・效率理論

亦稱為綜效（Synergy）理論，即公司整體價值大於合併前個別公司價值之總和。效率理論主張公司透過併購的行動，可以獲得營運綜效（Operational Synergy）、市場綜效（Market Synergy）及財務綜效（Financial Synergy）。

1. 營運綜效：指企業在營運上產生更高的價值、更好的表現。企業購併後會產生規模經濟、降低交易成本及獲得知識移轉。不同的企業在管理效率上會有所差異，由效率高的企業併購效率低的企業，將可以整合管理效能及知識能量，來提高生產、組織及經營效率。營運綜效通常可透過水平、垂直、同源或複合式購併來達成（謝采紋，2001；李春南，2001）。
2. 財務綜效：指企業財務上能得到更高的利益及好處。企業透過購併，藉由雙方的投資機會與內部現金流量的互補，可以達到多角化分散風險、相互保險與降低資金成本的利益（楊嘉瑜，2001）。
3. 使產業的競爭對手減少，市場占有率及集中度增加，強化對市場的控制能力。Singh和Montgomery（1987）認為當企業市場力增加後，公司可以影響其市場上產品價格、數量及性質，以達成市場綜效。另外，過高的市場占有率可能導致政府的管制，如：國內有公平交易法，美國有反托拉斯法。

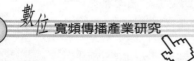

・代理理論

由於公司經營權和所有權是分開的，經營權屬於經營者，如總經理；所有權屬於股東。簡單來說，經營者是代替股東來管理公司，當然經營者本身也可能是股東的一份子，但若經營者與其他股東追求的目標不一致時，便產生了代理問題。代理問題應用在公司購併上有幾種意義。

1. 併購會改善代理問題：併購為控制代理問題的良好機制之一。因若經營管理者進行不常的決策、無效率的管理，將導致公司的績效不佳，股價也隨之下跌，此時公司遭受惡意併購的機率大為提高。在惡意併購後，主併公司通常會解僱管理者或縮減管理者之所享有的各種權力，因此為避免在併購之後可能遭受到解僱或喪失自主權的威脅，經營管理者將會採取改善績效的行動，以符合股東最大利益（楊嘉瑜，2001）。

2. 管理主義：購併本身即是一種代理問題的表現。經理的報酬與公司規模成正相關，因此在「經理自利主義」（Managerialism）的驅使，經理人會想盡辦法擴充公司規模，當公司有過多的現金，而經理人又不願意加發股利給股東時，併購其他公司便成為消耗多餘現金的途徑（姚蕙芸等，2000）。

・賦稅的考量（Tax consideration）

節稅亦是併購的誘因，包括有（楊嘉瑜，2001；謝采紋，2001）：

1. 盈虧互抵：若公司本身利潤很高，屬於高盈餘狀態，可以藉由併購以抵減公司盈餘，減少所得稅支出，達到營虧互抵的目的。

2. 折舊金額提高，減少課稅所得：併購後可重新評估公司的資產價值，而且通常會使帳面價值提高，因而增加折舊費用，減少所得稅的課徵。

3. 處置剩餘資金：當公司處於高稅率的所得級距，且擁有大量的閒置資金卻缺乏投資機會時，為了避免股東收到股利必須支付較高的所得稅率，因此公司會傾向收購一家有成長潛力的公司，以消耗閒置資金，

並避免過高的所得稅率。

■策略聯盟相關理論

有關企業採取策略聯盟的相關學理依據敘述如下：

‧資源依賴理論

Pfefer和Salancik（1978）所提出的資源依賴理論主要概念是「在資源有限的情況下，沒有任何一個公司可以完全自給自足，為了取得組織生存所需，通常這個公司會與外部環境中的相關企業進行連結，以取得所需資源」。一個企業的生存和運作與外部環境密切相關，而採取一些策略來控制這些不可或缺的外界資源是很重要的手段。而基於互賴的特性，企業對於這些資源的取得將會採取併購、合約或聯盟等方式，以掌控、補足自己所需。策略聯盟在管理方面的自主性有較低的成本，對於權力的維持較佳，成為組織之間常用的合作形式（蕭仁祥，2001）。

‧策略行為理論

主張企業選擇策略聯盟合作方式，其動機包括降低風險、技術互補等。藉由聯盟行為來創造並維持企業的競爭優勢地位，以謀取最大利潤，也就是說聯盟能影響企業在產業中競爭定位，是一種有效的策略性手段及工具。Kougt（1988）強調企業可藉由合資來強化在市場的競爭地位，而達到利潤的極大化或增加企業資產的價值。Contractor和Lorange（1988）指出，透過合資、授權或其他形式的合作協議，可達到策略利益。Baranson（1990）也認為，策略聯盟可整合資源，並保持策略彈性，優於購併和直接投資。

‧組織學習理論

組織為了學習和維持本身能力，可以採取與其他組織合作的方式。Kougt（1988）認為隱性知識（Tacit Knowlegde）不易經由市場或契約來轉移，而這種知識乃包含於組織形式中。因此為了取得隱性知識，公司可以與這些知識的擁有者合作，藉由組織學習來取得知識並增加公司的能力（蕭仁祥，2001）。

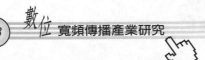

(四) 集團化成因

　　傳播媒體產業自從七〇年代開始，就有整合及集團化趨勢的產生，而今日媒體集團之所以蓬勃發展，乃是經過社會、經濟、國家政策及科技演進等因素所致。工業革命帶來工業化、私營化的現象，後緊接著是自由化的發展，在政府放任市場而不加管制的情況下，產業間的併購行為便更為活絡，再加上全球化的潮流，科技的進步，如數位化、網際網路的發展，亦促使不同媒體之間的整合及匯流（鄭麗琪，2001）。因此，媒體企業的經營在不斷的跨媒體、跨產業的多角化經營之下，逐漸朝向集團化形態發展，成為了大者越大的趨勢。

二、國際媒體產業整合現況

　　最近數年內，傳播產業發生了許多顯著的併購活動，企業集團對各類的媒體都有介入經營的興趣，透過不斷的垂直以及水平整合結果，傳播產業中出現了許多大型的併購活動，而這些併購活動的主要原因如同前述併購相關理論所述，即在於促進企業成長，以謀求在未來的數位寬頻環境中取得先機與優勢。

　　企業集團介入媒體市場，形成媒體產業集中的現象，陳炳宏（1999）將企業集團掌控媒體的型態分為以下三種：第一，集團擁有許多同一類的媒體公司，例如：同時擁有多家有線電視台，以增加市場占有率；第二，集團擁有不同類型但卻性質相近的媒體公司，例如：同時擁有報紙與雜誌等印刷媒體，或擁有廣播電台與無線電視台等廣電媒體；第三，集團同時介入各類媒體公司的經營，例如：同時擁有電影、電視、雜誌、出版等不同的媒體公司。

(一) 一九八〇年代後之併購案例

　　李南生（2001）指出，以美國為主的傳播媒體集團形成，從一九八〇到一九九〇年十年內，廣播電視公司與有線電視系統的併購案共計兩千

件，併購的總金額高達八百九十億元，占個別產業併購案總金額之第三位。

此時期的併購案，主要有梅鐸Murdoch領導的新聞公司（News Corporation）於一九八一年購買倫敦《泰晤士報》，一九九五年又併購福斯公司（Fox）及其他一些電視台，目的是要發展成全球強大的媒介帝國，達到併購理論中之市場綜效理論，也就是透過垂直、水平或複合式之購併方式，使產業的競爭對手減少，市場占有率及集中度增加，強化對市場的控制能力。到了一九八六年，德國博德曼集團的唱片公司併購美國RCA唱片公司。一九八九年日本的新力公司以三十四億美元買下美國的哥倫比亞電影公司，加速了傳播娛樂產業的合併風潮。同年七月，時代公司與華納傳播公司合併，使得時代華納成為當時世界上最大的媒體公司，並且被視為跨國經濟體最具代表性的合併（李南生，2001；黃西玲，1997）。

這一時期的併購活動大多仍是以傳統媒體產業的結合，同類型、水平式的併購居多。業者以併購或聯盟之動機理論，例如創造市場獨占力、達到綜效、增加規模經濟為目的，作為營運策略的方向。到了一九九○年以後，數位科技的發展，全球化速度的加劇，及法規的鬆綁，使得更多的科技產業如電信通訊等，帶動產業的營運方向及市場策略，引發水平式與垂直式的併購、聯盟整合現象。

(二)一九九○年代後之併購案例

一九九○年代以後傳播集團的併購活動及併購金額更加活絡。當時美國為了打進全球市場，解除了對有線媒體及電信跨業經營的限制，使得電信與電視產業也開始聚合。一九九三年年底，美國最大有線電視公司TCI與第二大區域電信公司大西洋貝爾，宣布即將進行公司合併的計畫。這宗在當時被稱為有史以來最昂貴的併購案，雖然後來沒有成功，但是其他的電視公司以及電信公司，卻因此受到刺激，整個傳播產業像是產生連鎖反應一般，展開了許多併購、聯盟合作的事件（黃西玲，1997；李南生，2001）。

由此時期開始，傳播產業的併購整合行為開始走向垂直及多角化經營

的方向，不但可以達到節省創設時間，順利進入新產業外，更符合數位寬頻時代媒體匯流的趨勢。除了法規之人為限制解除外，數位寬頻網路技術的推波助瀾，使得傳播媒體產業生態產生極大的變化，也就是大媒體潮的來臨。

　　此時期的併購案件主要的有，一九九五年時代華納公司花費七十五億元，買下同時擁有美國有線電視新聞網CNN、HBO、TNT的透納公司，再度刷新傳播公司規模，成為當時全球最大規模的傳播娛樂公司。另外，還包括迪士尼併購美國廣播公司（ABC）、英國電信（BT）併購美國的MCI傳播公司、德國的Deutsche Telecom與法國France Telecom以及美國的Sprint合作、環球唱片買下寶麗金唱片公司、EMI與華納唱片結合、博德曼集團蘭燈書屋（Ramdon House）及Banton Doubleday等大型出版社、新聞公司買下香港衛星電視（Star TV）、維康（Viacom）併購派拉蒙（Paramount）以及CBS、AT&T併購TCI等（李南生，2001）。

　　在一九九八到一九九九年間，數位寬頻網路極度受到重視，全球第二大媒體集團迪士尼，併購了Infoseek網路公司，擁有Infoseek72%的股權，目的是希望藉由Infoseek數百萬以上的網站連結資源，為迪士尼創造三十五億美元的利潤，其中有二十億美金是來自於網路事業的利潤。由於Infoseek原本就有龐大固定的使用族群，因此合併後，迪士尼旗下的網路事業體，包含Disney.com、The Disney online store、Disney Travel Online、Family.com、ABC.com和ABC Sportscom.等，均可藉此擴張其經濟效應（田家琪，2000）。如此的做法亦印證，併購與策略聯盟理論中之資源整合、競爭優勢建立之說法，藉由兩公司本身的資源結合，達到綜效理論的三個目標──營運綜效、財務綜效以及市場綜效。

　　迪士尼企業曾經指出，未來所有的影視產品，勢必將會以寬頻網路的方式呈現，電視或電影不再是唯一的載具，因此極力突破現有的通路限制，向未來的網路世界靠攏。選擇Infoseek的原因在於，它是一個經營社群、免費e-mail以及與數百萬網站連結的超大搜尋引擎。迪士尼看中Infoseek的網路資源，及潛在利益，認為與之合併，可為旗下的零售店，如

服飾、影音產品及主題館，擴展網路購物的市場，且由於迪士尼擁有眾多的網站，均可透過infoseek.go.com的連結吸引更多的上站人數。此舉不但可為其未來的寬頻世代事先卡位，亦可藉由相乘的造勢活動，增加更多的商業利基（田家琪，2000）。

著名案例——美國線上與時代華納的合併

繼迪士尼之後，媒體史上交易金額最大的一椿併購案為二○○○年，美國線上（AOL）以股票換購的方式，併購全美第一大的媒體王國時代華納（Time Warner），成為AOL Time Warner Inc.，股票成交總值高達三千五百億美元。這個新公司擁有兩千萬上線人次，以及一千三百萬有線電視收視者，預估合併後的利潤可達三百億美元，市場總值將達兩千五百億美金。此項合併案是由成立才十六年的AOL買下歷史七十六年的媒體巨人時代華納，成為平面媒體、電子媒體、娛樂事業及網路事業的超級媒體集團。因此，目前的美國線上時代華納集團可以說是由不斷的併購而形成的媒體集團（田家琪，2000；李南生，2001）。

時代華納會與AOL結合是有跡可循的，早在一九九六年華納的執行長李文買下泰德‧透納的纜線（cable）資產，此舉並非是要結合所有的媒體資源，而是為了要創造一個全球知名的媒體品牌，並且讓這些品牌的內容可以在不同的傳輸通路上呈現，如：電影、電視、廣播有線電視、報紙、及網際網路等，加上時代華納在網路事業的發展上一直陷於窘境，並於一九九四年四月關閉其入口網站Pathfinder，在自行經營成績不盡理想下，便毅然與AOL結合。時代華納與AOL兩者資產內容的重疊性相當低，串聯後可產生極大的資產互補作用，並可降低風險（田家琪，2000）。

對時代華納而言，可藉由AOL現有完善的網路基礎架構與龐大的

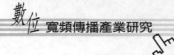

網路社群人口，發展網路事業，並將其影視娛樂產品推展至全世界，更有效率地經營電子商務領域；而AOL則可透過有線電視的傳輸網，解決電話線路存取速度緩慢的問題，透過時代華納的有線寬頻系統，可讓AOL的顧客在網上享受高品質的互動影音環繞。除此之外，時代華納全球知名的品牌資源，就是充實網站內容的最大資料庫，此種合併的綜效結果對企業而言是正面的，但也無形中建立了極高的競爭門檻，新進者很難與之匹敵。

不過值得一提的是，即使併購之後，也未必全然產生正向的預期結果：例如，美國線上時代華納併購後兩年，也產生不少問題，公司的股價跌幅超過七成五以上，財務做帳傳出弊端，正在接受美國證管會調查。而且原來執行長及營運長等大批高階主管相繼去職，甚至有人認為應該再把美國線上時代華納一分為二。其實不能發揮併購綜效最主要的原因是，新媒體（美國線上）與舊媒體（時代華納）一直摸索不出來一條可以一起走下去的路，無法創造出獲利模式，使得投資人對這個超級大公司當初的承諾失去信心，而反應在股價大跌上（徐仲秋，2002）。因此即使併購案不斷進行，但並非說明併購就一定是獲利的光明之路，有時候問題反而是在併購後才開始產生。必須靠經營者的經管策略、遠見和眼光才能帶領企業走向成功之路。

現今由於自由化與科技匯流等世界性潮流的影響下，自一九八○年代開始，傳播媒體產業即進入快速併購整合時期，到了一九九○年後，整合的型態、規模與速度都較之前更甚，媒體展現出集團化與多角化的經營特質，朝大媒體型態發展，已是一種避免不了的趨勢。

三、台灣媒體產業整合現況

台灣傳播媒體生態開始出現併購、集團化風潮，應是從有線電視發展開始，因為有線電視產業為資本密集的產業，需要投注大量資金，因此使

得原先小本經營的業者在面對龐大的硬體與軟體投資壓力下，不得不紛紛四處尋求資金援助，而國內部分企業集團即是在這樣的情況下，大舉介入有線電視產業，導致台灣有線電視產業財團化的趨勢將難以避免（李天鐸，1995）。再加上科技匯流的驅力，讓台灣媒體產業的整合在近年更顯劇烈。

陳炳宏（1999）指出，最明顯跨業整合的大媒體集團是東森與和信企業，經營的範疇包括電信業、有線電視系統、頻道、網際網路、娛樂事業等，其他在有線電視方面，還有年代與中時兩大集團。無線電視方面，五家無線電視台為了因應數位電視的發展，與增強市場競爭力，也協議策略聯盟。另外中華電信也以電信業者身分搶攻數位電視的市場。台灣在數位科技的衝擊下，朝電信、電視與網路整合的趨勢前進。

由於媒體市場的資金挹注大回收慢，不是一般中小企業可以持經營的，因國內堪稱為Megamedia的媒體集團，就屬和信和東森。不論是力霸集團之東森媒體事業群或和信集團之整合傳播服務事業群，此兩大集團皆具有強烈的家族企業特色，並在有線電視產業中同時經營系統台及頻道，也兼具頻道代理的身分，此外亦經營行動電話業務並投資固網。

和信傳播集團是國內近幾年才新興崛起的傳播集團，該集團以「整合傳播服務事業群」為主，旗下有三大分工，包括行銷傳播業務、有線電視頻道供應、有線電視系統網路。範圍包括緯來企業、和威傳播、傳訊電視、聯登國際、行健電訊、和信超媒體、聯廣公司、聯太廣告、聯眾廣告。

力霸的東森媒體事業群，旗下單位包括東森電視台（ETTV）、東森媒體科技（EMC）、東森行銷顧問（ETAM），東森電視台負責電視台的管理、企劃及製作，以掌握社會動態、開拓時代潮流為主，尋求高度吸引力節目創意，以落實與觀眾的生活密切互動，目前設有八個電視頻道。東森媒體科技則負責系統網路業務，其中包括有線電視台的投資，統合全國各地系統業者，加強對各收視戶的服務與權益保護。

其實東森與和信的經營版圖不只有傳播媒體，更包括一般服務業、金融業、製造業等，積極整合各產業，此現象可得知目前台灣媒體產業走向

多角化、策略聯盟經營的方式，已是一種非常普遍且適用的行為。從前文所提的理論亦可得知，運用與不同產業結合是希望企業有更良好的發展，增加競爭力、降低成本，以達到規模經濟的效益。而當企業希望提高控制力及影響力時，便會更進一步採取併購的方式，以達到更高的整合程度及發揮更大的綜效，如東森併購超視一例，就是企求能夠提高市場占有率，並達到資源的整合及利用。基本上無論是策略聯盟的多角化經營或併購，兩者的動機都是希望建立有效的結合，來達到充分發揮某種能力或資產。

兩大集團近年來不斷地進行有線電視上、中、下游的整合，形成了通路市場寡占局面。與國外業者相同的是，這兩家集團挾著既有的有線電視線纜資源，積極搶占網路市場，以強化企業的競爭力。

在寬頻硬體建設上，東森投資四百億提升全省的有線電視網路，以及與全球最大的網際網路公司——思科策略聯盟，發展環島寬頻網路，整合有線電視、無線通訊以及網際網路的資源。當然，未來網路媒體的決勝關鍵點，在於是否能提供多媒體影音互動環境，以及是否擁有豐富的影音視訊作業平台，在此兩家業者也透過策略聯盟的方式，積極充實網站內容。東森除了與美國@Home、新竹科學園區及美國西方公司（US West）合作，建置網路基礎建設之外，也與國內夢想家媒體合資成立寬頻入口網站ET Dreamer；和信首先與微軟（Microsoft）策略聯盟，合作提供台灣寬頻網路服務（田家琪，2000）。

另外，行動電話開放民營，也使得國內集團企業包括遠傳以及太平洋等集團加入競爭的行列，並使得電信產業產生結構性的變化。交通部於一九九八年底宣布自一九九九年起推動固定通訊電路出租業務開放申請，使得大型多系統經營者（MSO）跨入線纜媒體與通訊網路「匯流」的營業型態。

當然，兩家業者積極地建構硬體設備，並非只將自己定位於ISP，而是著眼於寬頻利基所帶來的附加價值，也就是透過寬頻網路的硬體建設，不但可發展固定網路通訊市場，亦可創造電子業務的商業環境。基於此，網路、電信及有線電視的整合優勢就更形重要，消費者可藉由寬頻的有電視纜，於網路上快傳多媒體的影音服務，業者亦可結合固網及網路，發展無

線通訊的平台，此舉不但可取得服務內容的來源，也可透過策略聯盟的方式獲得更多的客戶群（田家琪，2000）。目前東森與和信已積極投入數位電視的發展，發揮科技整合後的效能。

有線電視產業除了東森與和信之外，頻道方面主要還有年代集團、TVBS集團、中時集團主導了大多數的頻道資源。擁有年代、Much TV、東風等頻道的年代公司以多角化之方向經營而形成年代集團，並與香港盈動集團進行策略聯盟。目前積極朝向數位電視IDTV的發展，希望能取得數位視訊市場的先機。中時集團以中天新聞台、中天資訊台、大地娛樂台……等多角化的數位科技媒體、整合新聞、報紙並與廣播結盟，朝數位化多媒體的方向跨足。東森、和信、年代、中時集團另外或擁有廣告公司，或經營平面媒體，或經營寬頻網路事業，並有其他非媒體事業之子公司或轉投資事業（李南生，2001）。

在無線電視方面，台灣五家無線電視台目前面臨生死存亡的競爭，雖然政府幫助其發展數位電視，希望能從中獲得契機，但面對衛星與有線電視也開始發展DTV的競爭壓力，的確是讓無線台的處境越來越艱難。因此，五家無線台已展開策略聯盟，以合作代替競爭，發展數位電視共同營運平台。因為在傳統的消費市場上，無線電視台的競爭對手已不再是彼此，而是在台灣占有率達85%的有線電視，因此無線台業者皆認為，若要在發展數位電視上求取一線生機，合作是唯一的方法，讓彼此在耗資發展數位電視的同時，又能因資源不重複浪費而開源節流，增強無線本身的優勢（鍾佳欣，2002）。

五家無線電視台共同合作有三部分，一為傳輸共同平台，也就是設共同發射站，目前已在進行當中。二為節目共同營運平台，為了扳回失去的優勢，製作更多精緻的節目，以高品質、全新的數位化內容來吸引觀眾，可按節目屬性區分為類型頻道，如新聞台、音樂台、綜藝台……有別於現今節目作法，整體形成一個綜合性節目通道。三為多媒體應用平台，提供電視節目以外的服務，如上網、收發e-mail、打電玩等，增加更多的付費機制，改變目前只以廣告為收入的型態（華視工程數位小組，2001）。

另外，根據聯合報報導，華視和中視都有意打造以自己電視台為中心

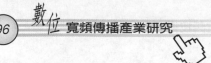

的媒體園區，目的都是希望透過結盟的力量來開創另一條生路。華視總經理徐璐曾表示華視希望能與東森合作，打造華視媒體園區，在這個理想媒體園區內，除華視、東森外，還包括星空傳媒的衛視中文台、電影台、體育台、西片台、合家歡台及 Channel V及國家地理頻道等多家頻道，以達到資源共享、互補，提升競爭力及降低成本等結盟之優勢。而中視希望能結合台北市南港、內湖多家科技公司並利用中視周圍大愛電視台、TVBS攝影棚的優勢，打造亞太地區數位內容設計開發製作中樞，以帶動周邊知識型產業發展。另外，各家無線台也有與其他有線電視頻道做節目的交換合作或主播交流的舉動，希望能藉此為台內的節目，多建立一個播送的窗口（江聰明，2002）。

在電信業方面，太平洋集團除了有線電視頻道經營外，亦投入行動電話之電信業務以及固網等通信業務。另外值得一提的是，電信業龍頭老大中華電信，也開始與其他業者進行策略聯盟，如台灣國際標準電子公司、台灣吉悌電信公司、美台電訊公司……等，並從電信業服務的角色跨往數位影視服務的產業，發展MOD隨選視訊，使得電信、電視與網路整合的市場又加入一個強勁對手（陳慧婷，2002）。

由以上說明可以看到許多策略聯盟或企圖聯盟的例子，就理論上而言，為了提升競爭力的確可藉由聯盟或併購的方式來達成，但聯盟後的效果如何，絕對是較聯盟的行為更重要。

案例──東森併購超視

東森超媒體（東森電視台）於二○○二年九月經董事會通過，向Hosanna多媒體科技公司以及翡翠灣娛樂公司，取得超視97.26%股權，採用買入股權方式讓超視成為東森旗下的有線電視頻道，展開國內傳播媒體市場資源整合的第一步（王皓正，2002a）。

根據報導指出，超視自民國八十四年開台以來，七年的經營成果得到觀眾的正面認可，收視總點數達十五至十七點，為國內有線電視

自製節目的佼佼者，這同時也是東森決定併購超視的主因（王皓正，2002a）。東森入主超視之後，片庫資源將大為增加，原來東森一萬五千小時的片庫加上超視五千六百小時的節目，使東森擁有兩萬小時的超級片庫資源（東森內部資料，2002）。

從東森提供的內部資料顯示，在東森入主超視後，採取雙品牌策略，由東森經營團隊來主導未來超視之經營，並進行資源共享整合，大幅降低節目製播及人事管理費用以發揮最大綜效。超視所處33台頻道為黃金頻道，將來結合東森頻道資源，將能擴大廣告聯賣效益，有效提升廣告獲利。

因為整併之後，不僅可以精簡重疊的人力及設備，並能使雙方片庫及行銷資源整合，使頻道家族更具競爭力，也使東森電視台成為涵括各收視族群的全方位電視媒體公司，不但擴大在國內有線電視市場的占有率，也讓東森穩坐國內有線電視的龍頭地位（東森內部資料，2002；王皓正，2002a）。

表2-4　東森合併超視六大效益

一	擁有優質四千三百小時的節目片庫資產運用價值。未來可供東森電視台國內及國際頻道節目安排之用。將有效降低東森電視台節目製作成本。
二	透過共同經營，廣告業績將每月淨增加一千萬元。（由目前兩千萬增到三千萬元），未來將更擴增到每月五千萬元廣告業績。
三	透過人力資源整合，將有效降低超視至少五十名以上人力成本
四	超視位置在33頻道，位置空間很好。
五	擁有先進的主控、副控、攝影及剪輯等電視台營運設備資產。
六	超視平均每日收視總點數在十五至十七點之間，為優質與受歡迎的綜合頻道。

資料來源：東森集團資料提供（2002）。

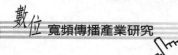

四、寬頻傳播產業未來趨勢

國內外的傳播媒體產業，在自由化的潮流及科技匯流的影響下，已經是朝向集團化、多角化、併購、聯盟的整合方向發展，傳播媒體產業透過這種經營策略，讓企業集團的規模持續擴張，而原本屬於不同領域的電信、數位寬頻網路、廣電影音、平面媒體等，通通聚合而成同一產業。從各種併購或跨業多角化經營的現象，可以發現：讓通信、網路和電視業者緊密結合的主因是數位科技及寬頻網路的發展所致，不論是通信業或是有線電視業，紛紛就既有的基礎向數位訊息整合，整體目標是要造就出一個寬頻傳輸的數位影視平台環境（楚飛，1999）。

目前全世界的電信、網際網路、資料服務及有線電視正快速整合當中，根據統計，其中電信市場的商機就有1.6兆美元，總計上述四項所囊括的基礎建設、設備採購及服務等營收合計有4.6兆美元。在這樣的利多局面下，可預期的是未來有線電視與網際網路業者的合作將更加蓬勃，有線電視網路豐富的頻寬與極高的滲透性，無論是對網路業者或對新興的電信業，都具有相當高的營運價值（田家琪，2000）。

未來媒體產業朝向通信、有線電視、網路業的新整合趨勢無可避免，而且無論是策略聯盟或是收購、合併等行動，其目的均在於先行卡位，累積未來競爭力的最大本錢，即使現在部分業者還未看到這樣的趨勢，等到市場格局底定之後，要跨入的方法也將僅有購併一途了。在這個以數位寬頻為主的新競爭市場，誰擁有通路誰就擁有權利，為了贏得市場，往後幾年間，併購與策略聯盟的媒體整合情形，勢必繼續上演。

參考文獻

■中文部分

王皓正，2002a，〈東森超媒體併購超級電視台〉，《經濟日報》，2002年9月6日，33版。

王皓正，2002b，〈東森行銷重金攬才，黃金陣容亮相〉，《經濟日報》，2002年10月11日，30版。

田家琪，2000，〈Internet與傳統媒體牽手大放電——從美國近年來的併購案談起〉，《台灣經濟研究月刊》，272期，頁67-73。

江聰明，2002，〈無線台轉型找生路——徐璐與東森打造華視媒體園區〉，《聯合報》，2002年11月12日，26版。

何英煒，2002，〈數位台灣計畫六年產值增千億〉，《經濟日報》，2002年6月5日。

何佩儒，2002，〈數位台灣——六年內投入366億〉，《經濟日報》，2002年6月5日。

李天鐸，1995，「我國衛星／有線電視事業與建立亞太媒體營運中心互動關係專案研究計畫」。台北：行政院新聞局。

李佳哲，2000，〈SEEDNET的寬頻網路策略〉，《網路通訊》，第103期，頁49-52。

李南生，2001，〈知識經濟下無線電視台經營策略之研究——以華視爲例〉，世新大學傳播研究所碩士論文。

李春南，2001，〈電信產業購併策略之研究〉，政治大學商學院經營管理學程碩士論文。

邱顯鴻，1999，〈高科技產業掀起一股併購風潮〉，《台灣經濟研究月刊》，262期，頁43-48。

林志成，1989，〈國際化的捷徑——海外併購〉，《貿易週刊》，1338期，頁4-6。

林坤正，1990，〈我國企業收購合併之策略分析與績效評估〉，中國文化大
　　學企業管理研究所碩士論文。

林禎民，1991，〈購併理論與台灣證券商購併之研究〉，東吳大學經濟研究
　　所碩士論文。

東森內部資料，2002，〈東森電視台併購超視背景原因說明〉，台北市：東
　　森媒體科技集團。

吳青松，1992，〈產業策略聯盟之國際發展型勢與趨勢〉，《台灣經濟研究
　　月刊》，15卷5期，頁23-27。

吳美珍，1999，《策略聯盟夥伴選擇決定因素及其對聯盟績效影響之研究
　　──我國資訊電子業之實證分析》，銘傳大學國際企業管理研究所。

彼得潘，1999，〈全球電信產業大吹併購風〉，《通訊雜誌》，63期，頁8-
　　12。

姚蕙芸、聶建中、鄭伊岑，2000，〈國際化產業競爭趨勢──併購行為探
　　討〉，《產業金融季刊》，109期，頁16-30。

華視工程數位小組，2001，〈無線電視台的企業轉機──數位電視共同營運
　　平台〉，《廣電人》，83期，頁3-11。

徐仲秋，2002，〈美國線上時代華納鬧家變〉，《商業周刊》，2002年9月30
　　日至10月6日，頁64。

黃西玲，1997，《從台灣看美國媒體併購經驗》，台北：電視文化研究委員
　　會。

黃淑蕙，1998，〈全球傳播集團併購的新趨勢及其對台灣電視媒體之意
　　義〉，《廣播與電視》，3卷3期，頁1-19。

張宏源，1999，〈購併策略之運用及其對組織之影響──東森、和信兩大集
　　團之營運實證研究〉，《二十一世紀兩岸廣播電視發展趨勢研討會論文
　　集》，台北。

曹富生，2001，〈策略聯盟在台灣媒體經營管理之研究──以中視衛星傳播
　　股份有限公司為例〉，元智大學管理研究所碩士論文。

陳炳宏，1999，〈台灣有線電視產業集團化趨勢研究──以和信與力霸企業
　　集團為例〉，《廣播與電視》，14期，頁89-110。

陳渼臻，2001，〈策略聯盟之探討——生物技術產業之應用〉，銘傳大學經濟學研究所碩士論文。

陳慧婷，2002，〈數位電視讓誰瘋狂〉，《天下雜誌》，2002年10月15日，頁100-106。

楚飛，1999，〈購併結盟造就寬頻網路時代〉，《資訊與電腦》，224期，頁23-24。

楊雯芩，2000，〈國內行銷策略聯盟模式之探討〉，東華大學企業管理研究所碩士論文。

楊嘉瑜，2001，〈探討企業購併與策略聯盟對財務績效之影響——以台灣資訊電子產業爲例〉，中原大學企業管理研究所碩士論文。

資策會，http://www.iii.org.tw/

趙敏，2002，〈和信「遊戲大聯盟」數位內容營運計劃策略探討〉，世新大學傳播研究所碩士論文。

蔡正揚，1993，〈打拚的路上流行聯盟〉，《華商經貿》，317期，頁16-22。

蕭仁祥，2001，〈策略聯盟績效評估分析系統設計之研究〉，大葉大學資訊管理研究所碩士論文。

劉幼琍、陳清河，2002，《台灣寬頻網路服務品質與使用者滿意度之研究》，行政院國家科學委員會專題研究計劃成果報告。

鄭麗琪，2001，〈傳播產業集團化與多角化研究——以中視媒體集團爲例〉，台灣師範大學大眾傳播研究所碩士論文。

經濟部，1992，《經濟部一九九二年中小企業白皮書》，經濟部中小企業處。

謝采紋，2001，〈購併活動對企業績效評比及綜效之研究——以上櫃綜合證券商爲例〉，東華大學企業管理研究所碩士論文。

鍾佳欣，2002，〈我國無線地面廣播電視發展DTV之分析〉，世新大學廣播電視電影學系學士論文。

鍾麗華，1997，〈台灣有線電視系統併購：一九九四至一九九七〉，淡江大學傳播研究所碩士論文。

譚天譯（Frank Koelsch原著），1996，《資訊媒體狂潮》，台北市：遠流。

■英文部分

Baranson, J., 1990. Transnational Strategic Alliances: Why, What, Where and How. *Multinational Business*, 2: 54-61.

Contractor, F. J. & Lorange, P., 1988. "Why Should Firms Cooperate? The Strategy and Economics Basis for Cooperative Ventures" in Contractor & Lorange (eds.), *Cooperative Strategies in International Business*, D. C. Heath and Company.

Hamel, G., 1991. Competition for Competence and Interpartner Learning within International Strategic Alliances. *Strategic Management Journal*, 1991, 12: 83-103.

Kougt, B., 1988. Joint Ventures: Theoretical and Empirical Perspectives. *Strategic Management Journal*, 9, 1988, pp.319-332.

Kougt, B. & H. Singh, 1986. "Entering the United States Venture", In F. J.Contractor & P. Lorange (eds.), *Cooperative Strategies in International Business*, Mass./Toronto: D. C. Heath & Co/Lexington.

Pfeffer J. & Salancik G. R., 1978. *The External of Control Organizations: A Resource dependent Perspective*. New York: Harper and Row.

Porter, M. E., 1985. *Competitive Advantage: Creating and Sustaining Superior Performance*. New York.

Singh, H. & C. A. Montgomery, 1987. Corporate Acquisition Strategies and Ecnonmic Performance. *Strategic Management Journal*, 1987, pp.377-386.

Teece D. J., 1992. Competition, Cooperation, and Innovation: Organizational Arrangements for Regimes Rapid Technological Progress. *Journal of Economic Behavior and Organization*, Vol.18, 1992, pp.1-25.

Williamson, O. E. 1975. *Markets and Hierarchies: Analysis and Antitrust Implications*, New York: Free Press.

第三章
傳播產業研究與數位經濟學

引言　歡迎進入寬頻影音的資訊世界

　　從二十世紀開始，傳播科技就開始深刻地影響著人類的生活。觀察十九世紀末的傳播產業，還只不過是書本、戲院和報紙等；到了二十世紀，增加了收音機、電影、電視、錄放影機和電話等；到了二十一世紀，便是數位寬頻技術，整合所有電訊、電視與電信媒體的時代。

　　隨著傳播科技的進步，人們看到許多新的傳播產業經營模式出現，搭配上資訊、娛樂等事業的經營，更使得傳播產業的影響力無遠弗屆。傳播科技所帶來的資訊、娛樂經濟，迅速成為新世界經濟的推動力量。舉凡汽車業、民生消費業、金融服務業等產業，無論是管理營運、商業交易或是產品的宣傳銷售，都需要傳播產業的數位寬頻網路來支持。數位寬頻網路在不知不覺間，已將傳播產業推到經濟成長和文化創意的最前線，其巨大影響力全球有目共睹。

　　過去，電視、廣播、報紙、雜誌、電影等等傳播事業，被當成是人們休閒娛樂生活的一環。因此，每當經濟不景氣時，其相關預算也是最早被刪減的一部分。然而，隨著數位寬頻網路技術與各類產業運作的密切結合，如何透過資訊化、娛樂化的數位寬頻網路推動商業活動，已成為各類產業最關心的事。

　　學界若欲瞭解數位寬頻產業的未來走向，就需瞭解該產業的發展。職是之故，進行實務界的產業研究，應是最快、最有效的方法。本書作者近年針對數位寬頻產業的各個相關面向，舉凡電視產業的數位化、電視與電信事業的跨業匯流、電信事業的語音資訊加值服務、網路教學、網路廣告、網路音樂、網路動畫等產業，進行一連串的產業研究。儘管面對仍在發展中的數位寬頻產業，要嘗試以文字來描述其未來的前景與發展趨勢，就像是瞎子摸象般，無法確認自己所認知的部分到底占了幾成真相，就連業界的實務工作者，由於至今仍未發展出全球均認同的數位寬頻產業經營典範，也是處於各說各話的情況。

　　傳播產業研究，除了針對產業的市場結構、市場行為、市場績效、公共政策等進行研究之外，產業分析的結果與傳播相關理論之相互對照，更印證了數位寬頻科技所帶來的新經濟學。舉例來說，數位寬頻科技的生活化，使得人類的生活與數位寬頻網路所帶來的資訊與娛樂已密不可分。流連在多采多姿的網路中，不管是一場網路電影的奇幻世界，或是三分鐘網路音樂的浪漫心情，人們都在消費。人們在網路裏消費資訊，也在網路裏消費時間，於是，新的數位經濟逐漸成形……

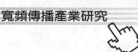

第一節　傳播產業研究的面向與轉型

一、傳播產業研究的發展與演變

　　為了能清楚描繪傳播產業多樣化的面貌，近十年來，傳播產業研究逐漸受到學術界與實務界的重視。一方面是由於傳播產業研究內容能更貼近於現實的傳播環境；另一方面，也是由於其研究結果對於傳播產業的發展能夠有實質的幫助。國內，尤其在媒體市場開放後，傳播產業市場活絡，競爭激烈，更引發許多學者投入傳播產業的實務研究。

　　一般而言，「傳播產業研究」泛指包括影響媒體市場結構、競爭策略、產製流程、文化商品與法規等的相關研究論述。研究者們較常採用的理論，包括有政治經濟學、產業經濟學、策略管理、反托拉斯法等等，來分析傳播產業的市場環境。其中，又以產業經濟學理論最受重視。

二、產業經濟學的研究面向

　　產業經濟學，是在一九三九年，由學者Edward S. Manson首先提出市場結構、行為與績效的連結架構。簡單地說，就是以研究不同的市場結構，進而分析媒體企業如何決定競爭策略與獲取經濟利益（Schere & Ross, 1990; Waldman & Jensen, 2001）。其基本論述，是指產業的市場結構會影響到廠商的市場行為，而產業的市場結構與廠商的市場行為，則會共同影響到廠商的經營績效。這三者間的影響，就是知名的產業經濟分析的SCP研究模式（Structure-Conduct-Performance Paradigm）（陳炳宏，2001）。

　　如果將SCP模式再做進一步細部分析，可將其分成三部分來探討：

(一)市場結構

在市場結構方面，其型態可以分爲獨占、寡占、獨占競爭與完全競爭等，其研究重點在於分析買賣雙方的市場集中度、產品化差異度，以及市場的進入障礙等等（Bain, 1968）。

(二)市場行爲

市場行爲則是指廠商爲提升市場競爭力而採取的行爲模式或市場策略（周添城譯，1990），其研究重點在於分析廠商的產品價格策略、產品銷售策略、市場競爭策略，以及因應競爭者市場策略所採取的反應機制等（Bain, 1968）。

(三)市場績效

至於市場績效，多位學者如Bain、蕭峰雄與黃金樹、陳炳宏等，認爲是指廠商採取其市場策略後，所得到的經營成果。其研究重點，包括有資源使用效率（如獲利率、生產的效率規模）、經濟效率（如技術效率、配置效率）、經濟公平（如所得分配、廠商利潤）、經濟穩定（如物價穩定、就業穩定），與進度的效率（如產製技術進步程度）等（Bain, 1968；周添城譯，1990；蕭峰雄與黃金樹，1997；陳炳宏，2001）（請參見圖3-1）。

三、產業經濟學的修正

然而，在許多學者投入產業經濟理論的研究後發現，過於線性與簡略的SCP模式已無法充分解釋多變的傳播產業發展情況（Gomery, 1993; Wirth & Bloch, 1995; Hendricks, 1995; Gomery, 1998），另外，有一些學者，則是針對SCP模式，提出了許多討論與修正（Scherer, 1980; Norman & La Manna, 1992）。修正的重點主要包括兩項。第一，產業的發展，除了受到市場結構、行爲、績效的影響外，有關產業發展的基本條件，例如：原料供應、生產技術、季節波動等，也對產業發展具有極大的影響，因此，產業經濟

市場結構

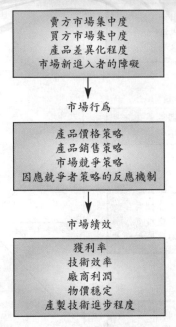

賣方市場集中度
買方市場集中度
產品差異化程度
市場新進入者的障礙

市場行為

產品價格策略
產品銷售策略
市場競爭策略
因應競爭者策略的反應機制

市場績效

獲利率
技術效率
廠商利潤
物價穩定
產製技術進步程度

圖3-1　產業經濟分析基本架構圖

資料來源：陳炳宏（2001）。

分析的基本要素，應包含有結構、行為、績效，以及基本條件等四項。第二，產業經濟的各個分析要素間的影響，彼此間應該是互動且雙向的影響，例如：廠商的市場行為會影響市場結構的變化（如購併），而市場結構也會影響到產業的基本條件（如原料獨占）等等。另外，國內學者彭芸和王國樑（1997），則是加入了政府政策的分析要素，認為政府政策對產業經濟分析的結構、行為、績效三要素，實際上扮演著相當重要的角色（圖3-2）。

　　依據產業經濟學理論所進行的傳播產業研究，被學界劃為「媒介經濟學」的研究領域。過去，大部分的研究範圍，是集中在廣播、電視、有線電視與報紙等媒體上。由於新媒體的相繼出現，例如：網際網路、數位電視、MP3等，這些媒體也具有提供傳統媒體視聽娛樂的功能，卻改以數位

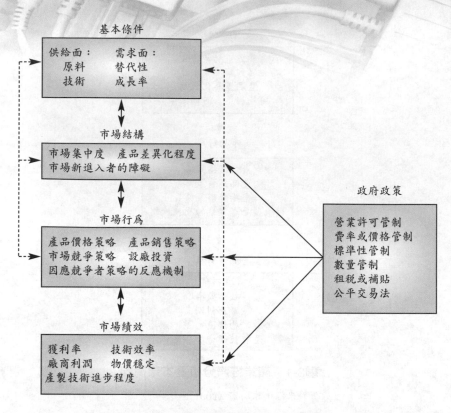

基本條件

供給面： 需求面：
原料 替代性
技術 成長率

市場結構

市場集中度 產品差異化程度
市場新進入者的障礙

市場行為

產品價格策略 產品銷售策略
市場競爭策略 設廠投資
因應競爭者策略的反應機制

市場績效

獲利率 技術效率
廠商利潤 物價穩定
產製技術進步程度

政府政策

營業許可管制
費率或價格管制
標準性管制
數量管制
租稅或補貼
公平交易法

圖3-2 修正後的產業經濟分析架構圖

資料來源：Bain（1968），薛琦（1988），彭芸與王國樑（1997）。

的形式與通道提供服務，因此，時下的媒介經濟學研究，必須要重新思考傳播產業的範圍與定義，以及跨領域之間各種不同媒體的競合關係（Albarran, 1998）。所以，在數位寬頻技術所帶領的社會環境下，新的傳播模式、權力與資源的分配、經營運作方法、數位落差與普及服務等，都是可能發展的新研究領域（魏玓，2000；彭慧鸞，2001）。

　　就本書所包括的七項產業研究而言，由於數位寬頻技術的發展是促成此一產業形成的重要因素。因此，作者也以該產業中發展最為穩定的數位寬頻技術觀點，分析數位寬頻產業的基本條件；接著，再進一步去分析新興的數位寬頻產業市場結構、市場行為與市場績效上的變化，例如：數位

數位寬頻傳播產業研究

電視、付費語音資訊、網路廣告、網路音樂、網路動畫等產業研究。其他，在政府公共政策與法規異動上，也進行了深入的研究，例如：有線電視與電信事業跨業經營之產業生態探討。整體而言，本書第四章到第七章的寬頻傳播產業研究，其涵蓋層面均包括了市場結構、市場行為與市場績效，以符合產業經濟分析之學理架構。

　　透過對數位寬頻技術的深入探討，研究者發現，它對傳播產業市場帶來若干的新發展：在基本條件上，數位寬頻營造了傳播服務的新通路，建立起不同於以往的市場競爭空間；在市場結構上，數位寬頻技術所引發的新競爭空間，使得原有的傳播產業之權力與資源分配開始面臨重組；在市場行為上，以往的經營策略已不敷使用，媒體匯流所需的跨業經營與策略聯盟模式，將被頻繁運用；而在市場績效上，雖然數位寬頻產業至今仍未有成功經營模式的出現，但在網路的泡沫化又重新再起的過程中，媒體經營者已逐漸領略到新興「數位經濟學」的奧妙；最後，在公共政策方面，顯然因為媒體的轉型與匯流，使得以往的法規已無法適用，因此，法規的更新、媒體的匯流、權力與資源的重新分配制衡、減少數位落差，是目前政策調整的重點所在。

第二節　新傳播產業的數位經濟學

一、傳播產業的轉型：數位寬頻網路與傳播產業的結合

　　近年來，因傳播科技而引發傳播產業經營模式變革的主要因素，乃在於傳播通路上的改變與整合。原本屬於電信產業專用的網路技術與概念，隨著寬頻與數位格式化的統一，促成了各種傳播通路整合的機會。

(一)寬頻網路與傳播產業的匯流

　　傳統的大眾傳播事業，由於需要結合各種硬體工程設備、軟體內容，

以及行銷通路等等龐大的資源，才能建立起媒體的競爭實力，因此，大部分的傳播產業所有權相當集中，有些產業甚至只有少數人才能夠從事媒介內容的產製與行銷（例如：權力封閉的唱片產業）（簡妙如譯，1999）。然而，數位寬頻技術的出現，使得傳播媒體相關製作簡易化，行銷通路普及化，也因此讓擁有相關技術經驗的電腦業（硬體、軟體及服務）、通訊業（電話、有線電視、衛星），以及資訊內容業（出版、娛樂、廣告）和傳統媒體業（廣播、電視）之間，在服務項目與業務功能上，開始不斷地聚合或解構，產生了一個新的數位寬頻傳播產業。

「數位寬頻」，成為所有大眾媒體的混合體，也因而成為新經濟體系的火車頭，在邁向世代交替的過程中，扮演著關鍵性的角色。數位寬頻傳播產業的誕生，以及傳播產業、通訊市場的轉型，迫使每一家企業都必須重新思考自己存在的價值。風起雲湧的合併、結盟、併購等活動，在在都是產業變遷的明證。這股熱潮改變了許多的遊戲規則，例如：在舊經濟裏值錢的東西，現在都是免費提供；而過去免費的東西，現在卻得要付錢才拿得到（卓秀娟、陳佳伶譯，1997）。

許多小型的內容製作公司，也藉由數位寬頻技術，從內部發展出網路營運模式，希望藉此擴展新事業。傳統的媒體產業界線從此模糊，以往看起來不可能合併的事業，包括電話公司、有線電視和製片公司，如今已能尋找出雙方的合作利基，相互結盟，以在未來版圖爭取一席之地。然而，許多先前的策略聯盟或是合併的案例，卻也鮮少有成功的。這表示，經營者更需要認清目前新興數位經濟的本質，以建立一個新的商業經營模式。

許多人擔心在數位寬頻技術的普遍應用下，電腦將會變成電視，或者電視將會變成電腦，而傳統的媒體也會逐漸消失或者被淘汰。然而，正如同過去人們擔心錄影帶對電影產業的衝擊，以及現在網路影音對錄影帶的影響一般，在短期內，線上娛樂軟體只是現存娛樂形式的備用品，不是替代品。多數的新媒體才剛剛開始尋找市場，所以，新媒體對舊媒體的衝擊，比較可能是逐漸演變的。而且，新舊媒體之間還能形成自然選擇，各自結合最好的品質和特色，衍生出更適合大眾需求的傳播媒介。畢竟，科技所創造的新媒體通路，只是提供給企業和消費者更多的選擇。數位時代

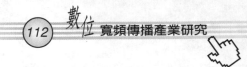

的新經濟並沒有一套嚴謹的遊戲規則，而是給予相關的媒體事業更多的自由空間發揮，甚至消費者也有機會參與，共同打造新時代的數位經濟規則（藍美貞、姜佩秀譯，2001）。

唯一可以確定的是，隨著傳播管道的增加，吸引閱聽人注意的困難度將隨之提升。而各種傳播通路所結合而成的數位寬頻網路，顯然是爭奪閱聽人注意的最新戰場。只是，不管何種產業透過數位寬頻網路吸引和保持閱聽人興趣的方法是什麼，以消費者為中心的產業營運策略，將顯得更為重要（汪睿祥譯，2000）。

在寬頻網路上，各類的商業都要與資訊、娛樂合流，例如：電視節目的畫面、聲音、圖像和角色都要精心策劃，要能吸引人，才能讓觀眾矚目。對消費者來說，數位寬頻網路已經成為充滿資訊、娛樂內容的一個選擇；但是，就呈現的資訊、娛樂內容而言，時下的數位寬頻產業可說仍處在沙漠期，仍有待努力。

(二)寬頻網路的創新資訊與娛樂模式

「數位寬頻網路」這個新興的媒體匯流平台，以多樣多元的方式，帶來傳統媒體難以模仿的表現形式與價值。沒有其他的媒體，能夠根據消費者的需求，提供像數位寬頻網路那樣廣度與深度的內容。因此，數位寬頻網路一旦全力投入資訊、娛樂業，不管是影音娛樂、遊戲，或是圖文的閱讀，其提供樂趣的能力，將遠較傳統媒體優異。

依據使用者需求提供服務，意味著某種程度的互動性。畢竟，數位寬頻網路的使用者和電視觀眾不一樣，他們可以主動地在網路平台上尋找樂趣，而非被動地窩在沙發上看著電視機裏跳動的畫面。數位寬頻網路取代傳統的單向傳播模式，創造雙向的交通，產生電子世界的迴路。例如：廣受網路使用者歡迎的聊天網站，其特色就是由觀眾決定內容。網友可以和其他進入網站的人互動，不管是名人或是專家，都被一視同仁地對待。相反的，傳統媒體資訊的接收經驗則是被動的。

使用數位寬頻網路平台進行娛樂，不必在某個時間，坐在某個特定的地點，也不必為錄放影機設個錄影時間。正如同微軟的廣告詞：「今天你

想去哪裏?」(汪睿祥譯,2000),只要是消費者想去的地方,都在網路上。網路本身就是個目的地,同時也是個旅程。

總括來說,數位寬頻網路所帶來的創新娛樂模式,其發展方向,可分為下列幾個面向來觀察:

■關於媒體設計

1.多元的傳輸設備:不管是空中傳送或是地下傳輸,各式各樣的傳播管道,都逐漸納入數位寬頻網路的一環,成為數位寬頻網路平台的基礎。

2.多元的接收設備:在接收設備方面,也因為使用者需求的重點不同,而有相當大的差異。主要的變化內容,除了操作界面的人性化之外,也多從被動接收,發展成為智慧型資訊裝置。例如:微處理器的科技,逐漸將電腦轉變成工作、學習、遊戲三合一的多媒體資訊站。

3.持續改進的品質:持續改進的科技,戲劇化地提升了數位寬頻網路的影音品質,一直往高傳眞邁進。

4.無處不在的接收地點:由家庭到任何地方,未來數位寬頻網路的發展目標,是期望藉由各種有線、無線網路的相連結,搭配隨身的資訊設備,達到無所不在的接收服務。

5.客製化的內容設計:由於數位寬頻網路的消費者,有能力獲取各種正確的資料以判斷所需的服務內容,因而使得服務與產品內容的控制權,逐漸由傳播者轉移到客戶的手中。

6.使用者付費:由於每個消費者的需求都不同,無法像過去一併設計產品內容,然後經由廣告商的贊助,取得產品提供與設計的回饋。因此,數位寬頻產業的營運資金,可能將由廣告收入逐漸轉移到客戶使用者付費所帶來的收入。

■關於媒體使用

1.使用時間從同步到非同步:過去傳播者必須做調查,預測閱聽人的興

趣所在，以設計出一份盡善盡美的節目時間表。但是透過寬頻網路的傳輸服務，不管是電視或廣播，都不再必須是同步或即時性的媒體。傳播者的角色由時段的排定者轉變為內容的提供者，透過各種傳遞資訊的通路，提供給消費者非同步的使用時間自由。

2.傳播方向從單向播放到雙向互動：由於執行「播放」動作的人是消費者，而非傳播業者，因此，消費者將必須自行搜尋，並連接到能提供適當資訊、特定內容的資料庫。

■關於消費者

1.從受眾到使用者：在數位寬頻網路中，使用者的各種互動表現，等於也是在創造資訊。因此，使得消費者不再單純只是節目的接收者，而成為互動式多媒體服務及資訊的使用者。

2.從被動到主動：由消費者到資訊生產者或設計者，由於每個人都有可能轉身一變成為製作人，大眾傳播媒體因而轉變為大眾所共有的傳播工具，閱聽人可以自無限多處的來源取得資訊服務，或是與其他人取得聯繫。最重要的是，在使用心態上，由過去的被動接收，轉變為主動搜尋。

(三)寬頻網路與廣告

數位寬頻網路技術，使得各種傳播媒體逐漸整合，例如：個人電腦和電視的結合，將形成新的使用經驗，新的節目，和新的廣告媒體（樂為良譯，1999）。數位寬頻網路，當然是非常有潛力的廣告媒介，但網路廣告恐怕不應只是傳統媒體廣告的數位版本，它應該嘗試以使用者的觀點進行廣告設計，才能更具效果。

比其他大眾傳播媒體更好的是，網路廣告商較容易經由網路調查技術得知消費者的網路使用習性。由於網路的便利性，消費者可在網路下單，又能夠搜尋有助於採買的各種資訊，因此，整個消費的全部過程，從最原始的廣告到購買，可說是與網路的使用經驗連結在一起。所以，就一個分

類廣告媒體來說，數位寬頻網路的優越性，就在於它提供即時與深度資訊的能力。

　　成功的例子如在網路上賣汽車的Auto-by-tel，它每個月賣出的數量比全國最大汽車商每年賣出的數量還多。除了以「保證不討價還價」，除去了消費者買車的一個重要焦慮，並透過客製化的服務，將這種方便轉變成銷售業績（這個網站按消費者提示的價錢找車，即使沒有找到符合消費者價格期望的車，至少可以找到價錢最接近消費者要求的車子）（汪睿祥譯，2000）。

　　不過，數位寬頻網路廣告卻要面對另一項挑戰，就是如何把訊息傳給最大數量的消費者。因為，僅僅送出訊息已經不夠了，印象的品質比從前更重要。更重要的是，必須要創造一個消費環境，讓消費者和產品建立關係。在此過程中，環境、脈絡和情緒聯結，都一樣重要。因此，廣告商總是把他們的訊息娛樂化，以吸引人。像是在某些媒體的內容中，廣告、表演和新聞已經越來越難區分。廣告故事已經比產品本身還要重要。因此，不管是任何種類產品的公司，一旦決定要透過數位寬頻網路來促銷，提高市場占有率時，就必須要設法成為「娛樂化的網站公司」。就像e-Bay和Yahoo奇摩拍賣網站的「唐先生」、「唐太太」花瓶故事，它到底是娛樂還是廣告，已不太有差別。而由於數位寬頻網路的世界廣大，因此，善加運用廣告的「槓桿作用」（leverage），亦即「用極少的力量，產生數倍的效果」，將成為廣告商使用數位寬頻網路媒體資源時，最需要慎重考慮的。

（四）寬頻網路與行銷

　　傳統的企業行銷，無不重視行銷4P的規劃，亦即產品（product）、價格（price）、通路（place）與促銷（promotion）。其想法，乃是奠基於控制、簡化、與單向的行銷模式，因為，在傳統的商業模式中，廠商控制了整個的訊息。但是，在數位經濟下的行銷網路中，情況顯然已經大不相同。以下即從4P的角度剖析其相異之處：

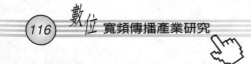

■產品方面

　　數位寬頻網路上，所提供的是客製化的產品，密集的個人服務，其中，隱含著顧客的知識程度與個人品味。因此，對於產品的設計與製造，業者必須設法不斷地創新，或者讓顧客也參與創新的過程，否則產品的生命週期將會很快地結束。

■價格方面

　　價格只是一種粗略的測度，它是將顧客對某一產品的評價，反應在一個簡單的數字上。這些屬性包括有時間、努力、記憶、創新、時尚、稀少性以及長期的價值等等。因此，業者所要進行的工作是，制訂一個定價的機制，讓顧客可以描述自身的需求，以及願付多少錢來滿足這個需求的管道，以作為議價的基礎。

■通路方面

　　數位寬頻產業內的企業，都必須在兩個世界裏競爭。一個是實體的世界（傳統的市場），另一個是數位的世界（虛擬市場）。例如：唱片公司以及其他數位影音產品公司，都必須同時擁有線上和實體的音樂商品店，以提高本身在音樂市場內的競爭實力（實例請參閱第八章）。

■促銷方面

　　廣告、公關、公開展示等等的溝通方式，都屬於比較傳統的行銷模式。在這些模式中，廠商使用單向、一對多的模式和顧客進行溝通。現在，顧客可以運用寬頻網路獲得完整的產品資訊，因而整個控制權力由廠商轉向顧客。顧客得以透過多元、一對一、互動的媒介，參與商業交易，控制行銷的組合（張順教、陳建良譯，2002）。

　　而在傳統商業模式中，經常活動於生產者和消費者之間的「中間人」，其功能則因為數位寬頻網路的發展而漸趨式微。因為，在電子世界裏，廠商與消費者的直接接觸已不是難事。中間業務、中間功能和中間人，若要繼續生存，就必須向食物鏈的上層移動，創造新的價值，否則將因為中介

者角色的消失而出局（卓秀娟、陳佳伶譯，1997）。

　　人們可以在寬頻網路上銷售自己創造的產品與服務，不必透過各種中間商的仲介。但是，消費者要如何才能找到廠商？廠商又要怎麼做才能讓企業的網站突出，讓消費者能夠找到，並且願意進來？這些在浩瀚的數位寬頻網路世界中，無疑是個大難題。可見，在資訊氾濫的數位寬頻網路世界中，消費者仍需要倚靠若干的專業協助，來做出正確的消費抉擇。就像投資者不能只靠自己的判斷能力來選擇股票，病人也不會只靠網路的醫藥專欄就不看醫生一樣。

　　事實上，中間商的功能，將越來越偏向資訊整理的顧問角色。如果中間商能夠提出吸引人、讓消費者投入參與，或富娛樂效果的內容，仍然有機會成為長期贏家，存活下來。因此，迪士尼買了Infoseek搜尋引擎和入口網站的多數股權，NBC取得C-Net，成為它入口網站Snap的最大投資者（汪睿祥譯，2000），這些都不是意外。人們總是會向有規模、招牌大的媒體求助，以尋找新的資訊與服務。如果業者自己可以做到這一步，那麼就可以省去中間商的存在。

　　而對於數位寬頻產業而言，由於和顧客直接接觸的機會增多，因此，顧客關係的管理（Custom Relation Management, CRM），以及蘊涵於顧客關係的財富，將會比土地、廠商、建築物或銀行帳戶裏的現金更為重要。寬頻網路產業的經營，若忽視顧客關係的管理，終將面臨失敗的命運。

二、數位經濟的形成與特色

　　由於傳播與環境的變化，過去壟斷傳播通路與市場的媒介，面對數位化的變革，現在都必須要在同樣的通路及平台上相互競爭。而在經營模式上，也因為數位寬頻技術的進步，而使得經營策略與市場佈局有所轉移。這是由於所有的媒體都已經成為「數位媒體」，傳播產業也因此形成其特有的「數位經濟」與「數位經濟學」的緣故。

（一）數位經濟與數位資本的形成

工業革命後，因各國對工業技術運用情形的不同，而導致強權國家的重整，產生了許多「新貴族」。同樣的，隨著數位寬頻技術帶來的革命性進步，許多懂得運用數位寬頻技術提供服務的科技新秀也因而崛起，引發數位經濟體系的誕生。

雖然時下傳播與資訊相關產業，對於「數位經濟」一詞已有共識，然而，其定義究竟為何，至今仍然沒有明確的說法。《PChome雜誌》總經理詹宏志曾經提到，「數位經濟」其實是一個不得已的名稱，它所企圖描述的是一個正逐步成形，卻無以名之的經濟體制（卓秀娟、陳佳伶譯，1997）。

國外研究「數位經濟」的專家唐‧塔普史考特、大衛‧提寇、亞力士‧羅伊等人，雖然寫成了許多有關數位經濟的著作，也並未針對「數位經濟」，提出一個明確的定義。不過，唐‧塔普史考特曾由數位資本的角度，來思考數位經濟的內涵與特性。他認為，數位資本可視為三種知識財的結合體：一是人力資本（human capital），指的是人們知道什麼；二是消費者資本（consumer capital），指的是如何評量人們的價值；三是結構資本（structural capital），亦即建立企業運作體系的專業技術與能力（know-how）（張順教、陳建良譯，2002）。

由此可知，數位經濟所帶來的，不僅僅是商機的數位化、網路化，在商機的經營管理上，也產生了極大的變革。經營者若期望能掌握數位寬頻技術所帶來的商機，勢必需要針對數位經濟的種種特性予以觀察，以求對數位經濟之運作原則，能有更深入的瞭解。

（二）數位經濟的特性

「數位經濟」所含括的範圍，在各種文獻中通常敘述的非常廣泛，而就數位經濟發展的特性而言，也和傳統產業經濟相當地不同。這些特性包括有：

■以消費為累積的經濟

傳統的經濟活動，倚賴的是實體產品的生產與行銷服務。因為是使用實體的物品，所以在生產的過程中，難免就會遭遇到資源耗竭（例如：紙、汽油等天然資源）與高成本的物流問題（例如：原料成本與運送、產品製造與配銷）。結果，隨著生產活動越多，資源也就越用越少。因此，傳統經濟學所注重的，都是如何以最有效的方法，把有限的資源分配到使用者的身上。

但是，到了數位經濟時代，由於數位經濟的資源已不是物質的資源，而是無形的資訊、知識或娛樂經驗（例如：線上遊戲、網路影音娛樂），又資訊可以是無限多的，所以，整個數位經濟逐漸由實體資源的稀少性，轉換為虛擬資源的富饒狀態（曾寶璐，2000）。

從經濟學的角度來看，因為提供這些虛擬的產品與服務必須先完成數位寬頻傳輸網路的建設，等於是具有高昂的固定成本，而在寬頻網路上製作、複製與傳輸這些產品，卻又不需額外花費太多的資源，亦即變動成本低廉。加上隨著使用人數的增加，還可以促成單位邊際成本的持續降低（張美惠譯，1999）。由此可見，在數位經濟中，「複製」可以降低產品的邊際成本，提升其價值；「使用」可以帶來更多的行銷機會與普及率，因此，「分享比獨占有益，流量更比存量重要」。

人們以邊際成本幾近於零的價格，大量複製與銷售像軟體與電子娛樂商品這一類的知識性產品（knowledge products），而具有知識密集特性的產品（如電腦晶片）也變得更廉價。以網路音樂為例，傳統錄音產品原本就具有高固定成本，低變動成本的特殊產製結構，在轉換為MP3格式流通後，MP3所擁有的虛擬商品特質（不需要載體仍可流通、使用），更是將這樣的產製成本結構發揮到極致。數位技術的支援，正好有助於降低音樂商品在以往行銷、生產上所支付的龐大費用。因而，有許多網路服務業者（如「飛行網」），提出以加入會員的方式，與其他的網路使用者交換音樂，或進行單曲下載等等，讓消費者只需要花費些許的「會員費」，就可以欣賞到許多MP3網路音樂；或者，只需要花小錢購買自己想聽的歌，而不一定要購買整張唱片。這些都是進入數位經濟時代後，因為分享反而擁有更多

的新消費趨勢。

■以免費為誘因的經濟

　　傳統的經濟活動，從業者所訂定的產品價格，可以預估市場內的供需情形；然而，到了數位經濟時代，業者卻是以免費提供服務來獲取更大的利潤。因為，透過數位寬頻網路所提供的虛擬商品與服務，大多以「經驗產品」為主。經濟學上所謂的「經驗產品」是指，消費者必須體驗商品過後，才能知道產品的價值。許多資訊與文化產品，不管是書籍文章的閱讀、音樂的欣賞、影音的觀賞，以及新產品，都屬於經驗產品的範圍。由於消費者對產品評價的差異，是資訊行銷策略的基礎，因此，若干廠商為了促銷「經驗產品」，常以贈送樣品、促銷折扣，或是開放試用的方式，幫助消費者認識產品，建立起對產品的評價。

　　而就數位經濟來說，一方面由於大部分的產品與服務都具有相當程度的經驗產品特質；另一方面則是由於數位經濟的服務機制一旦建立，其供給和需求若能無限量地擴大，其單位成本就能越趨近於零的特性，使得業者若能免費提供這些基本的服務，反而能促成周邊利潤的回收。

　　以網路動畫為例（請參閱第九章），其每一次的使用與消費，都可算是經驗商品，因此，為了讓消費者因欣賞這些網路動畫，而作出實際的消費行為，業者會透過各種媒體或管道，讓消費者免費欣賞到這些商品。而且，隨著這些商品流傳得越廣，該商品的獲利能力也就越強（張美惠譯，1999）。

　　所以，數位經濟絕不是一項免費的經濟。經營免費的電子郵件服務，就像餐廳的老闆提供免費的白飯，卻能在菜色上賺回來；或像是微軟的作業系統可以賣得很便宜，應用軟體卻可以賣到很高的價格一般。

　　此外，在傳統經濟活動中，買賣雙方是簽訂合約後才會互相信任；數位經濟時代，卻是因為彼此互相信任，才敢透過網路進行交易。因此，在數位寬頻網路上進行商務活動，業者應確實掌握網路技術，以提供給消費者適當的使用便利與安全空間。例如:業者必須保證網路交易資料的安全性，或是運用防火牆技術避免試用產品被隨意下載等等。數位寬頻網路只

是一項傳輸服務的通路，使用寬頻網路進行商務活動並不一定就會擁有經營上的彈性或快速的好處，這些都需要業者自行去規劃。因此，如何運用相關科技，善用而不濫用經驗產品的特性，將成為業者經營數位經濟產業的重點。

■以速度為關鍵的經濟

在傳統的經濟活動中，創造出比競爭對手更快的速度，就等於是創造出更高的價值，因為速度的快慢往往決定著耗費成本的多寡。而隨著數位寬頻技術的發展，乍看之下，關於速度的競爭似乎也是越來越激烈。許多消費者選擇ISP、ICP的標準多與連線速度或資料更新速度有關。比爾‧蓋茲也在《數位神經系統》一書中提到，「如果八〇年代的主題是品質，九〇年代是企業再造，那麼公元二〇〇〇年後的關鍵就是速度……」（樂為良譯，1999）。數位寬頻技術以及資訊科技的發展，帶動產業的全面變遷，每個媒體企業的管理者，都必須掌握數位寬頻與資訊科技產業的快速與動力。但是，隨著數位寬頻網路技術的普及，時下許多業者的服務速度都可以達到相當的標準之上。就像當所有的新聞台都擁有SNG車可以提供即時資訊時，速度等於已成為業者提供服務的最基本條件。

如果現在數位寬頻網路所擁有的廣度與速度，已成為所有業者所共同擁有的優勢，所有人都一樣快，所有人都與世界相連結，那麼新的競爭法則會是什麼呢？從英特爾隨著網際網路的發展，而推出各種運算速度與價格的CPU產品過程可以知道，當英特爾自傲於其CPU產品的運算速度時，網際網路的出現卻是帶動了普遍的低價CPU的市場需求，可見，數位經濟時代下，業者應該要致力超越的，不再是比競爭對手更快的速度，而是洞悉未來，以調整其經營策略的能力。畢竟，速度雖然可以為消費者帶來好處，卻無法創造企業的競爭優勢，創造企業與競爭者的差異（王盈勛，1999a）。

在傳統的經濟活動中，業者往往面對的是一對一，已確定競爭對手身分的商戰，所以在企業的經營管理上，可以選定某種利基，作為規劃經營策略的依據。但是，在數位經濟下，業者面對技術的進步與消費者需求的

快速變化，業者的競爭領域越來越沒有疆界，唯一因應的辦法只有以速度為基礎，保持品質，並且持續創新。

■以準確為基礎的經濟

傳統經濟活動中，業者提供越多的服務與商品，就能獲得越多的利潤回饋；到了數位經濟時代，唯有提供消費者真正需要的服務內容，才能獲得消費者的青睞。猶如實體世界中，仲介業的存在是因為買賣雙方對產品的認知有差距，使得交易活動必須倚賴仲介業提供充足的資訊才能完成；而到了數位經濟時代，因為資訊傳遞與取得的成本非常低廉，因此，提供一般性資訊的附加價值便顯得非常有限，很難成為可以運作的商業機制。所以最有價值的網站，將不是資訊最多的網站，而是提供的資訊最有用的網站；最受歡迎的交友網站，也不是人數最多的網站，而是配對成功率最高的網站。

由於投入經營數位經濟的業者來自四面八方，有些是傳統產業的轉型，例如：無線電視經營數位電視服務、中華電信經營網路影音服務等等；有些則是新興業者的投入，例如：「飛行網」經營網路音樂交換服務。第三波資訊副董事長杜紫宸曾提到，網路公司要成功，know what比know how重要，領域的選擇將決定生意成敗（李翠卿，2000）。同樣地，應用在數位經濟產業的經營上，業者也不應只是一味地追隨潮流，而是應該仔細觀察市場環境的變化，事先看到消費者所需求的服務，才能開創出特有的數位經濟前瞻事業。

■以創新為原則的經濟

在傳統的經濟活動中，賽局是明確的，規則是固定的，致勝的關鍵在於向上提升，追求比競爭對手更快、更好的卓越表現；但是在以創新與技術為基礎的數位經濟時代，光靠生產低成本、改善品質，或是加快速度，已不足以保證業者的生存。聖塔菲研究中心（Santa Fe Institute）的教授布萊恩亞瑟（W. Brian Arthur）是最早提出網路經濟報酬遞增法則的經濟學家，他認為傳統的經濟學早已無法解釋當代世界的經濟現象，他將新經濟的賽局，稱之為「經濟的認知面」（the cognitive side of the economy）的競

賽，就像在玩一場新遊戲的賭局一般，參賽的人們對於競爭對手甚至環境都一無所知（王盈勛，2000f）。遊戲的規則，則是在技術、政府持續變動的法規，和各種參與者的互動中逐漸成形，沒人可以預知結果會是什麼樣子。

這樣的情境，正如同國內數位電視產業的發展現況一般，各種無線、有線、衛星電視媒體所建立起來的數位寬頻網路平台，都可以提供視訊、音訊、資訊的服務，各業者之間的功能擴充與重疊，使得經營者不得不重新思考電視所應扮演的角色、提供的服務，以及自身與其他電視媒體業者之間的差異。例如：數位電視該不該提供銀行金融服務；數位無線電視與數位有線電視的服務內容，又該有何不同。

正如同尼爾‧葛洛斯（Neil Gros）和彼得‧寇伊（Peter Coy）所提，「新科技產業的新規則，需要有更聰穎的才智、更靈敏的反應和更快的速度來經營。它們重新定義了新經濟體系中所謂的價值，不能應用的科技根本一文不名（卓秀娟、陳佳伶譯，1997）。可見，在數位寬頻產業中，舉凡是產品的創新、經營策略的應變，保持彈性、靈活的因應步調，是維持市場地位的重要因素之一。例如：戴爾電腦的行銷方式，正是發揮了網路企業服務快速、便利的功能。

另一方面，數位經濟產業新價值內涵的創造與重新整合，使得企業必須持續地進行內部的創新動作。其中，一部分為工作程序上的創新，例如：運用新技術提供新服務或解決顧客疑難。另一部分，則是商業模式上的創新，例如:成立虛擬企業、採用資源外包等等（張順教、陳建良譯，2002）。

由於數位經濟環境下的整個經濟活動，乃是由企業、合作組織以及消費者個人間的互動所推動形成，因此，所謂的數位經濟生態系統應該包括有消費者、供給者、領導廠商、競爭者及股東。這些組成分子透過彼此合作或聯盟的方式，發揮既有的功能與長才，促成整個數位經濟生態，同時，也成為企業營運的重要資本。

所以，在數位經濟的環境下，尋找適當的合作與互動對象，或是因應新競爭環境提出適當的競爭策略，以進行內部創新，是保持數位經濟產業競爭力的重要工作。

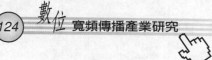

三、數位經濟的發展與應用趨勢

隨著數位寬頻技術的持續進步，科技重新定義了數位經濟的競爭本質，為數位革命後的產業環境，寫下了新的競爭規則。數位經濟的發展，主要可以從應用的面向上，劃分為二大類：一者為軟體上的商務應用，例如：各產業電子商務服務的發展；其二為數位技術所帶來的硬體上的科技應用，例如：數位電視、互動電視媒體的誕生。這兩種不同的發展面向，各自推動了若干數位經濟的新競爭趨勢。

(一)電子商務應用

英特爾企業的前執行長，同時也是《十倍速時代》一書作者的安迪‧葛洛夫預言，在不久的未來，所謂的「網路企業」名詞即將消失，因為全世界的企業，都會成為網路企業的一員。可見網路與時下各類產業的商務行為，逐漸產生密切的結合，並且發展得相當快速。

藉由網路的便利與普及，在網路上進行商務行為，無疑地，將改善商務活動的經營效率，甚至創造新市場空間，使企業因應數位寬頻網路的商務活動空間，而重新設計出適用的組織結構、產製流程與產業生態環境等等。因此，有關數位寬頻網路在電子商務上的應用，所激發的新競爭模式，也因而越受重視。研究者發現，數位經濟在電子商務方面的運用，具有以下的發展趨勢：

■資訊與文化產品居多

Davidow和Malone曾在《虛擬企業》一書中提到，未來企業的最高目標應該是提供虛擬產品或服務，讓自己脫胎換骨變成虛擬企業（林錫金，2000）。數位寬頻網路，讓Davidow和Malone的預言逐漸實現。

時下的「數位經濟」，大多就是透過數位寬頻網路傳送企業所提供的產品或服務，以獲取利潤。而數位寬頻網路，最大的優勢，乃在於經營非實體性的資訊與知識產品，因此，所謂的數位經濟，也是以經營資訊與文化

產品居多。

陳秀蕙（2001）指出，所謂文化產品乃是非物質性的（nonmaterial），同時對於消費者而言，是屬於美學（aesthetic）或是情感上的（expressive）滿足，而不具有一般純粹效用或實用上（utilitarian）的功能。文化產品的目的之一，就是創造與滿足消費者對於流行時尚的情感性需求，尤其是具有娛樂性質的文化事業，例如：流行音樂、影音娛樂等等。因此，文化產品運用在數位寬頻產業的經營上，更是如魚得水。例如：互動電視、網路廣告、網路音樂、網路動畫等。

數位寬頻傳播產業中的非文化類產品，則是以資訊服務為主。依據學者卡爾‧夏培洛、海爾‧韋瑞安的定義，凡是可以被數位化的，都是資訊（張美惠譯，1999）。而且，對不同的消費者而言，資訊產生的價值也會不同。有人較重視娛樂價值，有人則重視商業價值。

波瑞特（Porat, 1977）又將資訊的主要部分，分為五種範疇：

1. 資訊的市場（market for information）：主要是關於知識的製造以及資訊的提供，例如：大眾媒介及某些教育性的機構。
2. 市場中的資訊（information in markets）：主要是關於資訊的管理、廣告及風險管理。
3. 資訊的基本結構（information infrastructure）：主要是關於資訊的處理，例如：印刷、資料處理、電訊傳播及資訊商品的製造產業。
4. 資訊商品的批發及零售（wholesale and retail trade in information goods）：包括書店、電腦販賣店和電影院。
5. 資訊活動的支援設施（support facilities for information activities）：包括資訊產業所使用的建築物、辦公設備等等。

前述這些資訊範疇，結合數位寬頻網路所發展出來的技術，已逐漸形成實際可行的商業與服務機制，例如：網路教學、電信語音資訊服務等等。至今，已有許多的資訊服務都開始要求消費者必須要付費使用，預計在未來，還會有越來越多的營業內容出現。

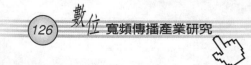

■自助的消費者

　　各類網路的連結與普及，以及上網終端設備的多元化，使得越來越多的個人與家庭開始習慣連結上網。而網路化的生活方式，也使得某些種類的商務活動逐漸被轉移到網路上進行。

　　傳統的經濟活動從實體世界轉換到數位寬頻網路上，其最重大的改變除了通路上的不同，如果更深入地觀察便可以發現，網路溝通的方式，甚至進一步改變了企業與消費者的關係。

　　在傳統的經濟活動中，買賣雙方因為彼此期望的差距而導致中間商的存在。有了數位寬頻網路，不管是企業或消費者，都能在極短的時間內，自行透過網路獲得大量且費用不高的資訊，不僅大幅降低了交易過程中的行銷成本、時間和錯誤機率，同時，也讓消費者不再需要中間商的協助，即可完成交易行為。

　　如同宇盟商務總經理黃中銘所曾提到的，新經濟時代，因為通路的縮短，中間商某種程度的被取代，將使得交易過程更快速、更容易，成本也更低（李翠卿，2000）。數位寬頻網路將溝通的權力從過去各種單向傳播的主導機構，如政府、媒體、廠商、代理人等手中取回，歸還給每個能自行連上網路的消費者，甚至，讓消費者主導整個互動關係，消費者若期望能取得自己所需要的內容，就必須自己承擔起部分的搜尋和生產的責任。

　　表面上，大多數的數位經濟活動會變成消費者自己動手的數位化交易，似乎是由顧客貢獻出比以往更多的價值給整個商業活動。實質上，消費者也會在這樣自助過程中，獲得許多有形（成本、品質）與無形（資訊、掌控、關係）上的好處。

　　因為，大量的知識與訊息的自由溝通，有助於產生有效率且更合理的傳播結果。例如：在以前節目、頻道稀少的時代，電視觀眾只能被動地接收媒體所傳播的訊息，無法表達意見，或是擁有較多的內容選擇空間，然而，數位寬頻技術所帶來的多頻道以及隨選視訊服務，這些過於「豐富」的節目內容，透過觀眾的選擇、設定，便能將電視這個被動媒體，改造成專為觀眾量身設計的主動媒體。此外，數位寬頻科技所衍生的其他新技術功能，例如：故事結局的多選擇、電視節目產品的套裝行銷等等，透過消

費者以表達喜好，扮演「諮詢顧問」角色的過程，將使電視媒體更能儘早摸索出觀眾的品味與偏好，讓消費者在扮演設計者與使用者的同時，享受因自助而自主的快樂。

甚至搭配若干的網路技術與服務機制，可以讓消費者自行生產服務給自己或是大眾使用。例如：愛爾蘭的nua網站（www.nua.ie）只要回答網站上的問卷，就可以免費使用站上所有的統計資料；美國的「接線總機」（switchboard.com）網站，使用者只要輸入或更新自己的電話號碼，就可以免費使用網路電話簿查詢（王盈勛，2000a）。其他像是時下的個人新聞台、網路相簿，或是在網路上交換MP3檔案的服務，都是採用自助服務機制，而頗受大眾喜好的經營模式。自助式的消費型態，既讓消費者取得他們想要的，同時，也讓消費者成為每個產業的重要附加價值。

■長久的互動關係

在傳統的經濟活動中，企業成立店面，刊登廣告，期待顧客上門交易。而在數位經濟中，企業則是成立網站，並且必須要在茫茫網海裏，搜尋消費者。透過數位寬頻網路和資訊科技設備，業者在網路上散發各種資訊，自動出現在消費者面前，或是邀請曾經在網站上停留的消費者留下資訊，以設法辨識出屬於該企業可爭取的客戶群，甚至幫助其瞭解消費者的興趣、嗜好與需求。由於多次交易並不會因此而增加業者的經營成本，所以業者重視的是致力於瞭解消費者的個別差異，密切掌握消費者的需求，以建立雙方長期、互動的交易關係。例如：遠距教學網站，必須尋找出具有需求的學員，並且透過組織所有的學員形成網路社群，將能使此一教學網站之相互聯繫、學習的功能，大幅地提升。

在數位經濟中，辨識顧客的能力，將是企業最重要的競爭力來源。就像從前的雜貨店一般，數位經濟產業的經營者總是知道顧客所說的「老樣子」是什麼，只是，他們的客戶比起傳統經濟更遍及全球。而且，業者與消費者之間的關係，也比傳統經濟來得更密切。因為，在數位時代的交易關係中，業者和消費者不僅僅是供給與需求的兩方，更是共同參與創造價值、交換價值的夥伴。

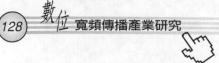

(二)科技應用

　　電腦界的摩爾定律是指，隨著晶片的製作成本降低，相關電腦技術的成長與應用，每隔十八個月就會增加一倍的現象。此時，全球也正在經歷另一個「通訊摩爾定律」，也就是每隔十二個月，網路使用數量（包含網際網路、無線通訊網路、固網寬頻網路等等）就會增加一倍。而隨著數位寬頻網路的逐漸普及，其技術上的卓越功能，尤其在互動、多頻道（多內容）、非同步等方面，也逐漸使得商務活動紛紛投入研發不同的科技應用。這些科技應用的商業化，也激發了若干的發展趨勢。包括有：

■新競爭空間的經營

　　數位寬頻產業，整合起各種傳統的傳播媒體，對企業而言，為了提高產品的市場占有率與媒體曝光率，將需要針對各種不同的媒體，設計不同的行銷方式與內容。尤其是新興的數位寬頻媒體，諸如數位無線電視、數位有線電視、數位衛星電視（如第六章所述）等等，都是企業需要投入經營的新競爭空間。

　　而由於頻道數量與媒體種類的大幅增加，對於以提供娛樂與溝通功能為主的傳播產業而言，跨媒體經營或進行宣傳活動，也是非常重要的。只是，不管是何種熱賣頻道、媒體或商品，經營成功時，其成就也許很大，但往往無法逃避一個事實，就是慘敗的商品數量永遠比熱賣的商品多得多。

　　對業者而言，找出一個滿足一般大眾基本需要的獨特產品、頻道或媒體功能，然後投入最大資源去發展和行銷這個商品，是極為重要的工作。但是，數位寬頻產業由於面臨各式各樣的消費者與需求，因此，為了能隨時取悅善變的消費者，不斷地讓他們沉浸在網路使用行為中，數位寬頻產業就必須要擁有足夠多的產品種類，並且不斷地創造出新的服務內容，以滿足消費者的需求。

■消費者分眾

　　資訊的豐富帶來注意力的貧窮。在數位寬頻網路的環境下，人的注意

力成了珍貴的稀有財，因爲（張順教、陳建良譯，2002）：

1.每個人每天的工作時數無法超過二十四小時。

2.專注於某特定事務的人力資本，本來就有其先天上的限制。

3.當人們面對如雪片般飛來的訊息時，可能無法過於專注在特定事務上。

　　對傳統的媒體產業而言，例如：電視媒體的節目編排，其主要目的，是希望能藉由制度化的播出行爲，在閱聽人的腦海中，造成強烈的熟悉感，引起閱聽人的注意。藉著使用一貫的編排策略，養成閱聽人的收視習慣，進而掌控其收視行爲。然而，數位寬頻技術的發展，串連並開發了各式各樣的媒體，擴大了頻道的容納空間，因此，在多樣化選擇下的媒體，更稀釋了有限的閱聽人口與產製資源。逐漸地，不再有所謂的「黃金時段」（可能還有「黃金頻道」），節目編排的控制技巧也顯得越來越困難。有太多的產品通路，在爭取有限的創作資源。電視，逐漸變得像電影一樣，只有優質的作品，才能招徠足夠的觀眾，支應逐年增加的廣告費用。而由於大眾傳播媒體的「大眾」越來越小，眞正能夠吸引大眾的好產品，將獲得消費者最實際的回饋。

　　因此，對數位寬頻產業而言，最大的問題已不是資訊的取得，而是資訊超載。一旦大眾閱聽人變成稀有商品，消費者的注意力就顯得越來越有價值，爲了能爭取消費者的青睞與忠誠度，數位寬頻產業必須擁有即時提供具吸引力、適當且方便易讀的訊息給消費者的能力。通常，「分眾經營」是一項因應的辦法。就像專業化雜誌的經營，應該是專注於特定的閱聽眾一般。所以，對經營者而言，清楚掌握訴求的目標與潛在消費者，以及消費者的使用習性、喜好等等，就成了最重要的事。

■善加運用先驅消費者

　　數位寬頻媒體屬於新興媒體，其操作方式與觀念，均不同於以往，尤其對數位電視而言，雖然外表上仍然是電視，但在操作時，又如同在網路上漫遊一般。雖然電視是最普及的電子媒體，最爲社會大眾所熟悉，若要

進一步向有使用經驗的消費者推廣改爲使用數位電視，應該是利多於弊的。然而，也正因爲多數的消費者均有根深柢固的電視使用經驗，因此，在面臨需要做新的操作學習時，也不免產生了較多的抱怨、疑慮和不適應。因此，在推廣數位寬頻產業的同時，善加運用先驅消費者進行產品研發或是行銷推廣工作，是一項相當可行的經營策略。

　　就如同最早看熱門電影的幾個人，最早有行動電話的幾個人……這些先驅消費者對於形成推廣產品背後的觀念，往往扮演著關鍵的角色。他們取用這些產品，然後爲整個社會證明這個新產品的功用，新產品可以從先驅消費者那邊得到免費的推薦，同時也是最有力的廣告。

　　另外，進行大量且多管道的曝光，也可以引起消費者的興趣。例如：迪士尼公司每年發布新片時，常常利用該集團在發行上的長處，盡可能在許多戲院首映，盡可能地延長檔期，這些都有助於立即建立廣泛的知名度。如果電影賣錢，這個知名度很可能就會有助於家庭錄影帶、光碟、原聲帶，甚至是百老匯戲劇的成功。由此可見，先驅消費者應可成爲預估產品成功與否的指標，因爲，知道什麼東西會得到最後的勝利，和知道什麼東西會失敗幾乎一樣重要。

(三)經營管理趨勢

　　數位寬頻網路的相互連結，爲許多的新媒體帶來機會，看看市場上許多新興資訊載具的出現，例如：數位電視、影像電話、PDA、WAP手機、傳訊王（類似呼叫器）等，都提供了許多不同的傳輸接收方式及內容。然而，新興的媒體與通路雖然是多樣化的，卻未必樣樣發達，樣樣賺錢。每一種服務或是產品的商業化，其中成功與否的關鍵點，仍在於適當的經營管理與獲利模式的建立。因此，有關下列各面向之經營管理觀念，將越來越顯其重要性：

■以娛樂化包裝建立創意的獲利模式

　　不管是如何技術卓越、功能高超的產品，對於企業而言，能夠爲組織營造豐厚的利潤，才是真正成功的事業。不管傳輸或接收的方式如何，每

一種產品或服務，都必須要能建立起自己的獲利模式，否則即使是成功地推廣了，也只是為大眾增加了免費的服務，無法促進產業真正的蓬勃，就如同過去網際網路的泡沫經濟般，反而會對傳統的社會結構帶來不好的影響。

美國知名的媒體企業管理顧問麥可‧沃夫曾提到，不管是在網路上或是各種的娛樂業、媒體業都一樣，總共有四種方法可以賺錢，因此，企業在投入新事業經營時，都應該想清楚，經營新產品或服務的獲利模式究竟為何。這四種方法，包括有：

1.付費入場：如同一般的主題樂園、戲院或收費表演場合一般，出售入場卷或是進入參觀、使用的權利。例如：資訊網站的會員費。
2.付費訂閱：如同雜誌、報紙、收費有線電視節目一般，在寬頻網路上也有所謂的訂閱費。
3.出售觀眾進入的通道：就像是電視、廣播和雜誌廣告一樣，在寬頻網路中，由於資訊數量過於龐大，搜尋入口對於廠商的價值，將大為提升。
4.透過型錄直接出售服務與商品：寬頻網路上，所能提供的服務或商品展示將更為詳盡，只要能配合穩定、安全的金流與物流機制，將可以提供相當的行銷服務。

此外，就傳播產業來說，傳統的大眾傳播媒體收入又以廣告為最主要的收入來源。過去，傳統的媒體產業倚靠廣告與節目的區隔，建立節目的存在價值與廣告獲利，但是到了數位經濟時代，廣告與節目內容卻是無法分割。因為，使用者在數位寬頻網路上的瀏覽行為，就是整個消費行為的一部分，為了能延長使用者停留在企業網站上的時間，增加使用者造訪企業網站的次數，業者勢必需要精心規劃整個網路的使用過程，使消費者能在這樣的使用過程中發現樂趣，進而在這樣的使用過程中完成資訊與娛樂的消費。

例如：目前網路上已有非常多的交友網站或是相關的網路服務，網路傳呼軟體——MSN Messager軟體，因為特別精心設計了網上溝通時的對話

表情、音效，及其他週邊娛樂功能，因而逐漸超越了ICQ，受到更多使用者的青睞。使用MSN Messager時，消費者只會專注於流暢的網路人際溝通，至於隨著使用軟體時「順便」傳送過來的搜尋引擎首頁，便自然而然成為許多消費者上網的第一站。

雖然由於數位寬頻網路上的競爭激烈，而使得許多虛擬商品及相關服務的價格不斷地壓低，甚至仍然是免費，例如：電子報、金融資訊、地圖等等。但是，隨著許多創意的數位寬頻傳播產業經營者的出現，這些懂得善用資源組合搭配，並且以娛樂化的包裝吸引消費者使用的業者，已經能掌握到市場區隔，使企業所提供的服務看來與眾不同的關鍵。如果能夠進一步規劃出產品與價格個人化等等創意的獲利模式，將能滿足更多消費者的需求，獲得更多實際的利潤回饋。例如：經營網路音樂交換服務的「飛行網」、「iTune」等。

■智慧財產與知識管理日趨重要

由於數位寬頻產業提供給消費大眾的產品，大多是不具實體的資訊或娛樂服務，因此，不管在產品設計、製作，甚至行銷、管理等工作上，都需要大量的知識而非勞力的參與。由此可見，數位經濟時代是以知識為基礎的時代，以知識取代傳統的土地、廠房，成為組織最重要的資產。因為組織資產型態的轉變，整個經濟活動的重心也因此而有所轉移。在企業組織裏，應用知識、添加創意成為組織價值、收益、利潤的基本來源，而知識，也成了產業內的重要組成元素。

數位寬頻產業之所以如此備受全球矚目，其實就是由於珍貴的數位知識資本所促成。所有參與數位寬頻產業的企業均意識到，數位資本的累積，不僅是透過一次又一次的製作，再予以分割、重組、模組、包裝，即能產生無數的利潤。然而，和傳統產業經濟有所不同的是，在數位經濟中，知識是越開放越有價值的，隱藏式的知識反而會帶來不良的後果，甚至失敗的危機，例如：應用軟體的封閉設計。所以，在數位經濟中，知識是要用來分享的。以知識為本的產品（如應用軟體或節目風格），若越能被廣泛使用、接受，其價值也越高（樂為良等譯，1999）。然而，也如同

彼得・杜拉克所言（Peter Drucker），「知識報酬」是不太可能做嚴謹地估量的。每個組織都應該要設法嘗試以各種方法，找出利用這些無形資產的方法。

知識源自於人類，知識的運用，也全要依靠人類。因此，對於數位寬頻產業而言，組織成員的知識管理將更顯得重要。對於企業組織內部的人力資源管理，知識管理便將之定義為包含技術、知識、智慧、創新能力及專業技能（know-how）等等的代名詞（卓秀娟、陳佳伶譯，1997）。例如有些傑出企業，就是利用數位科技，使得組織在產製流程中，能夠做到快速搜尋、彙整與分享最新的知識，敏捷地跟隨市場情況移動，以建構出一個更聰明、更靈活的組織。

此外，對於數位寬頻產業而言，所謂的知識管理，也可以視為企業為消費者創造效用或價值的能力。在數位經濟下，企業資本的主要轉變是，消費者和生產者之間的界線逐漸模糊，所以，屬於組織的人力資本，也透過網路擴散到每一位參與者的身上。以MP3為例，藝人、消費群、個人網頁、網站等，都是企業組織與消費者以現有的知識為基礎，所創造出來的產品。有時消費者甚至參與了企業內部的產品設計與創新工作。例如：應用軟體的開放原始碼，供大家改進使用。消費者的創意概念被加進產品的生產設計中，資訊與科技也融入了產品，隨著這些內容逐漸成為產品的一部分之際，企業組織的人力資本已達到「使用網路分享知識」的境界。這些在傳統的經濟結構中，都是很少見的。

此外，在數位寬頻網路上流通的虛擬商品，一旦相關技術被突破，就會被網路使用者大量的拷貝。因此，落實法律上對智慧財產的專利、版權、商標保障等，也將更顯得重要。不過，智慧財產管理的目標，是為了創造有力的條件與環境，使其能夠充分發揮智慧財產的價值，而不是設計固若金湯的保護條款，限制了產品的流通。如何在其間取得平衡，則需要數位經濟產業經營者的智慧管理。

■多目標的企業經營管理模式

進入數位經濟時代，當知識逐漸成為多數企業獲利與競爭力的最主要

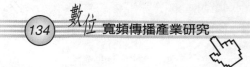

來源時，知識的歧異性與多元性，將使得企業的經營模式超越傳統的效率原則，而不再以獲利為唯一的目標。因為，企業所提供的知識內容，如果能被社會廣泛地運用，將大幅提升企業的社會影響力以及獲利的機會。同時，因為企業是以知識為資產，所以也會增加許多與該企業知識產品相關的活動或宣傳，自然就多了許多獲利以外的經營目標。傳播媒體產業可被視為是典型的知識產業，當媒體在提供資訊與娛樂時，往往也被社會賦予額外的責任與義務。

此外，就產品的經營方式來說，在傳統實體世界的經濟活動中，企業常常利用消費者對於產品形象或是品牌的認同情節，將品牌效應發揮在行銷策略或是定價上。但是在數位經濟活動下，產品的型態已成為虛擬的資訊或娛樂，業者無法再利用某種實體形象基礎，營造消費者對於不同公司產品的差異認知，只剩下以企業形象來作為消費的選擇，可見企業形象的建立，企業知名度的提升，在數位經濟體制下，都將顯得更為重要。

例如：Yahoo，從經營搜尋引擎，到提供免費電子郵件、虛擬社群、拍賣競價等服務；亞馬遜網路書店從賣書，到賣CD、玩具、影像產品等，這些企業在推出新產品與服務時，所憑藉的都是良好的公司形象，來吸引消費者的使用。其他傳統的傳播媒體，例如電視產業，在進入數位化的多頻道影視娛樂環境後，也會面臨到同樣的問題。因為，在數位寬頻網路上的影音娛樂，比起傳統大眾傳播媒體所提供的，更為豐富，甚至到了目不暇給的地步，至此，消費者選購的依據，只有便利的操作機制，以及企業形象了。

尤其因為數位寬頻網路所提供的資訊或娛樂產品大多同時具有「知識產品」以及「經驗產品」的特性，因此，企業對使用者消費內容的定價依據，不是這些虛擬產品高昂的固定成本，也不是幾近於零的變動成本，而是產品對消費者的「意義」與「價值」。因此，數位經濟產業必須要規劃「多目標的經營管理」方式，在以獲利為目標的企業活動中，妥善經營企業形象及顧客關係，一方面可以協助產品促銷，另一方面也有助於提升消費者對於該企業產品所認定的「價值」。

參考文獻

■中文部分

王盈勛，1999，〈輕鬆解讀數位經濟〉（2~5），《數位時代》，第3-6期，1999年9-12月。

王盈勛，2000，〈輕鬆解讀數位經濟〉（6~12），《數位時代》，第7-13期，2000年1-7月。

汪睿祥譯（麥可‧沃夫原著），2000，《無所不在——娛樂經濟大未來》。台北縣：中國生產力。

李翠卿，2000，「啓動數位經濟時代——掌握e世紀，開創e未來研討會」，《遠見雜誌》，第171期，2000年9月，頁274-279。

林錫金，2000，〈掌握虛擬比擁有實體更具價值〉，《能力雜誌》，第530期，2000年4月，頁26-30。

卓秀娟、陳佳伶譯（唐‧泰普史考特原著），1997，《數位化經濟時代——全球網路生活新模式》，台北市：麥格羅希爾。

周添城譯（R. Caves.原著），1990，《美國產業之結構、行爲、績效》台北市：正中。

涂瑞華譯（Joseph Straubhaar & Robert LaRose原著），1996，《傳播媒介與資訊社會》，台北市：亞太。

陳炳宏，2001，《傳播產業研究》，台北市：五南。

陳秀惠，2001，《音樂產業價值創造系統演進之研究》，政治大學企業管理研究所碩士學位論文。

張美惠譯（卡爾‧夏培洛、海爾‧韋瑞安原著），1999，《資訊經營法則》，台北市：時報文化。

張順教、陳建良譯（唐‧塔普史考特、大衛‧提寇、亞力士‧羅伊原著），2002，《數位資本》，台北市：商周出版。

彭芸、王國樑，1997，《我國影視媒體產業（值）研究》，台北市：國立政

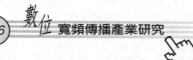

治大學傳播學院研究暨發展中心。

彭慧鸞，2001，〈電信自由化建制與數位落差的政治經濟分析〉，《問題與研究》，40: 4，頁25-40。

曾寶璐，2000，〈數位經濟到底是怎麼一回事〉《商業周刊》，第643期，2000年3月，頁62-64。

詹偉雄，2002，《e呼吸：四十六個數位經濟觀察》，台北縣：正中書局。

簡妙如譯（Lisa Taylor and Andrew Willis原著），1999，《大眾傳播媒體新論》，台北市：韋伯文化。

蕭峰雄、黃金樹，1997，《產業經濟學》，台北市：國立空中大學。

樂為良譯（比爾‧蓋茲原著），1999，《數位神經系統——與思考等快的明日世界》，台北市：商業周刊出版。

樂為良、陳曉開、梁美雅譯（唐‧塔普史考特、大衛‧提寇、亞力士‧羅伊原著），1999，《新經濟：數位世紀的新遊戲規則》，台北市：麥格羅希爾。

薛琦，1988，《產業經濟學——理論與實務》，台北市：正中。

魏玓，2000〈傳播媒體的市場化、數位化與全球化——從美國線上與時代華納合併談起〉，《當代》，第151期，頁4-13。

藍美貞、姜佩秀譯（Jason Wolf & Natalie Zee原著），2001，《極速革命：寬頻——引爆商業新動能，創造生活無線便利》，台北市：藍鯨。

■英文部分

Albarran, Alan B., 1998. Media Economics: Research paradigms, issues and contributions to mass communication theory. *Mass Communication & Society.* 1(3/4, Summer/Fall), pp.117-129.

Bain, J. S., 1968. *Industrial Organization* (2nd ed.). NEW YORK: John Wiley & Sons, Inc.

Gomery, D., 1993. The centrality of media economics. *Journal of Communication,* 43(3): 190-198.

Gomery, D., 1998. *Media ownership: Concepts and principles.* In A. Alexander,

J. Owers & R. Carveth (eds.). *Media Economics: Theory and Practice* (2nd ed.). Mahwah (NJ): Lawrence Erlbaum Associates, Inc., Publishers.

Hendricks, P., 1995. Media markets: Toward a theoretical framework for analyzing media industry organization. *The Journal of Media Economics,* 8(2): 61-76.

Norman, G. & La Manna, M., 1992. Introduction. In G. Norman & M. La Manna (eds.). *The New Industrial Economics: Recent Developments in Industrial Organization, Oligopoly and Game Theory,* pp.1-11. Brookfield (VT): Edward Elgar Publishing Company.

Porat, M., 1977. *The information economy: Development and measurement.* Washington, D.C.: U.S. Government Printing Office.

Scherer F. M. & Ross David, 1990. *Industrial Market Structure and Economic Performance.* Boston: Houghton Mifflin Company.

Scherer, F. M., 1980. *Industrial Market Structure and Economic Performance.* Boston (MA): Houghton Mifflin.

Waldman, D. E. & Jensen, E. J., 2001. *Industrial Organization: Theory and Practice* (2nd ed.). Boston (MA): Addison Wesley Longman, Inc.

Wirth, M. O. & H. Bloch, 1995. Industrial organization theory and media industry analysis. *The Journal of Media Economics,* 8(2): 15-26.

第二部分
電視產業相關研究

第四章
國內無線與有線電視數位化競爭策略之研究

引言

自從有線電視加入台灣電視產業，開始瓜分市場以來，就逐漸成為傳播媒體中的明星產品，對無線電視或衛星電視，都產生極大的威脅。然而，對於發展較久的無線電視媒體，或是技術上發射範圍較廣的衛星電視媒體而言，卻從未放棄與有線電視競爭的機會。

尤其，隨著數位科技的發展，無線電視與衛星電視正面臨前所未有之媒體競爭。未來，不管是何種電視媒體，只要經過寬頻數位化之後，其提供的服務內容，就會變得和目前的網際網路一樣。

此外，由於各種媒體都採用數位化的格式，因此，傳播媒體間會產生匯流狀態，這也將大幅改變以往的傳播媒體生態。因為統一的格式有利於媒體間的相互整合，因此，數位化的電視也將不再只是電視節目的顯像器，而是一個可以與其他行動或固定寬頻網路相互串聯的多媒體網路平台介面。所以，不管是有線電視、無線電視、衛星電視，只要能掌握數位化的技術，並開發出適當的經營模式，各種媒體都有機會在寬頻網路上發展，甚至與其他媒體相互連結，發展出既合作又競爭的市場關係。這也是本章所欲探討的台灣電視產業數位化發展現況與競爭力分析。

第一節　數位電視的發展背景

隨著數位科技的發展，媒體匯流將大幅改變傳統電信及傳播生態，未來廣播電視、網際網路、電信通訊之間的界線將日趨模糊，整合成一個多元、雙向、快速的傳輸環境。由於媒體匯流的基礎是數位化，因此，世界各國不但往此目標邁進，同時也努力發展數位廣播電視。

在傳播科技與社會結構的引領下，台灣電視產業從有線電視瓜分市場，到數位傳播時代來臨，台灣的電視產業應如何在此一環境下蛻變成長，並結合網路、有線、衛星，已成為刻不容緩的問題。

未來數位電視所提供的服務將和目前網際網路一樣，提供互動性、分眾性、檢索等功能，可供隨選多媒體資訊的服務將更為多元與多樣化，以符合多數民眾的需求。可見數位電視將不再只是電視顯像器，而是一個可以與其他行動或固定寬頻網路相互串聯的多媒體網路平台介面，亦即電視台在完成數位化後，所提供的服務將不僅限於電視服務的範疇，更可以順勢建構起數位媒體平台的理念。

整體而言，我國數位電視的發展情形簡述如下：

一、數位技術興起，傳播媒體匯流

數位技術的興起，使得以往類比時代的傳播媒體，得以透過0與1的簡單轉換，產生訊息相互傳遞、溝通與融合的基礎。加上訊息流通透過各種有線、無線傳輸網路的相互串連，在媒體產業匯流的趨勢，以及全球化的影響之下，電信公司、網路服務業者、廣播電視網路、有線電視網路以及直播衛星等產業，已經逐漸整合成一個水平相關的層級式產業，可以橫跨彼此的服務範圍相互競爭（王如蘭，2001）。不管是無線、有線、衛星電視，甚至網路服務業者以及電信業者，都急欲加入數位電視產業這個市場，搶占商機。

二、數位電視時代的來臨

一九八七年美國聯邦通訊委員會（Federal Communication Commission, FCC）成立了Advisory Committee on Advanced TV（ACATS），開始推動「數位電視」；一九九八年十一月，開播數位電視地面廣播後，便引爆了全球數位電視地面廣播的風潮（許訓誠，1999）。目前各國政府無不積極規劃數位電視地面廣播的政策以及發展時程，以迎接數位電視地面廣播時代的來臨。

而我國也是藉著二○○二年熱門的世足賽，在五月三十一日舉行台灣西部地區數位電視開播典禮，預計未來國內數位電視的發展，將能帶動家電、電視台、PC及周邊、軟體、數位內容、及多媒體等產業一千億元以上的龐大商機，同時也象徵著我國數位電視產業的起飛（張義宮，2002）。

未來，地面無線電視台若發展為數位電視，原來的一個頻道，經過訊號壓縮，可以擴增為四到六個頻道。其經營型態，可規劃為提供一個免費收視頻道，其他頻道節目則依規劃可分割為體育台、影劇台、電影台等等，可成為付費頻道，向收視戶收費；也可能採免費頻道，靠廣告營收維生。除了節目內容的多樣化之外，在營運內容與服務項目上，也會產生創新的加值服務。例如：電視購物、線上教學，或是直接將頻道委外、合作經營等等。

此外，數位電視擁有更好的畫質與音質水準，甚至可以雙向互動，提供兼具娛樂、資訊、通訊多功能的用途，因此，所有電視媒體及其相關產業，無不期望未來數位電視可能帶來的產業革新與新契機。

三、政府推動的決心

對我國而言，廣電數位化是政府的既定政策。早在一九九二年十月，經濟部就成立了「高畫質視訊工業發展推動小組」，負責執行數位電視計畫。初期，該小組是以推動「高畫質電視」（High Definition Television,

HDTV）為目標，但由於高畫質電視與傳統電視在規格、架構以及成本上的差異太大，考量市場因素以後，改以發展世界各國市場接受度較高之數位電視（Digital Television, DTV），再逐步推動高畫質電視。

目前，政府已經完成部分有關數位電視傳播法規的擬定、籌設許可的核發、預算的編列、優惠鼓勵措施的訂定等等。在二○○二年五月八日行政院所公布推動的「六年國家發展重點計畫」（2002-2007）中，也擬定有「數位台灣計畫」，其願景為運用資訊與通訊科技，加速台灣邁向高效能政府與形成高品質資訊社會，以建設台灣成為亞洲最e化的國家。

其中的「數位娛樂計畫」，便是以推動無線電視與有線電視數位化的主要計畫。其主要實施策略包括有：

1. 協助無線電視台完成數位化硬體設施、全台發射網、共同鐵塔等設備，促使早日開播數位電視。
2. 在數位電視普及前，先開闢頻道播放優質數位節目。
3. 協助推廣數位機上盒（Set-Top Box, STB），以利有線電視數位化。

四、國內數位電視發展環境成形

早在數位電視實驗期間，交通部電信總局與新聞局就已分配給現有的五家無線電視台各別的播出頻道，並在二○○一年，於國內北區開始試播數位電視，二○○二年五月起又新增西部地區開播。基於成本考量，目前是由五家無線電視台共同合組的中華民國電視學會負責協調，採取各台輪流主播一個月的方式，嘗試於每天固定時段試播（張義宮，2002）。此外，民眾需要購買數位機上盒（STB）或數位電視機，才能由家中目前的類比電視機收看數位電視節目。經過多年來的發展，國內發展數位電視的環境已逐漸成形。

五、有線電視投入競爭

除了政府所主導推動的無線電視台數位化之外，有線電視業者也運用數位機上盒（STB）將訊號數位化，積極投入數位電視的發展工作。

以東森媒體為例，早在一九九九年就開始和太平洋電線電纜集團，合作投入數位電視、互動電視的發展工作（羅玳珊，1999），當時的計畫內容就包括有共同開發分級付費頻道（pay tiered service）、電視商務（T-commerce）、互動服務（interactive service）等數位加值電視（enhanced TV）的服務內容。至今，東森已經成為國內最大的有線電視系統商，又同時握有電視節目，另外發展了寬頻服務事業、固網電信事業，已經成為一個大媒體的典範。

加上有線電視採用光纖傳送資訊，數位化後將可擴增為數百個頻道容量，遠非無線電視台的四到六倍的頻道量所能比擬，而有線電視又易於和網路結合，發展網路電視。如此的先天條件，似乎都暗示了有線電視比無線電視媒體更適於發展數位電視。

六、研究目的

從上述發展背景可以看出，無線電視與有線電視的競爭，已隨著傳播科技的進步，轉移到新興的數位電視市場上。發展較早的無線電視，一方面由於使用公有電波傳送電視服務，一方面其經營背景具有若干官方色彩，因此，至今仍被政府視為電視產業之龍頭。然而，後起之有線電視，倚靠著財團豐富的市場競爭策略，卻是在收視占有率與廣告營收上節節高升，對無線電視台造成生存的威脅。

這二種國內最主要的電視媒體，在面對全球的數位化風潮下，均已意識到儘早投入開發數位電視事業的重要性，並且，都已經規劃出各自的數位化策略。因此，本章主要目的，即在於分析比較無線電視與有線電視業者推動數位化之資源、競爭力與經營策略，同時瞭解政府在兩種電視媒體

的數位化過程中所扮演的角色，以預估國內電視產業生態之未來發展趨勢，對業者提出經營數位電視服務之策略性建議。

第二節　數位電視相關文獻探討

一、政府政策推動電視媒體數位化

　　爲加速推動國內產業數位化的發展腳步，行政院院會於二〇〇二年五月八日正式核定「挑戰二〇〇八──國家發展重點計畫」，預定總投資金額爲新台幣兩兆六千五百億元，其中包括中央政府預算支應一兆兩千七百億元、地方政府預算九百億元、特種基金三千三百億元、民間投資九千兩百億元。

　　該計畫中之「數位娛樂計畫」，爲推廣廣播、電視及電影數位化發展之主要計畫，執行期間自二〇〇二年起至二〇〇七年止，但預算從二〇〇三年開始編列。細部經費編列，廣電部分之無線電視部分爲十八億元，有線電視部分爲4.5億元。但初期，以無線電視之補助爲主。例如：二〇〇三年，計畫補助無線電視建立共同傳輸平台及數位設備共計四億元，推動數位電視觀念一千萬元，辦理數位節目展示一千萬元。至於數位內容之推動，例如數位電視節目之製播補助，從二〇〇四年才開始編列經費一億兩千萬元補助（數位娛樂計畫，2002）。另外，行政院經建會正委託「國家文化藝術基金會」針對適合政府獎勵推動的「文化創意產業」進行分類調查，再分別修訂相關法律，以納入租稅減免、政府補助等優惠政策（李莉珩，2002）。

　　依據新聞局廣電處的預估，一個無線電視台播出設備全數位化的更新，約需十一至十二億元的經費，遠超出政府所能補助無線電視業者的資金。在目前政府財政吃緊，無線電視台營收又持續下降的情況下，數位化勢必將面臨困境。雖然，政府所提供的補助款，和業者眞正需要的金額差

距太大，但在目前政府財務吃緊的狀態下，已算是最大的極限，由此也可見政府發展e台灣的決心。

而由該計畫的內容，也可以看出政府對於推動數位電視發展的看法為，從產業的上游到下游循序補助，認為先做好「上游」（硬體更新），後續（內容製作）就會跟進。而國內電視產業的上游，應該屬於無線電視台，因為無線電波乃是屬於公有財產，優先補助之資格當無疑義。此外，新聞局也認為，當災變發生時，例如九二一地震後，災區之無線電視仍能維持正常播送，有線電視則有中斷的現象。所以，對於國內大眾而言，無線電視仍然是最普及、免付費、服務社會大眾的公共資產。所以，政府推動電視產業數位化，仍是以無線電視為優先。至於有線電視與衛星電視的頻道業者，應屬於數位內容產業，算是電視產業的「下游」，初期則暫時不給予補助（李雪津、吳水木，深度訪談，2002）。

若是以前述「上下游」的觀點來看，有線電視的播出端與頭端部分，也應屬於「上游」，但是，因為各系統業者是分區經營（全台灣共有四十七區），若是各別補助某些系統業者，規模太小，根本不足以產生影響力，而且會引起其他區業者的反彈。

除了「數位台灣計畫」之外，政府亦有若干輔助措施，包括有：

(一)立院三讀通過「終身學習法」

立法院於二○○二年五月三十一日三讀通過「終身學習法」，其中，第十四條條文明訂：「電子媒體應提供一定比例時段的頻道，播放有關終身學習的節目，電視、廣播、網路、平面等媒體，若積極參與終身學習節目製播，並提供或排定時段免費或低價播放，政府應予獎勵或補助。」該條文鼓勵媒體推動全民終身學習，因而成為業者投入發展數位電視服務之主要動力（紀麗君，2002）。

(二)行政院經建會提出「加強數位內容產業發展推動方案」

「加強數位內容產業發展推動方案」旨在建構台灣成為亞太地區數位內容設計、開發與製作中樞，並帶動周邊衍生性知識型產業發展。預計台灣

地區數位內容產業之相關產值於二〇〇六年可達三千七百億元，未來並將努力使外銷達30%以上，讓該產業具國際競爭優勢（呂雪慧，2002）。

(三)經濟部工業局修正「促產修例」及推出「網路多媒體產業發展推動計畫」

經濟部工業局修訂「促進產業升級條例」，增列可抵減稅金之範圍，包括投資於網際網路及電視功能、企業資源規劃、通訊及電信產品、電子、電視視訊設備及數位內容產業製播等提升企業數位資訊效能之硬體、軟體及技術等（經濟部工業局，2002），並推出「網路多媒體產業發展推動計畫」，希望能帶動國內數位內容產業的發展，並在台灣生根。

二、國內無線電視業者發展數位電視服務之現況

(一)傳輸規格與訊號流程

早在數位電視實驗期間，電信總局與新聞局就已分配給現有的五家無線電視台──台視、中視、華視、民視、公視各別的播出頻道，以發展數位電視。分別為台視─頻道31、32；中視─頻道24、25；華視─頻道34、36；民視─頻道28、29；公視─頻道50、52。

數位地面無線電視所採用的規格，是行動接收較為良好的DVB-T格式。DVB-T全稱為（Digital Video Broadcasting-Terrestrial），是歐洲電信標準協會（European Telecommunication Standard Institute, ETSI）在一九九七年二月認可的歐洲數位電視地面廣播的標準。

歐規DVB-T系統，是採Multiple-Carrier（複式載波）COFDM（Coded Orthogonal Frequency Division Multiplexing；數碼直交頻率分割多工制）調變方式，視訊同樣為MPEG-2（Motion Picture Experts Group-2）壓縮，音響則是採MPEG1 LayerⅡ格式。目前採用此系統的國家除了歐洲各國之外，尚有澳洲、紐西蘭、新加坡以及台灣等六十幾個國家（燕飛，2001），是全世界發展數位電視的國家採用最多的系統，而中國大陸及香港的數位電視標

準也傾向使用這個系統。

　　與ATSC系統比較，DVB-T的數位傳輸系統也分為通道編碼／解碼（channel coding/decoding）和調變／解調（modulation/demodulation）兩個部分，不過DVB-T所採用的直交頻率分割多工（COFDM）的調變方式和ATSC的8VSB（8-level Vestigial Side Band）不同，它的傳輸速率是15Mbps略小於ATSC的19.39Mbps（燕飛，2001），但是在抗鬼影（ghost）的能力和行動傳輸方面，則明顯優於8VSB的調變方式，主要是因為COFDM的調變方式可對抗多路徑干擾，適合在都市地區大樓林立和高速移動的環境，台灣的無線電視台近年來力主採用歐洲系統，主要也是著眼於DVB-T可以行動收訊的優勢（參見**表4-1**）。

　　和傳統的類比傳播方式相比較，採用DVB-T之後的優點有：

1.可於每一頻道6MHz頻寬內，同時傳送一個高畫質節目（HDTV）或

表4-1　歐規與美規傳輸標準之比較

	歐規DVB	美規ATSC
訊息編碼	MPEG-2系統（視訊） MPEG-1 Layer II（音訊）	MPEG-2系統（視訊） Dolby AC-3（音訊）
服務多工	MPEG-2系統	無
傳輸調變	Satellite (DVB-S) -QPSK Cable (DVB-C) -QAM Terrestrial (DVB-T) -COFDM	8-VSB
優點	*可選擇不同傳輸容量 *進行單頻網路（SFN）傳輸 *對抗多路徑干擾能力強 *可用於行動接收 *衛星和有線電視傳輸媒體較容易相容	*採用的8-VSB調變技術簡單、成熟、傳輸容量大、發射績效高
缺點	*頻譜使用效率較差 *某些傳輸容量無法傳送HDTV節目 *需要較大發射功率 *使用8MHz或7MHz的頻寬，若將其降至6MHz，則每秒傳輸的資料量略少於ATSC	*對抗多路徑干擾能力較差 *無法提供大區域的單頻網路傳輸 *行動接收能力較差 *傳輸容量固定

資料來源：本研究整理自陳昭伶（2000）。

四個基本畫質節目（Standard Definition Television, SDTV）。

2.具有單頻網之特性（Single Frequency Network, SFN），由北到南，從西到東不需更換頻率（美規ATSC數位電視及現行之類比電視皆為多頻網（Multiple Frequency Network, MFN。即北、中、南、東區之同一節目之頻率須跳開，避免干擾）。

3.亦可採用多頻網之設計。

4.可定點廣播（區域性）。

5.可傳送數據資訊服務（電視節目與數據資訊同時傳送）。

6.可製作電子節目表單（Electronic Program Guide, EPG）選節目而不用選頻率。

7.可結合GSM、電話線路、雙向有線電視網路為回傳線路，具有互動式服務（interactive services）之特性。

8.具有較佳之行動接收之能力。

因此，未來數位地面無線廣播電視之訊號傳輸流程，是透過無線電視台的發射器，發射電波到用戶家中，由用戶家中的數位電視機或是數位機上盒（STB）接收，顯示在電視機螢幕上。用戶如欲和電視媒體互動，可透過行動電話，或是經由電信網路、有線電纜上網，回傳訊息。由於無線電視的傳輸方式，仍然比有線傳輸方式容易受地形與氣候的影響，因此，數位地面無線電視可能將繼續延續目前由有線電視載播的方式，以確保其收視品質（參見圖4-1）。

由於無線電波屬於公共資源，因此，國內關於數位地面無線電視之發展，乃是由政府訂定發展的時程計畫，然後，交由電視學會，推動國內五家無線電視台一起執行，發展數位電視的共同平台。五家無線電視台經協商後，成立「數位電視聯合辦公室」，並各自分配執行工作（參見表4-2）。

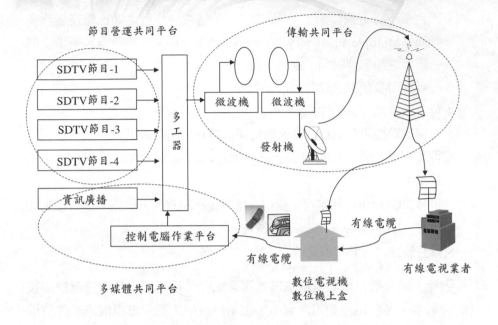

節目營運共同平台　　　　　　　　　　傳輸共同平台

多媒體共同平台

圖4-1　數位地面無線電視訊號傳輸流程

資料來源：作者研究整理自鍾佳欣（2002）。

表4-2　各無線電視台發展數位電視之工作分配

電視台	負　責　工　作
台視	1.實驗台系統頭端系統建置與試播
中視	1.數位電視節目製作 2.數位電視資訊規劃與應用工作
華視	1.實驗台發射端系統建置與試播
民視	1.設備行政與採購作業 2.數位電視共同塔台與廣播網路規劃事宜

資料來源：鍾佳欣（2002）。

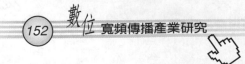
數位寬頻傳播產業研究

(二)無線四台之營運、營收、資源現況

　　自從台視、中視、華視等無線三台自一九六二年起陸續成立之後，無線電視所使用的頻率即不再開放，此後三十多年期間，台灣電視產業長期維持三台壟斷寡占的市場結構，一直到一九九三年有線電視經營的合法化，一九九七年第四家無線電視台——民間全民電視台成立，以及一九九八年的公共電視台成立，才逐漸打破長期被無線三台集體壟斷的電視廣告市場，形成多頻道的電視環境。

　　從電視台的產權結構來看，台視股東包括財政部所屬銀行、政黨轉投資事業、國內企業、日商、外資及個人股，官方股權接近一半，其他股權則分布在台灣水泥等民營企業，以及日本日立、東芝、日本電氣，以及富士電視台等公司手中，因此台視被視為是政府與民間，還有外商共同投資成立的電視台。至於中視股東，主要為中國國民黨，占有60%以上，其次則為民營廣播電視公司，這種股權組合使得當時的中視號稱是第一家由國人獨資成立的電視台，也是第一家「純商營」的電視台。而華視則是由國防部及教育部共同出資成立，其中官股部分約達40%，準官股（包括黎明文化公司、國防部同袍儲金會及華視基金會）約占46%，其餘民股約占13%（參見**表4-3**）。

　　此外，四家無線電視台多年來也發展出部分關係企業或是轉投資事業，以拓展電視台之相關資源（參見**表4-4**）。

　　雖然無線電視台擁有雄厚的資金，且壟斷國內電視市場多年，但在近年來，由於有線電視蓬勃發展，使得無線電視台從一九九四年起，在國內收視占有率上就一直持續下降（參見**圖4-2**），一九九八年起，廣告營收開始持續下跌（參見**圖4-3**），終於在二〇〇一年被有線電視超過，失去原有的電視市場霸主地位（參見**表4-5**）。

　　以中視為例，雖然中視在二〇〇一年仍有兩億多的盈餘，但是這個數字比起前年，已經衰退了29.54%。另外，截至二〇〇二年上半年（一至六月）為止，無線三台仍處於虧損狀況，其中以台視虧損一億九千多萬最多，華視虧損一千七百多萬，中視（一至五月）虧損八千六百多萬。在電

表4-3　無線四台資本額及股權結構

	主要經營負責人	資本額、股權結構與各股東持股比例
台視	賴國洲（董事長） 鄭優（總經理）	⊙成立資本額：新台幣三千萬元。 ⊙現有資本額：約新台幣二十六億元。 ⊙股權結構：1.財政部所屬行庫（台灣銀行、土地銀行、合作金庫），占25.87%。 　　　　2.日商（日本電氣、東芝、日立製作所、富士電視）及外國個人股占20.51%。 　　　　3.政黨轉投資事業（中央日報、中國廣播、華夏投資）占10.56%。 　　　　4.企業（華南銀行、第一銀行、彰化銀行、台灣水泥、台北國際商銀、台玉投資、士林電機廠）占34.86%。其中華南／一銀／彰銀仍由政府持有重要股份。 　　　　5.個人股份占8.2%。
中視	鄭淑敏（董事長） 江奉琪（總經理）	⊙成立資本額：新台幣一億元。 ⊙現有資本額：新台幣三十一億元。 ⊙股權結構：1.政黨轉投資企業股份（華夏投資、中國廣播、中央日報）占41.1%。 　　　　2.企業股份（正聲廣播、台灣霸菱投資、元榮投資、銚德科技、華信銀行）占23.35%。 　　　　3.個人股份占35.55%。
華視	周蓉生（董事長） 徐璐（總經理）	⊙成立資本額：新台幣一億九千五百萬元。 ⊙現有資本額：新台幣二十億元。 ⊙股權結構：1.國防部股份占26.41%。 　　　　2.教育部股份占9.84%。 　　　　3.財團法人股份（華視文教基金會3.78%、黎明文教基金會25.18%、國軍同袍儲蓄基金會9.73%）占38.69%。 　　　　4.其他民營企業（朝興昌、中興紡織、聲寶、富帝投資、台塑、南亞、台化、大同等）、一般個人與華視員工等股份共25.06%。
民視	蔡同榮（董事長） 陳剛信（總經理）	⊙成立資本額：新台幣三十億元。 ⊙現有資本額：新台幣六十億元。 ⊙股權結構：1.民間投資股份有限公司持股占74.546%。 　　　　2.全民電通投資股份有限公司占25.452%。 　　　　3.自然人股份占0.002%。

資料來源：作者研究整理自無線四台網站、公開資訊觀測站網站、中華民國電視學會（2002）。

表4-4 無線四台關係企業與轉投資事業一覽表

無線電視台	關係企業或轉投資事業	
台視	1.台視文化事業股份有限公司 3.麥克強森多媒體科技股份有限公司 5.台灣固網股份有限公司	2.國際視聽傳播股份有限公司 4.傳譯網科技股份有限公司
中視	1.中視文化事業公司 3.中視公關顧問公司 5.大中國際多媒體股份有限公司 7.潑墨仙人公司 9.騰達國際育樂公司 11.華彩軟體股份有限公司	2.中視資訊科技公司 4.中視投資公司 6.雙中傳播公司（以上為關係企業） 8.飆網科技 10.國際視聽傳播股份有限公司 12.美商播網（BROADWAN INC.）（以上為轉投資企業）
華視	1.華視文化公司	2.國際視聽傳播股份有限公司
民視	1.民視文化公司 3.汎倫資訊公司 5.為智科技公司	2.台員多媒體公司 4.鳳凰經紀公司

資料來源：本研究整理自無線四台提供資料。

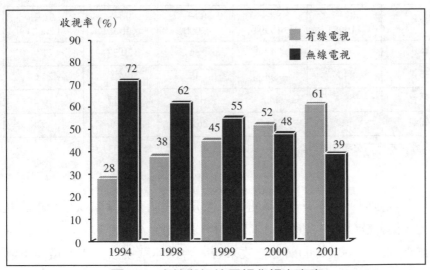

圖4-2 有線與無線電視收視占有率

資料來源：徐言（2002）。

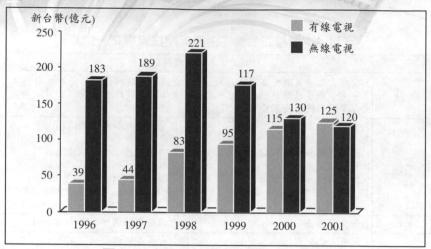

圖4-3　有線與無線電視廣告市場規模

資料來源：徐言（2002）。

表4-5　無線電視台近年廣告營收狀況

（單位：億元）

	87年 （1998）	88年 （1999）	89年 （2000）	90年 （2001）	91年 （2002）
台視	47.6	42	34	20.37	21.9
華視	44.6	38	35	24.5	24.6
中視	50.3	45.5	38.7	26.77	26.2
民視	16	22.65	26.81	23.6	25.4

資料來源：本研究整理自《動腦雜誌》、凱絡媒體購買、詹宜軒（2003）。

視廣告營收方面，中視廣告營收近十一億元，占第一位，其次是華視的九億餘元，接著是台視的八億餘元（江聰明，2002）。

　　雖然從二○○二年的廣告營收來看，台視與華視已停止繼續向下虧損，但這可能與兩家電視台裁員縮編有關。若依無線電視台近年來的營收趨勢來推估，其獲利狀況仍可能會持續下降，例如：原本老三台中，廣告

營收情況最好的中視，幾次宣布調降財測目標，逐漸由盈轉虧，可見其經營空間在急遽緊縮中（何惠萍，2002）。只有較晚成立的民視，在廣告營收方面，保持穩定的成長。

由以上營運情況來看，無線三台近年來的營運情形相當不好，且持續呈現下滑趨勢（參見**表4-5**），而相較於有線電視媒體，無線三台在營收上也有越來越落後的趨勢，甚至出現負營利數字的情形（參見**表4-6**、**表4-7**）。

(三)無線四台數位化硬體規劃與執行進度

電視產業之數位化涉及層面相當廣泛，除了發射端系統與共同塔台部分，已經由四家無線電視台共同分攤，以降低經營成本，在電視台內部的硬體設備、產製流程等，也需要數位化。然而，由於近年來無線電視台營運績效不佳，加上數位電視之商業模式尚未建立，未來消費者對數位電視之接受度也難以預測，因此，各無線電視台對於投注資金於內部硬體數位化一事，均抱持不一樣的態度與計畫。

表4-6　有線電視台近年廣告營收狀況

（單位：億元）

	86年 （1997）	87年 （1998）	88年 （1999）	89年 （2000）	90年 （2001）
TVBS	18.00	30.00	27.50	30.3	25.75
STAR TV	4.30	5.60	7.50	7.20	8.28
東森	---	7.20	11.50	15.81	17.25
三立	---	10.20	9.60	13.50	16.50
緯來	---	7.40	9.48	11.67	9.30
八大	---	4.30	7.40	12.70	14.60
民視有線	---	3.03	3.78	4.31	2.10
超視	---	5.00	2.60	2.00	2.20

資料來源：作者研究整理自《動腦雜誌》、凱絡媒體購買。

表4-7　二○○一年國內電視台損益比較表

（單位：新台幣千元）

項目	台視	華視	中視	三立	八大	東森
營業收入淨額	2,371,709	3,106,794	2,962,720	2,311,447	1,371,203	3,501,316
營業成本	2,425,154	2,566,578	2,445,393	1,305,146	931,381	3,086,381
營業毛利	-53,445	540,216	517,327	1,006,301	439,822	414,935
營業費用	278,979	516,822	515,201	652,744	168,487	244,796
營業利益	-332,424	23,394	3,475	353,557	271,335	170,139

資料來源：徐言（2002）。

（四）無線四台人力資源現況

近年來，無線電視台面臨有線電視、衛星電視業者，甚至其他媒體業者（錄影帶業者、網路媒體業者）的激烈競爭，為提升組織之營運績效與競爭力，且能配合多媒體匯流的趨勢，各無線電視台均新增了若干的工作單位與任務編組（參見**表4-8**）。

表4-8　無線電視台新設單位與任務編組一覽表

無線台	新設單位		任務編組
台視	1.網路事業處　　　　2.行銷事業處 3.視聽資料處　　　　4.宣傳服務小組 5.原行政部、人事室、財務部合併為管理部		1.策略規劃小組 2.組織再造小組 3.人事革新小組 4.資產開發小組
中視	1.關係企業室　　　　2.經營企劃室 3.理財室（三單位隸屬總管理處）		1.數位電視規劃小組 2.經營管理委員會
華視	1.策略發展部　　　　2.教學事業處 3.資訊科技事業處　　4.購銷事業處 5.將行政、稽查、人事合併為管理部		1.事業輔導轉型小組
民視	1.企劃室 2.事業開發室（隸屬總經理室）		
公視	1.行銷部（1999年12月成立，下轄行銷推廣與節目發行兩組）		

資料來源：陳炳宏（2002a）。

仔細觀察無線電視台組織變革的目的，除了精簡行政人力，提高營運績效外，例如華視成立購銷事業處，目的是在整合華視現有軟體資源，發揮整合行銷功能；另外，華視新成立教學事業處，則是期望除了原有爲空大、商專等製作的教學節目之外，另行開發遠距教學等新商機（陳炳宏，2002a）。台視新設立的行銷事業處、視聽資料處，以及網路事業處等三個單位，也都是基於類似的理由。

　　而針對推動數位電視服務，各無線電視台也設立了若干的管理單位，或是舉辦一些人才的培訓活動。

　　台視方面，主要負責推動數位電視研發工作的執行人員爲副總經理施桓麟，另有工程部人員林志星，從事數位電視之專門研究（林志星以「數位電視地面廣播原理與商機」獲得二○○二年金鐘獎之研究發展獎），台內定期舉行數位電視推展會報，所有的數位電視發展計畫，均爲向總經理直接負責。台視人力資源，在近期調整後，約有五百位。工程部人員有朝年輕化、數位科技人才調整趨勢。近期開始舉辦各種訓練課程，無法參加訓練、跟上學習進度的人員，則會受到公司組織調整壓力，自動離開（鄭優，深度訪談，2002）。

　　中視方面，在之前申請股票上市時，就進行了一次「瘦身」活動，一方面調整公司內部年齡層較高的工作人員，說服提前退休，一方面新聘工程技術人員，且要求年齡在三十歲以下。並且另外成立中科集團，負責研發傳播科技事業，因此，在數位人才的人力素質與數量上，尚稱充裕（湯健明，深度訪談，2002）。

　　華視內部之數位化相關工作，均是由台內的策略發展部所主導。策略發展部直屬於總經理室，由總經理室直接管理。總經理室，包括副總，均可藉由策略發展部所進行的研究工作與報告內容，立即瞭解發展數位電視服務之相關工作進度與資訊，以作爲決策的參考。華視約有四百多人即可營運，目前卻有六百七十多人，主管階層已計劃開始進行「汰舊換新」（徐璐，深度訪談，2002）。

　　民視方面，因爲有兩個台，所以人力比其他無線三台多，約有六百八十人。民視因爲成立較晚，員工平均年齡較低，平均薪水也較低，整體的

人事成本因而比三台低。民視雖然因成立較晚而在製作設備上已全數位化，然而，因爲當初聘入的人才多爲傳統線性工作者，因此，仍然不是全體人員均能因應數位電視之技術改革（黃國師，深度訪談，2002）。

（五）無線電視台之頻道內容、節目來源、未來加值服務之規劃

依據電信總局的分配，未來每一家無線電視台，將各自擁有兩個主頻道（台視—頻道31、32；中視—頻道24、25；華視—頻道34、36；民視—頻道28、29；公視—頻道50、52）（李長龍，1999）。每個主頻道中，又可劃分成四個子頻道，提供不同的節目。在數位電視的測試階段，播出內容是由中視負責製作提供，因此在節目的製作方面，以中視準備的最早。

二○○二年十月，中視推出專爲醫院候診民衆規劃的「My Life Channel 中視健康生活頻道」，預計可在全省五十家醫院簽約播出。頻道內容包括美食、旅遊、音樂歌唱、趣味短片、健康資訊等，每隔整點播出十五分鐘新聞，包括五分鐘氣象資訊，並強化國內外醫藥資訊、醫療新聞。雖然，中視表示該頻道是規劃與原中視頻道有所區隔的「新數位頻道」，但是從該頻道的播出方式來看，仍停留在傳統的單向傳播模式，缺乏互動功能；而在節目內容方面，也和原頻道雷同。因此，如同其他無線電視台一般，中視所搶先一步推出的數位無線電視，仍只是停留在將傳統類比節目訊號數位化之後播出的情況，並未特別針對數位電視的特性，另外企劃製作節目內容（游智森，2002）。

廣電基金爲協助國內無線電視業者儘早研發數位電視節目之製作技術，也提供了若干資金，委託中視、華視、民視以及王宏數位科技公司，分別製作一數位電視節目範例，以供其他電視業者參考。其中，中視與王宏科技之製作重點爲高畫質電視節目，目標在展現細緻的畫面品質，製作成果還算成功。華視以及民視之製作重點，則在於表現未來數位電視之互動功能，例如：多角度的選擇。但由於播放平台尚未設計完善，因此，成品只是在一種「模擬」互動的情形下展示，並非眞正已達到數位電視互動的功能。

在這個製作過程中，較値得注意的是，從四家公司所嘗試企劃製作的

數位電視節目內容來看，會發現各公司並未真能掌握數位電視的工程特性，並進而利用這些特性，發揮應用在節目內容上。例如高畫質電視的題材，以拍攝自然景觀最易呈現出其畫面質感，但業者卻是一直追求畫面特效的使用。多角度的互動選擇，應有其存在意義，但業者因未能區隔不同角度之功能與存在意義，反而使得觀看者搞不清楚為何類似的角度要分成三種選項。可見，目前電視業者仍是以傳統的類比電視節目的企劃思維，在製作這些數位電視節目，因此，未來還需要多加努力才行。

目前得知各家無線電視台可能會利用一個主頻道傳送一到四個子頻道，而另一個主頻道用來播放高畫質節目（HDTV, 1080i），或是即時資訊廣播（Data Broadcast），內容包括股市、氣象、機場航班、旅遊、遊戲，甚至是GPS系統所需的地圖。其經營型態，可能會類似一般家族節目頻道一樣，有一台綜合台是免費節目，其他頻道節目則分割為體育台、影劇台、電影台等等。如果節目收視率高，就有能力成為鎖碼付費頻道，向收視戶收費；否則仍可能採免費頻道，靠廣告營收維生（王如蘭，2001）。另外，若干無線電視台對於發展行動接收，也積極地進行規劃。例如：中視計劃與大眾運輸系統合作，在公車上安排電視設備，提供搭車資訊，讓搭乘公車的民眾也有娛樂節目可看（湯健明，深度訪談，2002）。

而在片庫資源方面，各家無線電視台相較於有線電視業者，確實擁有豐富的新聞與非新聞類影片資料（參見**表**4-9）。然而，除了民視之外，其他三家無線電視台成立較早，所使用的器材、影帶較為老舊，均為傳統類比的儲存格式，加上多年累積，數量龐大而未進行徹底的清點、統整工作，更沒有加以數位化，建立數位資料庫，因此，這一批龐大的影像資產其未來利用價值的高低，還未可知。

(六) 未來經營模式

數位地面無線電視雖然即將達成全區試播，不過，民眾仍需要購買數位機上盒（STB）或數位電視機，才能由家中目前的類比電視收看數位電視節目。而且，目前的數位地面無線電視播出內容，多為傳統類比節目轉換成數位化訊號之後播出，因此，對消費者的吸引力不高，在短期內應該還

表4-9　無線電視台片庫存量

	節目類型	時數	備註
台視	新聞類 非新聞類	兩萬多小時 六萬多小時	*需進一步確認堪用數量 *片庫尚未數位化
中視	所有節目類型	三萬多小時	*三萬多小時均為堪用節目影帶 (因納莉風災淹水之故，中視目 前正積極聯繫各合作單位，尋找 該公司舊有影帶) *片庫尚未數位化
華視	所有節目類型	四萬多小時	*片庫尚未數位化
民視	非新聞類	近一萬小時	*使用數位影帶拍攝，但片庫尚未 數位化

資料來源：作者研究整理自無線四台提供資料。

不會收費。

交通部於二○○二年三月十八日曾舉行「數位電視條件式接收標準實施綱領」公聽會，宣布電視台未來所規劃的數位機上盒（STB）必須採用開放模組介面（common interface）。而綜觀國內五家無線電視台的資金、技術及規模，似乎也不太可能使用不同的條件式接收系統（Conditional Access System, CAS），而讓消費者花大筆的錢去購買接收機和接收模組，甚至看不同的電視台時還要插不同的模組和預付卡。但若要五家電視台採用單一種條件式接收系統，如何整合資源，及設立完善的分帳系統，還需要完善的規劃與協調。根據國外經驗，能成功設立付費電視系統的關鍵因素，將在於所提供的節目品質和數量，接收機的價格及收費標準。

另外，由於國內「無線電視民主化聯盟」學者的推動，要求陳水扁總統實踐二○○○年競選時的承諾，推動無線電視台公共化的議題成為近來新聞局的主要任務（辛澎祥，2002b）。但依據過去國內公共電視的發展經驗來看，公共化也可能促使該台之市場占有率下降，政府與民眾的納稅負擔提高。然而，目前政府還未與台視、華視經營者進行協商，對於出售或買回股權價格也還沒有共識。因此，無線電視台公共化之相關議題，目前變數、意見仍多，情況也不明朗。

三、國內有線電視業者發展數位電視服務之現況

(一)傳輸規格與訊號流程

　　近年來，幾種關鍵技術的發展，使得由有線電視、電信、電腦（網際網路）構成的網絡逐漸走向融合的趨勢。

　　首先，數位技術的迅速發展和全面採用，使電話、資料和影音訊號，在網路中都將統一地成為0/1的位元訊號流，可以通過統一的編碼進行傳輸和交換。隨著光纖成本的不斷降低和個人經濟能力的增加，光纖直達用戶接收端的未來將可以實現。光纖傳送網，是各種訊號傳輸的理想平台。再者，軟體技術的發展，使得網路及其終端都能通過軟體，支援各種用戶所需要的特性、功能和業務。

　　由於上述這些技術的進步，使得有線電視網亦能傳輸電話訊號和高速資料，電話線路能傳輸電視訊號和高速資料，電腦網路也能傳輸語音和影像，發展的趨勢是媒體的界線將變得越來越模糊，有線電纜、電信、電腦都擁有成為通往「資訊高速公路」的潛力。因此，從九〇年代初期開始，有線電視業者就一直致力於從單純的視訊廣播媒體，進化至多媒體服務的提供者角色。

　　目前，國內數位有線電視所採用的傳輸規格是DVB-C，無論是節目訊號的輸送，以及觀眾所回傳的互動訊息，主要都將經由有線電纜或光纖來傳送，其訊號傳輸流程如圖4-4。

(二)主要發展業者之營運營收、硬體數位化規劃與執行進度

　　國內自從開放有線電視合法經營後，有線電視迅速發展，至二〇〇一年，國內有線電視普及率已達到82%（參見圖4-5），為全世界普及率最高的國家（參見圖4-6）。而在廣告營收方面，有線電視之廣告營收，在二〇〇一年已達到新台幣一百二十五億元，超越無線電視台的一百二十億元。

　　而依據東森策略規劃中心的調查，國內有線電視普及率已超過80%，居

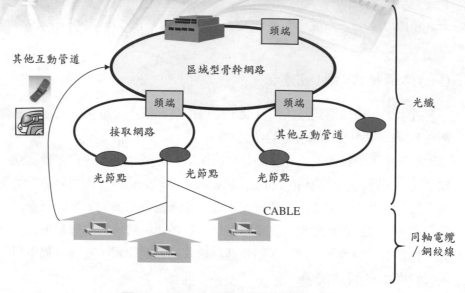

圖4-4　數位有線電視訊號傳輸流程

資料來源：本研究整理自東森策略規劃中心資料。

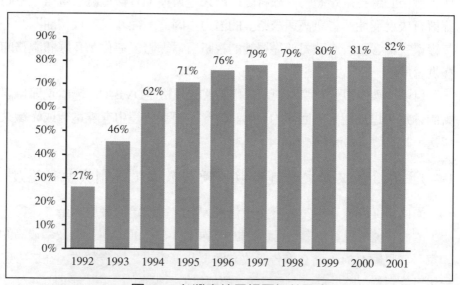

圖4-5　台灣有線電視歷年普及率

資料來源：徐言（2002）。

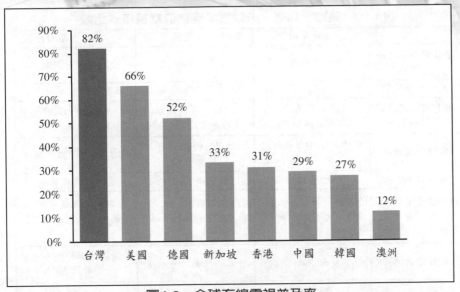

圖4-6　全球有線電視普及率

資料來源：徐言（2002）。

亞洲第一位。等於每天有四百五十萬個家庭收視戶收看有線電視，其影響
力相當強大。因此，國內已有若干有線電視業者投入發展數位電視服務，
亦即東森、和信與卡萊爾集團。這三家集團，原來就是國內有線電視多系
統經營者之五大集團之一，在擁有的系統數、獨占經營區域上，都具有相
當大的競爭優勢。為了能繼續維持固有的市場競爭力，而不被其他正在進
行數位化轉換的媒體所淘汰，這三大集團分別由旗下之「東森媒體科技」、
「中嘉網路」，以及「台灣寬頻通訊顧問」等公司，投入開發數位電視事業
之經營。經營區域，初期均以台北市、台北縣、基隆市、桃園縣、台中市
等人口密集的都會型地區試辦，台中以北的有線電視收視戶，只要安裝了
數位機上盒，就有機會收到看系統業者所提供的數位加值頻道。目前，這
三家業者均已完成了數位頭端的建置，在網路設施的升級工作方面，也正
積極地進行，且分別已有數家的系統台，獲得新聞局審核通過變更營運計
畫及硬體查核等項目（張美娟，2003）（參見**表4-10**）。

表4-10　東森、和信、卡萊爾集團數位電視模式比較

	東森集團	和信集團	卡萊爾集團
數位電視事業經營單位	東森媒體科技集團	中嘉網路科技	台灣寬頻通訊顧問
擁有之系統數	十二家（七家為獨占）	十二家（四家為獨占）	五家（五家為獨占）
擁有之收視戶數（新聞局數據）	約一百萬戶（約占全國18.8%）	約一百萬戶（約占全國18.8%）	約五十七萬戶（約占全國7.8%）
數位頭端情況	已建置DVB數位頭端耗資四億	已建置DVB數位頭端耗資七億	已建置ATSC數位頭端
網路設施情況	約60%升級完成	約15%升級完成	約10%升級完成
通過變更營運計畫與硬體查核之系統數	陽明山、新台北、金頻道、大安文山等十一家	吉隆、新視波、北健、長德、麗冠、萬象六家	群健、南桃兩家（新竹縣北視申請中）
目前發展地區	台北市為主	台北縣、基隆市為主	桃園縣、新竹縣、台中市為主
數位訊號標準	DVB-C64QAM ANNEX A	DVB-C64QAM ANNEX C	ATSC
CA系統	NagraVision	NDS	Motorola
界面（Middleware）	OPEN TV	NDS	Motorola
數位機上盒（STB）	ADB/PACE	ADB	Motorola

資料來源：張美娟（2003）；作者研究整理。

(三)主要發展業者之經營模式與服務內容

　　由於目前政府對於數位機上盒的安裝以及付費頻道的價格審核等項目，均採取介入且嚴格審議的態度，因此，各家業者所推出之數位機上盒及付費頻道服務相關價格，多相當接近。例如：若以買斷方式安裝數位機上盒，業者所訂的價格多在五千至六千元間；若是租用數位機上盒，月租費用都在兩百元左右。至於付費頻道每月月費，一般也均在兩百元上下（黃玉珍，2003）。然而二○○三年八月，台北市政府核定機上盒買斷的價

格為三千五百元，月租費一百四十元。

　　至於仍處於開發階段的數位電視服務內容，大致上仍不外乎電視影像（視訊）、無線廣播（音訊），以及資料傳送（資訊）等三大類。雖然，各家業者所訂定的服務價格都很接近，但為了掌握自身的競爭優勢，並與其他競爭者產生市場區隔，各家業者仍規劃出不同的經營模式與服務內容，以擴大自身之市場占有率。各家主要之經營模式與服務內容，分別說明如下：

■東森媒體科技

　　東森與和信集團，均是在二〇〇二年九月初，公布即將推出數位電視服務。發展初期，東森先針對旗下的地方有線電視系統，配合新推出的付費頻道，推廣用戶安裝數位機上盒（東森取名為「e-box」）。其訂戶可以以買斷，或付押金，再付每月租金的方式，安裝數位機上盒（STB）並收看免費頻道，租用滿兩年，數位機上盒即歸收視戶所有。如果要訂購付費頻道，則需要額外付費。東森原有的有線電視收視戶可以自由選擇是否要申請安裝數位機上盒，收看數位電視（歐建智，2002）。

　　為了能確實規劃出收視戶會願意額外花錢收視的數位電視服務內容，東森曾委託蓋洛普以及東森內部民調中心，進行多次的消費者市場反應統計。結果發現，國內民眾對於學習類的頻道內容，因為認為較有「價值」，例如：可以取代學生的補習；可以加強自身的知識技能，因此，消費的意願也較高。加上政府推出「終身學習法」，鼓勵業者製作相關節目內容，所以，東森從一開始推出數位電視服務，就特別加強與「教育、學習」相關的主題頻道的規劃與促銷。

　　目前，東森推出的頻道內容，總共可分為教育、娛樂、東森特屬、境外、成人、互動服務、公益，以及數位音樂等類別（參見**表4-11**）。其中，又以教育、娛樂以及東森特屬之頻道內容，例如：「YOYO-ABC」、「高爾夫教學頻道」、「東森健康醫療」等頻道為主力商品。收費方式，該公司至今共計推出兩種計費方式。一種是依訂戶所訂閱的頻道種類及數量，分別計費。但是，該公司在推廣過程中，部分用戶表示，目前業者所推出的數

位電視節目內容，除了教學節目外，其他類型節目與目前有線電視節目內容差異性不太，因此，爲能提升用戶之消費意願，近期東森又推出「會員制」的行銷策略，改以若干主題之活動與消費福利爲主，收視與主題數位電視頻道爲輔的方式，推廣業務（參見**表4-11**）。可見，東森對於數位電視服務之規劃，是以整合集團內外可用資源，提高產品附加價值的方式，來吸引消費者的使用，已非單純地只是推廣電視頻道內容的經營方式。

在行銷管道上，東森結合其教育、學習之商品特色，於試辦數位電視服務期間，就特別鎖定屏東縣、台中縣等地之中小學，免費提供給這些學校學童收視兒童英語教學頻道。一方面可以協助偏遠地區學童學習英文，建立公司良好之社會形象；一方面也可作爲該公司提供數位電視服務之播送測試（龔小文，2002）。

表4-11　東森數位電視服務內容及收費方式

數位機上盒 收費方式	⊙買斷。 ⊙租用：付押金，每月再付租金，租用滿兩年即歸收視户所有。
頻道內容—教育	YOYO-A、YOYO-B、YOYO-C、尼可卡通頻道（生活美語教學）。
頻道內容—娛樂	HBO數位版、知性旅遊。
頻道內容—東森特屬	東森購物1台、東森購物2台、東森高爾夫教學、東森健康醫療教學、東森女性學苑、東森戲曲教學。
頻道內容—境外	英國BBC WORLD、澳洲ABC、法國TV5綜合頻道、德國DW、新加坡NEWS ASIA、韓國阿里郎Arirang頻道。
頻道內容—成人	彩虹頻道、PLAYBOY、HOT、HAPPY、HI-PLAY、限制級電影。
頻道內容—互動服務	台北市與國道即時路況、東森新聞報、資訊網、股市看盤、電視銀行、熱門資訊、政府服務。
頻道內容—公益	慈濟大愛1台、2台、3台。
頻道內容—數位音樂	國語暢銷、熱門舞曲、爵士主流、鋼琴演奏、拉丁舞曲、日本流行等，十六國各國風格數位音樂。
付費頻道 收費方式	⊙頻道單選：依個別頻道價格收費，同時訂閱多個頻道會有若干優惠。 ⊙會員制度：「東森YOYO ABC會員」以年費計。 　　　　　　「東森高爾夫會員」以年費或月費計。 　　　　　　「東森全家樂會員」以年費計。

資料來源：張美娟（2003）；作者研究整理。

■和信／中嘉網路

和信集團旗下之中嘉網路，投資七億元，在基隆市的吉隆有線電視，興建亞洲第一個數位主頭端。該公司發展數位電視事業的第一階段工作，為輔導新視波有線電視公司取得國內第一張有線電視數位化營運執照，並開始於台北縣中永和地區，針對八萬多收視戶進行數位電視服務的推廣（李娟萍，2003）。之後，基隆地區的吉隆有線電視公司，也於二〇〇三年四月間，取得數位電視服務的經營執照。

中嘉推出的數位機上盒，消費者同樣可以以買斷，若是支付押金，然後每月支付租金的方式租用。不過，中嘉在試辦期間，為加速推廣數位電視服務，暫時不另收月租費。且為能提供收視戶較佳的節目品質，中嘉推行數位電視服務地區的所有系統都將採用數位訊號傳輸，而且提供互動服務，因此，該公司於中永和地區推廣數位電視服務時，凡是新視波的所有收視戶如果要看電視，就一定要付押金租用數位機上盒，否則就無法收視，等於是被迫租用。不願安裝數位機上盒的收視戶，只能選用其他有線電視系統的服務（辛澎祥、歐建智，2002）。

至於服務內容部分，中嘉所推出的數位電視服務主要可劃分為「數位頻道視聽服務」以及「互動服務」兩大部分（參見**表**4-12）。

「數位頻道視聽服務」部分，收視戶除了仍然可以收看到現有的八十幾個類比有線電視頻道外，還增加了由數位訊號傳輸的頻道內容，包括有免費收視的基本數位頻道（例如：「互動快報」、「TV8」、「V-intl」、「韓國阿里郎頻道」、「英國BBC WORLD」、「澳洲ABC」、「法國TV5」、「慈濟大愛」、「圓林教育」）；另外，還有付費頻道與計次付費節目（Pay Per View, PPV）（例如：成人頻道、電影、學習頻道），以及數位音樂廣播頻道等。

「互動服務」部分，則包括有「IPG互動節目表」，提供「節目表」、「內容摘要」、「個人預設頻道」、「預約節目」與「親子鎖」等功能，讓收視戶可以預約想要收看的節目，編排自己專屬的頻道表，或是設定親子鎖，防止家中小孩收看到不適宜的節目內容。另外還提供一互動服務平台，讓用戶可以在電視上查詢日常生活所需要的一些相關資訊，包含有

表4-12　中嘉數位電視服務內容及收費方式

數位機上盒 收費方式	⊙買斷。 ⊙租用：付押金，每月再付租金，但試辦期間不收租金。
數位頻道 視聽服務	⊙數位頻道內容： 　包括電影頻道、國際頻道、運動頻道、新聞頻道、音樂頻道、教學頻道、情色頻道等等。例如：互動快報、TV8、V-intl、韓國阿里郎頻道、英國BBC WORLD、澳洲ABC、法國TV5、慈濟大愛、園林教育等。 ⊙付費頻道與計次付費節目： 　付費頻道包括主題頻道、學習頻道、成人頻道等。例如：TV8、Channel V、Voyages、Adventure One等。 　計次付費節目包括電影、運動賽事、表演、音樂會等內容。 ⊙數位音樂廣播： 　包括中外流行歌曲、古典、爵士、鋼琴、搖滾等三十個無廣告、無DJ之音樂頻道。
互動服務	⊙IPG互動節目表： 　提供節目表、內容摘要、個人預設頻道、親子鎖等功能。 ⊙互動服務平台： 　提供生活實用資訊及功能查詢，包含即時資訊、遊戲娛樂、飲食購物、金融理財、生活休閒、文化教育等六大類。
其他服務	⊙網路內容： 　提供G-MUSIC網站內容。
付費頻道 收費方式	⊙單頻單賣付費頻道：暫訂每個月收取五十至三百元不等。 ⊙計次付費節目：暫訂每次收費幾十元不等。

資料來源：張美娟（2003）；作者研究整理。

「即時資訊」、「遊戲娛樂」、「飲食購物」、「金融理財」、「生活休閒」與「文化教育」等六大類。未來，和信還計劃進一步提供電視交易的功能，例如：電視購物、股票下單、金融理財等服務，使互動服務更趨多元化（劉至強，2002）。。

　　從中嘉所規劃的數位電視服務內容可以看出，該公司所規劃的數位電視經營模式，乃是以建立一個互動的電視平台為主要之訴求。業者可以提供廣播電視節目之視聽服務外，舉凡各種工商企業，都可以在這個平台上，進行各種商務活動，像是賣銷售入場券、電影票等，讓消費者的交易活動，都可以在這個平台上完成，等於是形成一個廣大的數位電子商務市

場（張美娟，2003）。

　　由於互動服務是中嘉推出數位電視服務的主要訴求，因此，展現互動特性，並且滿足使用互動功能族群的需求，就成爲該公司主要發展的目標。目前，在各種媒體中，最具有互動特性的媒體應屬於網際網路，而網路族大多是青少年或三十歲左右的消費者，因此，中嘉所選擇增加的頻道內容與互動服務，也多是針對這些消費族群所規劃，期望能將電視與網路的功能相融合，形成另一種電視網路化的互動平台。

■卡萊爾／台灣寬頻通訊

　　卡萊爾集團旗下的台灣寬頻通訊，也是在二○○二年底宣布，將推出數位電視服務。目前，該公司是在桃竹苗以及台中等地獨占經營的區域內，進行數位電視的試播工作，並且已有群健、南桃等二家系統台取得經營執照。

　　試辦期間，該公司數位機上盒以支付押金以及月租費的方式推行，並未訂有買斷價格。至於數位電視服務內容，除了可收看原有的電視頻道外，另外增加有隨選視訊、付費節目、教學節目以及互動式內容等（王皓正，2002）。由於該公司目前仍在進行節目成本之估算，因此，還未公布詳細的節目、頻道以及服務內容（參見**表4-13**）。

　　台灣寬頻通訊表示，該公司經營數位電視服務之目標，是提供高品質的數位訊號傳輸，將過去的系統經營角色，升級爲「數位」系統經營，提

表4-13　台灣寬頻通訊數位電視服務內容及收費方式

數位機上盒 收費方式	⊙買斷。 ⊙租用：支付押金與月租費。
數位電視 服務內容	原有的類比電視頻道、隨選視訊、付費節目、教學節目、互動式內容（由於該公司目前仍在進行節目成本之估算，因此，還未公布詳細的節目、頻道以及服務內容）。
付費頻道 收費方式	未定。

作者料來源：本研究整理。

升收視戶享有的有線電視服務品質。由於該公司目前所擁有的系統台，均為一區一家獨占經營，因此，雖然該公司所採用的數位電視系統規格為ATSC，不同於另外二家業者，但是在推廣數位電視服務時，並不會因此而受到影響，反而會因為訊號數位化，而降低私接戶盜接情形，鞏固了收視戶對該公司服務之忠誠度。由於數位電視節目之製作成本龐大，因此，目前該公司並未計畫進行垂直整合，涉入節目製作業務（張美娟，2003）。

由上述各家業者服務內容可以看出，目前發展數位電視服務之規劃進度，以東森、中嘉較為領先。至於經營模式方面，東森以推出教育學習主題，以及周邊高附加價值服務為經營策略；中嘉以推出功能實用之互動服務為主要訴求；台灣寬頻通訊，則是透過數位化，持續加強該公司經營區域內之獨占優勢。

（四）主要發展業者之集團資源與未來規劃

由於數位電視事業所涉及的事業層面相當廣泛，因此，經營者需要集合各種資源投入，以節省成本，並擴大經營規模。就發展數位有線電視服務之東森、和信（中嘉）、卡萊爾而言，由於卡萊爾經營數位電視的目的，只單純在於鞏固其經營區域內的收視戶，因此，較少有資源整合的動作。至於東森與和信中嘉集團，原本就是國內第一和第二大有線電視MSO集團，此外，在各自的企業集團下，還擁有相當多種類的事業，可見其經營實力相當堅強。除了集團內的資源之外，兩大集團也積極對外尋找可進行策略聯盟的對象（參見**表4-14**）

由於兩大集團長期以來致力於有線電纜的鋪設，且隨著發展數位電視而進行的網路升級工作，業者擁有的傳輸網路已相當完備，可以提供給消費者們更多的功能與服務，例如：除了提供有線電視節目收視之外，有線電視系統也可以提供電信方面的服務，包括有線電話服務、網路出租固網電信業者服務、收取網路使用費等等（參見**圖4-7**）。由此可見，掌握著國內兩大光纖同軸混和電纜（Hybrid Fiber Coaxial, HFC）資源之東森與和信集團，均擁有相當的實力朝向寬頻網路經營事業發展。

表4-14　東森、和信集團資源及策略聯盟比較

	東森集團	和信集團
旗下公司	有線電視：東森媒體科技集團（電視媒體—東森、台北電視台；衛星媒體—東豐衛星、世華北美；網路事業—東森國際網路、Etoday；電視購物—得易購；Cable系統台） 寬頻上網：東森寬頻電信公司 有線電視：行健、Cable系統台	寬頻上網：和信超媒體 無線通訊：和信電訊集團 銀行金融：中國信託集團
本地股東	力霸、象山、華新麗華、富邦集團、中央投資公司等	和信辜家、台泥等
外資股東	新加坡匯亞基金、亞洲基建基金、花旗國際投資、新加坡政府基金等	美商微軟、香港衛視
系統台	股份逾51%者十三家，插股者十餘家，收視戶一百三十萬	具經營權或插股者十七家，收視戶逾一百萬戶
策略聯盟	*二〇〇〇年十一月：與太電結盟發展互動電視 —合作目標：整合直播衛星及有線電視頻道資源，共同發展分級付費頻道、電視商務、以及互動服務等數位互動電視加值服務。 —合作方式：雙方各出資50%成立一家新公司（Joint Venture），納入現有之太平洋直撥衛星公司及東豐衛星公司業務。二〇〇一年一月開始數位播送營運測試，目標市場除台灣、香港外，亦包含東南亞、大中國以及全球華文市場。	*二〇〇〇年十月：與衛視結盟 —合作項目：研發互動式電視的平台、同時開發隨選視訊、及推廣寬頻用戶利用機上盒透過電視上網。配合互動電視的內容，結合電子商務的應用 —合作方式：各出資50%，合資一億美元，成立新公司。

資料來源：整理自東森策略規劃中心資料。

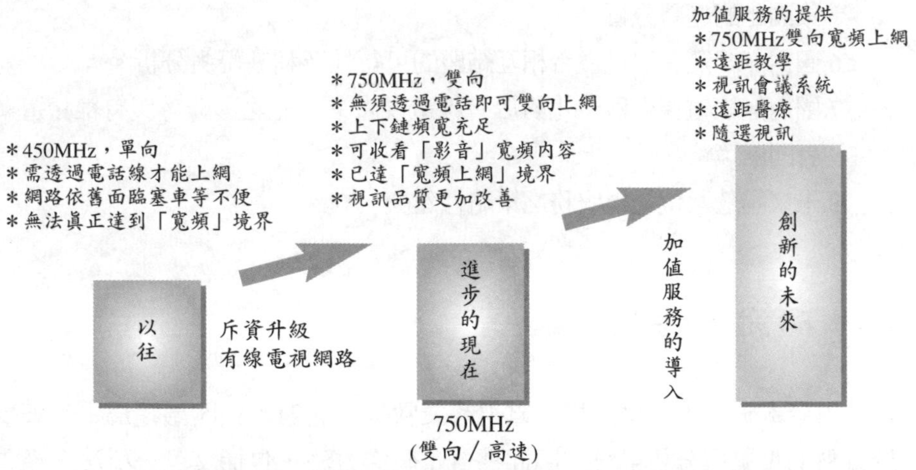

圖4-7　有線電視業者擴張服務內容之過程

資料來源：作者研究整理自東森策略規劃中心資料。

第三節　研究設計

一、研究議題

　　本研究旨在針對國內電視產業因應數位化之趨勢，進行無線與有線電視台數位化競爭力與競爭策略之探討，以透徹瞭解國內數位電視產業之生態變化及環境。最後，從有線電視業者發展數位電視服務的觀點，提出經營策略上的建議。因此，本研究具體的研究議題包括有：

1. 國內四家無線電視台之競爭力分析（例如：營運現況、營收、人才、資產、價值、數位化規劃等）。
2. 探詢政府主管機關對於無線電視台未來發展的態度。
3. 國內衛星、有線電視台數位化之資源與條件。
4. 國內有線頻道業者數位化之競爭力分析。
5. 國內無線及有線電視台未來的生態變化預估（例如：是否會走向媒體集團化的趨勢分析）。
6. 國內無線及有線電視台相互結盟的可行性及利基優劣分析。
7. 國內無線電視台數位化對於有線電視產業可能之影響，與有線頻道業者因應策略。
8. 未來經營數位電視服務之策略性建議。

二、研究方法

　　由於本研究主要是以探討電視產業數位化之競爭相關議題為主，著重於資料的蒐集與分析部分，因此採質化研究方法，包括文獻分析法、深入訪談法、焦點團體法、觀察法及網路與資料庫相關資料搜尋與彙整。在資

料綜合分析的部分，則以Porter（1985）的五力分析及SWOT分析方法做為資料分析的架構。分別說明如後。

(一)文獻分析

　　本研究蒐集國內外數位電視產業相關資料及文獻探討工作，包括國內傳播學校之圖書館、國家圖書館、社會科學資料中心、廣播電視基金會的圖書館資料室，蒐集各相關論文、期刊、報章等，並透過網路蒐集各項影音資料、電子檔資料，及相關網站之資料等。由於本研究針對我國無線電視與有線電視數位化競爭策略分析做探討，因此主要以國內數位電視發展現況，及傳播產業併購概況作為主要的文獻探討資料。其他資料，包括各家業者之組織、年廣告營收、財務報表，或行政院二○○八數位臺灣e計畫之計畫書與細部執行方案內容等，皆作為輔助研究之用。

(二)觀察法

　　本研究在進行期間觀察的主題有二個，一是新聞局委託廣電基金所舉辦的數位電視節目製作及推廣的活動，從活動的籌辦過程，各無線台製作數位節目內容，請專家學者參與建議，到節目完成為止，透過實際觀察瞭解到業者面對數位電視製播的態度與反應。第二是觀察有線電視集團東森、和信、中華電信、年代集團籌設DTV的過程。包括東森、和信從付費數位頻道下手，中華電信發展電信附加服務MOD，及年代集團研發，經由電腦收看的IDTV數位電視服務。以觀察得知數位電視產業發展的最新概況、各業者不同的經營理念，及對數位電視產業應有的認知。

(三)深入訪談及焦點座談

　　透過文獻分析及觀察法後，再藉由深入訪談和焦點座談來增加研究的深度和詳盡。訪談對象以及焦點座談之與會者，主要包括有政府單位、無線電視業者及有意發展數位電視產業之其他業者，例如政府單位之新聞局、廣電處，業者部分包括無線電視三台中視、台視、華視及中華電信等等。詳細名單請見**附錄一、附錄二**。

三、研究步驟

　　本研究之核心概念，主要在探討國內無線與有線電視業者發展數位電視服務之競爭策略，並進一步將兩者比較，分析出相互競爭之因應策略。因此，透過文獻分析與產業活動之觀察，探討國內外數位電視產業之發展現況。其次，經由業者深度訪談，並與之前所得之產業現況資料相對照，整理出國內業者發展數位電視之經營策略。最後，經由專家座談，蒐集專家學者們對於業者投入市場競爭所應注意或可採用之因應策略。整體研究步驟如圖4-8。

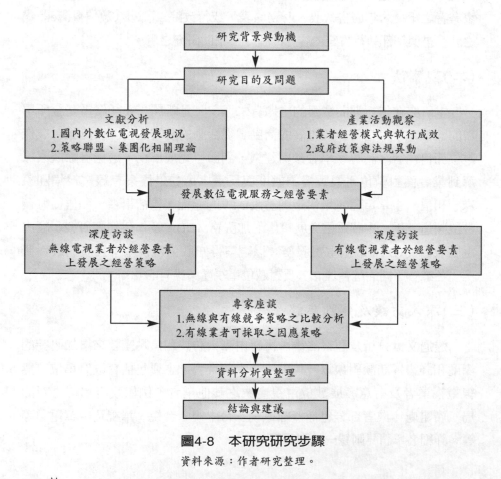

圖4-8　本研究研究步驟

資料來源：作者研究整理。

四、研究範圍與限制

　　本研究的範疇，聚焦於國內無線電視媒體與有線電視媒體本身，在發展數位電視時，所有擁有的資源條件或經營策略等內容。由於人力、物力與時間之有限，本研究之限制包括有：

1. 無法考量電視媒體以外之發展數位電視相關因素，例如：其他媒體的競爭、消費者之消費習慣與收視行為等等。
2. 產業部分研究對象只有國內四家無線電視台，以及三家有線電視業者（東森、和信、卡萊爾）。
3. 調查之部分內容可能因涉及媒體商業機密，而發生各研究對象資訊不平均的情況。
4. 調查所得之資料內容不易做完全的分類比較。

第四節　數位電視發展之競爭力分析

一、整體趨勢與無線電視台財務分析

　　本研究為求全盤瞭解數位電視產業之發展情形，特別針對國內外發展數位電視及傳播產業整合狀況進行蒐集資料，包括報章、期刊、論文、網路、影音相關資料、電子資料庫等，以做出詳盡的文獻探討。經文獻彙整後，研究發現以三個面向來做探討，一是數位電視現況與發展趨勢，以便瞭解當前政府、業者、消費者三方面的角色及態度；二是無線電視營運現況與財務分析，以具體得知無線電視台的競爭力；三是無線與有線電視集團化、結盟趨勢，以預測未來傳播產業市場的走向及發展。這三個面向詳述如下。

(一)數位電視發展趨勢

■發展數位電視為政府既定政策

一九九二年十月，經濟部成立了「高畫質視訊工業發展推動小組」，負責執行數位電視計畫，開始了我國數位電視的發展。初期推展方向以高畫質數位電視（HDTV）為主，但政府透過經濟部視訊推動小組的嘗試和研究後，發現無論國內或國外在推行上都因為和傳統的電視差距太大，當時的技術、市場和消費者接受度都尚未成熟，因此轉而推動標準畫質的數位電視。根據新聞局（2002）的資料顯示，目前國內推動數位電視的具體成效包括有，增修數位電視相關條文於「廣播電視法修正草案」、核發數位電視籌設許可、籌編相關預算、關稅抵減等優惠措施等。因此對我國而言，廣電數位化是政府的既定政策。

■行政院頒布「數位台灣計畫」協助廣電數位化

同時，二〇〇二年五月行政院游內閣公布推動「六年國家發展重點計畫」（二〇〇二至二〇〇七），其中的「數位台灣計畫」，就是希望能夠建立一個高科技資訊社會的e台灣，並把有關無線與有線電視發展數位化的部分列於「數位娛樂計畫」中。由於政府認為當前無論是無線、有線或電影產業數位化的發展皆面臨瓶頸，鑑於數位化廣電影視是未來發展的趨勢，為促進產業升級，嘉惠收視大眾，希望由政府介入協助業者來成就數位化目標的達成。其計畫的範圍包括廣播、無線、有線及電影之數位化，計畫願景除了促進傳統傳播產業升級和提升我國數位娛樂產品水準外，也企求加速建立富含人文關懷的數位資訊社會，及強化該產業的國際競爭力。該計畫的預算從二〇〇三年開始編列，以籌建無線電視數位平台為最主要之計畫核心，因此廣電部分計二十七億經費（二〇〇三至二〇〇七），無線台十八億、有線台四億五千萬。推動策略方向包括修法、宣導、補助、人才培訓等（行政院六年國家發展重點計畫——「數位台灣計畫之數位娛樂計畫」，2002）。

■國內數位電視發展的四大主流

我國發展數位電視有四種主要發展型態，第一為政府主推的數位無線電視，以五家無線電視台為主，以歐規的DVB系統為標準，成立一數位聯合辦公室，希望能夠共同發展數位電視，成立共同傳輸平台，不過從近幾年無線台的財務報表上可知，其在營運上皆是虧損的狀態，所以相對於有線電視而言，較不積極從事數位化的工作。政府在「數位娛樂計畫」中預計撥款十八億給無線電視作為補助，希望無線電視能夠帶動有線電視的數位化。目前發展速度最快的為中視，已經開始在全省各大醫院播出「My Life」的數位頻道節目，但發展的腳步還是相對落後於有線與衛星電視。

另外，進入數位電視市場的，還有以衛星和網路傳輸的年代電通，及有線電視系統業者東森、和信、卡萊爾。年代電通所發展的IDTV是運用衛星和網際網路結合，透過電腦為介面的數位電視服務，目前主要是針對企業、學校或社區組織進行推廣活動（年代電通公司簡報資料，2002）。東森、和信、卡萊爾，目前則是以台中以北的地區，逐步推動數位電視頻道，民眾可以以買斷，或支付押金與月租費的方式，申裝數位機上盒，即可看到數位電視節目。目前，三家業者旗下，已各有若干系統台獲得政府審核通過，變更營運項目（戴國良，2002；辛澎祥、歐建智，2002；張美娟，2003）。

中華電信亦推出MOD進入數位電視市場，不過，由於有線電視業者的抗議反對，政府政策又不明，加上中華電信本身並沒有製作電視節目，亟需要尋找數位內容提供者合作，所以，目前中華電信是在新聞局與電信總局的認可下，暫時先進行試播的工作。此上四種數位電視發展走向，在播出技術上已逐漸成形，但仍以有線電視業者發展腳步最為領先。

■消費者接受度仍有待開拓

對一般的消費者而言，數位電視究竟是何物仍然不甚瞭解，如同李桂芝（2001）所言，大部分的人都認為數位電視就是把訊號數位化而已，因此對他們來說，數位電視和類比電視並無兩樣，接受度當然就不高了。另外，以目前有線電視提供的頻道而言，已有一百多個頻道，陳慧婷（2002）

認爲若數位電視不能做出較類比電視更好的品質與加值服務，就更難刺激消費者的需求。再者，若要收看數位電視，必須要購買昂貴的數位電視機或數位機上盒，這亦是讓民衆卻步的因素之一（鍾佳欣，2002）。就國外的例子而言，目前各國在推展數位電視上尚未有成功獲利的例子，足以證明，業者尚未能夠激起消費者的需求與慾望，因此整體環境上，民衆對數位電視的接受程度仍有待加強（李桂芝，2001；陳慧婷，2002）。

（二）無線電視營運現況與財務分析

在財務分析中有二大主要工具：比率分析與現金流量分析，可用以檢視公司在既定的策略與目標下，其經營績效及財務狀況。比率分析的重點在於損益表與資產負債表，分析目前在評估影響公司獲利與成長力的各項經營及管理績效；現金流量分析自然偏重現金流量表，分析目的則在於由現金流量的角度觀察公司的流動能力，以及投資管理與財務管理成效（Palepu, Bernard & Healy, 1997；郭敏華，2001）。

公司的價值決定於未來的現金流量，未來的現金流量取決於公司的獲利能力與成長力，而獲利能力與成長力又受到二大策略所影響；產品市場策略與金融市場策略。產品市場策略需由營業政策與投資政策落實執行，而金融市場策略則透過融資策略與股利政策來執行（郭敏華，2001）。

換句話說，管理者爲了達到既定的獲利與成長目標，有四大管理政策可資運用：營業管理、投資管理、融資管理、股利管理。而比率分析即在評估這些管理成效。有效的比率分析應盡可能詳細地將財務數字與其背後的經營因素連結在一起。基本上，比率分析雖然無法回答關於公司績效的所有問題，但是至少可以幫助分析師找出應該進一步瞭解的問題所在（Palepu, Bernard & Healy, 1997）。

目前國內一般上市上櫃公司之產業財務分析指標，多以財務結構、獲利能力、經營能力、償債能力、現金流量、槓桿度爲主要財務分析之依據。本研究爲了瞭解無線電視台發展數位電視的潛力，針對國內無線四台之財務狀況分析，也以財務結構、獲利能力、經營能力、償債能力、現金流量五個面向作爲財務分析之根據。本研究除了依據上述學者所論述進行

財務分析外，並基於同業間性質相近之考量，對無線四台之數據以圖表方式做出相對比較分析，以符合財務分析之要求。以下財務分析乃依據四家無線電視台近五年之財務報表資料所得的結果。

■財務結構

財務結構包括了負債比率和長期資金占固定資產比率。而負債比率就是總負債除以總資產所得出的值，意思就是，比率越大，公司的負債也就越多，信用風險則越大。這個指標可以很清楚的衡量公司長期償債的能力，所以從負債比率可計算出無線四台之資產中債權人融資，可檢視財務結構是否健全。

根據上述**表**4-15、**圖**4-9、**圖**4-10所顯示，台視的負債比率從八十六年至九十年呈現起伏的狀況；中視則從民國八十六年34.72%上升至九十年的54.06%，上升幅度達55.7%；華視則從民國八十六年24.97%下降到87年的15.75%，但在民國八十八年又是一個上升的狀況，至九十年上升至34.54%，約增加38.32%，而民視的數字是呈現一個正常上升的狀況，其原因為九十年採合併報表之負債比例，所以較前幾年為高。

由此可知台視各年的數據較為平均而且呈下降趨勢，而中視及華視都呈上升趨勢，可見台視的財務結構較為正常，中視正急遽惡化中，華視也須注意其上升的趨勢，而從單一年度的相對數字來比較，台視在民國九十年度32.72%亦低於華視的34.54%及中視的54.06%，由此可見以財務結構來說，中視最差；而民視負債比率低是由於資金來源大多屬於股東投資，對外舉債及融資少，所以負債比率最低（註：民國九十年民視資料是以民間投資（子公司）之合併報表，所以負債比例有所差異，特此說明）。

就財務結構負債比例，四台無線電視台之負債比例與一般傳統產業之平均值比較，其財務情況尚屬於財務結構正常健全一類，對於事業擴展、融資或財務槓桿操作尚有適度空間，因此未來無線四台投資數位電視之發展仍有相當空間。

■獲利能力

獲利能力分析可包括資產報酬率、純益率、股東權益報酬率、普通股

表4-15　民國八十六至九十年無線四台負債比率

負債比率（%）					
	86年	87年	88年	89年	90年
台視	35.55	34.15	31.98	30.59	32.72
中視	34.72	35.79	42.77	48.88	54.06
華視	24.97	15.75	30.71	34.70	34.54
民視	8.07	8.27	9.98	11.44	33.35

資料來源：作者研究整理。

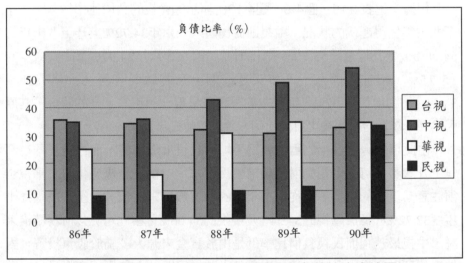

圖4-9　民國八十六至九十年無線四台負債比率直線圖

資料來源：作者研究整理。

權益報酬率、普通股每股盈餘以及價格盈餘比率；本研究選取資產報酬率與純益率做分析探討，主要是電視媒體產業投入大量資本及設備，來評估無線電視產業整體獲利能力。

·資產報酬率

　　「資產報酬率」是用以衡量企業對所擁有的資源之運用效率，即全部資

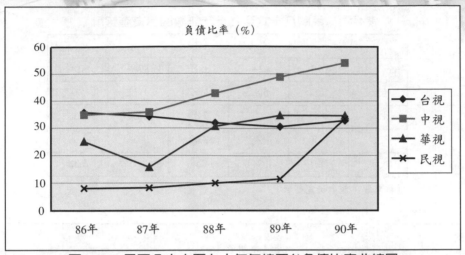

負債比率（%）

圖4-10　民國八十六至九十年無線四台負債比率曲線圖

資料來源：作者研究整理。

產所創造利潤的能力，但就一般而論，該資產總額扣除閒置未使用之資產。就一般而言，此項比率越高越好，表示運用資源獲利能力愈強，比例的高低並無固定的標準，一般係與同業間之比率相比較，以定其優劣。

　　根據上述**表**4-16、**圖**4-11、**圖**4-12所顯示數據，可以看出三台其資產報酬率逐年下降，只有民視上升。分析台視及中視情形，從民國八十六年起逐年下降，到九十年台視表現為負數，而中視幾乎呈水平。而華視除民國八十六、八十七年尚能維持高峰，從八十八年其資產報酬率與前一年比較，其下降幅度達67.82%，但華視在八十九年度的3.04%高過其他兩台，但是無法跟民視的8.31%相比。民視在八十六年才成立，所以公司資源尚未充分利用，至八十九年隨著節目製播成功，獲得民眾的喜愛，所以達到較高的效益。對於無線台而言，此種資產報酬率下降幅度歷年罕見，可見受其他媒體特別是有線電視台開放後之競爭，已對無線電視台之獲利產生極大的影響。但民視的表現可說亮麗耀眼，居四家無線台之冠。

・純益率

　　「純益率」亦稱為利潤率或銷貨報酬率，由於稅後淨利係顯示企業獲利

表4-16　民國八十六至九十年無線四台資產報酬率

	資產報酬率（%）				
	86年	87年	88年	89年	90年
台視	6.14	5.82	4.52	1.71	-4.00
中視	7.63	7.26	7.83	2.24	0.68
華視	8.50	8.47	3.42	3.04	1.00
民視	-28.75	-15.28	-2.00	8.31	3.38

資料來源：作者研究整理。

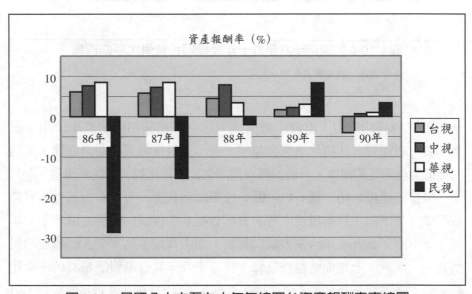

圖4-11　民國八十六至九十年無線四台資產報酬率直線圖

資料來源：作者研究整理。

能力之最佳指標，但稅後淨利亦僅是一個絕對數字，若僅以該絕對數字表示獲利能力之高低，無法表明經營績效之好壞，故需要與銷貨淨額比較，係表示每一元銷貨金額所能產生利潤之大小，該比率越大表示企業獲利能力越強。

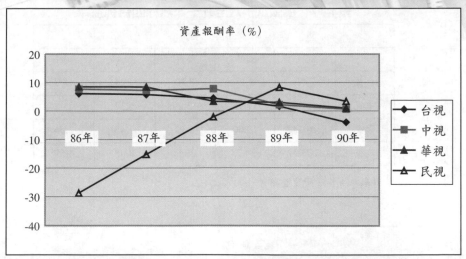

資產報酬率（％）

圖4-12　民國八十六至九十年無線四台資產報酬率曲線圖

資料來源：作者研究整理。

　　根據**表4-17**、**圖4-13**、**圖4-14**所顯示，台視的純益率從八十七年開始逐年下降，至九十年甚至出現負值，中視在八十六年到八十八年其獲利能力比例為三台之冠，平均值超過10％，但從八十九年開始呈現明顯下滑，其下降比例低於八十八年10％以上；華視從八十八年起，由於營業成本、人事支出偏高，及營業外損失、投資失利等，以至於純益率下降；民視由於製作鄉土劇大受歡迎，八十九、九十年開始營業收入增加，轉虧為盈。九十年三台由於全球景氣衰退，廣告收入逐年下降，致使純益率大幅下滑。

　　綜合以上資料，顯示老三台在獲利能力方面，以華視表現最佳；而以無線四台比較，則以民視表現最亮麗。根據上述所顯示之數據，四台皆以調整節目走向、調降製作成本、降低人事費用、縮減事務支出等措施，來降低營業成本，維持公司獲利能力。

■經營能力

　　要瞭解一間公司的經營能力其中包括了應收帳款周轉率、平均收現日數、存貨周轉率、平均售貨日數、固定資產周轉率以及總資產周轉率。本

表4-17　民國八十六至九十年無線四台純益率

	純益率（%）				
	86年	87年	88年	89年	90年
台視	7.90	8.43	7.30	3.24	-11.90
中視	13.54	11.98	15.29	5.37	2.42
華視	10.14	10.60	6.19	7.45	2.56
民視	-103.27	-34.73	-28.80	8.68	4.59

資料來源：作者研究整理。

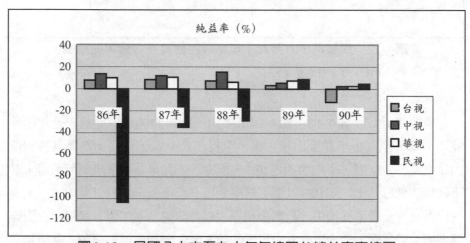

圖4-13　民國八十六至九十年無線四台純益率直線圖

資料來源：作者研究整理。

研究分析無線四台之經營能力僅以固定資產周轉率與總資產周轉率，主要原因是考量無線電視台推動數位化電視將增加龐大設備支出，所以先行分析四家電台過去五年在固定資產方面使用情形，以瞭解其是否健全。

・固定資產周轉率（次）

　　不動產與設備（或泛稱固定資產）是資產負債表中最重要的長期資產，固定資產周轉率所衡量的，就是每投資一塊錢的固定資產所能產生多

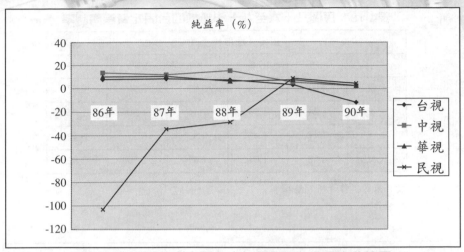

純益率（%）

圖4-14　民國八十六至九十年無線四台純益率曲線圖

資料來源：作者研究整理。

少營收。固定資產周轉率就是銷貨淨額除以固定資產淨額，它可以衡量公司廠房、設備、土地等固定資產的使用效益。

根據**表4-18**、**圖4-15**、**圖4-16**所顯示，台視從八十七年開始就呈現下滑的趨勢，中視則於八十八年開始走下坡，華視從八十七年至九十年也呈現向下的趨勢，幅度約為61%，可見其生產設備利用的效益越來越差，而且也很少更新，三台皆有此種趨勢，此項警訊值得老三台注意。另外可以從數字發現，民視從八十七年快速上升，呈現其數值高於其他三台，主要原因是其為新設公司，所以固定資產使用率高，才會讓其數字逐年上升。

老三台不像其他產業不斷更新設備或是增加生產線，也不像民視或有線電視台必須購買大量機器設備。由此數據，雖然並不足以證明無線電視三台經營能力不佳，但此下滑的趨勢也不宜過久。若以華視和中視做比較，華視呈現下滑趨勢且幅度不小，中視則較為平穩，可以看出中視對於生產設備的利用較佳。台視的經營狀況也是逐年下滑。此項比率指標，是對於無線四台未來數位化電視推動之重要參考依據。

表4-18　民國八十六至九十年無線四台固定資產周轉率

固定資產周轉率（%）					
	86年	87年	88年	89年	90年
台視	1.07	1.08	0.97	0.79	0.67
中視	1.24	1.53	1.65	1.50	1.06
華視	1.41	1.43	0.57	0.55	0.42
民視	0.58	1.04	1.61	2.59	2.82

資料來源：作者研究整理。

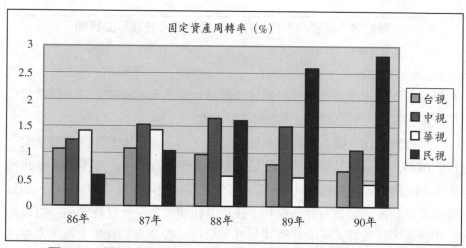

圖4-15　民國八十六至九十年無線四台固定資產周轉率直線圖

資料來源：作者研究整理。

・總資產周轉率

　　「總資產周轉率」就是銷貨淨額除以資產總額所得之值，可以表現出公司所有資產的使用效益。而綜合上述的兩項數字比較，更能清楚且客觀地瞭解公司的經營能力。

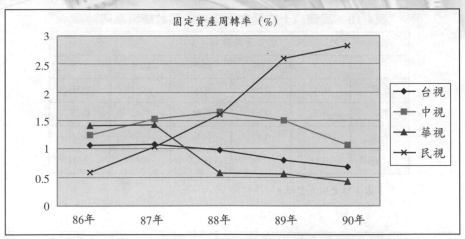

固定資產周轉率（％）

圖4-16　民國八十六至九十年無線四台固定資產周轉率曲線圖

資料來源：作者研究整理。

　　根據**表**4-19、**圖**4-17、**圖**4-18所顯示，老三台都是呈現下滑的狀況，而且下滑的幅度也都不小，這似乎跟固定周轉率有相同狀況，只有民視是上升。此外，也可從圖表中看到台視的數值在還沒下滑時就已相當低，而且在九十年度甚至出現負值，由此可知，台視的經營需要很大的改進，當然各家的下滑也有受到整體經濟環境不佳所影響，但民視也呈現逆勢上升，其經營表現算是無線四台之中最亮麗耀眼的。

■償債能力

　　財務槓桿的運用使公司擁有較權益基礎為大的資產。公司可藉著借款與創造其他負債（例如應付款項、其他應計負債、遞延所得稅等）來擴增其權益。

　　但是另一方面，財務槓桿也使公司的風險增加。因為負債具有固定的償還期限與義務，如果無法履行負債合約，就面臨了財務危機。

　　評估償債能力的數值可包括：(1)流動比率；(2)速動比率；(3)現金對流動負債比率；(4)應收帳款周轉率；(5)平均收帳期間；(6)存貨周轉率；(7)平

表4-19　民國八十六至九十年無線四台總資產周轉率

	總資產周轉率（%）				
	86年	87年	88年	89年	90年
台視	0.70	0.69	0.62	0.51	0.36
中視	0.56	0.61	0.51	0.42	0.28
華視	0.77	0.87	0.44	0.39	0.30
民視	-0.16	-0.08	0.12	0.32	0.80

資料來源：作者研究整理。

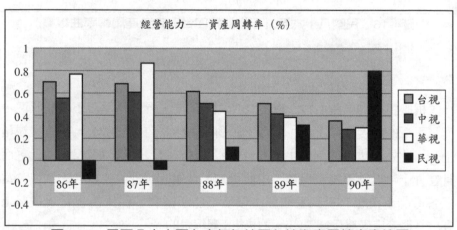

圖4-17　民國八十六至九十年無線四台總資產周轉率直線圖

資料來源：作者研究整理。

均銷售期間。本研究僅以流動比率與速動比率分析，主要原因是考量過去五年無線四台在短期償債能力是否有足夠的舉債空間，以投入數位化電視發展。

・流動比率

　　「流動比率」等於流動資產除以流動負債，亦即流動資產與流動負債的比率。由於企業之流動負債常需使用流動資產償付，故計算流動資產與流

數位寬頻傳播產業研究

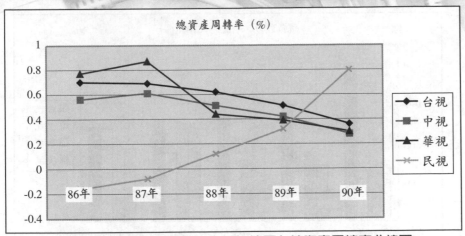

圖4-18　民國八十六至九十年無線四台總資產周轉率曲線圖

資料來源：作者研究整理。

表4-20　民國八十六至九十年無線四台流動比率

流動比率（%）					
	86年	87年	88年	89年	90年
台視	237.00	282.00	363.00	444.00	368.00
中視	254.49	346.45	307.41	102.30	121.08
華視	212.36	250.53	293.47	348.06	470.32
民視	804.00	593.07	524.95	518.06	476.58

資料來源：作者研究整理。

動負債的之關係，將可測驗短期償債能力強度。所以本研究選擇流動比率來評估無線四台的償債能力。

　　一般來說，流動比率越大，短期內債權人之安全保障越強。根據上述圖表顯示，台視的數據是上升的趨勢，只有在九十年稍微下降，中視從八十七年開始逐年下降，華視的數據從八十六年至九十年是成長的狀況，民視的數據雖呈現下滑，但仍是四台之中最佳的。從中視的資產負債表中發

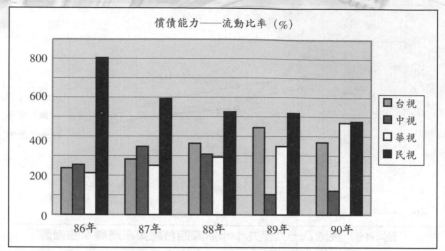

圖4-19　民國八十六至九十年無線四台流動比率直線圖

資料來源：作者研究整理。

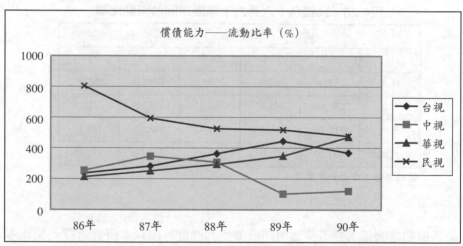

圖4-20　民國八十六至九十年無線四台流動比率曲線圖

資料來源：作者研究整理。

現八十七年現金明顯減少，分析其中原因在於公司將短期資金轉爲投資，使流動比率逐年下降，下降幅度約爲66.72%。分析華視之流動比率逐年增加，從八十六年至九十年增加幅度約爲121.47%，表示華視資金充分，短期償債能力居於三台之冠。在民視方面，八十七至八十八年由於流動負債增加及購買固定資產致使流動比率明顯下降，下降幅度約爲70%。

・速動比率

「速動比率」等於速動資產除以流動負債，在流動資產所組成的項目，並非全部均具有高度的流動性，即使有甚佳的流度比率，在極短之期間內，亦未必有充分的償債能力。故欲衡量無線四台的立即償債能力，必須輔以速動比率測試之。

根據表4-21、圖4-21及圖4-22所顯示，台視的數據呈現起伏的狀況，中視從八十七年開始出現下滑，華視數據逐年增加且呈上升趨勢，民視也是呈現下滑。

台視除了在八十七年有明顯下降外，對於短期的負債和現金的周轉上都相當靈活。中視數據逐年下滑，以八十八、八十九年比較，其下降幅度大約爲67.80%，雖然在九十年度有小幅度反彈，但也不是很理想，下降幅度之大，實在令人擔憂其短期償債能力之下降是否會影響其財務結構，亦會增加經營上之風險。若以帳面數據來看，華視的短期償債能力當然優於台視、中視，但低於民視。

■現金流量分析

「現金流量」分爲營業現金流量、投資現金流量，與理財現金流量三部分。「營業現金流量」是指，廠商因銷貨所流入的現金減去支付產品相關的投入成本後，所得到的現金；「投資現金流量」是指資本支出、轉投資、購併，及與處分長期資產等投資性活動所產生之現金流量；「理財現金流量」則是指公司與股東和借貸債權人之間的現金流出與流入（郭敏華，2001）。

本研究在現金流量分析方面，僅以現金流量比率來檢視無線四台在過去五年營業活動淨現金流量與流動負債之比率，以瞭解內部現金流量控制

表4-21　民國八十六至九十無線四台速動比率

	速動比率（%）				
	86年	87年	88年	89年	90年
台視	222.00	142.00	251.00	419.00	341.00
中視	248.00	339.00	196.01	71.29	89.12
華視	176.64	220.90	252.80	313.27	416.60
民視	705.10	485.73	451.20	480.00	459.46

資料來源：作者研究整理。

（註：民視資料中無存貨及預付款項可計算，所以和流動比率相同。）

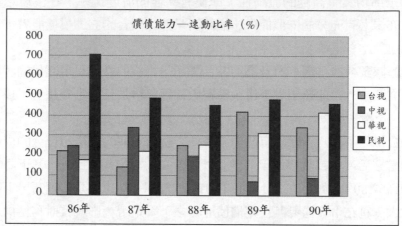

圖4-21　民國八十六至九十無線四台速動比率直線圖

資料來源：作者研究整理。

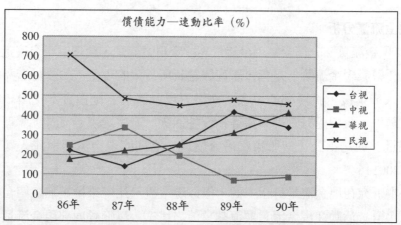

圖4-22　民國八十六至九十無線四台速動比率曲線圖

資料來源：作者研究整理。

能力，以及營運資金管理上是否適當。

　　根據**表4-22**、**圖4-23**、**圖4-24**所顯示，台視的現金流量從八十六到八十九年呈現相當穩定，到九十年才產生負值，主要原因為獲利衰退。中視從八十八年的127.27%降到八十九年的15.90到九十年負值13.85%也是因為獲利衰退。華視從八十六年到八十九年，表現相當穩定，到九十年還有11.7%，是老三台中表現控制力較好的。民視從八十六年虧損直到八十八年，到九十年因為營業收入增加而轉虧為盈，所以現金流量比率值最高，

表4-22　民國八十六至九十年無線四台現金流量比率

現金流量比率（%）					
	86年	87年	88年	89年	90年
台視	102.00	105.00	93.00	126.00	-50.00
中視	81.22	116.69	127.27	15.90	-13.85
華視	90.55	91.58	45.72	114.95	11.71
民視	-780.00	-244.08	73.83	135.41	99.83

資料來源：作者研究整理。

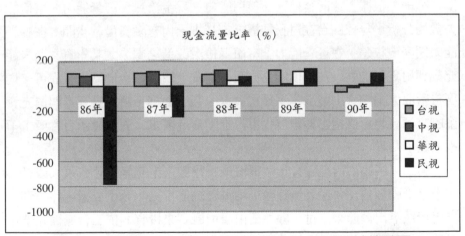

圖4-23　民國八十六至九十年無線四台現金流量比率直線圖

資料來源：作者研究整理。

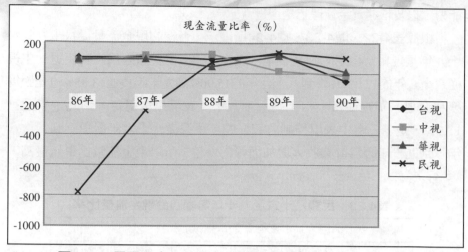

現金流量比率（%）

圖4-24　民國八十六至九十年無線四台現金流量比率曲線圖

資料來源：作者研究整理。

居四台之冠。

■財務分析小結

第一，根據上述財務結構、獲利能力、現金流量、經營能力、償債能力數據分析，無線四台在財務結構上，基本上尚有融資借款空間，在獲利能力則表現較差，在經營能力上有值得檢討改進之處，尤其對資本門未能充分利用更需加強，在償債能力方面，基本上四台資金周轉表現尚可。從廣告營收大幅縮水，造成本業獲利衰退，甚至虧損，將影響資本門擴充資金的來源，也會直接影響數位化電視推動資金需求，對無線四台會產生不利的競爭力。

第二，根據國內經建會預估經濟成長指數未來三年不會有太大成長，在未來推動數位化，預計無線台平均每台約需投入十至十二億，此項資本支出無法應用盈餘來支付，顯然要由舉債融資來投資。依三台無線九十年財務結構負債比例，尚有能力向銀行貸款，或是以股東增資模式來解決財務周轉。在經營獲利能力持續衰退，顯然本業營收無法突破，所以對於所

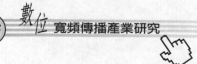

投入的數位化頻道，除了硬體資本門同時需考慮軟體內容之製作。但相對地，頻道增加廣告時間也增加，無線四台必須預估所增加頻道廣告時間及訂戶月租費之收入可帶來多少業績，是否足以超越軟體製作成本，同時也需預估消費者付款之意願及廣告主對於專業頻道之支持。

第三，建議無線四台以政府所獎勵推動數位化之補助金，採策略聯盟模式，成立製作大平台，以達資源互補、成本降低、技術支援、風險降低等目的，將可解決財務資金之不足。

(三)無線與有線電視集團化與結盟趨勢

■因應電視媒體產業激烈競爭，無線電視亟思轉型

根據報導，華視總經理徐璐有意打造媒體園區的計畫，中視董事長鄭淑敏也透露將在數位內容產業上，打造數位化內容設計開發製作中樞，目的都是希望透過結盟的力量來開創另一條生路（江聰明，2002）。例如：華視總經理徐璐表示華視希望能與東森合作，打造華視媒體園區，在這理想媒體園區內，除華視、東森外，還包括星空傳媒的衛視中文台、電影台、體育台、西片台、合家歡台及Channel V、國家地理頻道等多家頻道。而中視希望能結合台北市南港、內湖多家科技公司，並利用中視周圍大愛電視台、TVBS攝影棚的優勢，打造亞太地區數位內容設計開發製作中樞，以帶動周邊知識型產業發展。另外，各家無線台也有與其他有線電視頻道做節目交換合作或主播交流的舉動，希望能藉此為台內的節目，多建立一個播送的窗口。

■有線電視跨業整合搶占市場

根據李天鐸（1995）所述，由於有線電視產業為資本密集的產業，需要投注大量的資金，因此台灣的有線電視已走向財團化趨勢。加上科技匯流的趨力，使得4C、5C整合，有線電視多走向跨業的經營模式。如同陳炳宏（1999）的觀察，有線電視業者如東森、和信，經營的範疇包括電信業、有線電視系統、頻道、網際網路、娛樂事業等，已成為龐大的媒體集團。目前東森與和信亦積極跨入數位電視市場的發展，除了為搶占市場而

投入資金外，同時也繼續進行整合及擴大集團的經營規模，如東森併購超視，除了多增加一頻道外，亦可以利用超視原本片庫的資產（東森內部資料，2002）。

■未來有線與無線媒體仍會持續整合

田家琪（2002）指出，目前全世界的電信、網際網路、資料服務及有線電視正快速整合當中，無論是策略聯盟或是併購行動，都是擴大市場的一種方法。楚飛（1999）也提出，以數位寬頻為主的新競爭市場，擁有通路就擁有權力，為了贏得市場，往後幾年間，併購與策略聯盟的媒體整合情形，勢必繼續上演。但值得注意的是，雖然整合為一趨勢，但以國際上的例子而言，整合未必一定會為公司帶來利基，如徐仲秋（2002）就指出美國線上時代華納合併的例子，併購後兩年，公司的股價跌幅超過七成五以上，財務做帳傳出弊端，這是因為新媒體（美國線上）與舊媒體（時代華納）一直摸索不出來一條可以一起走下去的路，無法創造出獲利模式，使得投資人對這個超級大公司當初的承諾失去信心，導致無法發揮綜效。

二、產官學界之分析

本研究透過深度訪談（訪問名單請參見附錄一）、焦點座談（參與人員名單請參見附錄二），蒐集產業界、官方、學術界具代表性人士之分析意見，以掌握最直接的訊息，補充文獻資料蒐集上可能遺漏之處；並且，從以下幾個面向，進行探討。

（一）政府政策推動分析

■政府推動數位電視態度積極，並以輔助無線業者為主

政府對於國內推動數位電視的態度相當積極，新聞局廣電處表示，行政院所頒布的六年國建計畫中，新聞局就已編列了七億九千五百萬元的預算在「娛樂台灣」計畫裏。預算中有三億多元是用來補助數位內容的製作，另外四億多元，則是用來補助無線電視的數位化硬體設備、節目內容

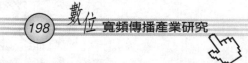

和宣導，以及人才培養等四方面。每家無線台大約可獲得一億元的資金，但附加條件是業者本身也要籌出同樣金額的經費，來推動數位電視的發展。

政府之所以選擇以無線台作爲主軸，主要具有以下幾個理由。第一，無線電波是一個公有電波，它的公平性不容質疑，對於公衆也具有公共義務，但有線電視是私有財，在公平性上絕對是不及無線的；第二，如同公視研發部研究員徐秋華所說，無線電視屬性爲國家財，若無法將無線電視的數位平台建立起來，可能台灣的數位電視平台會淪爲外國人所控制，因爲不管是有線或衛星都可能有外資介入的問題；第三，無線電視爲火車頭工業，具有媒體近用、緊急危難通報的功能，即使目前台灣已有85%的民衆必須透過有線電視收看無線台，但不可否認的是，它的涵蓋率仍然最廣，在緊急危難時，依舊能夠保有一個相當的功能；第四，爲免費的電視台，民衆不需要任何花費就能夠收看節目。再者，透過對無線台數位化的推動，讓電視台的節目製作上有量和質的提升，也能帶動消費電子產業升級、增加市場及競爭力。

此外，政府認爲補助應是從產業的上游到下游，先做好「上游」的硬體更新後，「下游」的內容製作就會跟進。此外，無線電視也是最普及、免付費，服務社會大衆工作較多的一項媒體，發生災變時，亦是最容易緊急傳播的管道。雖然有線電視的系統業者也算是「上游」，但因爲各系統業者是分區經營的，全台灣共有四十七區，若是個別地補助某些系統業者，規模太小，不足產生影響力，又會引起其他區業者的反彈。若是全台灣四十七區都加以補助，依據目前政府的財務狀況來看又不可行，所以便以補助無線電視數位化爲優先。

■積極進行廣電三法之整併工作

目前廣電三法正在修訂整併中，所規範的爲無線、有線和衛星，但只就產業面做一個整合性的規範。齊永強表示，至於要4C整合或是5C整合或和電信法結合，是未來一個考量的方向，但基本上目前的廣電三法仍和電信法有所區隔。將來因法令的整合，並且配合政府機關的改造，可能會朝向成立一個如美國FCC的通訊傳播委員會這樣的機制，這在法令上就勢必要

跟電信法做一個整合性的規劃。但因爲這是必須要配合整個政府改造的方向，所以目前還在研究中。

■推動統一的標準化CI、CAS規格以便業者依循，使數位電視內容發展有利於消費者使用

以台灣市場不大的情況來看，交通部電信總局副局長吳嘉輝認爲推動CI（Common Interface）是很重要的一項工作。經濟部數位視訊工業發展推動小組主任黃得瑞也表示，雖然推動標準化CI會造成數位機上盒（STB）成本的提升，而且目前在未統一的情況下，已有一些有線電視業者建置下去，但因爲STB的功能會隨著技術的成熟而品質逐漸提升，逐漸替換是必要的，所以並不會對已建置STB的業者造成太大的衝擊，因此政府仍然希望朝建立CI、CAS的方向邁進。

另外，齊永強說明，考量建立CI主要是來自產業界的聲音，他們希望能開放流通的機會。另外政府也必須兼顧產業界和使用者之間的平衡性。從消費者的角度來看，若政府放任業者發展，可能會造成消費者被層層剝削的狀況，所以必須要建立CI以方便未來對數位電視的管理。另外，政府也考慮，是否要和中國大陸討論CI的問題。如果能得知大陸的CI，台灣就可以儘早克服製作數位內容轉換的問題，產品便可以很快地傳輸過去。對於台灣而言亦是有利的。

(二)相關業者分析

■國內數位電視發展現況

· 無線電視建設全台傳輸平台即將完成，中視推出My Life頻道，期望與市場有所區隔

無線電視數位聯合辦公室主任趙玉楷表示，五家共同成立一個無線數位電視的聯合辦公室，並有一兩年計畫，就是要完成台灣全區的開播，二〇〇二年五月三十一日已經完成西部地區試播。

在五家無線台中，目前發展數位電視最快的應屬中視，中視文化公司總經理特別助理陳立元指出，中視於二〇〇二年十月推出「My Life」頻

道，設置在台灣的五十大醫院，並從十二月一日開始正式營運，爭取廣告收入。中視之所以推出此頻道，最主要是認為如果以一定位性而言，無線電視發展數位電視絕對比不過有線電視，因為大部分的收視戶都是要透過有線電視的必載才能收看得到無線台，因此中視希望能夠做到市場區隔，推展行動接收這一塊。

・東森、和信中嘉取得數位電視營運執照

　　根據東森多媒體集團企劃室經理侯文治所說，東森斥資四億餘元在台北內湖區打造一有線電視數位頭端設備，並以此頭端發展數位加值頻道。東森預計推出付費頻道主要以教學類型為主，共六個數位頻道。但政府方面認為，有線電視收視費用應以六百元為上限，如果業者要推出加值頻道的話，必須先就目前原有的頻道先做分級付費的動作，也就是以六百元內再分別定出不同的收視價格，但就業者來說，這樣的法令限制變成是一個遏止他們發展的重要因素。

　　而和信中嘉所發展的數位電視，與東森稍有不同。中嘉網路公司首席顧問林清修表示，將先鎖定台北縣中永和的新視波有線電視，對該系統台的八萬戶用戶，進行全面性的推廣。推廣之初，用戶只要支付若干押金，不需繳交月租費，就可以免費安裝數位機上盒，未來退租或搬家，只需歸還原機，就可以取回押金。節目內容除了保留所有現有的頻道外，還免費增加生活資訊、遊戲娛樂、生活休閒、飲食購物、金融理財，和文化教育等加值服務互動頻道。由於中嘉所提供的數位電視加值服務並無多收費的舉動，因此目前已經順利開播。

　　至於卡萊爾集團部分，則是將原來的有線電視服務數位化，以杜絕私接戶，同於提高收視戶忠誠度。節目內容方面，則尚未有明顯的變化。

・年代IDTV透過衛星與網路提供服務

　　年代電通總經理特別助理康志彬表示，年代電通所推的IDTV的出發點，是想建立一個數位電視的平台，透過衛星傳送畫面到收視戶，再藉由網際網路傳送資訊回來，達到一個連結互動的效果。由於收看IDTV必須裝設衛星天線，因此不可能對每個家庭用戶提供，所以年代所規劃的是區域型的發展方式，希望在社區或是學校、網咖來裝設，專注點放在教育平

台，也就是透過衛星的遠距教學，運用衛星傳送的便利機制，達成遠距教學的一個模式，例如：年代與師大的合作。

· 中華電信MOD服務蓄勢待發

中華電信推出MOD多媒體視訊服務，因為受到新聞局方面的把關，而有所限制。新聞局方面認為，中華電信若要推出MOD，必須受到有線廣播電視法的約束，並取得新聞局發給的營業許可證明後，始可開辦。而目前中華電信開辦MOD服務，屬於試行階段，所以不需要向新聞局申請執照，但必須將營運計畫，包括區域、規模、以及期程等計畫，送新聞局審查通過後，才能開辦MOD。

中華電信北區分公司多媒體處處長嚴劍琴說明，依據電信法規範，MOD服務確實合法，但新聞局對MOD略有意見，因此目前播出的MOD，不能提供LIVE節目。但相對地也造成對MOD發展上的限制。

■無線電視台數位化發展現況

· 成立數位聯合辦公室，建立共同平台

為配合政府推動數位電視之計畫，五家無線電視台在多年前，就以抽籤分配工作的方式，合作建立共同塔台，並成立數位聯合辦公室，每個月四台高階主管皆召開工作協調會。如同華視總經理徐璐所言，思考是否應朝共同平台與共同傳輸的模式發展，除可降低投資風險、成本、擴大經濟規模外，亦可共同建立無線廣播的節目與資訊服務環境，提供閱聽人有別於有線電視頻道的另一選擇。然而，因為各台的發展背景與數位化進度不一，導致立場不同而使得效率不佳。

· 數位人才資源普遍不足

台視董事長賴國洲指出，在台視方面，的確需要對同仁做數位化的在職教育訓練。中視副總經理湯健明認為，由於中視有一中科集團，負責研發傳播科技事業，因此，在數位人才的人力素質與數量上均可充裕應付。華視總經理徐璐則認為，工作人員仍然是依傳統的觀念在製作節目，但是數位內容的經營目前沒有人成功過，所以若要徵求數位內容的製作人才，也不知道要如何界定其核心能力。在民視方面，部分人員可因應數位化變

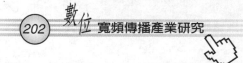

革，部分不行。民視主任秘書黃國師認為，未來電視台數位化之主導人員，應該是在網路IT人才上。

・無線電視發展數位電視的困難點

1. 資金問題：前中視副總經理湯健明認為最大的困難點，仍在於發展數位電視所需要的龐大資金。因為無線電視台的經營者多為臨時性的短期經理人，較重視短期獲利的經營成績。所以像數位電視這種短期內無法獲利的事業，較不易受到經理人的重視。華視總經理徐璐也表示，數位化轉換所需之軟硬體更新及人才培育所需之鉅額投資，對營運日趨艱困的無線電視台而言，是一項龐大的負擔。

2. 政府政策不明：華視策略發展部經營策略室主任黃耀德指出，長期以來政府相關政策不明，而且缺乏國內數位媒體整體之發展政策與計畫，使得無線電視台相當無所適從。加上有線、無線廣電法規不平等所造成的失衡、失序現象，亦形成有線電視業者挾市場占有率及資金優勢，先行搶進數位電視通路，造成無線電視台數位廣播的進入障礙。

3. 缺乏合作意願：民視主任秘書黃國師認為，數位電視一開始的發展，一定是機器採購，這就會涉及工程人員，但是工程人員一定不希望五家無線電視台合併成為一家共同傳輸公司，所以雖然五家無線電視台表示要合作，共同發展，但在工程人員心態方面，卻是難以合作。合作，對於經營階層來講，可以看到合作所帶來的成本節省等利益，但下屬卻因為本位主義而不願合作。現在合作的機會流失，五家無線電視台各自發展，又恢復到過去全台灣都是各電視台塔台的情況。

・各業者未來規劃

中視未來發展數位電視方面，前副總經理湯健明指示，著重於增加新聞專業頻道、以合作方式加強醫療及電影節目內容、發展其他電視商務如開發行動接收的商機，另外在進行互動節目、教育頻道之規劃上則未有進一步動作。華視總經理徐璐提出，無線電視台數位化的市場應該是在行動接收上，所以華視策略發展部經營策略室主任黃耀德認為，未必要搶得先

機，目前只先重視硬體設備的跟進發展，先建構起環境和機制。並計劃發展「隨身看」之風潮，建構可行動接收的數位電視廣播網絡，目前也在研發可攜帶式電視適合的收視內容。民視主任秘書黃國師表示，民視則是利用五家無線電視台所成立的聯合辦公室，提出前後兩個兩年計畫，完成南北部各一個多頻網的建設，逐步測試出未來適合之經營模式。台視董事長賴國洲表示，目前有在進行電視台數位化工作，與其他無線三台保持聯繫。

(三)業者對政府與市場環境之期待

■加速修法腳步，建立產業良好之發展環境

無線電視方面，華視總經理徐璐表示，政府修法時，應注重各相關產業之平衡發展，建立合理的產業價值鏈，以扶植相關媒體之數位化轉型。同時也希望未來政府可以允許無線電視台同時經營固定與行動接收之數位電視服務。另外各家業者都希望，政府原來發給無線電視台兩個頻道，不要收回，因為雙頻各為6MHz，不同於歐規的8MHz，無法分割，利用空間有限，這樣對無線電視業者投入發展數位電視服務也較有吸引力。民視主任秘書黃國師指出，台灣影視市場可以劃分為無線、有線、電信三大市場，若無MOD，台灣的數位電視發展會更慢，所以政府不應壓抑MOD的發展。MOD對台灣的多媒體產業是一大商機，有平台才有內容，才能促進Content的發展。

有線電視方面，中華電信MOD的發展，帶給其很大的威脅感。東森企劃室經理侯文治指出，由於當初五大有線電視MSO系統業者都是透過非常繁複的手續來申請分區的經營，但中華電信憑藉著原來在電信業方面的優勢，以加值服務的立場來經營數位電視，不需要申請有線電視的營運執照，造成對其他的有線電視業者的不公平，使市場不能平等競爭。因此，有線電視業者包括東森和和信中嘉都希望政府能儘速修法，要求中華電信也必須申請有線電視的執照，讓所有業者都能站在公平的競爭點上來競爭。

■政府規定有線電視業者之分區與收費上限，阻礙業者發展

有線電視業者，以和信和東森而言，目前已有能力發展數位電視，而且態度積極，但政府鼓勵推動數位電視發展之際，卻又限制有線電視業者之分區與收費上限，如收費上限為六百元，不得超過，若要提供加值服務，必須先針對六百元以內的頻道做分級付費的動作，因而造成有線電視業者發展上的諸多限制。所以和信和東森皆呼籲，政府應該放鬆法規與限制條件，才能夠真正提供一個開放與自由的空間讓業者發展，也才能加快數位電視的推進。

■發展數位電視需投入龐大資金，亟需政府訂定輔導政策，給予優惠輔導措施

無線電視方面，前中視副總經理湯健明認為，政府雖然計劃將補助無線電視台每台約一億元，作為設備數位化之補助資金，但是以經費補助並不是發展數位電視的治本妙法。因為，台灣市場有限，鼓勵這麼多業者投入競爭，將造成奇怪的市場。所以希望政府能訂定適當的政策，使市場的供需恢復正常。華視總經理徐璐則認為，無線電視台可彌平文化落差、免付費，也是電視產業的火車頭工業，因此，政府確實應該多加補助無線電視台。

有線電視方面，業者卻認為，無線電視數位化的腳步落後於有線電視許多，而且有線電視發展數位電視的態度也較無線電視積極，因此，無論是政策法令或是預算補助，似乎都不該獨厚無線電視台，對於有線電視業者積極努力配合政府政策，也應該要有一些實質的獎勵和補助。無論是有線或無線，發展數位電視都需要官方來扮演一個輔導的角色。

和信中嘉網路首席顧問林清修則建議，對於政府要補助給無線台的費用，應該要轉為補助在數位內容產業上，擬訂一個鼓勵、獎勵的辦法，讓數位內容的製作可以日漸成熟。政府的預算不應該拿來建立平台，應該用來製作能夠刺激觀眾接受的數位內容。

（四）國內數位電視產業之發展阻礙

■數位電視需龐大資金

行政院新聞局廣電處編譯簡淑如表示，根據預估，一個電視台輸出設備全數位化的更新，約需十一至十二億元的經費，在目前政府財政吃緊，無線電視台業務又持續下降的情況下，將是個重要的困境。

■數位人才嚴重不足

由廣電基金委託中視、民視、華視、王宏製作數位電視節目來看，如同廣電基金副處長方乃侖所言，可以得知各台的數位人才普遍不足的現象，原因可能是製作人員並未有過製作數位電視節目的經驗，所以沒有以數位化的思維去改變製作節目的方式，造成製作出來的節目和傳統類比節目大同小異，不盡理想。

■消費者接受程度問題

前中視副總經理湯健明指出，目前民眾接受數位化的程度與進度，不如預期中要快，對於數位電視在影音品質上的提升，似乎也未對觀眾帶來極大的感官刺激，而引發其追求數位電視之需求。如同民視主任秘書黃國師所言，該如何經營以吸引消費者的注意，是需要重新思考的問題。而政府也應擔任宣導及教育消費者的工作。

三、數位內容製播與傳輸分析

本研究主要研究人員曾參與廣電基金所舉辦的數位電視節目甄選創作活動。從最初的甄選業者、審查企劃案、輔導入選業者完成數位電視節目的製作工作，到最後的成果審查，研究者均進行了全程的觀察記錄。亦曾近距離觀察國內數位有線電視業者之數位頭端、中華電信MOD之平台設計、年代IDTV之線上應用展示等等。針對研究期間之觀察結果，提出以下分析。

(一)數位電視節目製播方面

二〇〇二年八月至十月間，廣電基金為響應台灣電視產業發展四十周年，擴大九十一年電視金鐘獎活動，及配合二〇〇二年底國內即將邁入全區數位電視時代的階段性目標，特別企劃一「數位電視節目製作及推廣」活動，徵求國內電視傳播製作業者，嘗試數位電視節目作品之創作，以便向國內大眾展示宣導「何謂數位電視」之範例。

甄選結果，由中視、華視、民視、王宏數位科技等四家公司獲得資格，每家撥給節目製作費新台幣七十五萬元，展示活動費新台幣五十萬元，每一節目長度為五至十分鐘。其中，中視與王宏科技之製作重點為高畫質電視節目，目標在展現細緻的畫面品質。華視以及民視之製作重點，則在於表現未來數位電視之互動功能，例如多角度的選擇。但由於播放平台尚未設計完善，因此，成品只是在一種「模擬」互動的情形下展示，並非真正已達到數位電視互動的功能。

再者，由於該案係國內首次大規模製播數位電視內容，因此產生下列狀況：

■缺乏正確的數位認知

在該活動的節目製作與討論過程中，研究者發現，電視業者之數位認知仍停留於「訊號數位化」，對於數位電視和傳統類比電視最不同的「互動、多頻道、非同步」等特性，無法有正確認知，或落實在節目內容設計上。如：高畫質電視的題材，以拍攝自然景觀最易呈現出其畫面質感，但業者卻是一直追求畫面特效的使用。多角度的互動選擇，應有其存在意義，但業者因未能區隔不同角度之功能與存在意義，反而使得觀看者搞不清楚為何類似的角度要分成三種選項。製作的結果顯示，目前電視業者仍是以傳統類比電視節目的企劃思維，來製作這些數位電視節目，乃至於評審在進行初審後，也難以要求業者改進，因為這些傳統的製作觀念，是從節目企劃階段，就一直主導著該節目的製作、執行。

■數位電視節目題材選擇應考量數位技術功能之應用

在題材選擇方面，業者為表現數位電視之高畫質，中視選擇了人文歷史題材（美濃地方人文風情介紹），王宏卻選擇了需運用大量動畫、特效的舞蹈表演。相較之下，王宏公司的作品，太過於強調數位技巧，在內容上反而予人不真實、不親切的感覺。

另一方面，若為表現數位電視之互動功能，民視選擇觀賞舞台表演之多角度選擇功能，華視則是以資訊節目（橋樑之美），表現數位電視可搜尋、瀏覽其他資訊的功能。這兩個主題都切合數位電視的特性，只是，觀眾觀看電視的習慣尚未改變，因此，少有人會在觀賞節目時，不停地瀏覽相關資訊，或是知道電視有瀏覽或換角度的功能可供觀眾使用。

由以上結果可知，時下觀眾觀看電視之習慣，主要仍停留在過去「被動看電視」的情況。對於數位電視功能上的展現，太過與不及都不適當，應考量節目題材對於數位電視技術的需求性，進而予以適當的運用。不一定要每一個節目都有互動，也不一定每個節目都需要表現特效。

■製作費為傳統的數倍，高不可攀

依據中視的製作經驗，高畫質數位電視之製作經費約為傳統類比電視節目製作費之數倍。即使不做高畫質，但若節目中具有互動功能，也需要更多的製作人力、時間與金錢，去完成節目中「其他選項」（例如多角度、多種劇情結局）的戲劇內容製作工作。這樣的需求，對於傳統節目的製作者而言，根本是高不可攀（陳立元，焦點座談，2002）。

■數位電視製作人才之量與質均缺乏

從上述情況可知，無線電視台之製作人才，對於應付傳統線性製作需求仍可自如，但在製作數位電視節目方面，則還缺乏正確的數位認知。此外，數位化之後，國內電視頻道又大增，因此在人力資源數量上，也都不足。

(二)數位電視訊號傳輸技術與播放平台方面

■無線電視傳輸平台即將完成，有線電視數位頭端也已建設完畢

無線電視由於政府的推動，五家無線電視台已合作分工，建設全省傳輸塔台，即將完工。其中，中視與華視，除了完成自己負責的部分外，也有另外投資建設屬於自己的全省傳輸塔台。有線電視部分，東森和信均已斥資建設完成數位頭端，已能立即提供數位電視服務。

■電視平台為主，電腦平台次之

無論是無線電視或是有線電視業者，均認定以服務最大多數傳統電視觀眾為目標，而選擇以電視為播放平台。其他媒體業者，如衛星電視業者（年代電通）、電信業者（中華電信MOD）才有選擇以電腦為平台的情形。平台技術方面，有線電視業者已研發成熟，無線電視業者則還在研究中。

■MOD技術突破電視與電腦界限，威脅大

中華電信發展之MOD服務，可在電視或電腦上收看。加上中華電信挾著龐大的營運資金，取得與美國八代片商的影片合約，在市場上，將瓜分數位有線與無線電視市場，形成威脅。

■STB與數位電視機規格未統一，價格仍高，為業者主要負擔

由於各業者所採用之數位機上盒（STB）、平台規格標準不一，因此，未來消費大眾如轉換服務提供者，可能連器材、卡片都要換。加上STB、數位電視機至今價格仍高，消費者願不願意出錢負擔這些費用，仍是重要的成敗因素。

■有線電視為開拓者，無線電視為追隨者

國內發展數位電視最初，原是由政府輔導無線電視台，逐步投入研發。近年來由於無線電視台營運狀況日趨下跌，業者對於新事業發展多持保守態度，先觀望利基，再嘗試投入，因而轉變成市場追隨者的角色。反之，民營的有線電視業者，投入許多資金與人力建設全台寬頻基礎設施，

更期望能將這樣的基礎設施更有效率地應用，因而積極投入數位電視服務的研發，成爲市場開拓者。

■遵循傳統收視習慣，或以開拓新需求爲主

有線電視業者嘗試積極發展數位電視服務，然而在發展策略上，各業者卻稍有不同。例如東森透過民意調查，發現民眾還是最喜歡傳統的收視行爲，因此，在初期的節目規劃上，暫不提供互動功能，而是針對民眾需求，提出多樣化的學習頻道。和信則認爲，要讓消費者願意掏出更多的使用費，需要提供一種能讓民眾耳目一新的數位電視服務，因此，不僅默默進行平台的建設，且一推行之初，就提供有各種資訊的互動節目。

無線電視方面，不管是各台於輪流試播時間內的規劃，或是中視新推出的「My Life」數位頻道，均仍停留在訊號數位化後播出的概念上，沒有設計任何互動功能。

■無線電視業者主打共同平台與行動接收市場，但發展腳步緩慢

無線電視發展數位電視服務，主要著眼於數位化後，頻道數增加，原五家無線電視台可以擴充爲二十至二十五家，較有實力自成一收視系統。加上無線電視所使用的是公共電波，因此，受政府規範，永遠都是費用最低廉、服務最普及的傳播媒體，在不景氣的環境下，其競爭力反而提高。只是至今，無線電視業者的發展腳步仍相當緩慢。

■政府政策影響收費制度，業者投資回收慢

政府嚴格管制有線電視業者的收費標準，因而也影響了數位電視服務的發展。業者在經營時，若不能即時回收投入的成本，業者對於未來的投資也將產生疑慮。

四、SWOT與五力分析

針對前面三小節之研究發現，本節將在此綜合分析，並依據電視業者投入發展數位電視服務最需考量之營運現況、資金資源、設備資源、人力

資源、節目資源、推廣進度、核心能力、經營模式等面向，進行無線電視與有線電視業者，經營數位電視服務之SWOT（Strength, Weakness, Opportunity, Threat）分析，與有線電視業者投入數位電視市場競爭之五力分析。

(一)無線與有線電視業者發展數位電視服務之SWOT分析

無線與有線電視業者發展數位電視服務之SWOT分析可由營運現況、資金資源、設備資源、人力資源、節目資源、推廣進度、核心能力、經營模式等幾點來加以討論，詳見**表4-23**。

(二)有線電視進入數位電視市場競爭之五力分析

本研究以麥可‧波特的五力分析架構，針對國內有線電視業者進入數位電視市場競爭進行分析，所得之市場環境分析內容如**圖4-25**。

表4-23　無線與有線電視業者發展數位電視服務之SWOT分析

分析構面	無線電視SWOT	有線電視SWOT
營運現況	S⊙普及率高，但有收訊不穩問題	S⊙普及率高，但不含太偏遠地區 S⊙收視占有率高於無線電視，且逐年提升
	W⊙收視占有率低於有線電視，且逐年下降	W⊙頻道眾多，品質不一，負擔龐大 W⊙政府對收費與經營管制嚴格
	O⊙政府支持、補助	O⊙國內分眾收視習慣逐漸養成
	T⊙受制於有線必載	T⊙政府管制收費模式
資金資源	S⊙固有資產雄厚	S⊙企業資金挹注
	W⊙官方與軍方股權占多數，營運機動性不足，作風保守 W⊙政府強制要求發展，但補助資金與實際需求資金相差仍多	W⊙商業投資講求利潤快速回收
	O⊙政府專案補助	O⊙企業投資興趣高，易募集資金
	T⊙即使發展數位電視，可能仍無法收費，不確定是否能回收利潤	T⊙政府收費管制嚴，不易短期回收 T⊙數位電視市場的開拓者，不確定是否會因此犧牲

（續）表4-23　無線與有線電視業者發展數位電視服務之SWOT分析

分析構面	無線電視SWOT	有線電視SWOT
設備資源	S⊙有豐富的廠棚設備 S⊙有完整的類比製作設備 S⊙共同建立數位無線播放平台，節省發展成本	S⊙寬頻基礎建設大部分已完成
	W⊙數位化進度慢	W⊙缺乏足夠的製作設備
	O⊙觀察市場情形，可依最新技術標準，逐步實行設備數位化，避免無謂的浪費	O⊙透過寬頻基礎建設，結合電信與電視服務 O⊙數位化後，可提供近六百個頻道
	T⊙數位化後，頻道數仍遠低於有線電視	T⊙發展寬頻到戶，變動成本高
人力資源	S⊙富經驗之電視製作人才 S⊙民間合作製作經驗與資源多	S⊙人事包袱小，可隨時增聘新人
	W⊙缺乏數位科技（IT）人才 W⊙人事包袱大	W⊙缺乏專業電視製作人才與數位科技（IT）人才
	O⊙增聘數位科技人才	O⊙增聘新電視製作與數位科技人才
	T⊙人力資源年齡偏高，學習力低	T⊙人事費用將大幅成長
節目資源	S⊙片庫資源多 S⊙民間合作製作資源多	S⊙片庫資源已開始數位化 S⊙已有跨媒體整合節目資源經驗
	W⊙片庫資源尚未數位化 W⊙節目自製率偏低	W⊙節目自製率偏低，且自製經驗不足 W⊙片庫資源品質優劣差異大
	O⊙可重新培養自製人才與能力，同時擔任頻道供應角色	O⊙可開拓與民間合作製作資源之契機
	T⊙片庫資源使用價值低	T⊙數位化後頻道數大增，節目需求量難以負荷
推廣進度	S⊙全國播放平台即將完成 S⊙數位訊號播放測試已成功 S⊙中視針對醫院推出醫療頻道	S⊙寬頻基礎建設完成 S⊙中嘉新視波有線於中永和開始推行 S⊙東森針對學校推出兒童英語頻道
	W⊙播放平台軟體技術尚未成熟	W⊙市場開拓者需自行研發各種技術規格
	O⊙可觀察其他業者發展，機動調整 O⊙計畫與交通業者合作，發展行動接收	O⊙搶占市場先機
	T⊙其他業者競爭：有線收視高及推廣進度超前、MOD及數位衛星更便利	T⊙政府嚴格管制收費、營運方式 T⊙市場開拓者，需投入大筆資金培養國內觀眾收視習慣 T⊙其他業者競爭：無線不收費、MOD更便利

（續）表4-23　　無線與有線電視業者發展數位電視服務之SWOT分析

分析構面	無線電視SWOT	有線電視SWOT
核心能力	S⊙高品質電視製作能力 S⊙豐富片庫資源	S⊙多頻道供應 S⊙電信與電視結合服務
	W⊙觀眾收視習慣轉移	W⊙節目品質不一 W⊙節目自製率低
	O⊙行動接收能力	O⊙出租頻道
	T⊙營運現況差，導致經營模式保守	T⊙無法提供足夠且優質的節目內容 T⊙與其他業者競爭節目來源，將提高營運成本
經營模式	S⊙公有財模式，免收費 S⊙新成立之獨立播放平台	S⊙電信與電視結合之多元服務 S⊙豐富之頻道內容 S⊙互動與加值服務
	W⊙觀眾收視習慣轉移	W⊙社會不景氣，收費困難 W⊙私接戶反對
	O⊙開發行動接收市場	O⊙開發觀眾新需求，例如：電視購物、電視資訊、電視遠距教學
	T⊙缺乏多媒體營運經驗	T⊙政府管制嚴格，造成經營門檻高，無法獲利

資料來源：作者研究整理。

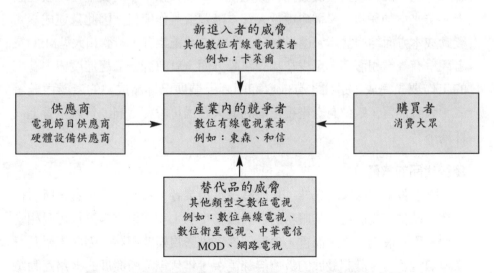

圖4-25　　有線電視進入數位電視市場競爭之五力分析

資料來源：作者研究整理。

■產業內的競爭者

　　「數位有線電視」可說是國內的新興產業，因此可將其視為市場環境分析的中心點。目前，國內已投入開發數位有線電視服務，且已發展出相當的市場競爭實力的業者，包括有東森以及和信中嘉網路集團。由於東森、和信集團，原本就是國內最大的MSO系統商，擁有最多訂戶，頻道資源也最多，因此，在投入發展數位電視服務後，可將原有的收視訂戶，作為初期的數位電視推廣對象。而在硬體建設方面，也只要逐步提升原有的寬頻基礎建設，等於是發展數位電視所需之基礎工作，已完成了相當的程度。因此，其他業者若要與東森、中嘉此二家廠商競爭，相當不易。只是，這二家業者，目前仍處於試辦的階段，何者營運結果會領先，還未確定。且由於政府對於有線電視服務收費上限的規定仍未放鬆，因此，二家業者還不敢投入製作大量的數位內容，以免導致初期創業成本過高。

■新進入者的威脅

　　國內原本共有五大有線電視MSO系統商，除了東森、和信集團之外，美商卡萊爾集團、太平洋聯合多媒體也傳出計劃投入發展數位有線電視服務。不過，因為投入發展數位有線電視，需投入相當多的資金在硬體建設上，未來增加頻道，又需繼續投入資本購買或製作節目，因此營運成本、變動成本方面均相當高。這些中、小型MSO系統業者，若欲和大型MSO業者競爭有線電視服務，至少在基礎建設方面，就有許多追趕進度與占有率的工作要先完成，這樣才有機會迎頭趕上發展已逐漸成熟的產業內競爭者。大致而言，數位有線電視市場的進入門檻可說相當高，新競爭者進入殊為不易。

■替代品的威脅

　　除了數位有線電視之外，其他電視媒體業者，甚至電信業者，所自行研發的數位電視服務，其服務內容與服務型態，和數位有線電視可說相當類似。對一般消費大眾而言，更是同性質的影視娛樂服務，因此，舉凡五家無線電視台所計劃發展的數位無線電視、年代電通所發展的網路互動電視IDTV、中華電信所發展的MOD，以及其他許多網路電視台等等，都可以

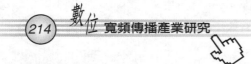

說是數位有線電視服務的替代品，也為數位有線電視服務的經營者帶來極大的威脅。只是，這些替代品由於發展背景、媒體特性與市場目標的不同，在提供數位電視服務時，其頻道數、節目內容和消費價格上，也都會有若干的差異。這些替代服務與數位有線電視各有其發展優勢與困境，如何做好市場區隔動作，將嚴重影響業者市場定位與市場競爭之激烈程度。

■供應商的議價力

經營數位有線電視服務，業者需要面對的供應商主要來自兩個部分，一為數位內容的供應商，亦即電視頻道業者與電視節目製作業者。另一則為硬體設備的供應商。由於國內有許多傳統電視媒體，以及電信業者、網路業者投入發展影視服務，使得電視頻道的通路大大增加，所以，在電視節目的購買價格上，應會較以往稍稍下跌。但是，頻道眾多的結果，也會造成觀眾的目光成為珍貴的稀有財，因此，凡是受觀眾歡迎、收視率高，能真正為業者主動吸引來消費者目光的好節目，則將成為各業者爭取之特色產品。在這樣的情形下，數位內容供應商的議價力反而會較高。

硬體設備部分，雖然業者需求大量增加，但是時下全球不景氣的環境，加上科技日新月異，新研發的器材設備若不能儘速銷售，將很快地成為過時、無用的設備，而透過政府的經費補貼、產業輔導發展等政策，以及供應商本身亟欲配合數位化潮流，推出新產品，拓展市場占有率，因此，供應商的議價力應不高。

■購買者的議價力

未來，如果各種電視媒體業者、電信業者、網路業者都推出特屬於該媒體的數位電視服務，數位電視之相關產品將大量增加。雖然從經營業者的背景來看，可說是種類眾多，但所提供的服務內容卻是類似的，彼此替代性也高，因此，購買者的議價力將大為提高，業者需小心保有自己的市場占有率，否則很容易就失去了對消費者的吸引力。初期服務廠商可能會容易陷入價格戰，或是以同樣價格，卻提供更多頻道的方式，來爭取消費者的青睞，而這些策略，都將為業者帶來沉重的經營成本負荷。

■小結

　　由上述五項分析點看來，數位有線電視是一項高進入障礙的產業，不僅營運所需的成本相當高，進入產業後，還要面對產業內已發展的兩位競爭者，以及其他替代者的激烈競爭。而由於台灣市場規模過小，因此，廠商的激烈競爭，將提高購買者的議價能力，而容易陷入價格競爭的困境。如陷入價格競爭，而該產業的營運成本、變動成本又相當高，這對業者來說是相當危險的。

　　因此，建議針對數位有線電視產業環境，產業內業者的經營策略，應設法往以下幾個方向發展：

・區隔市場，塑造主力商品

　　以台灣過去幾年來的影視環境來看，品質好的節目，仍是吸引消費者收視的主要關鍵，尤其數位電視的多頻道時代，將針對分眾的需求，提供更優質的節目，因此，業者在規劃頻道節目內容時，應詳加規劃，確認目標觀眾族群，以進而為該族群量身打造商品內容，自可建立起業者特有之品牌地位。例如中華電信MOD推出美國八大片商的影片串流播放下載服務、年代IDTV則專門提供國外頻道，都是區隔市場的策略。該主力商品，最好能為業者所獨有，如果無法取得獨家播出權利，則可考慮自製。

・控制成本，降低風險

　　經營數位有線電視，不管是拉線、提供機上盒、購買新節目，都造成業者變動成本的直線上升。業者初期投入市場競爭，固然需要大手筆地資金挹注，然而，這些成本都是會隨著事業經營一直持續增加的，國內業者也表示，不可能在三年內獲利回本，因此，如何嚴加控制成本，使寶貴而有限的資金能夠支持長期的市場抗戰，也將成為業者的致勝關鍵。

・避免陷入價格競爭

　　數位電視的高營運成本與國內有限的市場規模，造成國內業者的激烈競爭。若還因此而陷入價格競爭，將造成國內產業環境的持續衰敗，以及資金與資源的浪費。因此，透入該產業之所有業者，應協同政府，共同協議，建立起一公平且正向發展之競爭環境，以求業者與消費大眾的雙贏。

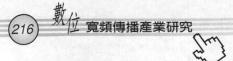

．積極教育、宣導消費者（及使用者），並鎖定先驅消費者提供最佳服務

　　目前，消費大眾對於數位電視的瞭解仍然模糊，常常誤以爲平面電視機、16：9電視機就是所謂的數位電視。因此，業者若要開創市場，最先要投入的就是積極籌辦教育、宣導消費者認識數位電視之活動，才能逐漸爭取到自己的第一群數位電視先驅消費者。而初期消費者之使用經驗，將是決定日後數位電視服務之發展方向與推廣速度的主要因素。因此，對於先驅消費者，不管在技術操作或內容觀賞等方面，業者都應密切注意消費者反應與意見，甚至提供「個人化」服務，或是與技術人員直接對話的管道。從先驅消費者的使用意見中，業者或許可以發現更適當的經營模式，而搶先其他競爭者，調整出受消費者喜愛之服務型態。

第五節　結論與建議

　　本研究結論，將從「四家無線電視台競爭力分析」、「政府主管機關對無線電視台未來發展之態度」、「有線電視業者數位化競爭分析」、「無線電視台數位化對有線電視之可能影響與因應對策」、「有線電視與無線電視業者結盟之可行性與利基優勢」等面向進行討論。

一、四家無線電視台亟需努力

　　無線電視，是各國發展電視產業之初，最先推動的一項媒體。同樣的，隨著數位時代的來臨，各國政府推動發展數位電視，也是由無線電視先著手。過去，國內的無線電視台寡占國內的影視市場，但是在有線電視開放、網路媒體風行之後，加上多媒體匯流趨勢的興起，無線電視面臨著激烈而多變的市場競爭。而在投入數位電視市場競爭方面，也同樣面臨著嚴酷的考驗，過去的優勢與競爭利基，在時下的媒體環境下，都已產生了相當大的差距。

(一)營運與營收現況

從本研究之各項文獻資料可知，目前四家無線電視台在營運和營收方面並不理想。市場占有率方面，從一九九四年起，無線電視台收視占有率就開始持續下滑，終於在二○○一年，被有線電視所超越。在營運方面，無線電視台也是從從一九九八年起，廣告營收開始持續下跌，於二○○一年被有線電視所超越，失去了原有的電視市場霸主地位。

(二)人力資源

在人力資源方面，除了民視外，其他無線電視台員工的平均年齡層都較高，冗員也較多，目前各台均積極進行人力汰換工作，例如以優退、提前退休、資遣等方式，汰換年齡層較高的員工，新聘年輕且具數位科技（IT）之人才。此外，由於近年來節目自製率降低，因此在專業的節目製作人才方面，也有所不足。在人力品質方面，無線電視台由於成立較早，多採用傳統線性作業方式，因此對於傳統線性節目製作工作仍有戰鬥力，但是這些傳統的電視製作工作者，對於數位化的認知則相當不足。然而各台對於人力培訓，卻多缺乏實際的執行計畫與活動，因此，人才培育緩慢，各新設組織人力也不足。

(三)資產與設備資源

在電視台資產方面，無線電視台的片庫資源可說豐富，其中又以台視最多（八萬多小時），但是除了民視是以數位影帶儲存外，其他台仍為傳統類比儲存格式，且至今仍未開始進行數位資料庫的建置工作。另外在設備方面，除了民視由於成立較晚，在製作設備方面均已數位化之外，其他無線三台，則是陸續進行設備數位化。但是由於近年來，無線三台營運狀況不佳，財務吃緊，因此數位化的腳步緩慢。

(四)數位化發展進度

無線電視台共同建立之全國傳輸平台已接近完工，其中中視、華視除

了分工所負責建置的基礎設備外，也另外投資建置特屬於該台的全國傳輸塔台。中視是唯一已推出數位無線電視頻道的業者，該頻道為針對醫院候診民眾而設計的數位電視頻道，但頻道內容與中視原頻道卻是差異不大。

(五)小結

有線電視的出現，引發多頻道時代的來臨。廣告商多認為，各家無線電視台節目的同質性太高，反而是有特色的家族頻道，較會獲得廣告商的青睞，也因此，無線電視台的廣告營收逐年衰退。

國內無線電視台由於近年來營運狀況不佳，對於數位電視的推動，是屬於被動的市場追隨者心態，一方面配合政府的要求，一方面觀望市場的發展。對於數位化的規劃是有想法，沒做法。雖然中視在投入數位電視發展中顯露出較積極的發展心態，但是中視的規劃，也是停留在訊號數位化，增加一個同質的新頻道而已。

雖然，無線電視台累積了多年的工作經驗、設備、人力與影片資源，然而，懂得利用資產創造更多的營收，才能使資產成為有用的資產，在這方面，無線電視台顯然還需要進行更有創意的思考。

二、政府主管機關對無線電視台未來發展之態度

儘管從各個面向來看，國內無線電視媒體之市場競爭力都日漸趨於劣勢，然而，由於無線電視使用的是全民所有的無線電波財產，最能達到提供普及服務與廉價服務之功能，因此，政府主管機關，仍將無線電視台視為國內電視產業之「火車頭工業」，職是之故，政策上以推動無線電視為最先要務。

(一)經營體制方面

最初，國內無線電視台均是由政府或公權力所推動，屬於「官股民營」的模式。只是，發展至今，國內環境已完全開放，媒體經營方面更是多采多姿。如果無線電視台仍然以官方管理的模式進行，將使無線電視台的市

場競爭力持續下降，不僅浪費人民納稅錢，最終也將被市場所淘汰。因此，為了能解決無線電視台「不官不民」的窘境，同時，為實踐陳水扁總統競選政見，政府將推動國內無線電視台朝向公共化目標邁進。

目前，行政院委託新聞局針對無線電視台公共化推動辦法進行評估，評估結果，新聞局提出四種推動方案，分別為台視公共化華視民營化、華視公共化台視民營化、台視與華視公共化、台視與華視民營化。而依據過去國內公共電視的發展經驗來看，公共化也可能促使該台之市場占有率下降，政府與民眾的納稅負擔提高。然而，目前政府還未與台視、華視經營者進行協商，對於出售或買回股權價格也還沒有共識。因此，無線電視台公共化之相關議題，目前變數、意見仍多，情況不明朗。

(二)數位化政策方面

為推動國內產業快速走向數位化發展，政府特別訂定「數位台灣計畫」，並以專案專款的方式補助國內無線電視媒體的數位化。在九十二至九十六年間，預計無線電視將有新台幣十八億元，有線電視將有新台幣四億五千萬元的補助。可知，政府輔導推動國內數位電視產業發展，其補助重點，仍以無線電視為主，有線電視次之。以硬體設備優先，觀念推廣與軟體製作在後。而為配合多媒體匯流趨勢，目前政府更積極進行廣播電視法、衛星廣播電視法、有線廣播電視法等三法的整併工作，以期使各類業者能公平投入市場競爭，達到業者、消費者、政府的三贏目標。

(三)持續推動CI、CAS規格標準化

依據國外發展數位電視服務的例子來看，數位機上盒（STB）的推廣，對於數位電視服務之推動具有相當的影響力。對消費者而言，市場上琳瑯滿目的數位電視服務與STB種類，使得消費者必須更小心地選擇服務提供者，以免遭遇到換服務提供者還得重新購買新型STB的困擾。而對硬體設備的製造業者而言，也因為市場上尚未有統一的標準規格，但是因為怕自己成為市場上的「獨漏」，也只有投入大筆的資金，研發、製造各式各樣的接收設備。為了維護消費者權益，並利於進行數位電視服務的管制，政府期

望逐步推動數位電視業者，在STB上安裝全國統一之CI或CAS。只是，目前國內業者一方面害怕商業機密外洩，一方面因爲安裝CI或CAS將更加提高STB製造成本，造成業者的負擔，因此，目前國內業者對於政府的這項政策大多不支持。

(四)小結

綜合以上所述，國內電視媒體從發展之初，就受到國家政府的控制管理，雖然法規異動始終跟不上科技前進的腳步，然而，國內對於新科技的管理態度，始終不會鬆綁。諸如無線電視的公有媒體地位、有線電視的收費上限，均是政府管理觀念的表現。

無線電視因爲採用全民所有的無線電波，具有提供廉價、近用、普及的電視服務的功能，因此，仍被政府視爲電視產業的火車頭工業，負責帶動整個電視產業的發展，因此，也是數位化補助的當然優先對象。而無線電視台公共化的議題，可能將更確立政府集中補助無線電視台的立場。

而在多媒體匯流，跨業經營部分，政府已針對市場現況，進行廣電三法的整併，草案已送交立法院，待完成立法後，即可確立國內電視產業之競爭環境，屆時，數位電視產業的合法競爭者將大爲增加。

三、有線電視業者數位化競爭分析

相較於無線電視業者，國內從發展之初就一直「自立自強」、「力求發展」的有線電視業者，在投入數位電視服務的發展進度上，則顯得相當積極而快速，不過，那僅僅是針對有線電視的MSO業者而言。對於內容提供者——有線電視頻道業者而言，則是先採取觀望的態度。

(一)MSO業者部分

國內有線電視業者發展數位電視服務，以東森、和信中嘉網路集團發展的較爲成熟。和信已在台北縣中永和地區試播，提供新數位頻道以及資訊互動爲主要策略服務，費用不加價。東森以提供各類教學頻道爲主要加

值服務內容，日後才考慮提供互動服務。其他業者，如卡萊爾，是在台中、桃竹苗地區進行試播，但發展較晚。

(二)頻道業者

頻道業者，像是TVBS、年代、三立、八大、東森等家族頻道，在有線電視數位化之後，仍然將擔任內容供應商的角色。目前，由於MSO也只是剛推出數位電視服務，對於整體的節目策略尚未成熟，又可能面臨到其他媒體或電信業者推出的新數位電視服務的競爭，因此，目前頻道業者多認為，時下市場狀況不明，要待MSO系統業者建立起完善的傳輸平台，且消費大眾皆投入使用後，才會依該傳輸平台的技術需求，開始修改節目內容，推出滿足數位電視特性之數位電視節目。

(三)小結

國內有線電視業者，尤其是東森、和信集團，已投入相當多的時間與資金，研發出成熟的數位有線電視服務技術。然而因限於政府對於收費上限的規定，而尚未提供加值服務。因此，與政府單位的協商溝通，仍是發展數位電視服務初期的工作重點。此外，由於數位電視是一種創新的娛樂型態，因此，如何確認消費者的需求，進而提出正確的服務內容，都將是吸引消費者投入使用的關鍵。

四、電視傳播產業集團化之趨勢

從前面的文獻資料中可知，隨著傳播科技的發展，數位化技術的普及，使各媒體間的界限變得模糊，功能性也產生重疊的現象，電腦業、通訊業、資訊業、傳統的傳播廣電業，都可以結合而成為一個新的媒體型態，彼此間越來越難以劃分，使得傳播生態產生改變，原本的媒體產業難以再繼續維持原有的樣貌，開始走向整合的趨勢。

(一)整合為電視媒體產業之未來必然趨勢

各傳播媒體相關產業，包括廣播、有線無線電視、電腦資訊、電信、電玩、電影等，為了因應數位時代的來臨，皆開始迅速利用各種方式併購或策略聯盟，來達到整合的目標，以取得更大的市場競爭優勢、降低成本、資源共享及獲得更高利潤的可能，近年來媒體企業的經營策略，就是在不斷的整合下，朝集團化、大媒體的發展。從國外的例子看，自一九八〇年代開始，傳播媒體產業即進入快速併購整合時期，到了一九九〇年後，整合的型態、規模與速度都較之前更甚，媒體展現出集團化與多角化的經營特質，並朝大媒體型態發展。最著名的就是美國線上時代華納的合併案，更成為史上交易金額最高的一樁併購案，目的是希望能發揮強大的綜效。

國內的例子，東森與和信已是兩大媒體集團，目前也趁著數位化產業的發展，盡可能地尋找各產業以進行併購或策略聯盟。東森於日前併購超視，擴大市場占有率外，也增加資產（超視片庫），希望能打出雙品牌策略。在無線電視台方面，五家無線台企圖發展數位聯合辦公室來因應數位化時代的到來，另外也多方尋求聯盟的對象，如中視、華視積極朝媒體園區之建立的方向努力，華視也與台灣固網成立一華視數位科技。以上的例子可以顯現出各媒體產業皆體認到合作整合的重要性，因此為了在數位環境下得到一有利的生存空間，整合已為一必然趨勢。

(二)併購或聯盟後之營運策略更顯重要

就趨勢而言，媒體整合為必然之路；就理論上而言（如本書第二章第三節所述），併購或策略聯盟是媒體尋求綜效的捷徑，因此媒體集團化的經營方式，的確將成為未來市場上一個很重要的關鍵，就經營管理的角度來看，這也是一個較能確保市場占有率、繼續生存、獲得更高利潤的方式。然而值得一提的是，無論是併購或策略聯盟都只是整合的一個過程，並非是企業必然成功的萬靈丹，因此媒體產業的集團化、併購、聯盟等各種整合的形式，都未必全然產生正向的預期結果，例如，美國線上時代華納併

購後兩年，公司的股價跌幅超過七成五以上，財務做帳傳出弊端，甚至有人認爲應該再把美國線上時代華納一分爲二。而不能發揮併購綜效最主要的原因是，無法創造出獲利模式，使得投資人對這個超級大公司當初的承諾失去信心，而反應在股價大跌上。因此即使併購案不斷進行，但並非說明併購就一定是獲利的光明之路，有時候問題反而是在併購後才開始產生。因此媒體在整合後，更重要的是經營管理上的策略，以發揮綜效。

(三)小結

併購及策略聯盟既然已是媒體產業一種無可避免的趨勢，那麼如何讓整合後的集團化媒體符合預期的綜效發揮，儼然是更重要的課題。朝大媒體發展是一條可行之路，但在不斷發展的同時，也要隨時注意並評估併購或策略聯盟的效果，以免落入整合的迷思中。

五、無線電視台數位化對有線電視之可能影響與因應對策

無線電視業者，在有線電視開放後，逐漸失去了原來掌握的市場占有率。發展數位電視，對於無線電視媒體業者而言，可說是再一次重新出發，開拓市場的新契機。然而，從無線電視目前推動數位化的進度成效來看，仍有相當大的成長空間，但由於經營數位電視服務需要比傳統電視產業有更大的市場規模，因此，無線電視占據部分市場，對於有線電視業者來說，仍具有相當的影響。

(一)無線電視台數位化腳步慢，威脅性低

無線電視台因保持觀望態度，因此數位化腳步緩慢，對於有線電視投入數位電視競爭市場，威脅性應不大。

(二)無線電視台優先獲得政府輔導與補助

不過，發展數位電視需要龐大的資金，若能有政府的協助與輔導，將使得業者開發工作更爲順利。無線電視台，由於是使用公有的無線電波，

因此為政府推動電視產業數位化的優先補助對象。相較之下，有線電視乃是業者的私有財產，並非公共資源，自然不可能成為優先考量對象。

(三)有線電視產業競爭激烈，控制成本有助於投入中、長期營運

即使無線電視台並未投入發展數位電視服務的競爭，由於國內市場規模過小，面對其他有線電視業者，或是衛星電視、電信、網路業者提供類似的服務，有線電視業者也會面臨相當激烈的競爭。國內民眾習慣吃大鍋飯的影視消費習慣，可能會導致新興的數位電視產業逐漸步入價格競爭的情境（即使價格不下降，也會有頻道數上的競爭），如何避免落入價格競爭，並嚴格控制成本，才能有助於業者投入中、長期的營運，爭取最後的獲利。

(四)利用時機結盟，可降低營運成本與風險，提高投資報酬率

面對發展數位電視此一龐大的新投資事業，近年來營運狀況不佳的無線電視台顯得相當猶豫。有線電視業者，可藉此機會，尋求與無線電視台的結盟機會，一方面多一個合作對象分擔營運成本，一方面也可多一項跨媒體經營的資源，可降低開發數位電視服務之風險，並提高投資報酬率。

(五)小結

無線電視台的競爭力逐年下降，雖然失去其市場上的威脅性，卻仍然占有市場的若干資源（例如政府補助、人才、片庫）。有線電視業者，可藉無線電視台亟欲轉型、翻身的時機，尋求合作結盟的機會。利用當下之談判優勢，結合無線電視台之有利資源，降低未來開發數位有線電視服務之成本與風險，也提高成功的機會。

六、有線電視與無線電視業者結盟之可行性與利基優勢

如上節所述，雖然無線電視業者，因為數位化腳步緩慢，而對於有線

電視業者的威脅性不大，但是，從市場規模與政府補助資源來看，卻仍會有排擠效應，使有線電視業者的獲利能力受限。因此，若能促成有線電視與無線電視業者相互結盟，對於未來業者投入發展數位電視，應有相當的助益。因此，本部分將從有線電視與無線電視業者結盟之可行性與利基優勢兩方面來分析：

(一)結盟之可行性

隨著各類媒體的誕生，媒體業者意識到未來消費者對於「便利」與「無所不在」的極致要求，而為了能滿足消費者的需求，同時也爭取業者於市場上生存的條件，各類網路的結合成為不得不然的發展趨勢。然而，所經營的媒體範圍越廣，服務越多元，也代表著要投入越多的資金，並倚賴更大的市場規模以回收營運成本。

從國內目前的環境看來，不管是頻道數、設備、資金、人才，或是硬體資源，無線電視發展數位電視的競爭力都顯得相當弱，而且，如果有線電視業者率先提出數位電視服務，並養成消費大眾的使用習慣後，可預期無線電視的市場占有率將大幅下降，可能淪為電視頻道供應商的角色。然而，政府對於推動數位無線電視的堅持，以及無線電視特有的行動接收等特性，仍為無線電視保留了些許的發展潛力。加上無線電視台多年累積之片庫、人才資源，若能發揮創意、善加調整，使其成為面對數位化挑戰時的可用資源，將有機會塑造出其特有的競爭優勢。

(二)結盟的利基優勢

■無線電視與有線電視結盟的利基優勢

無線電視台長久以來只有經營單一頻道，部分業者曾嘗試經營第二頻道，但未成功。若與有線電視結盟，合作經營，無線電視業者將可吸取有線電視業者多頻道經營之寶貴經驗，以運用在未來數位電視多頻道，甚至多媒體的經營環境。

■有線電視與無線電視結盟的利基優勢

　　與無線電視合作，有線電視可針對無線電視豐富的片庫與設備資源善加規劃，予以再利用，創造後續利基。無線電視台長久之正規節目製作經驗與組織編制，也可供有線電視業者參考，提升本身之節目自製能力。與無線電視合作，使有線電視業者可跨足無線電視媒體，經營數位行動接收等營運項目，使節目資源多一項行銷通道，降低營運風險，同時也能享受到政府輔導、補助的優惠福利。

(三)小結

　　從最近一年來無線電視台的宣傳動作來看，可知無線電視台亟欲轉型，以維持市場生存地位的企圖。無線電視台頻頻向其他媒體業者釋出合作善意，有線電視業者也可趁此時機商談合作的可能性。然而，無線電視台由於發展背景源自官方，以致於人事、官方股權包袱過大，加上近來的公共化議題，使情況變動不定。因此，有線電視可洽談結盟合作的對象，只有背景較單純的中視與民視。

　　中視的片庫資源豐富，並設有中科集團，培訓有不少技術人員，然而營運觀念仍屬保守，對數位化的認知也不足，若欲與中視商談合作，企業管理模式的大變革，以及雙方的適應性可能會是結盟成功與否的關鍵。

　　民視內部設備數位化的情況較良好，工作人員年齡層也較輕，在市場競爭力上較具優勢。然而該公司對於資本股權掌握的相當嚴密，不易進行合作上的協商，只能進行部分或專案式的小型合作計畫。

七、發展數位電視服務之策略性建議

　　面對各類媒體相互競爭與數位化發展的必然趨勢，目前已經發展出相當生存實力的媒體集團，如東森媒體科技集團、和信集團，不論從原有的市場占有率，或是已投資開發的數位硬體設備與寬頻網路基礎建設等背景來看，實際上都已經掌握了相當的競爭優勢。只是，推動數位電視服務的發展，還將面臨一些傳統電視產業轉型經營的關鍵，因此，對於有線電視

業者未來持續投入數位電視市場競爭之戰略佈局，本研究提出以下建議，供業者參考。

(一)積極擴充數位機上盒市場占有率，進行消費者教育，並呼籲政府儘速進行規格統一

數位機上盒（STB）是消費者接觸數位電視服務的重要關鍵，一旦消費者願意安裝STB，才有可能欣賞到業者精心設計的數位電視節目內容，享受到數位電視特有的服務與便利。反之，若消費者不願意安裝STB，就算業者已建設出最普及的網路，最先進的平台，也無法讓消費者使用。加上目前國內市場之STB規格並未標準化，消費者一旦採用某家業者之STB後，會因便利性因素而避免轉換接受其他業者的服務。因此，在開拓數位電視服務市場的初期，搶占STB的市場占有率，是當務之急。

為了能打動消費者的使用意願，價格、安裝程序、使用方法，都是重要的影響因素。業者可考慮採取若干的策略，吸引消費者願意開始使用STB。例如：

1. 採取價格行銷：將STB降價，或由政府補助，免費提供。
2. 學習行動電話業者之若干行銷策略：例如「綁約」（bundle with lease）。
3. 與相關服務或電器業者合作，進行配合行銷計畫：例如家電業者、錄影帶出租業者、電玩業者等等。
4. 加強行銷推廣活動：例如舉辦「數位列車」，進行巡迴教育推廣活動，一邊教育民眾認識數位電視，一邊也可進行產品及服務促銷；歡迎民眾參觀數位頭端、互動節目錄影；舉辦有獎徵答活動等等。

(二)積極與政府溝通，呼籲放寬補助與開放經營加值服務

投入發展數位電視，需要龐大的資金投入各種基礎建設，也需要各種人才的參與、相互支援，才能健全的發展。而這些投入，將來也要倚賴相當的市場經濟規模來回收。職是之故，業者應積極與政府溝通，使政府能

夠擬定有利於產業發展的相關政策，輔導國內業者投入發展數位電視，同時，呼籲政府開放數位電視加值服務的發展，讓業者得以依據各自所研發之創新服務型態，進行市場區隔定位與自由競爭，而不會因政府所訂定的收費上限，落入價格競爭的困境，造成國內電視服務品質持續下降的惡性循環。

業者可採取若干的行動，以促使政府放寬補助，開放限制。例如：

1. 組成遊說團體與壓力團體：召集數位電視相關產官學界之機構、人士組成遊說團體（壓力團體），並運用遊說團體中之各類專才，研擬可促進數位電視產業發展之相關政策建議，供政府參考，同時配合各方力量的運作，以說服政府儘速完成修法以及資源調配動作。

2. 舉辦各種展示、巡迴教育推廣活動，教育民眾，養成社會大眾對數位電視的需求與認知，同時也可形成促使政府著手推動產業發展之民間壓力。

(三)針對先驅消費者進行實驗，開發創新服務模式

由於國內剛剛推出數位電視服務，對於消費者未來的反應，各家業者也無法確定。有線電視業者，身為數位電視市場的開拓者，為了能確實掌握到市場先機而帶來的利潤，而非犧牲，在服務型態與內容的機動調整上，更應加倍謹慎。因此，如要搶先其他業者一步，推出更受消費者歡迎的服務內容，唯有募集數位電視的先驅消費者，積極進行實驗與研發工作，並針對先驅消費者對於數位電視內容之要求，進行設計方法的修正，以開發出真正滿足消費者需求的服務內容。而對於有線電視業者在開發創新的數位電視節目內容方面，本研究提出以下幾點建議。

■與各類教育機構合作，開發創新電視教學表現模式

數位電視的教學功能，乃是電視業者亟欲開發加值服務。例如：東森媒體科技集團就計劃推出六個電視教學節目頻道，作為經營數位電視服務的主力產品。然而，觀察國內電視教學節目幾十年來的發展歷史，由於表

現方式上的無法創新，加上台灣地狹人稠，並非如中國大陸等地區，需倚賴電視教學節目彌補距離偏遠、教育資源不足的問題，因此，若推出的電視教學頻道，仍是以傳統「電視人物講課」（talking head）或「課堂轉播」（classroom on air）的方式呈現的話，效果恐怕不彰。

為了在電視教學節目的表現方式上，能夠確實運用到數位電視「互動、多頻道、非同步」之特色與娛樂效果，研發出不同於傳統呆板的電視教學節目的「新電視學習機制」，業者可嘗試與教育機構合作，包括社會教育、職業進修等教育機構，由教育機構提供學員，業者提供設備與服務，進行創新服務的實驗開發工作。

■開發即時互動的電視商務

除了TV-Learning之外，即時互動的TV-Commerce（電視商務），也是值得業者儘速投入開發的項目。目前，東森媒體集團的電視購物事業經營得相當成功，但在電視傳播技術與台灣人口的限制下，也逐漸面臨營業額成長趨緩的瓶頸。業者如能善加運用數位電視技術，研發出更多完善的電視商務型態，甚至達到即時互動的購物行為，將有助於直接提升「廣告效果」。並且，透過寬頻網路的輔助，這樣的購物服務也可以擴展到台灣地區以外的消費者，增加獲利來源。

而針對這些新開發完成的電視商務服務內容，業者也要積極籌辦數位電視的產品宣導、觀念宣傳活動，以教育民眾，同時也教育政府，認識數位電視多樣化的服務型態與特質，引發消費者接觸、使用數位電視服務的動機。

（四）開發VOD創新服務模式，規劃過渡時期因應辦法

開始經營數位電視之後，由於國內消費大眾「吃大鍋飯」的影視消費習慣仍在，因此，短期內仍需要保持過去原有的頻道，並另外開發更多的新頻道與內容，未來對於數位內容的需求將大為增加。而在各項服務中，隨選視訊VOD服務，可說是數位電視服務中，最吸引消費者，也是最不同於傳統電視服務模式的創新加值服務內容。因此，各家數位電視業者，包

括中華電信MOD，無不積極投入VOD的研發工作，將VOD視為重要的營業項目。為了能領先其他業者，或是做出有別於其他業者的VOD服務，本研究建議業者，可進行若干的策略規劃。例如：

■與國內無線電視台、節目供應商進行策略聯盟

與無線電視台合作，將可運用其片庫資源，充實頻道內容。同時，與節目供應商合作，將有益於募集電視節目製作人才與製作資源，提高節目自製能力，與後備支援節目製作能力。

■引進國外節目資源

全球還有許多國家之電視節目尚未引進台灣，而過去曾合作的國外電視節目供應商，也會持續地創作出新節目，因此，適當地引進國外節目資源，也可以有效地充實國內電視節目之內容。例如：阿根廷Buenos Aires頻道、加拿大Canning - Cross Country TV、哥倫比亞Bogota-SuperCable Telecommunicaciones、古巴Guantanamo Bay Cuba-Phoenix Cable、牙買加Kingston 6-Entertainment Systems、墨西哥Camargo-Telecable、荷蘭St Maarten-St Maarten Cable TV、巴拿馬Cd Panama/Chorrera-Cable Onda、波多黎各Aguadilla-Centennial Cable、新加坡電視頻道（Channels News Asia）、法國TV5頻道、韓國阿里郎頻道（Arirang TV）、澳洲ABC電視頻道、德國DW電視頻道、英國BBC Learning、英國BBC World、日本旅遊、美食、釣魚頻道、印尼TVRI頻道、菲律賓ABS-CBN頻道、泰國TV Network、美國歷史頻道等等。

■建立其他數位內容來源管道，提供多元化的數位內容服務

設法取得更豐富、更多元的數位內容來源管道，以持續加強消費者之使用動機。例如：美國八大片商影片、各類主題影展影片、獨立創作影片、紀錄影片等等。

(五)與無線電視台進行利基結盟

國內外電視業者發展數位電視服務至今仍尚未出現成功獲利模式，加

上發展數位電視服務初期，需投入大量的資金建設，因此，控制成本、降低風險，將有助業者進行中長期的營運，並在這一段營運時間內，儘速找到適當的經營策略。

對業者而言，如要降低發展數位電視服務所需之成本與風險，可從控制節目成本、控制設備成本、提高軟硬體運用效率、營業項目多元化等方面著手。而由於國內的衛星電視因為國情不同而一直無法在市場占有率上有大幅的提升，網路電視方面又有著中華電信這個強勁的對手，因此，有線電視業者在發展數位電視服務之際，可考慮與目前數位化進度較落後，卻仍最受政府支持的無線電視台洽談合作結盟。合作方式可包括有：

1.片庫資源交換分享。
2.體資源合作、互惠運用。
3.節目製作統一規劃，節省人力、物力、時間。
4.股權交換／交叉持股，降低經營風險，爭取政府補助。
5.投入資金與人力，開發行動接收服務。

上述合作方式，一方面可透過與無線電視台的軟硬體合作，降低節目製作成本與設備更新成本，提高設備使用率；另一方面，則是透過合作方式，跨足無線電視經營，降低營運風險。不僅可建立與政府的良好關係，如在行動接收方面研發成功，將可進一步提高軟硬體之使用效率，擴大節目通路，造成生產設備、產品與行銷通路的良性循環。

(六)擴大經營規模，立足台灣，胸懷全球

有線電視業者發展數位電視服務，不僅投入大量資金於基礎寬頻網路建設，未來，也需要花費相當的資金在數位內容的製作、購買，以及整體服務的行政營運上。依據國外業者經營數位電視之經驗，仍未有在三年半內獲利者，甚者，有許多因投入大量資金無法回收而停止經營者。台灣的市場規模比起國外更是小許多，因此，經營數位電視服務，勢必要有支持中、長期營運之充足資金與足夠的經營規模。擴大經營規模，有助於提高數位內容之使用效率，並擴大獲利來源，分散營運風險。因此，本研究建

議業者可採取若干策略，以擴大經營規模，將資產運用效率提升到最高。
例如：

■進軍海外（華人）市場

對國內媒體業者而言，若要擴大經營規模，唯有進軍海外市場，尤其是中國大陸、東南亞、美洲、歐洲等華人分布較多的地區。初期，可藉由同為華文背景之優勢，以節目供應商的角色，提供海外華人地區之媒體節目來源。如此，不僅可提高自有節目資產之投資報酬率，同時也可進行環境觀察，以蒐集合作資源。待熟悉海外市場之後，再進行有線電視系統或多系統的經營，甚至參與到非華人地區的節目供應與系統經營等事業。

■與國外電視產業進行聯盟

最初進入海外市場時，勢必將面臨到激烈的競爭。業者可尋找國外電視業者進行各種策略聯盟方式的合作，例如：併購、投資、交叉持股等等。一方面可以拓展自有節目的流通層面，一方面則可藉由合作對象，快速進入競爭市場。

附錄一　深度訪談名單

訪談日期：二○○二年九月二十日至十一月一日

單位部門	職稱／姓名
新聞局	副 局 長　李雪津　女士
新聞局	主任祕書　吳水木　先生
廣電處	處　　長　洪瓊娟　女士
廣電處	編　　譯　簡淑如　女士
廣電基金	執 行 長　盛建南　先生
廣電基金	副 處 長　方乃俞　女士
中華電信北區分公司	多媒體處處長　嚴劍琴女士
台灣電視公司	董 事 長　賴國洲　先生
台灣電視公司	總 經 理　鄭　優　先生
中國電視公司	副總經理　湯健明　先生
中華電視公司	總 經 理　徐　璐　女士
中華電視公司策略發展部	經　　理　陳月卿　女士
中華電視公司策略發展部經營策略室	主　　任　黃耀德　先生
民間全民電視公司	主任祕書　黃國師　先生

附錄二　焦點座談名單

座談日期：二○○二年十一月二十二日

主持人：

與會來賓：

單位部門	職稱／姓名
世新大學數位影音暨網路教學中心	主　任　蔡念中　博士
中時電子報	總編輯　張景爲　先生
新聞局廣電處	科　長　齊永強　先生
交通部電信總局	副局長　吳嘉輝　先生
經濟部數位視訊工業發展推動小組	主　任　黃得瑞　先生
廣電基金	副處長　方乃俞　女士
無線電視數位聯合辦公室	主　任　趙玉楷　先生
公共電視研發部	研究員　徐秋華　女士
東森多媒體集團企劃室	經　理　侯文治　先生
中嘉網路公司	首席顧問　林清修　先生
中華電信北區分公司互動多媒體處	處　長　嚴劍琴　女士
年代電通總經理	特別助理　康志彬　先生
中視文化公司總經理	特別助理　陳立元　先生
世新大學	教　授　張宏源　先生

參考文獻

■中文部分

丁靜蓉，2001，〈企業購併後行銷通路整合之探索性研究〉。台灣科技大學管理研究所碩士論文。

王如蘭，2001，〈迎接寬頻時代的挑戰──論台灣無線電視業者內容加值服務方向〉，政治大學廣播電視研究所碩士論文。

王皓正，2002，〈台灣寬頻通訊，引爆數位電視戰火〉，《新浪網新聞》，2002年11月14日。

中華民國電視學會，2002，《中華民國電視年鑑第十二輯，2000-2001》。台北：中華民國電視學會。

田家琪，2000，〈Internet與傳統媒體牽手大放電──從美國近年來的併購案談起〉，《台灣經濟研究月刊》，272期，頁67-73。

行政院，2002，「六年國家發展重點計畫（2002-2007）──數位台灣計畫」，行政院六年國家發展重點計畫。

江聰明，2002，〈無線台轉型找生路，徐璐與東森打造華視媒體園區〉，《聯合報》，2002年11月12日，26版。

何惠萍，2002，〈中視由盈轉虧〉，《聯合晚報》，2002年8月28日，第10版。

辛澎祥，2002a，〈廣電三法大整併〉，《大成影劇報》，2002年11月6日。

辛澎祥，2002b，〈媒體公共化，新聞局信誓旦旦〉，《大成影劇報》，2002年10月17日。

辛澎祥、歐建智，2002，〈有線電視數位化，中嘉達陣，北縣中永和搶先試用〉，ITHome電腦報，2002年9月10日，http://www.ithome.com.tw/。

呂雪慧，2002，〈政院通過加強數位內容產業推動方案〉，《工商時報》，2002年5月18日。

李天鐸，1995，「我國衛星／有線電視事業與建立亞太媒體營運中心互動

關係專案研究計畫」，台北：行政院新聞局。

李南生，2001，〈知識經濟下無線電視台經營策略之研究——以華視為例〉，世新大學傳播研究所碩士論文。

李桂芝，2001，〈我們要數位電視還是數位化電視〉，《廣電人》，80期，頁24-27。

李長龍，1999，〈迎接數位電視的來臨〉，《科學月刊》，1999年4月，頁285-292。

李彥甫，2001，〈電信併購意在阻絕對手〉，《新經濟周刊》，第7期，頁98。

李春南，2001，〈電信產業購併策略之研究〉，政治大學商學院經營管理學程碩士論文。

李莉珩，2002，〈文化創意產業，確定享租稅減免〉，《聯合報》，2002年12月18日。

李娟萍，2003，〈互動式服務，將數位電視發揮至極致〉，《聯合新聞網》，2003年1月10日。

波　特（周旭華譯），1998，《競爭策略》，台北：天下文化。

吳青松，1996，《國際企業管理——理論與實務》，台北：智勝文化有限公司。

吳美珍，1999，〈策略聯盟夥伴選擇決定因素及其對聯盟績效影響之研究——我國資訊電子業之實證分析〉，銘傳大學國際企業管理研究所碩士論文。

林坤正，1990，〈我國企業收購合併之策略分析與績效評估〉，中國文化大學企業管理研究所碩士論文。

林禎民，1991，〈購併理論與台灣證券商購併之研究〉，東吳大學經濟研究所碩士論文。

東森內部資料，2002，「東森電視台併購超視背景原因說明」，台北市：東森媒體科技集團。

紀麗君，2002，〈終身學習時代來臨，電腦、數位電視都是可利用機制〉，Etoday新聞，2002年9月19日。

徐言，2002，〈我國無線電視之發展〉，台灣電視四十年回顧與前瞻研討會，台北市立圖書館國際會議廳。

徐仲秋，2002，〈美國線上時代華納鬧家變〉，《商業周刊》，2002年9月30日至10月6日，頁64。

陳昭伶，2000，〈台灣無線電視台數位化研究——以產業與組織觀點分析〉，中正大學電訊傳播研究所碩士論文。

陳炳宏，1999，〈台灣有線電視產業集團化趨勢研究——以和信與力霸企業集團為例〉，《廣播與電視》，第14期，頁89-110。

陳炳宏，2002a，〈台灣電視產業組織與經營管理的變遷〉，台灣電視四十年回顧與前瞻研討會，台北市立圖書館國際會議廳。

陳炳宏，2002b，《傳播產業研究》，台北市：五南。

陳清河，2002，〈從科技流變論述電視與社會的對話〉，台灣電視四十年回顧與前瞻研討會，台北市立圖書館國際會議廳。

陳渼臻，2001，〈策略聯盟之探討——生物技術產業之應用〉，銘傳大學經濟學研究所碩士論文。

陳慧婷，2002，〈數位電視讓誰瘋狂〉，《天下雜誌》，2002年10月15日，頁100-106。

梁朝雲，2002，〈從跨領域整合談數位內容產業的人才培育〉，元智大學資訊傳播學系。

張宏源，1999，〈購併策略之運用及其對組織之影響——東森、和信兩大集團之營運實證研究〉，《二十一世紀兩岸廣播電視發展趨勢研討會論文集》，台北。

張美娟，2003，〈國內有線電視發展數位電視服務經營策略之研究〉，台灣師範大學圖文傳播研究所碩士論文。

曹富生，2001，〈策略聯盟在台灣媒體經營管理之研究——以中視衛星傳播股份有限公司為例〉，元智大學管理研究所碩士論文。

郭敏華，2001，《財務報表分析》，台北：智勝文化。

許訓誠，1999，〈數位電視的現況與未來〉，《台灣經濟研究月刊》，第257期，頁59-63。

黃玉珍，2003，〈數位付費頻道，一個月後試辦〉，聯合新聞網，2003年4月24日。

張義宮，2002，〈數位電視今在西部地區開播〉，《經濟日報》，2002年5月31日。

游智森，2002，〈中視數位化，健康搶先播出〉，《大成影劇報》，2002年10月19日。

楚飛，1999，〈購併結盟造就寬頻網路時代〉，《資訊與電腦》，第224期，頁23-24。

詹宜軒，2003，〈站穩腳步，再度出發，景氣不見復甦，媒體表現亮眼〉，《廣告雜誌》，第142期，頁48-51。

楊雯芩，2000，〈國內行銷策略聯盟模式之探討〉，東華大學企業管理研究所碩士論文。

楊淑媛，2001，〈夥伴特質與溝通程度對策略聯盟運作影響之研究——以台灣中小企業為例〉，銘傳大學國際企業管理研究所碩士論文。

楊嘉瑜，2001，〈探討企業購併與策略聯盟對財務績效之影響——以台灣資訊電子產業為例〉，中原大學企業管理研究所碩士論文。

燕飛，2001，〈我們要如何因應即將來臨的數位電視廣播呢？〉，《高傳眞視聽》，第284期，頁70-72。

蔡念中，2000，《大眾傳播概論》，台北：五南。

蔡念中、張宏源、莊克仁，1996，《傳播媒介經營與管理》，台北：亞太。

蔡念中、劉立行、陳清河，1997，《電視節目製作》，台北：五南。

趙怡，2002，「有線廣播電視業者對數位化產業政策與發展建言書」，台北市：台灣有線視訊寬頻網路發展協會。

趙敏，2002，〈和信「遊戲大聯盟」數位內容營運計劃策略探討〉，世新大學傳播研究所碩士論文。

蕭仁祥，2001，〈策略聯盟績效評估分析系統設計之研究〉，大葉大學資訊管理研究所碩士論文。

鄭景燊，2001，〈內容提供者加值策略類型之研究〉，國立政治大學企業管理研究所碩士論文。

鄭麗琪，2001，〈傳播產業集團化與多角化研究——以中視媒體集團為例〉，台灣師範大學大眾傳播研究所碩士論文。

劉丁己，2001，〈入口網站購併策略運用與整合構面之研究——以雅虎（Yahoo!）購併奇摩站（Kimo）為例〉，中山大學傳播管理研究所碩士論文。

劉至強，2002，〈數位大戰開火，看誰的電視聰明〉，《中國時報》，2002年9月9日，第5版。

劉貞萍，2001，〈企業集團經營有線電視競爭策略之研究〉，台北大學企業管理研究所碩士論文。

歐建智，2002，〈付費電視下月上路〉，《大成影劇報》，2002年9月3日，第9版。

謝毅，2000，《數位技術對電視傳播的衝擊及其社會影響》，暨南大學新聞傳播學系。

謝采紋，2001，〈購併活動對企業績效評比及綜效之研究——以上櫃綜合證券商為例〉，東華大學企業管理研究所碩士論文。

經濟部，1992，《經濟部一九九二年中小企業白皮書》，經濟部中小企業處。

鍾佳欣，2002，〈我國無線地面廣播電視發展DTV之分析〉，世新大學廣播電視電影學系學士論文。

鍾麗華，1997，〈台灣有線電視系統併購：一九九四至一九九七〉，淡江大學傳播研究所碩士論文。

簡卡芬，2001，〈我國行動電話產業之競爭策略〉，國立交通大學科技管理研究所碩士論文。

戴國良，2002，〈迎接有線電視數位化時代來臨——兼論東森電視台發展數位加值頻道計畫之願景〉，台北：東森電視台企劃中心。

羅玳珊，2000，〈太電、東森結盟，發展互動電視〉，《民生報》，2000年11月14日。

龔小文，2002，〈數位電視邁入卡位戰〉，聯合新聞網，2002年10月24日。

■英文部分

Baranson, J., 1999. "Transnational Strategic Alliances: Why, What, Where and How", *Multinatonal Business,* 2, 1990, pp.54-61.

Charles Warner Joseph Buchman, 1993. *Broadcast and Cable Selling.* NY: Wadsworth Publishing Co.

Contractor, F. J. & Lorange, P., 1988, "Why Should Firms Cooperate? The Strategy and Economics Basis for Cooperative Ventures", in Contractor & Lorange (eds.), *Cooperative Strategies in International Business,* D. C. Heath and Company.

Earl Babbie, 1998. *The Practice of Social Research.* NY: Wadsworth Publishing Co.

Hamel, G., 1991. "Competition for Competence and Interpartner Learning within International Strategic Alliances", *Strategic Management Journal,* 1991, 12: 83-103.

Joseph Straublhaar & Robert LaRose, 1996. *Communications Media in the Information Society.* NY: Wadsworth Publishing Co.

Kougt, B. & H. Singh, 1986, "Entering the United States Venture", In F. J. Contractor & P. Lorange (eds), *Cooperative Strategies in International Business,* Mass./Toronto: D. C. Heath & Co/Lexington.

Kougt, B., 1988. "Joint Ventures: Theoretical and Empirical Perspectives", *Strategic Management Journal,* 9, 1988, pp.319-332.

Krishna G. Palepu, Victor L. Bernard & Paul M. Healy, 1999. Introduction to *Business Analysis & Valuation.* NY: Wadsworth Publishing Co.

Michael Singletary, 1997. *Mass Communication Research Contemporary Methods and Applications.*

Palepu, Bernard & Healy, 1997. *Introduction to Business Analysis & Valuation.* South-Western Publishing Co.

Pfeffer J. & Salancik G. R. 1978. *The External of Control Organizations: A Resource Dependent Perspective.* New York: Harper & Row.

Porter, M. E. 1985. *Competitive Advantage: Creating and Sustaining Superior Performance*. New York.

Roger D. Wimmer & Joseph R. Dominick, 1991. *Mass Media Research-An Introduction*. NY: Wadsworth Publishing Co.

Rogers, Everelt M., 1986. *Communication Technology: The New Media in Society*. New York: Maxwell Macmillan International.

Singh, H. & C. A. Montgomery, 1987. "Corporate Acquisition Strategies and Ecnonmic Performance", *Strategic Management Journal*, 1987, pp.377-386.

Teece D. J., 1992. "Competition, Cooperation, and Innovation: Organizational Arrangements for Regimes Rapid Technological Progress", *Journal of Economic Behavior and Organization*, Vol.18, 1992, pp.1-25.

Williamson, O. E., 1975. *Markets and Hierarchies: Analysis and Antitrust Implications*. New York: Free Press.

■網站部分

中視全球資訊網　http://www.chinatv.com.tw/

中華民國電視學會　http://www.cts.com.tw/tvc/

中華電信　http://www.cht.com.tw/

中國多媒體協會　http://www.cma.org.tw/school/media.htm

公開資訊觀測網站　http://mops.tse.com.tw/

台視全球資訊網　http://www.ttv.com.tw/

民視全球資訊網　http://www.ftv.com.tw/

年代IDTV　http://www.idtv.tv/

華視全球資訊網　http://www.cts.com.tw/

新聞局，2000，八十九年廣播電視白皮書。
　　　　http://www.gio.gov.tw/info/radiotv/book/1-2-6.htm

新聞局，2002，廣播電視法修正案──有關「新興媒體」學者專家諮詢會議。http://www.gio.gov.tw/info/radiotv/amend/amend6.htm

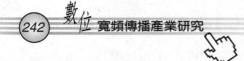

經濟部工業局，2002，促進產業升級條例及相關租稅減免法規。
http://www.moeaidb.gov.tw/law/up_derate/

第三部分
電信產業相關研究

第五章
付費語音資訊業務現況與經營模式探討

引言

　　電信付費語音資訊業務在歐美國家已發展了二、三十年歷史，台灣地區於一九九八年前才正式開放，由資訊服務業者向政府申請，透過智慧型網路，提供以語音資訊內容爲主的服務，民眾也利用這項以0204爲電話號碼開頭數字的新傳播科技功能，擷取資訊。

　　本章從電信產業智慧型網路科技的加值服務，探究0204付費語音資訊業務在台灣地區的發展概況。透過電話問卷調查、文獻資料分析和業者、專家及學者深度訪談的方法，發現受訪民眾的確對於0204電話的認知有所偏差；但主管機關則認爲監督管理上並無灰色地帶，法律條文均有明文規範；經營業者也認爲在審議委員會的把關下，國內已有健全的機制，各方均自有立場。

　　本研究結論爲，付費語音資訊服務爲資訊傳播的一種形式，可提供讓社會大眾受惠的傳播功能，未來內容仍是朝媒體與資訊科技整合趨勢發展。

第一節 付費語音資訊研究背景

一、研究背景

傳統的電信事業僅提供單純的語音訊息交換,隨著科技演進,電信事業已從語音業務發展到提供多元化的資訊服務。第二類電信事業「付費語音資訊服務」(premium rate service, PRS／PRM; pay-per-call service, PPS)開放後,中華電信股份有限公司(簡稱中華電信)率先在一九九八年一月提供「0204付費語音資訊業務」(彭淑芬,1998;羅文明,1998),由資訊服務業者(information service provider, ISP)向中華電信申請,透過該公司所建置的智慧型網路(intelligent network, IN)系統,提供以語音資訊內容為主的服務,讓電話用戶撥打0204編碼開頭的電話號碼付費擷取。二〇〇一年三月新成立的台灣固網股份有限公司(簡稱台灣固網),也推出IN智慧型網路業務的0209付費語音資訊服務產品(台灣固網,2002;胡明揚,2001a),並以台灣大哥大與泛亞電信手機平台為基礎(約八百萬用戶),於二〇〇二年八月起正式營運,成為台灣地區第二家提供固網智慧型網路系統資訊內容交易平台的業者。此外,值得注意的是,遠東集團旗下的遠傳電訊於二〇〇三年七月併購和信電訊,兩家手機用戶合併高達七百七十萬用戶。因此,固網業者新世紀資通(亦為遠東集團關係企業)是否繼台灣固網,同樣地以手機為平台,開始提供付費語音資訊服務,值得觀察。

付費語音資訊服務在美國稱為pay-per-call service,又稱為900 service或900 number(AT&T, 2001; FCC, 2001; FTC, 2001);英國及歐洲地區則稱為premium rate service(ICSTIS, 2001b; Sonera, 2001)。國內許多業者看上付費語音資訊服務開放後的商機,紛紛投入,並著重在娛樂、股市理財、專業諮詢和仲介的節目上,使得以0204、0209數字為電話號碼開頭的付費語音資訊服務快速發展,民眾能利用這項新傳播科技的功能,增加獲取資訊的

管道，而最早出現市面上的「0204」電話號碼字頭編碼，更成為付費語音資訊服務的簡稱。

然而，付費語音資訊業務開放多年來，一般民眾，甚至新聞媒體提到「0204電話」，大多認為已成為色情電話服務的代名詞（李忠義，1999b；江聰明，2001；胡明揚，2001b；張企群，2001；黃啓璋，2001；陳孝凡，2000；羅曉荷，1999），同時認為撥打費用昂貴，造成高額電話費與遭不法盜打糾紛頻傳等等的負面印象，大於瞭解其真正傳播功能與應用。

事實上，我國並未開放業者經營所謂的「成人色情電話服務」，電信法第八條亦禁止電信事業經營違反公共秩序與善良風俗之業務（交通部電信總局，2001）。雖然在國外不少國家如美國、日本、芬蘭等，都可以合法地見到這類成人色情電話，但在我國電信法等相關法令未修改前，經營色情電話業務均屬非法，資訊服務業者向固網電信公司申請時，也無法以色情電話業務為申請名目並獲得許可。

這幾年來，國內的媒體，尤其是電視節目，經常使用0204電話，作為節目有獎徵答或是配合節目舉辦活動的互動專線，加上其他媒體、企業組織結合付費語音電話，提供立即資訊的服務內容種類逐漸趨向多樣化，包括台灣地區民眾申辦美國簽證也要撥打0204專線預約，漸漸地有更多民眾瞭解付費電話並非與色情畫上等號（黃啓璋，2001；陳立儀，1999；蔡念中、陳文浩，2001；龔小文，2003a，2003b）。

二、研究動機與目的

付費語音資訊服務在台灣是新興的電信產業，自從0204付費電話業務開辦以來，許多資訊內容服務業者認為其市場商機龐大，只要有能吸引消費者撥打的創意資訊，配合暢達的媒體通路，就能在付費語音資訊業務上，創造極大的利潤空間（彭淑芬，1998；黃啓璋，2001；蔡念中、陳文浩，2001）。

汪琪、鍾蔚文（1998）指出，傳播科技與產業的發展，牽涉的因素千頭萬緒，任何一個因素都可能使得情勢完全改觀，不過，科技的用途最終

還是要由人來決定，而掌握科技變化的本質正是掌握科技的第一步。程予誠（1999）也指出，傳播科技能直接影響到每個人的生活環境、改變社會生態，所以媒介的科技並不只是傳播人所應去瞭解的，對一般人來說，越瞭解媒介科技等於越能掌握未來生活型態。

在電訊產業發展與變遷過程中，媒體、資訊與傳播的整合，使得資訊提供者、電話及有線電視公司等設備與軟硬體設計，和製造商、網路的建造者及經營者，以及使用者共同參與，匯流成為「全方位服務網」，電話不再僅是傳遞語音訊息的媒介，電信服務現今更已形成涵蓋音訊、視訊及網際網路的多媒體呈現。因此，電訊傳播已直接影響到民眾生活及社會生態環境，研究者對於有助於生活資訊擷取，並常見諸報章媒體報導的0204付費電話這項傳播新科技，就應該充分掌握瞭解其真正傳播功能。

國內現有探討付費語音資訊業務之研究極為稀少，一般學術界對其之瞭解亦有限，且偏向討論語音內容之情色化問題。因此，本研究企圖對付費語音資訊業務深入探索，以瞭解其所扮演的社會傳播功能，以及在國內開放後的發展與變遷。例如：電信產業邁入寬頻網路後，付費語音資訊服務會產生何種運用與衝擊？是否會從單純的語音功能拓展成視聽多媒體服務？對於固網開放後，產生的市場競爭與挑戰又為何？這些都是本研究極欲瞭解的議題。

基於前述研究動機，茲將本研究的目的敘述如下：

1.探索國內付費語音資訊服務業務之產業生態和其發展與變遷。
2.探討國外付費語音資訊服務發展的概況。
3.從法律層面探討付費語音資訊業務所涉及的政策、法規管理層面等相關議題。
4.瞭解一般民眾對付費語音資訊業務的認知與態度。

第二節　電信智慧型網路與付費語音資訊的發展

　　自從一八七六年電話公司開始經營電話業務提供服務之後，電話業務的內容已經從單純的語音聯繫，發展到複雜的資訊傳播服務。「智慧型網路」（Intelligent Network, IN）成為電話公司為了追求更高的效率與利潤，以及提供電信網路服務的工具；而電話公司為持續保有市場上的占有率，即開始以提供資訊和娛樂服務為其新出路（Baldwin, McVoy & Steinfield, 1996）。目前，業者依市場導向以及各項服務機能的排列組合，開發出許多「智慧型網路」之創新服務內容。

一、智慧型網路的發展

　　我國公眾電信網路發展迄今雖已一百多年，但從最早的人工電話、自動電話、數位交換機、光纖傳輸系統、整體服務數位網路、以及細胞式行動電話系統等發展，都脫離不了「傳統」公眾交換電話網路（public switched telephone service, PSTN）的服務型態。在這種傳統的公眾交換電話網路中，電信營運者只能依事先設定功能之傳輸與交換設備整合，提供固定且種類有限的電話服務，是屬於「非智慧型」的服務型態，一旦要依客戶個別需求作特殊安排，變更網路軟硬體設備時，就得花費很多人力、時間及設備資源，才能獲得有限的新服務（陳德勝，1994）。

　　所謂「智慧型網路」，是以現有電話網路為基礎，在網路中增加各種介面的智慧型節點，經由標準化的信號系統，將各智慧節點予以連接，提供各種電信新服務（孫黎芳、洪志成、周宗邰，1996）。「智慧型網路」的概念，是在一九八六年由美國貝爾通訊研究中心提出，其主要動機，是協助電信經營者有效地利用原有網路資源來創造新利潤（蔡堆，1994）。

　　在智慧型網路營運構成方面，陳德勝（1994）指出，智慧型網路在營運架構上是由智慧型網路提供者（network provider）、智慧型網路服務客戶

（IN service subscriber）及一般電話用戶（telephone user）三者所構成。網路提供者一般指電信局或電信公司，服務客戶是指租用網路提供者，可供一般電話用戶經由撥叫電話提供其特殊服務。

　　國內外智慧型網路所提供的機能服務包括有：多功能受話方付費服務、付費諮詢服務、大量呼叫服務、信用式電話服務、個人號碼、虛擬專用網路等。交通部電信總局於一九九三年經公開招標，由美國電話暨電報公司（AT&T）得標，承建我國首次引進的智慧型網路（陳德勝，1994）。

　　Baldwin、McVoy和Steinfield（1996）也指出，在設計和行銷新電訊傳播服務時，必須強調有別於從前；更注重使用者導向，同時也認為，會使用付費電話等智慧型網路服務者，通常都是比較年輕、具有社交能力、收入較高、會在家工作，或是長時間工作的通勤上班族。美國全美不動產諮詢協會（The National Association of Real Estate Consultants, NAREC）（2001）也指出，經調查發現，大部分的人們，尤其是三十歲以下的民眾，已經習慣於使用新型態的媒體，來快速獲取所需資訊，這些新型態媒體也包括了900付費語音資訊電話服務。

　　在國內，對於付費電話或付費語音資訊服務等運用智慧型網路、科技之研究尚屬少見，不過從網路使用者行為及電腦3C操作使用等相關調查中顯示：網路使用與高等教育十分相關，使用者除學生外，最普遍的工作類別為上班族，並以從事專業、資訊、科技行業人士及管理階層居多，且有平均年齡年輕化，甚至超過一半的使用者在三十歲以下等趨勢（吳統雄，1999；蕃薯藤網路調查，2000）。

　　「智慧型網路」技術包含電信、電腦與通訊的整合技術，其技術層次及建設規模，對國內電信網路與資訊工業有深鉅的影響。所以，智慧型網路的發展，已成為政府策略性科技發展項目之一，且藉著智慧型網路架構的基礎，電信總局可進一步規劃有關全面性無線、窄頻、寬頻、影像、數據等電信之服務（孫黎芳、洪志成、周宗邰，1996）。

　　綜上所述，電信公司推出智慧型網路服務的意義，不單只是傳統話務市場趨於飽和後的突破，還加上消費者對於電信服務需求的提升，趨向多功能、多樣化與精緻化；此外，電信公司運用智慧型網路可提升便捷又符

合市場需求的經營規劃，開拓新的營收來源。

目前，國內電信業者中華電信提供的智慧型網路業務有：多功能0800受話方付費電話、0201電話投票服務、0203大量播放服務、030信用式電話服務、099隨身碼服務與0204付費語音資訊服務。三家新營運的固網電信業者中，台灣固網提供IN智慧型網路服務，速博（新世紀資通股份有限公司）提供速博080免付費電話服務，東森寬頻電信則提供0809多功能受話方付費服務。其中，台灣固網推出的IN智慧型網路服務，包括有0809受話方付費電話服務、0209付費語音資訊服務等（台灣固網，2001；胡明揚，2001a）。

二、付費語音資訊業務的發展

付費語音資訊服務（premium rate service, PRS／PRM; pay-per-call service, PPS）和免付費服務（如國內的0800、0809受話方付費電話）非常相似，其差別在於撥打者需付費或免付費，也讓電話不再僅是單純傳遞通話聯繫的工具。免付費電話在國內多為企業使用，作為傳達企業服務誠意的具體表現，美國1-800免付費電話發明人Roy P. Weber（樓韋伯）是在二十多年前，有感於接線人員每天為接指定對方付費的電話（collect call）忙得不可開交，發明了讓打電話者可以直接打到結合資料庫的交換機，使用1-800免付費電話服務，使得單純的電話也可以有各種加值應用（張秋蓉，1999）。

Baldwin、McVoy和Steinfield（1996）指出，電話之所以能夠成為語音資訊服務的工具，在於電話的介面簡單易懂，因為此一特質，語音資訊服務產業得以快速成長。

(一)付費語音資訊電話的起源

「付費語音資訊」服務早期的應用可追溯到一九二七年時，美國新澤西州貝爾電話公司創設的錄音報時服務，以減輕接線生的工作負擔。到一九五○年代後，錄音服務技術更加發展，電話公司又加入了天氣報告、星座

相命及運動比賽結果（中華電信，1996）。

　　美國首次出現以「900」字頭的付費服務電話是一九八〇年AT&T公司推出 "DIAL-IT 900 Service"，接著於十月份時，在雷根VS.卡特總統選舉辯論會的期間，AT&T公司和美國廣播公司（ABC）合作，在夜線（Nightline）節目中提供觀眾打電話投票（poll viewer opinion），民眾只要撥一個全國性的特別接續碼（special access code）──「900」，然後撥入某個數字表示投給卡特，或者撥入另外一個數字表示投給雷根。打電話的觀眾一律收費美金五角，營收完全歸AT&T公司所有。在雷根與卡特選舉辯論期間，觀眾共計撥打出超過五十萬通以上的900電話（Baldwin, McVoy & Steinfield, 1996; Custom900, 2001；Mastin, 1996; 中華電信，1996）。

　　在一九八二年時，電視觀眾撥打900電話投票最有名的例子，為週末夜線現場（Saturday Night Live）節目中一段插曲，要求觀眾電話投票名影星Eddie Murphy是否應該修理主持人Larry讓他發怒，結果湧入五十萬通電話參與，投票要救可憐的Larry，但是Eddie卻無論如何都要激怒他（Mastin, 1996）。由此案例，說明了電視節目可隨時針對議題，利用付費服務電話舉行投票，得到觀眾立即性的回響與意見，同時電視台也可藉由付費電話得到額外收益，一舉兩得，顯見了付費語音資訊服務可創造商機的潛力。

(二)付費語音資訊電話的蓬勃發展

　　付費語音資訊服務在美國迅速發展的原因，主要有二：一為一九八四年最終修正裁決案，美國AT&T公司和司法部門同意解除美國電話服務獨占壟斷，以電信產業為根基提供新服務的市場也隨之蓬勃發展（Telecompute Corporation, 1997; 中華電信，1996）。

　　亦即美國付費語音資訊服務發展原因之一，乃在於AT&T公司於八〇年代初期被要求市場分散後，不再扮演僅有電信公司才能提供資訊內容的角色，而是允許任何人都可以成為資訊內容提供者，這一決定開啟了資訊提供業者進入付費語音資訊服務市場的大門，而AT&T公司則繼續提供電信傳輸線路和帳務處理。

　　其二為Mastin（1996）所指出的，900電話產業真正的起飛，是一九八

七年時AT&T公司開始提供計次計價費率服務（premium billing services），允許資訊提供者依次或依時計價向使用者收費，此舉讓業者見其有龐大商機，紛紛投入市場。中華電信（1996）也認為是AT&T公司推出彈性費率（flexible billing）使得付費語音電話服務得以蓬勃發展，即提供premium rate services（PRS），允許資訊提供者自行對於所提供的資訊內容節目訂定收費價格。

美國在一九八六年時，Allnet電信公司為第一家正式針對付費語音資訊業務提供服務的業者，進入服務的電話識別代碼（service access code, SAC）就定為 "900"，由一家名為Jaywin Communications公司在市場上銷售，並對區域性或全國性服務範圍提供不同費率，使得900服務能以付費語音資訊電話滿足全國性的市場（Telecompute Corporation, 1997）。

另一家長途電話公司Telesphere Communications受到900服務營運在電信市場成功的鼓舞，在一九八七年也跟著推出提供全國性範圍的900服務傳輸，由於是採用建構於互動式語音回應（interactive voice response）技術，在業界引起強烈震撼。儘管緊接於後，有所謂 "Big Three" 的AT&T、MCI和Sprint三家大型電信業者加入900服務市場，Telesphere Communications還是能維持分享市場優勢（Baldwin, McVoy & Steinfield, 1996; Telecompute Corporation, 1997）。AT&T電話公司在一九八九年提供了付費語音資訊服務更進一步的功能MultiQuest services，即以商業包裝推出可供民眾選擇的數個900電話服務組合，類似現在中華電信所訂定的節目類型分類（中華電信，1996）。

進入付費語音資訊市場經營門檻降低、大型電話公司提供彈性費率、再加上商業包裝且多樣化節目類型的三項刺激，使得900電話服務被形容為迅速擴張的產業（an exploding industry）。美國大型企業使用付費語音電話服務的例子：包括Chrysler和Paine Webber讓公司的股東透過900電話聽董事會會議內容；USA Today提供運動、天氣、股票報價資訊；而ABC電視公司白天節目Soap Opera Magazine Episodes使用900電話推出其節目刊物，吸引了二百萬肥皂劇迷撥打電話訂閱（Mastin, 1996; 中華電信，1996）。

美國一九九二年的電話公開爭議決議案（Telephone Disclosure and

Dispute Resolution Act, TDDRA）中，訂立了對900服務廣告、營運和帳單的具體要求，即在各種媒體刊登的廣告中，須公開地標明撥打收費價格，且讓撥打民眾有費率選擇權，帳單上必須明白標示每通付費語音資訊服務項目及收費金額，同時還要求提供使用服務前的說明，並禁止直接對十二歲以下兒童提供服務，除非是能對當地學校提供眞正有教育性的服務（Mastin, 1996）。

在此規範下，經營者透過營運帳單上的指導方針來規範廣告內容，同時限制造成顧客不滿的超高收益節目，使得一年就讓900服務的收入掉滑50%，但也使得這項產業維持堅固的立足原則。一九九六年電信改革法（The Telecom Reform Act of 1996）認定美國聯邦通訊委員會（Federal Communications Commission, FCC）與美國聯邦貿易委員會（Federal Trade Commission, FTC）兩者對900服務裁判監督權，當FTC管理廣告和帳單問題時，FCC主要關注的是電話編碼計畫、撥打性質與通訊服務費率問題，但對900服務而言，並沒有預期中的大幅改變（Telecompute Corporation, 1997）。

第三節　付費語音資訊服務的基本認識

一、何謂付費語音資訊服務

電信總局對於付費語音資訊業務的定義，係指系統經營者結合資訊服務提供者，經由固定通訊網路業者的智慧型網路系統，提供資訊節目，供電話用戶擷取之業務，是屬於電信加值網路業務中的語音類服務（高凱聲，2000）。中華電信則指出，付費語音資訊服務就是指資訊服務經營者，經由中華電信公司之智慧型網路系統，提供資訊節目，供電話客戶擷取之服務（中華電信，2001）。台灣固網則將付費語音資訊服務視爲該公司提供的資訊內容交易平台，由資訊服務經營者在此平台上提供播放錄音應答或專人諮詢的語音節目，供電話用戶付費擷取之服務（台灣固網，

2002）。

　　屬於第二類電信事業的智慧型網路「付費語音資訊業務」，國內最早由中華電信公司於一九九八年一月二十二日正式提供公共網路及門號經營，民眾透過電話，就能取得所需要的語音資訊服務。撥話的電話用戶不須付撥接的電話費，但要支付聽取節目內容或諮詢的費用，這些費用由電信公司代為收取，扣除通信費、帳務處理費等，再把剩餘款項交與資訊服務經營者。依電信總局的電話號碼編碼分配，三家民營固網共用0208、0209付費語音資訊，台灣固網使用02090到02095（02094除外）字頭，東森寬頻電信使用02096到02080字頭，速博則分配使用02081到02086字頭（龔小文，2003a，2003b）。由於這項電話業務服務初始是以0204電話碼開頭，進入資訊服務經營者的資料庫，以收聽各類訊息或進行電話投票、專人諮詢等互動，因此一般就以「0204」來簡稱此業務。

　　各國電信公司對於付費語音資訊業務名稱，雖都有自訂的專有名詞，但因電信事業已經跨國際化，有些國家為讓不同國家的業者與民眾瞭解，均會在業務名詞後方加註premium rate service、pay-per-call service或900 service做為識別。

　　美國聯邦通訊委員會對於計次付費撥號和資訊服務的定義指出，資訊服務是提供電話用戶獲得廣泛多樣化的電話錄音或現場播出的資訊與娛樂節目，資訊服務提供的層面寬廣，有些被利用於醫藥、股票市場、運動和商品資訊，也有被用於所謂的「成人服務」、聊天專線或心靈協商。然而聯邦通訊委員會也收到相當多涉及資訊服務的抱怨，雖然該項服務在收費上是可調整的，但計次收費屬於資訊服務特有的形式，依據美國聯邦法律，計次付費服務為透過900電話號碼字頭提供資訊服務的電話資訊業務，傳輸收費遠高於單純的電話傳送費用，而資訊服務包含各式各樣服務，並且不僅限於900字頭的電話號碼（FCC, 2001）。

　　美國AT&T電話公司對於900付費語音資訊服務的定義為：撥打以900／976字頭長途電話，可以獲得適用於商業對客戶服務、政府部門服務、職業專門技術、資訊提供和個人語音服務；這些號碼有多種類的預錄訊息，並且還能現場對話回應。而此種進入900付費資訊服務電話形式，通常需要額

外的收費（AT&T, 2001）。

　　日本電信公司（NTT）指出，付費語音資訊服務為其公司所推出的服務資訊費用代收業務，主要用途為資訊提供者所提供的電話服務及有聲電子信件服務等（SDE, 2001）。

　　中國大陸的中國電信將付費語音資訊稱為「電話信息服務」，指出係利用電信傳輸網絡和數據庫技術，把信息採集、加工、存儲、傳播和服務集為一體，用電話裏的話音向用戶提供多種多樣的信息諮詢服務，這種業務分人工和自動兩種類型，它們的特服電話號碼為160和168（Lingbao, 2001; 中國電信，2001）。

　　綜觀各國經營付費語音資訊服務的電話公司對於付費語音資訊服務的定義敘述（AT&T, 2001; BBB, 2001; FCC, 2001; FTC, 2001; ICSTIS, 2001b; Vodafone, 2001），經整理有以下共同認定：

1. 付費語音資訊服務供電話撥打者獲取廣泛、多樣化資訊節目內容。
2. 付費語音資訊服務的節目內容範圍寬廣，並以錄音或現場對話提供醫藥、股票市場、運動和產品資訊，以及專人現場聊天專線與娛樂節目。
3. 付費語音資訊服務索價通常比平常使用的電話費用高。
4. 撥打使用者不需要裝設特別設備或額外專線，快速且花費低廉就能撥號進入。
5. 付費語音資訊服務的收費價格必須固定，分為以每分鐘計價或每次計價。
6. 計價方式與節目長度，必須在用戶撥打時以預錄的前言詳細說明，若有廣告宣傳也必須在廣告內容中敘明。
7. 付費方式仍透過電信公司電話費帳單，大體上從顧客得來的收入，由電話公司和資訊服務經營者拆帳共享利潤。

二、付費語音資訊服務組成要素

交通部自一九八九年六月起，開放電信加值網路服務，至一九九六年二月電信法修正公布，將電信事業分為第一類電信事業與第二類電信事業。這是由於傳統的電信網路架構服務，已無法滿足現代民眾對於通信服務的需求。換言之，電信業者所提供的服務，也從早期的通話基本服務，逐步增添特別業務服務，進而在電腦網路發展普及後，提供智慧型網路服務（蔡念中、陳文浩，2001）。

根據中華電信付費語音資訊業務營業規章第二條、台灣固網付費語音資訊服務營業規章第十一條規定：「申請資訊服務經營者應先取得第二類電信事業付費語音資訊業務的經營許可。」（中華電信，2000；台灣固網，2002）電信法第十一條第四項規定：「第二類電信事業指第一類電信事業以外之電信事業。」電信法第十七條規定：「經營第二類電信事業，應向電信總局申請許可，經依法辦理公司或商業登記後，發給許可執照，始得營業。」（交通部電信總局，2001）因此，第二類電信事業應為公司組織、獨資或合夥事業，且向第一類電信事業的業者承租所需電路，自備有機房、設備，並經系統審驗通過，來提供特定通訊服務者稱之（高凱聲，2000）。

依照電信法規定架構下開放的付費語音資訊業務運作，包括電信公司、資訊服務經營者、資訊提供者（information providers, IP）及電話用戶等四方面。其中電信公司，即第一類電信業者（目前有中華電信、台灣固網提供付費語音資訊業務），提供公共智慧型網路及門號和帳務處理；服務經營者，即指資訊或電訊公司，則提供系統處理、儲存資訊的電腦軟硬體系統，還負責招攬資訊提供者；資訊提供者則與服務經營者締約，提供各項有價資訊，並藉由媒體廣告宣傳，吸引民眾透過電話撥打付費資訊。部分服務經營者本身也兼具資訊提供者的角色。從付費語音資訊業務所獲得的利潤，是由電信公司、資訊服務經營者、資訊提供者，拆帳分享民眾擷取資訊後所支付費用。國內付費語音資訊服務的營運模式詳見**圖**5-1。

電話用戶 → 固網業者 → 資訊服務經營者 → 資訊提供者

電話用戶	固網業者	資訊服務經營者	資訊提供者
付費取所需之專業知識 資訊或相關的娛樂節目	1.公共網路 2.電話門號 3.帳務處理	1.付費語音機房設備 2.相關硬體設備 3.軟硬體保養維修 4.T1線路租用費用 5.帳務處理費用 6.付費語音機房租金 7.相關人事費用 8.0800與0809免付費 　保證金及費用	知識、資訊與娛樂內容提供

圖5-1　國內付費語音資訊服務運作模式

資料來源：鼎基資訊（2001b）。

　　以申請經營中華電信0204付費語音資訊服務的流程為例，資訊服務經營業者應依第二類電信事業審查作業要點規定，向電信總局提出申請，取得經營第二類電信事業付費語音資訊業務之許可證明後，按付費語音資訊業務營業規章第四條申核制之規定，向中華電信營業處提出申請，經審查合格，並經電信總局發給第二類電信事業付費語音資訊業務許可執照，及簽訂付費語音資訊業務帳務處理契約書後，由中華電信發給資格審查合格書面通知，始得成為資訊服務經營者。

　　業者在申請租用付費語音資訊業務時，除檢附合法設立公司證照外，還需領有電信總局核發的第二類電信事業許可執照，並有完備之業務經營計畫、軟硬體設備及受理用戶申訴的受話方付費（0800、0809免費電話），方能經營付費語音資訊服務，而公司證照、第二類電信事業許可執照、軟硬體設備及營運計畫書，成為晉升為資訊服務經營者的基本門檻。其中提交給中華電信的營運計畫書上，則要求載明（台灣固網申請流程亦大致相同）：

1.業務之經營方式。
2.經營業務之軟、硬體設備及與中華電信網路介接之說明。

3.節目說明書及收費標準。

4.節目審查人之姓名、學歷、經歷及職稱。

5.受理電話用戶申訴之多功能受話方付費電話號碼及作業方式。

6.未來三年之業務推展計畫及節目號碼需求。

國內付費電話業務的組成和其他國家有何異同？在此舉美國與英國付費電話業務營運單位做一比較。

美國900服務專線有三種必須的構成要素（Rosenfeld, 1997），依序為：

1.傳輸代理商（transport agent）：掌控傳遞到目的地的長途通訊電路。

2.帳務代理商（billing agent）：當地電話交換機傳輸話務代理話費收款的公司。

3.服務提供者（service provider）：由公司或獨立個人提供經由900電話的服務。

AT&T公司在其《AT&T MultiQuest Premium Billing Service指導原則》（2001）中，一開始就對於資訊供應者、服務局（Service Bureau）下定義，分別為：資訊供應者，係提供付費資訊服務的主體；服務局，為提供資訊供應者所需之設施、設備，或其他公共服務事業。

FCC（2001）也指出，通常在合法的資訊提供服務中，會涉及下述實體：information providers（IPs）即資訊供應商們，提供付費語音資訊服務的企劃、生產、價格和廣告；IPs從長途電話公司（long distance telephone companies, IXCs）訂購傳輸服務，來傳送他們的資訊服務給撥打者；IXCs並不直接對撥打資訊服務者收取帳務，而是透過有契約的區域電話公司（local telephone companies）在每月發出的帳單中收取；而資訊供應者可獲得資訊傳送和帳務服務的單位為服務局。

在英國，想要開闢付費語音資訊服務的管道，據ICSTIS委員會指出（2001c），一是直接找網路營運者（network operator），例如英國電信公司BT或如Cable & Wireless；二是透過服務局，可從服務局取得比網路營運者更廣泛的財務資訊，例如使用自動回傳設備的費用數據。

美國和英國提供付費語音資訊的經營單位主體仍是電信網路營運者、資訊服務經營者（即service provider或服務局），與中華電信付費語音資訊業務主要組成電信公司和資訊服務經營者只是在名稱上的不同。但由於美國地理位置廣闊，還有長途電話公司和區域電話公司參與其中線路傳輸與帳務運作，然基本運作架構和模式並無重大差別。

　　足見電信公司、資訊服務經營者、資訊提供者，是付費語音資訊業務的運作組成主體，中華電信在參考其他國家經驗後開辦，也從國外歷史、經濟、機構等脈絡延續而下，在國內為付費語音資訊服務進行媒體塑造（media making）並依國內社會文化情境，主動地塑造本身所存在的脈絡。整個付費語音資訊業務的運作模式可如圖5-2所示。

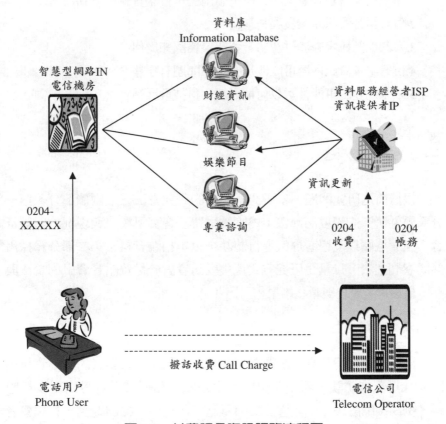

圖5-2　付費語音資訊服務流程圖

資料來源：NEC NetWorks（2001）。

第四節 研究方法

一、研究問題

本研究為探索性研究，為瞭解付費語音資訊業務，在當前社會的傳播功能及其應用情形，所探討的問題如下：

1.電訊產業運用智慧型網路所引申出的付費語音資訊業務為何？
2.付費語音資訊產業發展利基為何？
3.台灣地區民眾對於付費語音資訊業務認知為何？
4.付費語音資訊內容可能涉及的法律問題有哪些？
5.未來蛻變的可能性：以何種面貌和科技發展結合？

二、研究方法

根據前述研究問題，本研究所使用的研究方法分成兩個部分，第一部分為質性研究的深度訪談法，為瞭解付費語音資訊業務與現況，對經營業者、主管機關以及學者專家進行訪談，蒐集相關資料；第二部分為採用電話問卷調查法，以量化研究方式蒐集受訪者對於付費語音資訊的看法與意見，最後再將質化與量化結果相對照並進行分析。

(一)深度訪談法

為了獲得付費語音資訊業務相關主管單位和經營業者的詳細資訊，本研究採用深度訪談，希望藉由訪談中華電信和經營業者得到更多具體資料，例如：瞭解民眾所知道的0204電話、印象中的0204電話，和經營者角度的同異之處，以及中華電信與業者們對於這項業務所涉及相關問題，與

其未來性的看法。

　　質性研究的資料蒐集方式，主要經由研究者之「觀察」、「錄製」、「訪談」三種方式取得。其中訪談法又可分為「非結構式」、「半結構式」和「結構式」訪談，非結構式訪談往往是以日常生活閒聊式或知情（或靈通）人士／專家訪談取得內情；半結構式則是以「訪談大綱」來進行訪談，對象可以是個人或團體；個人訪談即所謂深度訪談法（depth interview），深入方式是對特定議題深入探問（胡幼慧，1996）。

　　深度訪談最大優點就是能從受訪者得到豐富的詳盡資料，和調查方法相較，深度訪談能提供敏感性問題與精確的回答，而訪問者與受訪者之間的關係，使訪問易於接近其他研究方法中受限制的話題。然而，因深度訪談為典型的非隨機性小樣本研究，每個受訪者對問題的回答都有些微差別，使得深度訪談容易受到訪問者個人偏見的影響。因此，要注意相關的各種訪談技巧（李天任、藍莘譯，1995）。

　　本研究之深度訪談以「半結構」方式進行，亦即事先擬定「訪問名單」以及「訪談大綱」，使在實際訪談過程中，亦能掌握議題方向，且盼以運用非結構式訪談，引導受訪者說出更深入的觀點。至於採訪對象的選擇，則是依研究目的採取立意抽樣（purposive sampling），著重於對付費語音資訊業務熟悉瞭解的受訪者。

(二)調查研究法

　　調查研究法經常被用來蒐集與人們相關的資料，主要目的是以部分具代表性的使用者資料，藉以推論一般使用者的態度及使用行為，利用調查研究法可以用來調查在真實環境下發生的問題（李美華等譯，1998），調查研究法對於蒐集關於受眾和讀者總數的資訊特別有效（李天任、藍莘譯，1995）。本研究主題「付費語音資訊業務」為實際發生在人們的日常生活中，可在發生的地點加以檢驗，不需在人為條件下的實驗室中進行。

　　Fowler指出，調查研究應用的範圍十分廣泛，其以機率抽樣的方法、用統一格式確保標準量度受訪者讓所得資料可供比較、與或許是唯一方法的特殊目的調查以保證可獲得所需具關聯性的資料等三種調查特質，使調查

資料具有可信度（王昭正、朱瑞淵譯，1999）。

三、研究步驟

　　為完成本研究所設定的研究問題，本研究所採取之研究步驟說明如下：

(一)付費語音資訊業務產業生態探究

　　付費語音資訊服務在國內開放至今多年，電信產業相關刊物論述均著重在其工程技術面，對於資訊內容相關探討並不多見。反而是部分業者偏向情色語音的經營方式，使得付費語音資訊服務情色化問題備受媒體與社會大眾關注。本研究蒐集報章雜誌相關報導和認識智慧型網路功能介紹資訊，有助於釐清發展歷程中，付費語音資訊服務生態的演變。同時也從提供智慧型網路付費語音資訊服務租用業務的中華電信及台灣固網，瞭解相關營運規章內容、申請規定，以及資訊服務經營者租用價目表、節目費上限等資料，以得知此項產業目前營運概況。

(二)回顧相關研究與文獻理論

　　智慧型網路付費語音資訊服務為傳播新科技，而傳播科技對於社會的影響，一直是大眾傳播理論關切的主題，研究中將回顧與參考新傳播科技相關研究，並針對付費語音資訊服務這項新傳播科技，對於資訊社會之影響加以整理說明。

(三)研究方法與研究計畫擬定執行

　　本研究中採取質性研究方法的深度訪談與調查研究法，在調查研究法上，選擇進行電話問卷調查，茲將執行步驟說明如下：

■建構問題

　　問卷調查法內容著重在研究主題，即社會大眾對於此項新傳播媒介功

能的認知與評價。其執行的最困難處在於問卷問題的擬定，因為其不僅關係研究變項的操作型定義，更需要考慮研究問題（羅文輝，1991）。而建構調查問題最重要的是問題必須明晰，且問題應當用口語描述，問卷表的設計必須反映研究的基本目的；在調查研究問題建構的問卷形式上，採開放式問卷或封閉式問卷都可行，甚至可交互運用（李天任、藍莘譯，1995）。

本研究採行電話問卷調查方式，以瞭解民眾利用付費語音資訊服務的現況與需求，以及相關的問題。基於電話調查法資料蒐集的低成本與高速度優點之特性限制，問題必須更簡短明確，得讓受訪者可以很容易且快速地回答，所以採取封閉式問卷（潘明宏譯，1998）。為增進問卷的信度與效度，並在進行施測前，請民間資訊管理公司問卷調查系統研發人員協助進行效度檢測。

深度訪談問卷問題建構重點和調查研究大致相同，但所採取為開放式問題，其優點為讓受訪者自由作答，比較提供詳細、深入的答案，而研究者也可藉開放式問題，要求受訪者更進一步解釋，此外，開放式問卷也能在初探性研究或預測中，協助研究者蒐集封閉式問題的答案（羅文輝，1991）。詳細訪談時間表請參見**附錄**。

■問題檢查

Fowler（1995）指出，一個良好的測量過程，必須要讓人對問題的理解能夠一致，而且以問題向受訪者溝通時也力求一致；再者，要讓受訪者一致明白什麼是構成適當答案的要素，除非問題的目的是要測量知識，否則所有的受訪者都應該有權利知道正確答題的資訊；以及問題所要求的答案，必須讓受訪者願意提供。

■問卷內容設計

Fowler（1995）認為，設計問卷問項是為蒐集事實資料，而設計系統化的問卷內容，透過施測，讓所有作答的受訪者看來，都有同樣的意涵，使所得到的答案能夠有效集結，轉化成統計資料。

為不影響回答率，問卷設計將會注意導言的說服力、提示必須表述清楚、題目順序按邏輯順序順暢排列、製作清晰明瞭的格式設計（李美華等

譯，1998）。

在問卷內容設計上，本研究問卷先依「對0204電話使用行為」調查後分成兩類，第一類為曾經撥打使用0204電話的民眾，第二類為不曾撥打過0204電話的民眾。

第一類曾撥打使用過0204電話封閉式問卷，依四大部分設計。第一部分是主動性使用行為調查，包括曾經撥打過的頻次及節目，以及撥打的動機；第二部分為涉入感調查，包括收費問題、服務滿意及是否認為0204電話等同於色情電話；第三部分為使用管道調查，瞭解民眾從何處知道可撥打的0204電話號碼；第四部分則是受訪者基本資料的調查。

第二類不曾撥打過0204電話的問卷也採封閉式問卷，依三大部分設計。第一部分為使用與認知行為調查，包括對0204電話的印象、沒有撥打的主要原因，以及對價格費用的看法；第二部分為涉入感調查，詢問受訪者對於0204電話的資訊需求；第三部分則是基本資料調查。

■電話問卷調查

電話訪談也稱為電話調查法（telephone survey）。電話問卷調查法可以接觸到不同屬性的群體與個人，有助於進行不同性質團體的電子調查，隨著電話設備技術上的改變與改善，也使得電話訪談更容易（潘明宏譯，1998）。目前在國內針對一般民眾所進行的都是電話調查研究，透過人工抄錄電話簿或電腦隨機跳號（或所謂的亂碼撥號，random digit dialing, RDD），來產生電話號碼的隨機樣本。由於中華電信的住宅電話號碼簿編製架構與方式著眼於查閱便利性，並未完全吻合於縣市層級的行政區域劃分，產生部分地區無法確認抽樣區域的涵蓋範圍與所對應電話號碼簿的一致程度；另國內住宅電話號碼簿的編製方式，是依照用戶申請人的姓氏、名字筆劃順序排列，極不利於隨機撥號抽樣方式的有效執行（e -社會資訊，2002）。

為彌補台灣地區住宅電話簿的涵蓋面不足，本問卷調查採用以完整住宅電話資料為基礎的多階段隨機撥號方式（multistage RDD）進行抽樣，從二○○二年八月二十五日起至二十六日止，從台灣地區各縣市住宅電話電

腦資料庫，對居住在台灣地區、年滿十五歲的民眾進行電腦輔助的電話訪問（computer-assissted telephone interviewing, CATI）。

在調查結果分析上，本研究採用SPSS 10.0 for window套裝軟體作為統計分析的工具，所使用的方法有敘述統計、交叉分析、卡方檢定。

(四)蒐集國內外文獻等資料

本研究在資料蒐集上，主要有文獻資料、電話問卷調查執行與深度訪談三種來源。在研究過程中，為達到研究目的和得到可靠有用的資訊，先檢視國內外相關研究文獻資料，蒐集有關智慧型網路付費語音資訊服務功能形式、發展情形、民眾運用情況、相關的法令規章、業務變遷與對社會大眾影響性等主題的資料，以期能描述付費語音資訊業務發展演變。

(五)資料分析比較與討論

■統計資料

在調查研究部分，是以一個標準化的問題呈現給所有的受訪者，有效地排除研究者在觀察中所造成的不確實性，資料量化後，後續即為必要的統計分析步驟（李美華等譯，1998）。本研究利用電話訪問問卷，調查蒐集受訪者對於使用付費語音資訊業務的瞭解，有助於蒐集大量且標準化資料。研究中利用以電腦程式資料統計電話問卷回收數據等分析，可迅速統計、區隔並獲得各問題答覆選項資料，知悉受訪者對於此一業務的經驗、認知與意見。

■分析資料

本研究利用電腦輔助的電話訪問問卷調查，傳送與回收是透過電腦執行，所蒐集獲得資料透過電腦程式運作，進行統計運算，讀取結果後，與資料分析程序連結進行分析（李天任、藍莘譯，1995）。

至於深度訪談部分，將所得資料製作檔案建檔時，已經是著手從事資料分析的一部分，而進行質化研究的分析時，命題的形成、經驗事件的觀察與研究評估都是研究過程中的部分。且對於訪談所得資料分析，也在具

概念化的原則下，找尋觀察中相似性與非相似性模式，之後則對這些模式加以詮釋，並隨時在調查分析中檢視反省（李美華等譯，1998）。

第五節　付費語音資訊產業發展利基

Noll（1991）指出，現代電訊傳播網路技術給人一種精緻完善的強烈印象，但事實上卻並非每種技術都獲得消費者訂購使用，消費民眾只會訂購能對他（她）們有所幫助的技術服務，電訊傳播技術有新有舊，有些舊的技術至今仍然被接受使用，也有些技術例如行動電話則是很快地打進市場，因此，電訊商品的成功關鍵不在於技術新或舊，而在於市場。

一、付費語音資訊業務的定位

電話原本被視為單純語音溝通訊息傳遞的工具，透過電話傳遞的資訊，無論角色是受話方或是資訊供應者，皆是達成訊息交換的功能。若是處於政府或團體與個人立場之間的資訊交流，可視為公共服務的一環，若是個人與個人間的資訊交換，則屬人際傳播的語言表達情境（江中信，1997）。自從我國開放電信智慧型網路，提供付費語音資訊服務，讓社會大眾都可以成為資訊提供者，人人都能獨立製作付費節目時，即開啟了一個新穎且消費者導向的資訊供應市場。

本小節從「使用者付費」的觀念，以及付費語音資訊服務的「產業商機」，與所提供的「服務種類」，探討其業務在市場與媒體消費上的定位。

(一)使用者付費的觀念

對電話公司而言，電話消費行銷的目的，就是吸引更多民眾使用電話，以獲致更多的商業利潤。早期，為了刺激電話使用率，甚至利用區隔行銷策略，例如：美國AT&T公司在一九八七年時，就曾將西班牙裔美國人視為區隔的分眾創造市場，成功地以廣告打出「日夜間費率差額訊息」，以

改變西班牙裔人士的打電話習慣創造商機（張沛元譯，1999）。然而，屬於電話加值服務的付費語音資訊業務，行銷上和一般話務消費相同，須靠著撥打率增加來獲取商業利潤，但前提則是消費者必須建立使用者付費的觀念。

Grossberg、Wartella和Whitney（楊意菁、陳芸芸譯，1999：85-86）指出，人們在工業化社會中無所不在地被媒體包圍，且每天有許多時機有意地、無意地使用不同的媒體，但在每一種情形中，人們必須為媒體產品的生產分配付出代價，不同的媒體有多種的維生方式。其中有些產品（多數是實體）完全直接由消費者付費，有的產品則是被當作接近權（access）而非擁有權（ownership）來銷售，接近權藉由「旋轉門」（turnstile）來控制，人們必須付費通過這個門。

消費大眾撥打0204電話擷取付費語音資訊，控制的「旋轉門」就是電話線路。由於社會的多元化，各行各業均有各自專業知識與資訊，透過付費語音資訊之通路，以及消費者「使用者付費」之原則，撥打電話即可取得所需資訊。

自從0204付費語音資訊業務開辦以來，許多提供資訊內容服務的業者認為其市場商機龐大，能快速獲利，只要有吸引消費者撥打意願的「創意資訊」，加上暢達的媒體通路，就能在付費語音資訊業務商機上，創造更大利潤空間。

值得進一步思考的是，付費語音資訊服務既然是使用者付費，讓社會大眾利用普及率相當高的電話通路，便捷地取得所需資訊內容，但是否真正達到人人都能公平地使用接近權呢？在美國社會，媒體消費對所有的人都是公平近用的假設，但實為「因為我們擁有消費產品的自由市場，所以每一個人都可以消費」的共同迷思，因為並非每一個人都必須如此消費，且當然也不是每一個人都可以支付他們所期盼的消費產品。事實上，有兩種不平等被建構的方式：透過經濟權力或資本的分布，以及透過文化資本的分布（楊意菁、陳芸芸譯，1999）。

付費語音資訊服務也有相同情形，看似人人都可以公平近用，但付費資訊電話可能產生的高額費用，卻非財力窮困的民眾所能支付，因此，提

供的資訊節目內容，就成為特別的資訊或知識資本，造成消費這項傳播媒介的貧富能力差距。再者，付費語音資訊服務作為媒體被消費使用時，因媒體為了維持生存營利，而產生了社會地位現實，這也印證了Grossberg、Wartella和Whitney所說，消費本身就是一種社會決定的事實。

(二)產業商機

■美國900產業商機

以美國900服務電話為例，大部分人們視900服務電話為溝通與娛樂，但是對許多企業而言，卻是一項創新的、有利益與有商機的管道。在美國，現有數以百計的組織、團體、企業和小型公司，也包括一些前五百名大企業在內，透過900服務專線來增加收益，有些公司則是因過去曾花錢購買900服務後，從資訊和知識中獲益，而開創出更多的900服務。所以，從過去到現在，900服務的商機意義在於「資訊銷售」（information sells），消費者和經營的商人都清楚明瞭，900服務所提供的資訊價值，在於消費者願意為這些資訊付錢（Custom900, 2001）。

付費語音資訊服務專線在美國，由於創下了龐大市場收益，被稱為900產業或900商業（900 Industry、900 Business）。美國研究調查電訊服務產業的Strategic TeleMedia在一九九二年公布的數字中指出，一九八九年起，許多長途電話公司紛紛加入900服務行列，讓900電話市場開始蓬勃起來。估計市場的總營收利潤從一九八七年的三億七千五百萬美元，躍增到一九九一年的將近十億美元（Baldwin, McVoy & Steinfield, 1996），此四年的時間，就是美國900電話歷史中，業界津津樂道且一再被傳述、吸引更多業者投入的「產業營收從零元直衝到十億美元」輝煌時期。

由Strategic TeleMedia和從事電話互動服務調查研究的OPUS Research. Inc.合作組成的Team Telemedia（1998）也指出，900市場在一九八八年時被認為是小資本但有高利潤，業者們爭相投入，市場出現所謂大躍進（great leap forward）情況，節目數也急速增加，全美國一九九一年的節目數就有一萬多個、一九九四年接近三萬個、一九九六年則高達四萬多個。節目類

型數量的消長在一九九一年時前三名排行爲娛樂節目、現場節目與資訊節目；然而現場節目年年快速增加，資訊和娛樂節目數則呈穩定成長，至一九九六年時節目類型數量前三名的排行依序是現場節目、資訊節目、娛樂節目，其中現場節目數達二萬多個，資訊節目與娛樂節目則各有一萬多個。

在收益方面，透過全國性長途電話公司互動交換機（interexchange carriers, IXCs）傳輸900付費資訊服務電話給用戶的收入，在一九九四年達六億五千萬美元、一九九五年增加至七億二千五百萬美元、一九九六年則達八億美元。透過地區性電話公司（local exchange carriers, LECs）提供的976付費資訊服務電話收入，在一九九四年時達二億九千五百萬美元、一九九五年爲二億五千萬美元、一九九六年則降至二億一千八百萬美元。若將900服務和976服務總收益合計，在一九九七年時仍持續超過十億美元，其中仍有超過八成是來自全國性的900服務（Team Telemedia, 1998）。

美國900付費語音資訊服務被視爲急遽擴展的產業，業者將付費資訊包裝成商品，利用行銷管理及市場區隔等策略做法。然而在關注節目能否開創商機之餘，電信公司還要考量到電話線路硬體和管理問題，例如對於付費語音資訊服務節目需求量的估算、線路的負載與傳輸問題，以及每月收入能否管銷平衡（Rosenfeld, 1997）。

從美國900電話創造商機的例子可發現，爲爭取更多的客源，從電信公司到資訊提供者，均有各自的獲利促銷目標。在技術層面上，提升線路傳輸品質與撥通率，是電話公司基本應盡的義務與職責；資訊提供者則構思開發新的服務內容，且不斷更新迎合消費市場所需。

■國內業者的觀點

「付費語音資訊服務」的成功關鍵與其他行業要素相同。Mastin（1996）建議，成功的付費語音資訊基本要素有：服務需求性、充分的資本、廣大和適合的市場、利用媒體即時性的優勢與傳遞貨眞價實的資訊。換言之，構思創設新的付費語音資訊電話服務節目，最重要的第一件事，就是先決定要銷售的是何種性質的資訊。

籌備規劃付費語音資訊節目該如何進行？經綜合業者訪談，與蒐集國內經營0204電話業者資料（0204創業投資，2000；天馬電信，2000；宇音科技，2001；周文德，深度訪談，2001；鼎基資訊，2000），簡述如下：

1. 籌備期間的事前準備：包括市場調查研究、節目構思、採現場主持或事前錄音、市場推廣行銷廣告策略、財務計劃等項目的考量。
2. 市場調查研究：瞭解市場上既有的付費語音資訊服務節目？最受歡迎的類別為何？探究其因素並著手進行研究與規劃。
3. 節目構思：即構思所提供節目之專業需求性，並考量節目內容之競爭力。
4. 市場行銷策略：行銷策略運用得當與否，對於節目的成敗，占了舉足輕重的地位，應學習分析所要提供資訊的消費對象群，做出必要之行銷以避免廣告上的不當浪費。

國內業者周文德（深度訪談，2001）指出，0204電話生存利基為資訊互動與一對一服務，業者在這種加值服務的角色為企業公司之間的平台，並做為一種溝通與銷售管道，但業者也會考量固網公司的優勢，除了設備外，還要先瞭解用戶數量，以及帳務拆帳問題。

付費語音資訊服務經營者想要邁向成功，首先要認清自身的市場定位，並考量適當的經營策略，提供有別於一般電信服務業者的整合型資訊服務，與網際網路資訊網站相連結運用，讓付費語音資訊電話更便利與多樣化。

至於國內業者如何加入市場？中華電信蔡惠瑩（深度訪談，2001）指出，有意經營付費語音資訊服務業者，均可就近向中華電信北、中、南區當地的營運處提出申請，對於業者而言，申請進入市場便捷，而截至二○○三年五月底，全台灣共有約四十家付費語音資訊服務業者，中華電信與台灣固網各有約六百多個節目門號營運中。

據國內業者於網站公布資料，中華電信自從開放0204電話業務以來，初期每年創造了十億元以上的商機，成為業界爭相競逐的電信大餅（冠捷科技，2000），另還有業者同樣在二○○○年指出，自一九九八年付費語音

資訊業務開放後，短短兩年吸引各家業者投入此行業競爭，開辦前兩年每月通話量約四百五十萬分鐘，以每分鐘二十元來計費，每月營業額高達一億元，以一九九九年整體市場為例，規模達十五億元，其中股市投顧公司資訊與娛樂事業約各占五億元，另三分之一為情色語音（奇景資訊，2000）。近年，由於市場不景氣持續，整體營收狀況亦大幅衰退。

(三)付費語音資訊的服務種類

付費語音資訊服務，可依製作與播出型態，分為預錄語音及人工語音；若依內容與時效性，可分成即時資訊和專門資訊；另外還可依傳輸方式分類，連節目號碼都有其分類意義；而國內中華電信在業務營業規章中，則將節目內容分成九種類型。經蒐集國內、外電信業者提供的節目類型整理敘述如下：

■預錄語音與人工接聽

預錄語音的功能為信息覆蓋面廣、內容可即時更新等優點，然其優點也是缺點之一，因建立信息資料庫和即時更新，都需要龐大的人力與財力。人工接聽則有人性化互動、信息獲取具彈性化等優點，然同樣需耗費人力、設備資源，消費者雖願意多付費用給現場專人服務的節目，然相較預錄語音，採人工現場主持的節目營運成本仍較為高昂。

業者周文德（深度訪談，2001）認為，預錄語音節目因其成本較低廉，會持續具有市場優勢。業者已計劃在國內推出結合預錄語音和人工語音結合，民眾撥打後先聽到預錄語音，若需要進一步服務則轉到人工接聽，即先機器接聽播放後，再視需求轉接到人工對談，收費上則依不同階段彈性調整。舉例而言，若民眾先查詢資訊後，有意願購買商品交易，那電話費可轉成0800免付費電話，來創造商機。

然在美國，AT&T公司允許將預錄付費語音資訊服務結合現場回答形式，透過一段錄音訊息或透過互動的選項，類似800免付費電話，可以從美國各地或從某些地理位置區域撥打，再進入900付費語音資訊電話系統（AT&T, 2001）。

中國大陸的電話信息服務，分成以預錄語音播出的168自動信息服務台，以及以人工接聽的160人工電話信息台。用戶通過撥號就可以直接查詢所需的信息，在開辦自動聲訊服務業務的城市裏，用戶可撥打168信息服務台查詢，或從該城市電信部門編印的《168信息編碼手冊》中查找到所需信息編碼，中國電信為方便用戶在全國範圍內查詢，對全國168自動聲訊台採用統一的編碼聯網，方便戶進行異地查詢，當用戶查到所需信息的編碼後，用電話撥叫168和編碼號碼，就可以得到所需的信息內容（Lingbao, 2001; 中國電信，2001）。

以人工接聽的160人工電話信息台，用戶只要撥「160」，就有話務人員應答，為用戶提供語音形式的信息諮詢服務，話務員再根據要查詢的信息進行數據庫檢索，再將信息告訴用戶（Lingbao, 2001; 中國電信，2001）。

■即時資訊和專業資訊

即時資訊與專業資訊是付費語音資訊節目內容的兩大類型，即時資訊發展的歷史較長，早期普遍運用在電視節目、運動競賽節目中。然而專業資訊的題材上，還有許多發揮的空間，因「方便性」是付費電話行業所要求的基本條件，人們願意付費交換便利與效率（Lingbao, 2001）。

「付費語音資訊服務」能提供即時資訊（timely information）與專門資訊（specialized information）的節目內容類型眾多，但主要可劃分為以下二類（Mastin, 1996; 天馬電信，2000）：

1. 即時資訊：即時性的資訊包括股市行情、外幣匯率、期貨報價、體育比賽結果、天氣預報等。由於不少民眾基於本身工作業務所需，或好奇興趣，而熱中吸取這些即時資訊，願意付費獲得最新的訊息。
2. 專業資訊：對於專業性的資料，向專業領域範疇中的專業人士諮詢，是最直接、最有效的方法，特別是關於醫藥諮詢、心理諮商、法律諮詢、投資諮詢、技術支援等。

■依傳輸方式分類

「付費語音資訊」依傳輸方式不同分類成以下幾種（Mastin, 1996; 葉景

鴻，2000）：

1. 被動式（passive）：電話用戶只聽取預錄節目訊息。美國900服務電話早期大部分的節目都是採用這被動式傳輸方式，還有許多電話投票節目都屬於被動式，由電話用戶撥通相關的電話號碼，進行投票統計。

2. 互動式（interactive）：語音互動式乃電話用戶必須使用按鍵式電話，根據節目錄音內容所給予的選擇項目的提示，鍵入不同的號碼作為選擇，例如猜謎或有獎問答等益智節目。

3. 現場專人服務（live operator）：由於許多關於醫藥諮詢、法律諮詢、投資諮詢或客戶服務資訊節目，需要有專業人士現場主持並解答，所以收費上也較高。

4. 傳真稿索取（facsimile）：即所謂的「付費語音傳真稿索取業務」，其前提是電話用戶必須要擁有傳真機，利用撥打互動式語音電話索取所需求的資訊。

5. 電腦資料庫（computer/data）：利用付費電話進入特別的電腦線上服務或資料庫取得資料。

6. 混合式（hybrid）：電話用戶除了可選擇聽取事先的錄音訊息，也可選擇由現場專人服務。

■ 節目號碼分類

　　各國付費語音資訊服務有不同的電話字頭號碼編碼，例如我國的0204、美國的900等，智慧型網路業務編碼所代表的意義，為標示功能或費率指示，而非如一般市內電話或行動電話所代表的終端設備位置指示（電信總局，2000）。以下列舉不同國家對於「付費語音資訊」電話的節目號碼編碼分類情形。

　　以芬蘭為例，芬蘭付費語音資訊業務採取多價位系統（multipricing system），為讓服務提供者可從四十種不同價格類目之間自由選擇，而電話營運者給予撥打電話識別字頭碼外，並標明服務內容項目，例如「0200＝銀

行業務」等（Sonera, 2001）。

　　日本NTT公司Dial Q2 Service的節目號碼分類，主要分成「無需事先申請即可使用的節目種類」0990-6、0990-5字頭和「需事先申請加入電話契約之節目種類」0990-3字頭。無需事先申請即可使用的節目種類的內容，爲提供新聞、財經、商業、教育、心理諮商、生活等相關資訊之節目，與媒介特定使用者的通信節目。需事先申請加入電話契約之節目種類則爲成人節目類型與媒介不特定使用者（party line）間的通信節目（中華電信，1997）。

　　英國的付費語音資訊服務電話字頭有很多種，早期包括0891、0839、0897、0660、0331、0896、0930、0991分別代表不同的network operator，且有不同的收費。但新的字碼範圍從090開頭，有新的規定：0900~0901字頭，固定每次從六十辨士到五英鎊；0906字頭，每分鐘沒有最高限額或固定計次費，採任何費率；0907字頭，固定每次至少一英鎊，包括產品訂購；0909字頭，成人服務，採任何費率（BBC Online Northern Ireland, 2001）。

　　相較上述各國，國內業者中華電信的編碼較爲簡單，0204字頭後加五碼，以0204-XX000號碼爲例，XX代表爲公司識別號，從電話中只能看出經營者，無法從號碼中看出節目分類或是計價費率。

■我國中華電信資訊服務節目分類

　　有關資訊服務經營者可提供的節目類別，依據中華電信在「智慧型網路付費語音資訊業務」營業規章中，所訂定節目類型說明如下（中華電信，1997）：

1.兒童節目：指針對十二歲以下兒童設計之節目。國內第一個，也是至今唯一曾經出現的兒童節目，在二○○○年八月推出電腦資訊叢書結合0204推動線上即時互動教學（陳宛綺，2000）。
2.青少年節目：指針對十二歲以上未滿十八歲之青少年設計的節目。
3.會議專線：指由主持人依特定議題及程序進行之節目，供參與人士討論、開會使用。

4.專業諮詢：指由專業人士主持以解答各項諮詢之節目。其中由專業人士現場主持以解答各項諮詢者稱為「專人諮詢節目」；由專業人士以錄音方式解答各項諮詢者，稱為「專業資訊節目」。中華電信屈美惠、蔡惠瑩（深度訪談，2001）表示，目前專業諮詢節目較熱門的有財經、保健、美容等項目。在台灣市場上，最熱門的專業諮詢節目，應屬針對股市的投顧專線，提供股票投資建議、當日操作策略、盤中走勢分析及即時的財經消息等。

5.仲介節目：指提供仲介訊息之節目。中華電信指出，能提供仲介訊息的項目，可說包含了各行各業，例如房屋仲介、人力仲介、中古車買賣、徵才廣告等，均可運用。

6.募款節目：指為慈善、非營利或政治組織等籌募款項之節目。中華電信付費語音資訊業務營業規章第四條第三項指出，申請募款節目者，應提示相關主管機關核發的同意函，通過後方准申請。

7.娛樂節目：指提供娛樂活動或訊息之節目。從0204電話業者在各媒體刊登的廣告，可發現推銷娛樂節目的比例最高，娛樂節目內容包括遊戲、影視資訊、體育活動、流行或科技新知、休閒旅遊介紹、命理星座分析、有獎徵答、點歌及歌曲排行榜。

8.電話投票：指供電話用戶投票，以進行意見調查之節目。

9.語音播放節目：指提供錄音供收聽笑話、故事、歌唱或資訊等內容之節目。提供錄音讓民眾收聽笑話、故事、歌唱，或資訊內容的語音播放節目，也相當地普遍，還包括宗教傳播、每月及每日星座運勢分析、命理解盤等。

國內第二家經營付費語音資訊服務的業者台灣固網，也提供了十三種類型節目（台灣固網，2002），其中兒童節目、青少年節目、會議專線、仲介節目、募款節目、娛樂節目及電話投票項目和中華電信相同，不同之處在於中華電信專業諮詢節目分成專人諮詢節目與專業資訊節目兩類，台灣固網則明列成理財專業諮詢、特定訊息查詢、專業技術諮詢、法律專業諮詢、心理專業諮詢五項，另於中華電信列於娛樂節目下的有獎徵答，台灣

固網則特別單獨列為電話抽獎節目。

此外，中華電信另提供「生活百科」類別，業者多以提供手機螢幕圖像與鈴聲下載為服務，成為近來熱門的業務之一。

■國外電信業者資訊服務節目類型

以日本NTT電話公司為例，該公司節目主要類型有嗜好（棋弈、雜誌、書籍、名牌商品）、娛樂（新上市CD、音樂會）、運動（衝浪活動的相關波浪報導、釣魚資訊、F1賽車資訊）、電腦（連接internet服務、個人電腦相關問題）、占星術（星象、卜易學）、生活資訊（美食報導、結婚資訊、車訊）、房地產住宅（房地產銷售資訊）、商業活動報導（期貨、股票行情、社會經濟情勢）、旅遊相關事項（國內外旅遊、簽證、居留權）。據NTT公司Dial Q2服務節目統計，其中提供節目數排行榜前三名依序為股票、算命、公開賭博之節目，節目撥接率排行榜前三名為波浪報導、美食報導及房地產資訊（Dial Service Corporation, 1999; 中華電信，1997）。

英國的付費語音資訊服務節目則呈現多樣化：氣象報告、交通查詢、徵友（kindred spirit）、戲票預定（theatre booking）、運動比賽報導（sport racing services）、新聞廣播（newcastle）、聊天專線等，業者認為其中以賽馬內幕、求助專線、新聞提供、電視節目遊戲活動說明最為熱門（Vodafone, 2001）。

英國報紙常出現的填字遊戲（quick crossword）供讀者腦力激盪與打發時間，雖然解答會在隔天刊出，但若讀者急著想知道所填答案是否正確，業者提供了0891字頭的付費電話提供查詢，且分成全部解答或僅部分解答而有不同收費；除了解答外，也有反向操作提供獎勵，為增加民眾樂趣和吸引撥打率，業者還提供彩金給能猜出答案的民眾（The Mirror, 2000a）。

美國900服務電話業者認為，幾乎各行各業都可以運用或結合付費語音資訊服務從事行銷工作，然以應用於電話投票（polling）、娛樂節目（entertainment）、募款用途（fundraising）、有價專業資訊（information）、電話語音交友專線（voice personals）、客戶及技術服務（customer technical service）最為普遍。

美國經營最久的收費節目是Tele-Lawer（電話律師），於一九八九年十月由Michael Cane創立，不僅為專業諮詢節目創始者，且是第一個由專業人士現場主持解答各項法律諮詢，由於節目中需涵蓋每種主要的法律問題，該辦公室有三十六位律師受僱，且平時固定有三到四位律師在辦公室回答各項諮詢（Mastin, 1996）。

另一種將客戶服務中心轉成利潤中心的做法，就是利用付費服務電話應用在客戶售後服務專線，Mastin（1996）舉微軟公司為例，因每天接獲二萬三千多通客戶電話詢問產品技術支援問題，於是微軟產品支援部門在一九九三年十月設立技術支援付費電話專線，提供一百七十種不同產品技術支援諮詢服務，成為公司內成長最迅速的部門，且擁有額外的收入加強產品支援部門的人力，更提升了服務的內容與水準。

■中華電信與台灣固網資訊服務資費

付費語音資訊服務的節目收費，根據中華電信付費語音資訊業務租用契約條款第二十五條：資訊節目費率是由資訊服務經營者，在中華電信訂定的節目費上限內自訂之；而租用契約條款第十六條規定：每一節目需有二十秒之前言，除電話投票節目外，前言內容應包含資訊服務經營者名稱、節目名稱及收費方式，並至少保留三秒鐘讓電話用戶決定是否繼續使用，且需有明確提示開始計費之信號。用戶在前言時段二十秒內掛斷則無需付費，其費用由資訊服務經營者負責支付，但電話用戶撥叫電話投票節目時，資訊服務經營者應支付每通二十秒之通信費，電話用戶則應按資訊服務經營者所訂費用繳納節目費（中華電信，1999）。台灣固網的付費語音資訊服務計價，則根據營業規章第六章規定，各項資費由該公司擬定，依據「第一類電信事業資費管理辦法」規定之期限，報請主管機關核定（台灣固網，2002）。其中前言部分和中華電信相同，前言時段每通按二十秒計算，其費用不計入節目費，電話用戶不需付費，通信費應由資訊服務經營者負責支付；而電話用戶撥叫電話投票節目時，資訊服務業者應支付每通二十秒的通信費，電話用戶則按資訊服務經營者所訂費用標準繳納節目費。

依據中華電信與業者公布的相關資料，資訊服務經營者租用「智慧型網路付費語音資訊業務」價目表如**表5-1**所示。

至於節目收費價格上限如**表5-2**所示。

表5-1　資訊服務經營者租用「智慧型網路付費語音資訊業務」價目表

（幣別：新台幣）

項　目	金　額	說　明
設定費	$2,000	依每一節目號碼每次計數，設定節目號碼及測試之費用。
異動費	$1,000	依每一節目號碼每次計收，變化節目名稱、號碼、節目費或轉接等費用。
月租費	$2,000	依每一節目號碼每月計收，若節目暫停未辦理節目取消時仍應繳納。
電路使用費	依中華電信國內數據電路業務價目表收費	智慧型網路系統介接之費用。
通信費	市用電話：每分鐘2.4元	依用戶實際通話時間累計，量越大折扣越多，並包含每通電話二十秒之前言時間。
	行動電話：每分鐘3.4元	
帳務處理費	應收節目費總額之10%計算	中華電信代為出帳及收費之費用。

資料來源：作者研究整理。

表5-2　資訊服務經營者節目費上限

（幣別：新台幣）

節目名稱	每分鐘最高上限	每次最高上限
兒童節目	10	50
青少年節目	10	50
會議專線	20	300
專業諮詢（專人諮詢）	100	500
專業諮詢（專業資訊）	50	400
仲介節目	50	500
募款節目	─	100
娛樂節目	20	200
電話投票	─	10
語音播放節目	10	50
生活百科	50	300

資料來源：作者研究整理。

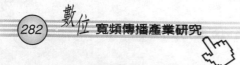

雖然中華電信在租用契約條款中，特別註明節目費率由資訊服務經營者在規定範圍上限內自定，但從業者所廣告宣傳資料可發現，目前價格訂定大多取與中華電信所規定之上限值。中華電信屈美惠、蔡惠瑩（深度訪談，2001）指出，訂定節目類型與收費價目，均需呈報主管機關（電信總局）核准。

然業者周文德（深度訪談，2001）則認為，節目收費上應更具彈性，往上、往下都有調整空間，往上甚至可收每分鐘一千元，往下可調降到每分鐘一元，問題關鍵只在於和電信公司的帳務拆帳問題。周文德也指出，現0204電話費用糾紛越來越少，大概已經沒人認為打0204電話是免費的，都知道其屬於付費電話。

至於中華電信則鼓勵業者在專業諮詢節目經營上，可朝法律、醫學諮詢等方面著手（屈美惠、蔡惠瑩，深度訪談，2001）。但業者周文德（深度訪談，2001）則指出將美國電話律師模式移植台灣就行不通，因為目前中華電信收費上限遠低於律師收入，除非是生意極為不佳的律師，才會一直坐在電話機旁等人打電話來諮詢，醫師的情形也類似。

業者周文德（深度訪談，2001）認為，0204付費機制已經成熟，因此，若要吸引專業人士投入市場提供服務，目前節目收費的限制必須解除，以增加對民眾的吸引力，至於市場上會不會接受，則應全由消費市場來決定。

二、付費語音資訊業務在台灣

(一)台灣付費語音資訊業務的發展

中華電信在一九九七年四月分時，即對媒體釋出將開放智慧型網路付費業務的訊息，強調將可提供民眾更便利的資訊服務（李景駿，1997；林淑惠，1997）。一九九八年一月二十二日正式開放0204付費語音資訊業務時，由ISP業者如天馬、雷鈞等公司提供語音資訊服務，中華電信則提供骨幹、數據專線及帳務處理，並收取相關費用，開辦之初為中華電信增加不

少市話營收（羅文明，1998；彭淑芬，1998）。

0204付費語音資訊業務開辦後，許多提供資訊內容服務的業者認為其市場商機龐大，能快速累積財富，且發現只要能有吸引消費者撥打意願的創意資訊，加上暢達的媒體通路，就能在付費語音資訊業務商機上，創造更大利潤空間（蔡念中、陳文浩，2001）。多家有線及無線電視台為拉抬收視率，配合節目宣傳舉辦猜迷抽獎活動，開闢「0204」的專線電話吸引許多觀眾撥打（李宗祐，1997），付費語音資訊可提供的內容五花八門，包括股市解盤、股友社明牌、星座算命，還有人把每天的減肥食譜及運動方案設定在其中，使得0204電話成為中華電信成長最快的營業項目（李忠義，1999a）。

然而，付費語音資訊電話開辦後，媒體上就陸續出現詐財、欺騙案件報導，被害人的電話中，來電顯示傳呼者留下的0204開頭付費電話，號碼後面還會附加「530」（我想你）和「119」（很緊急）兩組諧音，回話後才發現是電腦語音系統。事後接獲電信帳單，竟發現多了大筆的電話費，令當事人中計受騙（李南燕，1998；廖嘯龍，1998）。

而隨著業者爭相投入市場，媒體上對於0204付費電話負面報導也越來越多，例如：有國小學童邊看色情影片邊打0204色情電話，讓家長收到六萬多元帳單；有十五歲的國中生在看過第四台0204廣告後，夜夜沉溺於色情電話中，家長發現電話費暴增，帶該名打0204電話而無法自拔的少年前往精神科求診；某國立大學宿舍電話遭盜撥逾千萬元，經查訪通話紀錄，發現學生私接線路撥打0204色情電話；還有業者想利用0204電話發聯考財，聲稱透過付費電話口述販賣聯招考題（中國時報編輯部，2000；吳慧芬，2000；趙家麟，2000）。此外，還有業者收費與廣告不符，在平面媒體刊登0204廣告，宣稱每分鐘收費僅一元七角，但實際上卻以每分鐘六十元收費，遭到民眾檢舉，被公平交易委員會判定廣告不實處分（陳素玲，2002）。

劉幼琍（2000）指出，對於0204付費電話涉及色情和一些非法爭議，引起媒體經常廣泛報導廣受大眾關注，而0204付費電話主要涉及的法律問題，在於色情與盜撥犯罪。

中華電信在一九九九年五月三十一日奉交通部電信總局指示，成立付費語音資訊節目審議委員會，經由各大專院校、相關主管機關及消費者團體推薦適當人選擔任委員，委員共十一人，其中除中華電信公司代表一人外，尚有學者專家五人，消費者代表一人及機關代表四人。在委員會嚴謹把關下，不但淨化0204節目內容，並訂定多項節目規範，對於端正社會風氣及維護消費者權益均頗具績效。

　　二〇〇二年八月台灣固網加入付費語音資訊服務市場營運後，在電信總局的召集下，中華電信與台灣固網、東森寬頻電信、新世紀資通三家固網共同組成「綜合網路業務經營者付費語音資訊節目審議委員會」，委員會成員與前述相似，但業者不得為委員，每個月開會二次審議節目內容（龔小文，2003a，2003b）。

　　從媒體報導資料可發現，0204付費電話的爭議，還是集中在盜撥與廣告色情化問題。而遭盜打受害的情況從個人到整個社區都有，以中華電信對於0204付費電話盜撥問題為例，該公司提供民眾申請限撥方式，對於受害的用戶經查明確認後，可以不必繳付費用。電話用戶對節目費提出異議且拒絕繳納時，代理資訊服務經營者向電話用戶收取節目費的中華電信，依據其業務營業規章第二十四條規定，中華電信有權簽減費用，資訊服務經營者不得提出異議；另若節目號碼疑似遭到盜撥，中華電信則依第二十五條規定，可要求業者停止租用，當節目號碼證實遭到盜撥時，尚未出帳的節目費，中華電信將不予出帳；已出帳的節目費，則一律依用戶要求無異議簽減（中華電信，2000）。

　　0204付費電話廣告爭議，主要在於電視廣告上的情色或「清涼」畫面，且均出現在衛星廣播電視頻道。學者郭良文指出色情廣告氾濫，負有媒體把關任務的新聞局應有所作為。他認為欲遏阻色情廣告，消極面為請媒體發揮良知，拒刊登類似廣告；積極面則是對刊登色情廣告之媒體給予嚴處，並訂定法律對相關業者加以規範（彭威晶，1993）。

　　對於衛星頻道業者播送有關付費電話業務之「誘惑性」廣告，新聞局要求業者應安排於鎖碼頻道或於晚間十二時至翌日五時時段播出，否則視違法情節核處，其依據為衛星廣播電視法第十八條第二項主管機關得指定

時段、鎖碼播送特定節目之規定（行政院新聞局，1999）。

對於廣告之管理，依據中華電信付費語音資訊業務營規章第十八條「資訊服務經營者對其節目所作的廣告、文宣等，應標明為提供付費語音資訊業務，內容含資訊服務經營者之名稱、地址、資訊提供者名稱、節目簡介、節目費用、收費方式及受理電話用戶申訴之多功能受話付費電話號碼等資料」，而規章第二十七條也規定，資訊服務經營者對於違反第十八條規定者，得視情節輕重終止其部分或全部租用（中華電信，2000）。

新聞局廣播電視評鑑委員會在八十九年時，也決議要求「電視媒體播送0204付費電話相關訊息或廣告時，應明確告知觀眾該付費電話之單位價格及完成該項活動所需之通話時間，該等訊息使用字體大小應與所宣播電話號碼之字體大小相同，其播出時間長度亦應足以使觀眾明確辨識」。

新聞局處理0204違規廣告的法律依據有二，其一為依兒童及少年性交易防治條例，其二為依衛星廣播電視法（行政院新聞局，1999）。根據新聞局統計，採取監測或受理民眾檢舉，從二○○○年四月至二○○一年八月，對於衛星頻道違規播放0204付費電話廣告處理，計有十二件違規，罰鍰總額達二百三十五萬元，而移送警政署有二件，移送中華電信有一百五十二件，經裁定停播者有十三件。

(二)付費語音資訊未來趨勢

交通部在二○○○年三月開放長途、市內及國際等固定電信網路經營業務，打破長期由中華電信獨家經營的局面，且有「東森寬頻」、「新世紀資通」、「台灣固網」三家新進固網業者取得執照並開台營運（蔡念中，2000）。在固網業者進入電信市場後，國內付費語音資訊服務未來發展趨勢也受到業者的關注。

中華電信屈美惠、蔡惠瑩（深度訪談，2001）認為，付費資訊未來將不局限於語音，會以多媒體方式呈現。業者也認為系統線路並不是問題，而應先考量如何管理的問題。但是，電信總局張峻銘（深度訪談，2001）則認為，0204付費電話若將來轉型成多媒體影音，必須以寬頻上網方式才會價廉且傳輸速度快，而0204付費電話若變成影音互動時，將會削弱資訊

提供的功能。

　　固網業者則認為，新的電信民營業者經營付費語音資訊業務是遲早的問題，考量關鍵在於市場技術的成熟度，與大眾需求而定，未來趨勢應該不只是單純的語音交換，已可用新技術在網際網路通訊協定（internet protocol, IP）上發展，包括應用在網路電話語音上；而固網業者將來投入付費語音資訊服務經營時，會考量現有市場所沒有的功能，例如影音功能，且同時在IP上發展，以節省費用並爭取商機。而業者也認為，若中華電信推出寬頻互動多媒體平台，利用ADSL電話線路收看影音節目，將來一定會影響到付費語音資訊業務的發展（東森寬頻，電話訪問，2001）。

　　在國外，澳洲的付費語音資訊服務已經發展出同樣具有說話功能的虛擬客服中心（virtual call centre），利用智慧型網路和語音辨識系統，提供更頂級與廣泛的資訊服務（Press Release, 2001）。日本NTT電話公司推出的Dial Q2付費電話服務，更提供了結合網路的InterQ's Service，讓用戶透過Dial Q2付費電話進入網際網路，而不需固定帳號，受到相當歡迎，在一九九八年十二月時，營運收入高達十九億日圓，且至今持續成長中（Japaninc, 1999）。而國際電訊傳播聯盟——電信標準局（ITU-T）更針對跨國性資訊提供的國際付費語音資訊服務（international premium rate service, IPRS）訂立定義與建議，使得資訊服務業者（ISP）也能在其他國家提供國際性的付費資訊電話服務（ITU-T, 2001）。

　　從澳洲、日本的付費語音資訊服務最新發展情況，乃至於國際付費語音資訊服務都已經出現，但是國內付費語音資訊服務現仍停留在單純語音服務。業界雖認為未來付費語音資訊服務將朝多媒體影音發展，但此趨勢牽涉電信事業與影音、資訊的跨業結合，需要政府政策和科技的配合。新傳播科技的匯流（convergence）在媒體整合過程中，扮演著不可或缺的角色，付費語音資訊服務也相同，它象徵傳統電話走出傳統功能，以智慧型網路型態提供人性化的服務需求，未來將以多媒體形式互動發展，融合影像、聲音與資訊，這也勾勒出未來付費資訊電話發展的方向。

三、國外付費語音資訊服務發展簡述

本小節列舉美國、加拿大、英國、芬蘭、日本及中國大陸與香港等地的付費語音資訊服務發展概況，由於美國是付費語音資訊起源地，900付費電話發展成熟；而中華電信的業務發展情形，則是與日本大致相同；加拿大則是香港資訊聆服務的取經對象（電訊服務用戶及消費者諮詢委員會，1994b）。位於歐洲的芬蘭則是電訊科技先進普及地區；而鄰近的香港及中國大陸，則同為華人應用付費語音資訊服務的發展概況。蒐集這些國家地區的付費語音資訊服務資訊，有助於從國外經驗中，提供國內付費語音資訊發展有利的實證參考。

(一)美國

Baldwin、McVoy和Steinfield（1996）指出，美國付費語音資訊服務興盛之前，始自一九七○年代就有計次收費通話服務，例如AT&T公司推出特別的「976」開頭的電話，供作資訊接續之用，這類服務就是「請撥它」（dial-it）服務，然在當時，最早的資訊提供者，並沒有因為電話公司計次收費系統而受惠。

一直到AT&T公司分裂後，法律禁止區域貝爾電話公司經營自有的資訊內容，只能提供資訊的傳輸服務。此後，區域貝爾電話公司的「976」服務以及長途的「900」服務，就根據通話數量，將每通電話收取的部分價款，給付給資訊服務提供者。

Baldwin、McVoy和Steinfield（1996）也指出，一九八九年之後，美國全國性的「900」號服務嶄露頭角，搶占市場大餅，估計市場的營收利潤從一九八七年的三億五千萬美元，躍增到一九九一年的將近十億美元，其中，市內電話與長途電話公司提供帳務和收款服務，而業務部則出面承租必要的設備和傳輸線路，然後再將設備及線路出租給資訊服務提供者。

值得一提的是900服務，現雖已經成為美國、甚至國際上視為付費語音資訊服務的代名詞。事實上，應將900電話定義為，以「900」為電話字首

開頭的高額計次付費電話，且是透過與FCC管理的電信傳播載具傳送，具體地提供內容與節目（Custom900, 2001）。

Baldwin、McVoy和Steinfield（1996）認為，由於市場進入容易，加上可以在短期回收成本，坐擁暴利，因此吸引了許多非法的業者投入，並鼓吹青少年撥打這類電話賺取電話費用，因此詐欺案件也層出不窮。當時最著名案例為「與聖誕老人聊天」，業者以廣告宣傳「能以電話與聖誕老人聊天」為由，謀取巨額暴利，引起民眾與社區團體抗議。遂使得電話產業發起自律。聯邦傳播委員會也制訂了嚴厲的規定，強制要求所有服務要在內容之前標示一則警示訊息，告知使用者服務內容，以及實際收費價格等。此外，美國各州對於付費語音資訊服務所訂定的法律規章並非相同適用，每一州自有相關的特別要求事項或罰責。

(二)英國

英國電信（British Telecom, BT）在一九八五年引進「付費語音資訊服務」，且發展迅速，在一九九六年時的收益總計已達五億八千萬英鎊。在英國，「付費語音資訊服務」是以申請的資訊內容來決定電話字頭碼，且被限制在幾個固定的電話開頭碼內，而不同電話開頭碼每分鐘有不同的收費價格（中華電信，1996）。

英國報紙上經常可以見到付費語音資訊服務業者的廣告宣傳，內容五花八門，常見的有下雪報導（snow report）、滑雪專線（ski hotline）、運動專線（sport line，如板球、馬術）、電視節目報導（TV times）、醫藥和醫學（medical line）、財務金融服務諮詢（financial services）、手相（helping hand）、法律諮詢（legal lines）、育兒知識（parenting phone line）、雜誌促銷（封面上號碼撥打付費電話對獎）、八卦專線（例如：Hollywood confidential）、歌迷與影星專線、電玩資訊、占星（horoscope）與拼圖、填字遊戲（The Mirror, 2000a, 2000b, 2000c）。據中華電信屈美惠（深度訪談，2001）指出，公司人員前往考察蒐集資料時發現，這些類型節目均相當受到歡迎，且有很好的業績。

在英國，管理付費語音資訊服務的單位，為監督管理電話資訊服務標

準獨立委員會（The Independent Committee for the Supervision of Standards of Telephone Information Services, ICSTIS）。此一委員會創立於一九八六年，屬於非營利組織團體，資金來自於與服務經營者訂有契約的網路經營業者、即電信公司捐助，以及行政管理費和罰款收入，該委員會內有九位成員，委員們的任命資格必須其職業完全獨立於付費語音服務產業之外，並有全職秘書協助委員會運作（ICSTIS, 2001a）。

ICSTIS委員會的角色（ICSTIS, 2001a），主要為管理「付費語音資訊服務」的內容與其銷售形式內容（即廣告內容），且在網路營運業者的支持下，執行付費語音資訊服務的營業規章條款，其從事的工作項目如下：

1. 訂定、維持和提升付費語音資訊服務內容與銷售形式內容，且在複審方式下保持標準。
2. 在改變原有標準前，會先諮詢付費語音資訊服務產業界和其他利益團體。
3. 為確保服務內容和廣告內容維持符合標準，採取監測及監聽措施。
4. 對於涉及內容和廣告的抱怨，委員會在調查後進行審議和裁決宣告，並提出改善建議，要求業者實踐承諾；對於破壞法規者，委員會則可能會批准施加懲罰。
5. 若有服務系統提供非授權的現場對談服務，經法律判決賠償，將被委員會公告刊載於固定或一般的刊物上。

在英國，所有內容提供者所提供的資訊，都必須透過ICSTIS委員會的審核監督，該委員會並制定「色情服務」規章，明定色情服務只能用高費率電話號碼或者網路經營人專門分配的特別號碼來提供，色情服務包括「淫蕩的」、「性娛樂」或類似的服務（林淑惠，1997）。

(三)加拿大

加拿大在一九九五年引進900電話服務，營運模式和美國相仿，加拿大從美國900服務發展中吸取教訓，不過也有部分犯了同樣的缺失。加拿大的付費語音電話和美國900服務主要的不同，與電話公司的組織規模有關：在

加拿大每省有一家電話公司，提供當地和長途電話服務，並有名為Stator的監督管理組織，提供所有服務方面的觀點（Telecommute Corporation, 1997）。

加拿大在一九九二年時，電信業者們面對全球經濟的競爭，並認為必須保持以「顧客為主、消費者為先」的發展之需，而組成了The Stator Alliance，由十餘家電話公司共同加入組成。此一營運聯盟成為加拿大最大的網路系統，號稱擁有世界上最先進和可靠的電信架構，包括從大西洋岸至太平洋岸的數位和光纖網路。Stator的服務包括帶領業者減少營運上的成本，以及監督管理服務品質，而平常工作為專任市場的諮詢顧問（Dfait-maeci, 2001; Telecompute Corporation, 1997）。

(四)芬蘭

提出全世界第一座虛擬城市赫爾辛基計畫（Helsinki Arena 2000）的芬蘭，科技生活普及，主要原因之一為提早發展電信科技（林志成，2000）。芬蘭最大電話公司Sonera指出（2001），芬蘭付費語音資訊電話市場，每年市場營收創下近三億五千萬元芬蘭幣（FIM）、約七千萬美元，且持續成長中，目前市場區隔為「資訊服務」和「娛樂服務」各占一半，計費則採分成每分鐘、每人次或每月等方式計算。隨著使用人口的增加，使得芬蘭的付費語音資訊服務市場，為全世界最活躍的地區之一。

在芬蘭，付費語音資訊服務的管理單位為「電信監督管理中心」，並提供付費資訊服務的指導方針，包括電話字首0200提供一般服務和商業服務類（例如：時間表、銀行業務事項與公平最低價格）；字首0600提供交易及執行服務和經銷服務類（例如：法律、醫學、技術和專業服務）；以及字首07008的娛樂服務，與字首07001成人服務和相關娛樂：如成人聊天專線（Sonera, 2001）。

(五)日本

日本電話公司（NTT）於一九八九年推出Dial Q2業務，即為付費語音資訊服務，由資訊服務經營者提供節目內容，NTT公司提供網路設備、計

費系統、向電話用戶收費及與資訊服務經營者攤帳之服務，爲讓國際人士明瞭Dial Q2服務爲何，NTT將這項服務英文譯名加注900 numbers service並說明又稱爲PRM（prime rate service）（SDE, 2001; 中華電信，1997）。

　　Dial Q2服務在一九八九年開辦第一年只有一百六十六個節目，然隔年一九九○年，急遽激增達八千一百七十個節目，一九九一年爲Dial Q2服務最尖峰時期，節目數達一萬個以上。一九九三年時，開始以3、5、6字碼區分節目類型，一直到一九九四時，將3字碼（成人節目類型）改爲申請制後，業者逐漸退出。相對的以提供「生活資訊」和「媒介特定使用者」間的通信節目數一直提升。在一九九六年時，節目總數爲四千零七十三個，其中3字碼成人節目只有二十八個、5字碼有三千七百九十八個、6字碼爲二百四十七個（中華電信，1997）。

　　日本負責監督管理付費語音資訊服務的機構爲「倫理道德審查委員會」，經該會核定爲不良節目者，將會給予電話公司解約建議通知書。倫理道德委員會依據「Dial Q2倫理規約」，檢查節目內容是否違反公序良俗，NTT一收到倫理道德審查委員會的通知書後，即將該節目解約。倫理道德委員會所認定的不良節目，主要包括提供不特定男女間做一對一的打情罵俏節目、專以媒介不特定男女間通訊爲目的之節目，以及利用Dial Q2節目提供物品或服務等直接收取金錢的節目（中華電信，1997）。

　　「倫理道德審查委員會」屬全日本電話服務協會之一部分，全日本電話服務協會係財團法人組織。倫理道德審查委員會受NTT公司委託審查Dial Q2節目，其委員成員約十人，事先經日本郵電省之認可，委員除全日本電話服務協會成員外，並包括聘請的法律專家及社會知名人士，委員會設會長一名，會長下設理事會，「Dial Q2倫理規約」由倫理道德審查委員會自行編定，並經報請日本郵電省核可後實施（中華電信，1997）。

(六)中國大陸

　　付費語音資訊在中國大陸稱爲「電話信息服務」，包括電話人工信息服務系統（160台）和電話自動信息服務系統（168台）。最早於一九八七年五月在上海開通，這項在大陸公衆電話通信網基礎上發展的增值業務，拓展

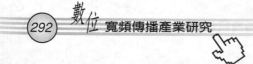

相當迅速。據一九九七年統計數據，大陸除拉薩以外的各地省會城市、大部分城市及一部分縣，已建立了五百多個168自動聲訊台和一百多個人工電話信息台，電話信息服務網有十萬條中繼線，每年業務收入達到十五億元，全年為公眾提供數十億次的信息服務（Lhtelecom, 2001; 中國網，2001a；王向東，1997）。

為發揮公用通信網的整體優勢，達到資源共享，大陸在一九九七年底就採取通一編碼和通過數據庫聯網方式，讓160台之間可以互查對方的數據庫，用戶撥打160台不但可以共享當地信息服務，還可以由160話務員為用戶查詢其他聯網城市160台數據庫的異地信息。至一九九九年第一季（一至三月）通訊用戶情況統計，大陸電話信息服務總次數已達二十五億次（Lhtelecom, 2001；中國網，2001b；王向東，1997）。

160台服務形式，由話務員直接提供服務，當用戶在聽取話務員口述信息時，可根據自己需要，重點詢問某個問題，如果用戶查詢的問題是現有信息庫裏沒有的，話務員可請用戶留下姓名和電話，經過後台查詢後，將結果通知用戶。另外，用戶對聽不清的問題可以提問，由話務員重複進行講解。160台還可以請相應的專家開設不同的分台，就專業知識進行講解，客戶可以和專家直接通話（Lingbao, 2001）。

為進一步加強通信服務監管，中國大陸官方信息產業部頒布「電信服務標準」，成立全國電信用戶委員會和電信用戶申訴受理中心（中國網，2001a）。而信息產業部也指出，信息產業為國民經濟的重要基礎和支柱產業，為迎接進入WTO（世界貿易組織，World Trade Organization）帶來的挑戰，加強了信息產業法規方面的建設，在二〇〇〇年初頒布「電信服務標準」已開始施行（中國網，2001b）。

「電信服務標準」是屬於電信行業強制性標準，在服務質量指標方面，規定了裝移機時限；故障修復時限、計費查詢等；在通信質量指標方面，規定了呼叫接續時延、信息傳遞質量、計費準確率、網絡可靠性等；並保護用戶的知情權，明確要求電信企業應向用戶免費提供詳細的長途、移動漫游和信息服務帳單（光明網，2001）；在電話信息服務方面，「電信服務標準」規定，信息台提供信息服務，應當向社會公開各類信息內容和計

費標準，用戶撥通信息台後，信息台應當免費向用戶播送收費標準提示音，而且播放的引導音不得收費（人民日報市場報，2000）。中國大陸信息產業部在二〇〇〇年一月十八日正式成立電信用戶申訴受理中心，受理用戶對電信服務質量問題的申訴，對用戶與電信企業之間的糾紛進行調解和處理，對違反電信服務質量標準、損害用戶權益的行為進行調查，並對主管部門提出處理建議；而信息產業部門還將陸續頒布「電信服務質量監督管理辦法」、「電信用戶申訴處理暫行辦法」，以規範電信服務（光明網，2001）。

然而，因部分業者為賺取更多利益，中國大陸的電話信息台，在近年竟成為社會團體和教育單位呼籲遠離的地點，原因係俗稱「三廳一台」（遊戲廳、錄像廳、歌舞廳和電話信息台）等場所，因一些不法經營者貪圖利益，採取直接或變相涉及色情、賭博、凶殺、暴力等內容的惡劣手段，引誘、教唆、容留未成年人犯罪，侵蝕青少年身心健康，山東省在二〇〇〇年時還曾舉辦一千六百萬名未成年人宣誓遠離「三廳一台」活動（人民日報網路版，2000）。而電話信息台涉及情色對談、資費不實等糾紛也屢見不鮮，甚至還有公務人員利用上班時間撥打，讓公家單位積欠高額信息費（北京青年報，1999）。

(七)香港

香港的付費語音資訊業務稱為「資訊聆」。由香港電話有限公司於一九八九年起推出資訊聆服務，用戶如使用該服務，需先撥「173」，再撥六位號碼收聽預錄的聲帶，而所有直通國際電話（IDD）的用戶，均可直接接駁資訊聆服務。資訊聆提供的節目分為「一般節目」及「成人節目」，另有一種「顧問專線」服務。資訊聆服務開辦後，香港電訊管理局及報界均接獲不少投訴，例如兒童擅自收聽兒童故事及遊戲節目，引致家長需繳付龐大費用（電訊服務用戶及消費者諮詢委員會，1994a，1994b）。

主管監督資訊聆業務為「電訊服務用戶及消費者諮詢委員會」，其職權範圍主要係以消費者及用戶的觀點，向電訊管理局提供有關電訊服務的發展、供應及素質的意見，藉此確保消費者及用戶能以合理的價格享用優質

的服務。資訊提供機構若是內容違反守則，民眾可向資訊聆節目投訴顧問委員會投訴，由其作出裁決。廣告部分則由香港廣播事務管理局調查，凡涉及違法，採公開以「新聞公報」發布新聞稿，透過媒體輿論力量督促業者改善（電訊服務用戶及消費者諮詢委員會，1997）。

原先在香港，國際電話的新用戶，需在申請國際電話服務時，表明使用防止接駁資訊聆的服務，否則其IDD線路便會自動接駁資訊聆服務。針對這項接駁資訊聆的問題，香港電訊服務用戶及消費者諮詢委員會在一九九四年十月會議中決意將IDD及資訊聆服務分開。根據新電話號碼計畫，所有「173」的資訊聆服務將轉為「900」，收費資訊服務的電話號碼組合方法為900＋服務種類號碼（1位數字）＋XXX XXX，而服務種類號碼可把各種服務分隔（電訊服務用戶及消費者諮詢委員會，1994a，1994b）。

現資訊聆由香港電訊有限公司在二〇〇〇年八月與盈科數碼動力有限公司合併的「電訊盈科」電訊公司，在香港本地電話業務中提供服務，由資料供應商創作不同類型收費節目，供電話用戶撥打並逐次通話收費，所有節目收費依資料供應商的策略而定。資料供應商可租用電訊盈科的網絡，直接營運其安排的節目，並透過電訊盈科代為向顧客收取費用（電訊盈科，2001）。

第六節　電話問卷調查分析

為瞭解民眾對於付費語音資訊業務認知、使用情形與滿意度，本研究採取問卷調查法，整體調查過程設計與完成情形如下：

調查地區：台灣地區。

調查對象：居住在台灣地區，年滿十五歲的民眾。

調查時間：二〇〇三年八月二十五日至二十六日的18:20至22:00。

調查方式：電腦輔助的電話訪問(computer-assisted telephone interviewing, CATI)。

抽樣架構：利用台閩地區二十五個縣市住宅電話電腦資料庫為抽樣母體清冊，依各縣市公民人數比例，採系統隨機抽樣法選取樣本戶。

抽樣方法：隨機跳號方式（random digit dialing）。

有效樣本：完成一千零八十一位十五歲以上民眾之電話訪問。

拒　　訪：四百七十人。

回 應 率：69.7%。

抽樣誤差：抽樣誤差：對母體各項之推論，以95%信心水準估計，最大可能抽樣誤差為正負三個百分點（±3%）以內。

訪員人次：45人。

督導人次：4人。

說　　明：

1.根據八月二十六日調查結束後統計製表。

2.表中「忙線、無人接聽、傳真機、住宅答錄機」等，皆是在每日三

表5-3　調查期間的撥號最後狀況統計

撥號狀況	合計	
忙線	260	4.7%
無人接聽	1597	28.7%
傳真機	246	4.4%
住宅答錄機	20	0.4%
非住宅答錄機	89	1.6%
空號	846	15.2%
電話故障	30	0.5%
電話暫停使用	31	0.6%
中止訪問	755	13.6%
未完成的約訪	145	2.6%
拒訪	470	8.4%
成功完訪	1081	19.4%
合計	5570	100.0%

次、每次間隔三十分鐘，重撥以後的最終狀況統計。若當日重撥三次仍為原狀況，則該類電話號碼會集中存檔以供次日更換時間繼續撥號，直到調查結束為止。

3. 表中的「中止訪問」一項，主要是包括：非住宅電話、無合格受訪者、因受訪者生理／心理障礙而無法訪問、語言不通、電話因素（如通話品質不良無法克服、中途斷訊無法續訪）等項目合計。

4. 每份成功完訪的問卷平均所需時間為四分五十七秒。

一、樣本結構分析

問卷第一題「請問，您知不知道有付費語音資訊電話，也就是所謂的0204？」，若回答不知道者即中止訪問，回答知道者繼續訪問，完成一千零八十一份有效問卷；經整理登錄，回答第二題「請問，您有沒有打過0204付費語音資訊電話？」七十三位受訪者回答「有」，占6.8%，一千零八位受訪者回答「沒有」，占93.2%。

受訪者中，女性五百四十七名、比例占50.6%；男性受訪者有五百三十四名、比例占49.4%。居住地則包括北部、中部、南部、花東及外島地區各縣市，比例以北部台北縣（17.1%）、台北市（11.6%）受訪者最多，其次為桃園縣（8.1%）、高雄市（7.1%）、台中縣（6.8%）。受訪者年齡以十五至十九歲最多，達15.7%；其次為二十至二十四歲及三十至三十四歲，均為13.9%。教育程度則以高中、高職最多，有四百三十八位，占40.5%；其次是大學21.2%、專科18.6%。職業則以學生比例最多占21.3%；次為家管、退休、待業者占19.1%；服務業占17.2%。

受訪者中以女性較多，居住地大部分在台北縣市，年齡主要在十五至二十四歲，教育程度以高中、高職最多，大專學歷居次。樣本結構如**表5-4**所示。

表5-4　本研究電話調查樣本結構

		頻次	百分比
性別	女	547	50.6%
	男	534	49.4%
年齡	15-19歲	170	15.7%
	20-24歲	150	13.9%
	25-29歲	103	9.5%
	30-34歲	150	13.9%
	35-39歲	131	12.1%
	40-44歲	154	14.2%
	45-49歲	82	7.6%
	50-59歲	103	9.5%
	60-69歲	25	2.3%
	70歲以上	7	0.6%
	未回答	6	0.6%
居住縣市	基隆市	22	2.0%
	台北縣	185	17.1%
	台北市	125	11.6%
	宜蘭縣	25	2.3%
	桃園縣	88	8.1%
	新竹縣	21	1.9%
	新竹市	19	1.8%
	苗栗縣	20	1.9%
	台中縣	73	6.8%
	台中市	50	4.6%
	彰化縣	57	5.3%
	南投縣	27	2.5%
	雲林縣	21	1.9%
	嘉義縣	29	2.7%
	嘉義市	11	1.0%
	台南縣	57	5.3%
	台南市	36	3.3%
	高雄縣	62	5.7%
	高雄市	77	7.1%
	屏東縣	42	3.9%

（續）表5-4　本研究電話調查樣本結構

		頻次	百分比
	澎湖縣	5	0.5%
	花蓮縣	16	1.5%
	台東縣	10	0.9%
	未回答	3	0.3%
教育程度	小學以下	53	4.9%
	國中	129	11.9%
	高中、高職	438	40.5%
	專科	201	18.6%
	大學	229	21.2%
	研究所及以上	27	2.5%
	未回答	6	0.6%
職業	學生	230	21.3%
	軍公教	69	6.4%
	勞工	99	9.2%
	農林漁牧	25	2.3%
	自營商	82	7.6%
	服務業	186	17.2%
	自由業	53	4.9%
	資訊業	37	3.4%
	無業（家管／退休／待業）	206	19.1%
	其他	91	8.4%
	拒答	3	0.3%

二、調查內容分析

■知道0204付費語音資訊電話的受訪民眾中，有撥打經驗的民眾不到一成，女性使用者（7.7%）甚至高過男性（5.8%）

　　一千零八十一位回答知道0204電話的受訪民眾中，有撥打經驗者只有6.8%（七十三人），沒有撥打過的民眾則高達九成三（93.2%，一千零八人），顯示0204電話知名度雖高，知道有這項電信業務服務，但真正曾撥打

過的民眾並不多，具高知名度卻未能讓民眾廣泛利用，原因係受內容、價格或是其他因素影響？值得業者深思。

經將此問題回答選項與受訪者性別、年齡、教育程度與職業進行交叉分析發現，男性有撥打經驗的只有5.8%，比女性回答有撥打經驗者7.7%比例還少，顯示有撥打0204電話經驗者不分男女性別皆有，甚至女性還略多於男性。再者，依受訪年齡層，顯示有撥打經驗者於各年齡層皆有。教育程度方面，受訪者以高中、高職學歷最多。職業方面，有撥打經驗者以從事資訊行業者最高，有10.8%；其次為無業（家管／退休／待業）的9.2%；軍公教身分則排行第三，有8.7%。

■沒有撥打使用經驗的六成民眾，對於0204電話的印象是情色電話；有居住都會區、學歷越高，越對0204電話印象認為是情色電話趨勢

回答沒有撥打過0204電話的受訪民眾，對於0204電話的印象，三成四回答是需付費的語音資訊服務，有六成民眾則回答是情色電話，另有二成九回答不知道或未回答，顯見民眾認為0204電話是情色電話的比例，多於知道其正式名稱「付費語音資訊服務」。

經交叉分析，男性認為0204電話是情色電話有62.6%，女性認為0204電話是情色電話有58.4%，比例都在六成左右，換言之，無論男女性別，六成民眾對於0204電話的印象是情色電話。且從居住地區交叉分析結果顯示，居住在都會地區（台北市、台中市、高雄市）受訪民眾認為0204電話是情色電話的比例明顯較高，其中居住在台北市受訪者則達七成比例認為0204電話為情色電話；然而居住在新竹縣、苗栗縣、雲林縣、屏東縣、澎湖縣及花蓮縣等非都會區縣市的受訪民眾，則有高達四成以上受訪民眾是回答不知道。

年齡從十五歲至四十九歲的受訪民眾，有六成至七成的印象是情色電話，其中以三十五歲至三十九歲有七成一認為0204是情色電話的比例最高，而五、六十歲以上受訪者回答不知道達五成，對0204電話的認知是情色電話印象者僅二至三成。

另在教育程度上，受訪者中小學以下學歷對0204印象是情色電話為二

表5-5 題目二「您有沒有打過0204付費語音資訊電話」與性別、年齡、教育程度及職業交叉分析表

		您有沒有打過0204付費語音資訊電話		人數
		有	沒有	
總計		6.8%	93.2%	1081
性別	男	5.8%	94.2%	534
	女	7.7%	92.3%	547
年齡	15-19歲	5.3%	94.7%	170
	20-24歲	6.0%	94.0%	150
	25-29歲	6.8%	93.2%	103
	30-34歲	6.0%	94.0%	150
	35-39歲	10.7%	89.3%	131
	40-44歲	6.5%	93.5%	154
	45-49歲	9.8%	90.2%	82
	50-59歲	3.9%	96.1%	103
	60-69歲	8.0%	92.0%	25
	70歲以上	14.3%	85.7%	7
	未回答	0%	100.0%	6
教育程度	小學以下	7.5%	92.5%	53
	國中	4.7%	95.3%	129
	高中、高職	8.0%	92.0%	438
	專科	6.5%	93.5%	201
	大學	6.6%	93.4%	229
	研究所及以上	0%	100.0%	27
	未回答	0%	100.0%	4
職業	學生	4.3%	95.7%	230
	軍公教	8.7%	91.3%	69
	勞工	4.0%	96.0%	99
	農林漁牧	4.0%	96.0%	25
	自營商	8.5%	91.5%	82
	服務業	7.5%	92.5%	186
	自由業	1.9%	98.1%	53
	資訊業	10.8%	89.2%	37
	無業（家管／退休／待業）	9.2%	90.8%	206
	其他	7.7%	92.3%	91
	拒答	0%	100.0%	3

成四、國中學歷為四成七、高中學歷為五成七、專科學歷為六成六、大學學歷為七成四、研究所以上程度則為八成一，顯示學歷越高者越認為0204電話是情色電話現象，不過，回答不知道則相反，學歷越低者回答比例越高，顯示0204電話為一項傳播新科技，其認知程度與學識高低有關。

綜上所述，在對於0204電話有哪些印象的問題中，出現有居住都會區、學歷越高，越對0204電話印象認為是情色電話趨勢。

■四成一民眾表示沒有撥打過0204電話是因不感興趣，顯示內容誘因仍不足

沒有撥打使用過0204電話的民眾，被問及為什麼沒有打過0204電話，有四成一民眾回答不感興趣，三成四回答認為沒什麼用處，一成民眾擔心是情色電話所以不打。選擇不感興趣代表著0204電話資訊服務內容項目吸引力不足，非民眾迫切所需；而感到沒什麼用處則是認為業者提供的內容資訊有待加強。經與年齡、教育程度及職業交叉分析，各年齡層、不同教育程度與不分職業的受訪民眾，均顯示沒有撥打0204電話主要原因乃不感興趣和認為沒什麼用處。

此外，沒有撥打使用過0204電話的受訪民眾，有近三成表示擔心收費問題。受訪民眾擔心收費問題，顯示0204電話收費不貲，成為民眾使用前的考量。另外，還有1.6%民眾回答係因電話被限制撥出，可見0204電話收費引發爭議等問題，受到民眾關注，同時電信業主提供電話鎖碼服務有其效果，成為有撥打動機及意願，卻無法撥打民眾的一種限制。

而交叉分析結果可發現，經濟能力上無法自給自足的十五至十九歲受訪民眾最擔心收費問題，比例近五成。在教育程度方面則顯示學歷越高者，越在意收費問題；受訪者職業方面也以經濟能力較差的學生有四成六擔心收費問題居多。

■0204電話提供資訊與娛樂節目，仍是民眾需求主流，手機鈴聲圖形下載等新服務業務有成長空間

回答沒有撥打使用經驗受訪民眾，再被問及如果未來有機會的話，會打哪些類型的0204電話？受訪者回答比例依序為：提供資訊的保健資訊、

表5-6 題目三「您對於0204電話有哪些印象」與性別、居住地區、年齡、教育程度及職業交叉分析表

橫列%		您對於0204電話有哪些印象				人數
		需付費的語音資訊服務	情色電話	其他	不知道/未回答	
總計		34.6%	60.5%	0.1%	29.3%	1008
性別	男	32.6%	62.6%	.0%	28.6%	503
	女	36.6%	58.4%	0.2%	29.9%	505
居住地區	基隆市	45.5%	50.0%	.0%	27.3%	22
	台北縣	36.6%	62.8%	0.6%	27.9%	172
	台北市	43.0%	70.2%	0.6%	18.4%	114
	宜蘭縣	52.0%	52.0%	.0%	24.0%	25
	桃園縣	43.2%	58.0%	.0%	28.4%	81
	新竹縣	21.1%	57.9%	.0%	42.1%	19
	新竹市	22.2%	72.2%	.0%	16.7%	18
	苗栗縣	22.2%	55.6%	.0%	44.4%	18
	台中縣	30.9%	63.2%	.0%	26.5%	68
	台中市	41.9%	58.1%	.0%	32.6%	43
	彰化縣	35.2%	59.3%	.0%	29.6%	54
	南投縣	22.2%	74.1%	.0%	18.5%	27
	雲林縣	16.7%	44.4%	.0%	50.0%	18
	嘉義縣	48.1%	55.6%	.0%	25.9%	27
	嘉義市	20.0%	60.0%	.0%	30.0%	10
	台南縣	30.9%	47.3%	.0%	40.0%	55
	台南市	44.1%	70.6%	.0%	20.6%	34
	高雄縣	27.1%	55.9%	.0%	35.6%	59
	高雄市	28.9%	67.1%	.0%	27.6%	76
	屏東縣	25.6%	51.3%	.0%	41.0%	39
	澎湖縣	.0%	25.0%	.0%	75.0%	4
	花蓮縣	15.4%	46.2%	.0%	46.2%	13
	台東縣	33.3%	66.7%	.0%	22.2%	9
	未回答	.0%	33.3%	.0%	66.7%	3
年齡	15-19歲	42.9%	59.6%	.0%	26.7%	161
	20-24歲	48.9%	63.1%	.0%	23.4%	141
	25-29歲	39.6%	69.8%	.0%	19.8%	56
	30-34歲	36.9%	68.1%	.0%	22.7%	141
	35-39歲	35.0%	71.8%	0.9%	20.5%	117
	40-44歲	26.4%	58.3%	.0%	35.4%	144
	45-49歲	16.2%	58.1%	.0%	32.4%	74
	50-59歲	22.2%	38.4%	.0%	53.5%	99
	60-69歲	34.8%	26.1%	.0%	47.8%	23
	70歲以上	.0%	83.3%	.0%	16.7%	6
	未回答	.0%	33.3%	.0%	66.7%	6
教育程度	小學以下	22.4%	22.4%	.0%	61.2%	49
	國中	18.7%	47.2%	.0%	48.0%	123
	高中、高職	30.8%	57.8%	0.2%	32.5%	403
	專科	36.7%	66.5%	.0%	22.3%	188
	大學	51.4%	74.3%	.0%	13.6%	214
	研究所及以上	44.4%	81.5%	.0%	7.4%	27
	不知道／未回答	.0%	50.0%	.0%	50.0%	4
職業	學生	47.3%	64.5%	.0%	21.4%	220
	軍公教	47.1%	65.7%	1.4%	20.0%	70
	勞工	26.9%	54.6%	.0%	36.9%	130
	農林魚牧業	12.5%	45.8%	.0%	54.2%	24
	自營商	23.5%	64.2%	.0%	33.3%	81
	服務業	36.7%	62.2%	.0%	25.5%	196
	自由業	42.9%	66.1%	.0%	19.6%	56
	資訊業	43.2%	75.7%	.0%	13.5%	37
	無業（管家/退休/待業）	22.5%	52.4%	.0%	40.8%	191
	不知道/拒答	.0%	33.3%	.0%	66.7%	3

表5-7 題目四「您為什麼沒有打過0204電話」與性別、年齡、教育程度交叉分析表

		您為什麼沒有打過0204電話								
		不感興趣	沒有用處	擔心收費問題	擔心情色電話	電話被限撥出	不知號碼	其他	不知道/未回答	人數
總計		41.4%	34.3%	29.1%	10.1%	1.6%	1.1%	0.2%	4.6%	1008
性別	男	43.1%	30.4%	30.8%	9.9%	2.2%	1.2%	0.4%	4.2%	503
	女	39.6%	38.2%	27.3%	10.3%	1.0%	1.0%	0%	5.0%	505
年齡	15-19歲	42.9%	24.2%	49.1%	2.5%	3.1%	1.9%	0%	5.0%	161
	20-24歲	36.9%	35.5%	39.7%	5.7%	2.1%	0.7%	0%	2.8%	141
	25-29歲	36.5%	31.3%	37.5%	5.2%	1.0%	2.1%	1.0%	4.2%	96
	30-34歲	46.1%	30.5%	29.1%	12.8%	1.4%	0%	0%	4.3%	141
	35-39歲	47.0%	30.8%	22.2%	14.5%	0%	2.6%	0%	5.1%	117
	40-44歲	36.1%	47.2%	13.9%	15.3%	2.8%	0%	0%	3.5%	144
	45-49歲	47.3%	36.5%	14.9%	17.6%	1.4%	0%	0%	5.4%	74
	50-59歲	37.4%	39.4%	17.2%	14.1%	0%	2.0%	1.0%	6.1%	99
	60-69歲	43.5%	43.5%	21.7%	0%	0%	0%	0%	13.0%	23
	70歲以上	33.3%	33.3%	33.3%	16.7%	0%	0%	0%	0%	6
	未回答	83.3%	33.3%	0%	0%	0%	0%	0%	0%	6
教育程度	小學以下	34.7%	44.9%	12.2%	2.0%	2.0%	4.1%	2.0%	12.2%	49
	國中	39.0%	37.4%	17.1%	13.8%	0%	0%	0%	7.3%	123
	高中、高職	43.4%	31.5%	31.3%	9.4%	2.5%	1.5%	0%	4.5%	403
	專科	43.1%	35.6%	26.1%	11.7%	1.1%	1.1%	0%	3.7%	188
	大學	38.3%	35.0%	36.9%	9.8%	0.9%	0.5%	0.5%	2.8%	214
	研究所以上	44.4%	25.9%	44.4%	11.1%	3.7%	0%	0%	0%	27
	不知道/未回答	50.0%	50.0%	0%	0%	0%	0%	0%	0%	4

法律諮詢、娛樂性質的休閒消遣節目、財經股市專業資訊、募款節目、手機鈴聲圖形下載、提供仲介資訊、電視節目抽獎活動最多，其次是電話語音call-in活動、星座命理節目。 電話語音call-in活動及星座命理節目均是0204電話在台灣地區正式開放後，最早出現的節目型態，從數據顯示，受訪者對於這類型節目興趣轉弱，尤其早期盛行的聽笑話、故事、歌曲等錄音節目，受訪者現對其已興趣缺缺，撥打意願較高的卻是尚未有業者提供的醫療保健資訊與法律諮詢，足見這類專業內容提供，有其市場需求，但可能因受限於內容專業、成本高昂等問題因素，讓業者裹足不前。

從比例上還可看出，業者提供休閒資訊與娛樂節目類型最多，其中「手機鈴聲圖形下載」是近一兩年因手機科技進步衍生的新服務業務，從受訪者有撥打興趣意願數據顯示，此一業務未來仍有成長的空間。

經將此一撥打意願問題調查結果與年齡交叉分析顯示，十五至十九歲受訪者表示會撥打休閒消遣的娛樂節目比例較高，二十至五十九歲受訪者以撥打提供資訊的保健資訊、法律諮詢意願最高，七十歲以上受訪者則傾向法律諮詢節目。

■曾撥打0204電話民眾，以參加電視節目抽獎活動最多，顯示付費語音資訊服務，最常出現的媒體是電視

回答曾經撥打過0204電話的受訪民眾，再進一步被詢問撥打頻次，有六成一回答幾個月一次，其次是有一成二的民眾答覆每月一次，回答每週一次為4.1%、每週數次則為1.4%，顯示受訪民眾撥打頻次不甚多，可見付費語音資訊服務尚未成為民眾取得資訊服務的主要管道。

經與性別交叉分析，所得結果男性與女性均以幾個月一次的比例最多。至於撥打過的節目，則以電視節目抽獎活動最多，占67.1%；其次依序為財經股市專業資訊節目、電話語音call-in活動、手機鈴聲圖形下載，以及休閒消遣的娛樂節目。這些民眾撥打過的節目類型，為目前業者提供最多的節目內容，尤其以電視節目透過撥打0204電話舉辦抽獎活動，是付費語音資訊服務在媒體曝光率最高的傳播媒體。

值得注意的是，有一成一的受訪民眾回答曾經撥打過情色節目，事實

上，根據目前法令，是不允許業者提供違反善良風俗、妨害風化的節目，意即所有線上經營的業者都是合法營運時，應沒有違法的情色節目，但調查結果有一成一受訪表示曾經撥打過情色節目，顯示可能有業者違法經營之現象。

■曾撥打0204電話民眾，半數以上同意撥打動機基於好奇、獲取資訊、參加贈獎活動，而不同意是為了情色目的與想找人聊天

詢問曾撥打0204電話民眾撥打動機，回答同意是因為對節目內容感到好奇達五成六，同意是為了獲得更多資訊有五成二，同意是為了參加贈獎活動則高達六成四，將此結果比對題目七「您曾經打過哪些類型的0204電話」，受訪者回答以參加電視節目抽獎活動最多，兩者相當吻合，。

然受訪民眾對於同不同意是為了情色的目的，以及是不是因為無聊，想找人聊天的動機而撥打，而同樣有半數以上的答覆是不同意。高達八成民眾表示不同意是為了情色的目的，另同樣有高達八成不同意是因為無聊，想找人聊天，顯示受訪民眾認為，付費語音資訊服務並非用於情色和打發時間用途，此一結果值得正派業者與主管官署振奮。

■對於0204電話的資訊內容和服務，三成一民眾表示滿意，五成二表示不滿意

曾撥打過0204電話的受訪民眾中，對於0204電話的資訊內容和服務，覺得滿意的有31.5%，覺得不滿意有52.1%，這項結果顯示受訪民眾有高達半數對於資訊服務內容不滿意。

表5-8　題目六「請問，您大概多久會打一次0204電話」與性別交叉分析表

		請問，您大概多久會打一次0204電話					
		幾個月一次	每月一次	每週一次	每週數次	不知道未回答	人數
總　計		61.6%	12.3%	4.1%	1.4%	20.5%	73
性別	男	54.8%	9.7%	6.5%	0%	29.0%	31
	女	66.7%	14.3%	2.4%	2.4%	14.3%	42

表5-9　題目七「您曾經打過哪些類型的0204電話」與性別、居住地區、年齡、教育程度及職業交叉分析表

橫列%		電視節目抽獎活動	財金股市專業資訊節目	電話語音call-in活動	手機鈴聲圖形下載	休閒消遣的娛樂節目	聽笑話、故事、歌曲錄音節目	星座、命理節目	情色節目	募款節目	提供仲介訊息節目	美容、美髮專人諮詢節目	提供保健諮詢節目	法律諮詢節目	其他	人數
總計		67.1%	24.7%	24.7%	16.4%	13.7%	13.7%	12.3%	11.0%	5.5%	4.1%	1.4%	4.1%	4.1%	2.7%	73
性別	男	54.8%	38.7%	25.8%	29.0%	9.7%	16.1%	6.5%	25.8%	9.7%	3.2%	.0%	3.2%	6.5%	.0%	31
	女	76.2%	14.3%	23.8%	7.1%	16.7%	11.9%	16.7%	.0%	2.4%	4.8%	2.4%	4.8%	2.4%	4.8%	42
居住地區	台北縣	76.9%	23.1%	15.4%	23.1%	15.4%	7.7%	.0%	30.8%	7.7%	7.7%	.0%	7.7%	7.7%	.0%	13
	台北市	72.7%	18.2%	27.3%	18.2%	27.3%	18.2%	27.3%	.0%	.0%	9.1%	.0%	.0%	9.1%	18.2%	11
	桃園縣	71.4%	28.6%	14.3%	.0%	14.3%	.0%	.0%	.0%	.0%	.0%	.0%	.0%	.0%	.0%	7
	新竹縣	50.0%	50.0%	.0%	.0%	.0%	.0%	.0%	.0%	.0%	.0%	.0%	.0%	.0%	.0%	2
	新竹市	.0%	.0%	100.0%	.0%	.0%	100.0%	.0%	.0%	100.0%	.0%	.0%	.0%	.0%	.0%	1
	苗栗縣	50.0%	.0%	50.0%	50.0%	50.0%	50.0%	50.0%	50.0%	.0%	.0%	.0%	.0%	50.0%	.0%	2
	台中縣	60.0%	60.0%	20.0%	20.0%	20.0%	.0%	.0%	20.0%	.0%	.0%	.0%	.0%	.0%	.0%	5
	台中市	42.9%	28.6%	28.6%	14.3%	.0%	42.9%	28.6%	28.6%	.0%	.0%	14.3%	.0%	.0%	.0%	7
	彰化縣	66.7%	33.3%	.0%	.0%	33.3%	.0%	.0%	.0%	.0%	.0%	.0%	.0%	.0%	.0%	3
	雲林縣	66.7%	.0%	.0%	33.3%	.0%	33.3%	33.3%	.0%	.0%	.0%	.0%	.0%	.0%	.0%	3
	嘉義縣	50.0%	.0%	50.0%	50.0%	.0%	.0%	50.0%	.0%	.0%	.0%	.0%	.0%	.0%	.0%	2
	嘉義市	.0%	100.0%	.0%	.0%	.0%	.0%	.0%	.0%	.0%	.0%	.0%	.0%	.0%	.0%	1
	台南縣	.0%	50.0%	.0%	.0%	.0%	.0%	50.0%	.0%	.0%	.0%	.0%	.0%	.0%	.0%	2
	台南市	100.0%	.0%	50.0%	.0%	50.0%	.0%	.0%	.0%	.0%	.0%	.0%	.0%	.0%	.0%	2
	高雄縣	66.7%	66.7%	100.0%	.0%	.0%	.0%	.0%	.0%	.0%	.0%	33.3%	.0%	.0%	.0%	3
	高雄市	100.0%	.0%	100.0%	100.0%	.0%	100.0%	100.0%	.0%	.0%	100.0%	.0%	.0%	.0%	.0%	1
	屏東縣	100.0%	.0%	.0%	.0%	.0%	.0%	.0%	.0%	.0%	.0%	.0%	.0%	.0%	.0%	3
	澎湖縣	100.0%	.0%	100.0%	100.0%	.0%	.0%	.0%	.0%	.0%	.0%	.0%	.0%	.0%	.0%	1
	花蓮縣	100.0%	.0%	.0%	.0%	.0%	.0%	33.3%	.0%	.0%	.0%	.0%	33.3%	.0%	.0%	3
	台東縣	100.0%	.0%	.0%	.0%	.0%	.0%	.0%	.0%	.0%	.0%	.0%	.0%	.0%	.0%	1
年齡	15-19歲	66.7%	11.1%	33.3%	44.4%	11.1%	44.4%	55.6%	22.2%	.0%	11.1%	.0%	.0%	.0%	.0%	9
	20-24歲	66.7%	.0%	.0%	.0%	22.2%	.0%	.0%	22.2%	.0%	.0%	.0%	.0%	.0%	.0%	9
	25-29歲	85.7%	14.3%	42.9%	28.6%	42.9%	28.6%	14.3%	14.3%	.0%	.0%	.0%	.0%	14.3%	.0%	7
	30-34歲	77.8%	11.1%	33.3%	22.2%	11.1%	11.1%	.0%	.0%	22.2%	.0%	.0%	.0%	.0%	.0%	9
	35-39歲	57.1%	28.6%	21.4%	14.3%	.0%	.0%	14.3%	.0%	7.1%	.0%	.0%	.0%	.0%	7.1%	14
	40-44歲	80.0%	10.0%	40.0%	10.0%	20.0%	20.0%	30.0%	0%	.0%	10.0%	.0%	.0%	10.0%	.0%	10
	45-49歲	37.5%	75.0%	12.5%	.0%	.0%	.0%	.0%	.0%	.0%	.0%	12.5%	.0%	.0%	12.5%	8
	50-59歲	100.0%	50.0%	25.0%	25.0%	25.0%	25.0%	.0%	25.0%	50.0%	.0%	.0%	50.0%	25.0%	.0%	4
	60-69歲	50.0%	50.0%	.0%	.0%	.0%	.0%	.0%	.0%	.0%	50.0%	.0%	.0%	.0%	.0%	2
	70歲以上	.0%	100.0%	.0%	.0%	.0%	.0%	.0%	.0%	.0%	.0%	.0%	.0%	.0%	.0%	1
教育程度	小學以下	75.0%	.0%	25.0%	.0%	.0%	.0%	.0%	.0%	.0%	25.0%	.0%	.0%	.0%	25.0%	4
	國中	83.3%	66.7%	50.0%	.0%	.0%	16.7%	33.3%	16.7%	16.7%	16.7%	.0%	16.7%	16.7%	.0%	6
	高中、高職	60.0%	22.9%	17.1%	20.0%	11.4%	17.1%	17.1%	11.4%	2.9%	2.9%	.0%	5.7%	.0%	2.9%	35
	專科	69.2%	23.1%	15.4%	7.7%	30.8%	7.7%	.0%	.0%	15.4%	.0%	.0%	.0%	.0%	.0%	13
	大學	73.3%	20.0%	40.0%	26.7%	13.3%	13.3%	6.7%	20.0%	.0%	6.7%	.0%	.0%	13.3%	.0%	15
職業	學生	60.0%	10.0%	20.0%	30.0%	10.0%	30.0%	40.0%	30.0%	.0%	.0%	.0%	.0%	.0%	.0%	10
	軍公教	57.1%	42.9%	57.1%	14.3%	.0%	.0%	.0%	14.3%	.0%	14.3%	.0%	14.3%	.0%	.0%	7
	勞工	66.7%	33.3%	66.7%	16.7%	33.3%	16.7%	16.7%	16.7%	.0%	.0%	.0%	.0%	.0%	.0%	6
	農林魚牧業	.0%	100.0%	.0%	.0%	.0%	.0%	.0%	.0%	.0%	.0%	.0%	.0%	.0%	.0%	1
	自營商	71.4%	28.6%	28.6%	14.3%	14.3%	14.3%	.0%	.0%	.0%	.0%	14.3%	.0%	.0%	14.3%	7
	服務業	68.8%	31.3%	18.8%	31.3%	18.8%	12.5%	6.3%	18.8%	12.5%	6.3%	.0%	.0%	12.5%	.0%	16
	自由業	100.0%	.0%	.0%	.0%	.0%	.0%	.0%	.0%	.0%	.0%	.0%	.0%	.0%	.0%	1
	資訊業	60.0%	.0%	40.0%	20.0%	40.0%	40.0%	20.0%	.0%	20.0%	.0%	.0%	.0%	20.0%	.0%	5
	無業(管家/退休/待業)	75.0%	20.0%	5.0%	.0%	5.0%	5.0%	10.0%	.0%	5.0%	5.0%	5.0%	5.0%	.0%	5.0%	20

經與年齡交叉分析，十五至十九歲年紀較輕的受訪者對於0204電話的資訊內容和服務滿意程度最高；以教育程度交叉分析則是小學以下學歷滿意度最高。

　　職業交叉分析，發現學生身分受訪者對於0204電話的資訊內容和服務滿意達70%，然從事服務業的受訪民眾卻有75%表示不滿意，顯示目前0204電話提供的資訊與服務尚可滿足學生族群，但對於同為從事服務業的民眾而言，則認為0204電話的資訊內容和服務則有待加強。

■0204電話就是情色電話的說法，受訪民眾持正反認同意見，比例相近

　　對於有人說0204電話就是情色電話，所有一千零八十一位受訪民眾中，有四成一認同這樣的說法，但也有四成三表示不認同，顯示持正反認同意見比例相近。

　　換言之，0204電話是否就是情色電話，認同與不認同民眾各占一半比例。經和年齡交叉分析，除了十五至二十四歲正反認同意見比例差距較大，其餘年齡層正反認同意見差距不大，維持在四成至五成上下。

　　依據法令，0204電話是不得經營色情，然從調查結果顯示，仍有不少民眾認為0204電話就是情色電話，其原因值得深入探討。

■八成八的民眾認為，如果政府開放讓0204電話可以提供成人情色的資訊內容，應該採取管制措施；如此結果顯示民眾支持付費語音資訊應採分級制度

　　所有一千零八十一位受訪民眾中，有八成八認為如果政府開放讓0204電話可以提供成人情色的資訊內容，應該採取管制措施，而認為不應該管制的為4.4%，顯見民眾對於情色問題上，贊同由公權力介入，而非全然開放，且認同政府以分級制度管理。

　　經交叉分析，在性別上，男性認為應該管制者近八成七，女性則高達近九成，男女性別對此觀點差距不大。

　　在年齡層上，各年齡層均呈現近九成認為應該採取管制措施，尤其以年齡七十歲以上的受訪者，呈現百分之百認為應該採取管制。

　　在教育程度上，小學以下程度有三成三對於應不應該採取管制措施回

表5-10 題目十三「一般而言，您對0204電話的資訊內容和服務，是覺得滿意、還是不滿意」與性別、居住地區、年齡、教育程度及職業交叉分析表

横列%		一般而言，您對0204電話的資訊內容和服務，是覺得滿意、還是不滿意					人數
		很滿意	有點滿意	有點不滿意	很不滿意	不知道/未回答	
總計		6.8%	24.7%	28.8%	23.3%	16.4%	73
性別	男	9.7%	25.6%	25.8%	16.1%	22.6%	31
	女	4.8%	23.6%	31.0%	28.6%	11.9%	42
居住地區	台北縣	15.4%	.0%	23.1%	38.5%	23.1%	13
	台北市	.0%	36.4%	45.5%	9.1%	9.1%	11
	桃園縣	.0%	28.6%	42.9%	.0%	28.6%	7
	新竹縣	.0%	.0%	50.0%	50.0%	.0%	2
	新竹市	.0%	100.0%	.0%	.0%	.0%	1
	苗栗縣	.0%	50..0%	50.0%	.0%	.0%	2
	台中縣	20.0%	.0%	20.0%	60.0%	.0%	5
	台中市	14.3%	42.9%	14.3%	.0%	28.6%	7
	彰化縣	.0%	.0%	66.7%	.0%	33.3%	3
	雲林縣	.0%	33.3%	.0%	66.7%	.0%	3
	嘉義縣	.0%	.0%	.0%	50.0%	50.0%	2
	嘉義市	.0%	.0%	.0%	100.0%	.0%	1
	台南縣	.0%	100.0%	.0%	.0%	.0%	2
	台南市	.0%	.0%	50.0%	50.0%	.0%	2
	高雄縣	.0%	66.7%	.0%	33.3%	.0%	3
	高雄市	.0%	.0%	100.0%	.0%	.0%	1
	屏東縣	.0%	33.3%	.0%	33.3%	33.3%	3
	澎湖縣	100.0%	.0%	.0%	.0%	.0%	1
	花蓮縣	.0%	33.3%	33.3%	.0%	33.3%	3
	台東縣	.0%	.0%	100.0%	.0%	.0%	1
年齡	15-19歲	22.2%	44.4%	11.1%	.0%	22.2%	9
	20-24歲	.0%	22.2%	55.6%	11.1%	11.1%	9
	25-29歲	.0%	28.6%	57.1%	14.3%	.0%	7
	30-34歲	.0%	11.1%	22.2%	55.6%	11.1%	9
	35-39歲	.0%	14.3%	14.3%	57.1%	14.3%	14
	40-44歲	.0%	30.0%	20.0%	20.0%	30.0%	10
	45-49歲	.0%	37.5%	37.5%	.0%	25.0%	8
	50-59歲	25.0%	.0%	50.0%	.0%	25.0%	4
	60-69歲	100.0%	.0%	.0%	.0%	.0%	2
	70歲以上	.0%	100.0%	.0%	.0%	.0%	1
教育程度	小學以下	25.0%	25.0%	25.0%	.0%	25.0%	4
	國中	.0%	50.0%	16.7%	16.7%	16.7%	6
	高中、高職	8.6%	25.7%	28.6%	20.0%	17.1%	35
	專科	.0%	23.1%	38.5%	30.8%	7.7%	13
	大學	6.7%	13.3%	26.7%	33.3%	20.0%	15
職業	學生	20.0%	50.0%	10.0%	.0%	20.0%	10
	軍公教	.0%	14.3%	.0%	42.9%	42.9%	7
	勞工	.0%	33.3%	50.0%	16.7%	.0%	6
	農林漁牧業	100.0%	.0%	.0%	.0%	.0%	1
	自營商	14.3%	14.3%	14.3%	42.9%	14.3%	7
	服務業	.0%	18.8%	37.5%	37.5%	6.3%	16
	自由業	.0%	.0%	100.0%	.0%	.0%	1
	資訊業	.0%	40.0%	40.0%	.0%	20.0%	5
	無業(管家/退休/待業)	5.0%	20.0%	35.0%	20.0%	20.0%	20

答不知道，其餘國中、高中職、專科、大學程度則均爲近九成認爲應該採取管制。

■八成六曾打過0204電話的民衆表示，會在意收費的問題，影響撥打意願

　　曾撥打過0204電話的民衆中，被問及會不會在意收費的問題時，有八成六在意收費問題，顯示受訪民衆認爲付費語音資訊服務在收費上太高，影響了撥打的意願。經交叉分析，年齡層十五至十九歲、二十五至二十九歲及七十歲以上受訪者，表示在意收費問題的比例均爲100%；教育程度上則有學生、軍公教、勞工和資訊業表示在意收費問題的比例爲100%。然居住在不同地域受訪民衆對於收費問題，出現有城鄉差距情形，台北市、台中市兩都會區受訪民衆對於收費問題在意比例明顯較低，然多數非都會區受訪民衆則表示很在意收費問題。

■五成三的受訪民衆認為目前0204電話的收費太貴

　　一千零八十一位受訪民衆被問及對於目前0204電話的收費，是便宜還是貴？有五成三認爲太貴了，若合併回答稍貴些民衆比例則達六成六

　　經交叉分析，受訪者無論性別、居住地區、年齡、教育程度和職業，一致顯示認爲0204電話太貴比例最高。美國AT&T公司曾在一九九四年時，針對民衆對於900電話服務的態度進行調查發現，民衆認爲使用900電話服務最大障礙是費用的不確定性，和對節目缺乏興趣，且受訪者中有四成認爲收費太貴，另有四成則表示對900電話有負面觀感（Mastin, 1996: 20-21）。從本研究問卷調查結果也發現，無論是曾經撥打過或不曾撥打過0204電話的受訪者，均關注收費問題。此一調查結果與美國AT&T公司的調查比對相較，付費語音資訊服務收費高昂問題，已成爲民衆對這項服務的主要觀感，甚至會影響到撥打使用的意願。

■八成六民衆是從電視看到或知道可撥打的0204電話號碼，顯示電視廣告是目前0204電話宣傳最佳管道

　　所有受訪者被問及曾經在哪裏看到或知道有0204電話號碼，有八成六

表5-11 題目十六「請問，您在打0204電話時，會不會在意收費的問題」
與性別、居住地區、年齡、教育程度及職業交叉分析表

	橫列%	請問，您在打0204電話時，會不會在意收費的問題				
		很在意	有點在意	有點不在意	很不在意	人數
總計		68.5%	17.8%	8.2%	5.5%	73
性別	男	64.5%	19.4%	9.7%	6.5%	31
	女	71.4%	16.7%	7.1%	4.8%	42
居住地區	台北縣	92.3%	.0%	.0%	7.7%	13
	台北市	45.5%	27.3%	18.2%	9.1%	11
	桃園縣	57.1%	28.6%	.0%	14.3%	7
	新竹縣	100.0%	.0%	.0%	.0%	2
	新竹市	.0%	100.0%	.0%	.0%	1
	苗栗縣	100.0%	.0%	.0%	.0%	2
	台中縣	60.0%	.0%	40.0%	.0%	5
	台中市	57.1%	14.3%	28.6%	.0%	7
	彰化縣	66.7%	33.3%	.0%	.0%	3
	雲林縣	100.0%	.0%	.0%	.0%	3
	嘉義縣	50.0%	50.0%	.0%	.0%	2
	嘉義市	100.0%	.0%	.0%	.0%	1
	台南縣	100.0%	.0%	.0%	.0%	2
	台南市	50.0%	50.0%	.0%	.0%	2
	高雄縣	100.0%	.0%	.0%	.0%	3
	高雄市	100.0%	.0%	.0%	.0%	1
	屏東縣	66.7%	33.3%	.0%	.0%	3
	澎湖縣	0%	100.0%	.0%	.0%	1
	花蓮縣	66.7%	33.3%	.0%	.0%	3
	台東縣	.0%	.0%	.0%	100.0%	1
年齡	15-19歲	88.9%	11.1%	.0%	.0%	9
	20-24歲	66.7%	22.2%	11.1%	.0%	9
	25-29歲	85.7%	14.3%	.0%	.0%	7
	30-34歲	55.6%	22.2%	11.1%	11.1%	9
	35-39歲	71.4%	7.1%	7.1%	14.3%	14
	40-44歲	70.0%	20.0%	10.0%	.0%	10
	45-49歲	62.5%	25.0%	12.5%	.0%	8
	50-59歲	75.0%	.0%	.0%	25.0%	4
	60-69歲	.0%	50.0%	50.0%	.0%	2
	70歲以上	.0%	100.0%	.0%	.0%	1
教育程度	小學以下	25.0%	25.0%	25.0%	25.0%	4
	國中	66.7%	16.7%	.0%	16.7%	6
	高中、高職	68.6%	17.1%	11.4%	2.9%	35
	專科	76.9%	15.4%	7.7%	.0%	13
	大學	73.3%	20.0%	.0%	6.7%	15
職業	學生	80.0%	20.0%	.0%	.0%	10
	軍公教	100.0%	.0%	.0%	.0%	7
	勞工	66.7%	33.3%	.0%	.0%	6
	農林魚牧業	.0%	.0%	100.0%	.0%	1
	自營商	57.1%	28.6%	14.3%	.0%	7
	服務業	75.0%	12.5%	12.5%	.0%	16
	自由業	.0%	.0%	.0%	100.0%	1
	資訊業	80.0%	20.0%	.0%	.0%	5
	無業（管家/退休/待業）	55.0%	20.0%	10.0%	15.0%	20

回答來自於電視，其次是報紙雜誌、廣告傳單、親友同事等，顯示電視廣告是目前0204電話宣傳最佳管道，加上電視節目經常配合0204電話舉辦活動，也使得付費語音資訊服務的能見度大增。

值得注意的是，撥打0204電話的號碼，有部分是透過親友同事人際傳播得知，另外是從電話帳單得知，即民眾可能要收到帳單時才發現有人撥打0204電話及其電話號碼。

三、顯著性差異

除了基本次數分配與比例分析外，經將各細項並分別與受訪者基本資料進行交叉分析，再輔以卡方檢定（Chi-Square Test），列出結果顯著者：

顯著水準：P≦0.05　顯著
　　　　　　P≦0.01　很顯著
　　　　　　P≦0.001　極顯著
　　　　　　P=0　　　極度顯著
　　　　　　P>0.05　不顯著

表5-12　卡方檢定出現顯著差異的項目

是否撥打過0204電話者		卡方	P值
年齡	有人說0204電話就是情色電話，請問，您認不認同這樣的說法？	156.720	（極度顯著）
教育程度		130.279	（極度顯著）
職業		72.879	（極度顯著）

是否撥打過0204電話者		卡方	P值
性別	您覺得目前0204電話的收費，是便宜還是貴？	18.231	0.01（很顯著）

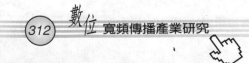

從**表5-12**中，將是否撥打過0204電話者年齡、教育程度及職業，與認不認同0204電話屬於情色電話交叉分析，並輔以卡方檢定後，可發現三項均呈現極度顯著差異，顯示對於是否曾打過0204電話的受訪者，在年齡、教育程度及職業變項上，對於0204電話就是情色電話的說法，有極度顯著差異。曾打過0204電話的受訪者，有六成七（67.1%）不認同0204是情色電話，另有二成六（26.0%）認同0204電話就是情色電話；與沒有打過0204電話受訪者分別各四成認同與不認同0204電話就是情色電話，有明顯差異。換言之，有撥打經驗者和沒有撥打經驗者兩者對於0204電話是否為情色電話有明顯看法上的差距，並在年齡、教育程度及職業上出現極度顯著性。

　　再者，無論是否曾有撥打經驗的受訪者，認同0204電話是否為情色電話和教育程度上呈現極顯著性。這樣的現象也代表著兩種意涵，一是受訪者雖具有同樣教育水準，但對於付費語音資訊服務認識與接觸程度不一，二是付費語音資訊業務對於大眾宣導上不足，加上其色情電話的印象，出現既是付費資訊服務也是情色電話，係依受訪者個人認知傾向決定。

　　至於有無撥打經驗受訪民眾對於「覺得目前0204電話的收費，是便宜還是貴？」題目，男女性別卡方檢定出現很顯著，有撥打經驗者有六成五認為太貴，沒有撥打經驗者有五成二認為收費太貴，且不分男女性別都認為0204電話收費昂貴。此一結果，值得業者重視。

第七節　付費語音資訊業務法律問題探討

　　「付費語音資訊服務」於國內開辦後，主要爭議在於帳務糾紛和情色問題。從媒體新聞報導可發現，對該項電信服務的負面報導居多，例如：巨額帳單及情色問題也造成許多社會問題、電話用戶遭到盜撥受害、沉迷色情語音電話費激增造成家長負擔，甚至還傳出因付不起高昂的電話費引發家庭失和、賣房子繳電話費的案例（王一中，1999；王秋霖，2000；楊基山，1997）。

一、付費語音資訊服務的爭議與糾紛

(一)帳務糾紛

美國FCC、FTC，英國ICSTIS等單位在「付費語音資訊服務」的定義中，均明白地指出，付費語音資訊服務價格通常比平常使用的電話費高（FCC, 2001; FTC, 2001; ICSTIS, 2001b）。

在帳務糾紛方面，國內也和國外情形相同，主要在於民眾接到高額帳單後的申訴與抱怨，同時也衍生廣告不實或對於服務內容不實等違規情況（屈美惠、蔡惠瑩，深度訪談，2001）。從本研究網路問卷調查中也可發現，無撥打0204電話經驗的受訪者認為收費太貴，且沒有撥打過的民眾中，有三成五認為因擔心收費問題是沒有撥打的主要理由，足見費用問題已成為民眾近用付費語音資訊服務的障礙。

經蒐集整理國內外資料發現，付費語音資訊服務會引起的帳務糾紛主要有下列幾種情形：

1.撥打後發現需繳納龐大電話費，卻無能力支付。
2.業者廣告宣傳費用不實。
3.遭到盜撥。
4.用戶撥打後賴帳，聲稱遭到盜撥。
5.不肖業者為提升業績增加收入，非法盜撥。

上述前三項情況，事證通常會較明確，只要民眾舉證、報案或投訴相關監督管理單位，經查證屬實就可獲得免繳納或退費，然而第四種情況，卻難以查證。

將國外電信業者及中華電信帳務處理進行比較，發現各國電信業者對於付費語音資訊服務帳單爭議的處理，主要採事前防堵、事後接受用戶申訴追查模式，並配合循法律途徑追討。

以美國AT&T公司為例，一般而言，美國聯邦和州政府規章要求900付

費資訊提供者，需告知撥打者使用900服務的收費，且在前言或預錄訊息中就要清楚說明，撥打者在聽完前言後，有繼續聽取或掛斷的選擇權。若是在事後才對帳單有所疑問，用戶也能在規定的時間下，檢附證明提出申訴（AT&T, 2001）。

日本NTT電話公司為使電話用戶方便且安心的使用Dial Q2付費語音資訊業務，所採取的措施如下：將節目號碼分為三類，方便用戶經由節目號碼分辨節目內容；電話用戶可依其需求要求限撥Dial Q2業務或停止使用特定類型之節目；電話用戶須事先至營運窗口申請，方得使用「3」字碼類的成人資訊節目，但未滿十八歲者不能申請，至一九九七年底統計其用戶約一萬人；電話用戶可申請密碼，俾限定特定人使用Dial Q2節目（中華電信，1997）。

中華電信蔡惠瑩（深度訪談，2001）指出，為保障用戶權益，中華電信於二○○一年四月二十日開放客戶密碼驗證服務，其功能為提供電話客戶在其所申裝的話機上，設定密碼專供個人撥打0204電話用，申請0204密碼方法非常簡單，電話客戶只要在所屬話機上撥打客戶服務專線，即可依語音提示自行設定、變更、取消或重設密碼。而台灣固網（2002）在保障用戶權益方面，也提供限撥服務，以及付費語音資訊服務密碼驗證加值服務。

除了因遭盜撥、或是對收費不明的糾紛外，至於付費語音資訊服務帳單爭議的另一種情況，就是用戶過度使用而無力繳納。

以日本NTT電話公司為例，為防止電話用戶過度使用付費語音資訊服務，產生巨額帳款致無力繳納造成呆帳等紛爭，所採取的措施有：對已產生巨額帳單的用戶，在寄發帳單前，先以電話事先告知高額帳單的事；對於可做多方通信的party line節目，為避免長時間使用造成高額帳單，將資訊費之上限降低為三分鐘六十日圓；在電話費帳單中分別標明使用Dial Q2的資訊費及電話費；以及設定一定時間（十秒至三十秒）的資訊收聽時間為免費時段（中華電信，1997）。

(二)欺騙行為

國內曾發生不法分子撥打呼叫器，留下以0204字頭電話號碼，不僅讓回撥者上當，且受害者事後還需繳納高額費用。國外的欺騙手法也不少，以美國FCC所公布的資料為例，常見欺騙手法有：(1)回覆付費：和國內撥打手機簡訊回電話手法相似；(2)透過撥打卡：用戶原先認為是撥打取得廣告資訊，結果按了一堆數字後，進入付費語音資訊業務信箱收費；(3)國際性資訊服務：即業者的廣告促銷涉及國際電話收費（FCC, 1997）。

有關防範措施，FCC提出建議事項：(1)用戶要機警、聽完前言介紹；(2)付費語音資訊不可能免費；(3)不亂接受話方付費電話；(4)注意廣告是否標示價格；(5)注意有無適用國際收費字樣；(6)注意小孩好奇撥打。至於廣告問題，FCC還規定，廣告必須清楚揭露每通收費，以電視廣告為例，必須包括聲音與畫面字幕服務，且畫面上的價格字幕不能隱藏太小，需緊接著撥打號碼，且至少是號碼標示的一半大小（FCC, 1997; FTC, 2001）。

若國內發生上述類似欺騙行為，中華電信強調，還是得靠民眾協助舉證，提供詳細資料，經查明屬實，即提送審議委員會裁定（蔡惠瑩，深度訪談，2001）。台灣固網（2002）也提供電話用戶免付費檢舉電話，以檢舉內容不實或違反營業規章規定的付費語音資訊節目，同時強調以主動抽測方式，監督節目前言與內容是否符合規定，實施方式則為每日以固定比例主動撥打抽測各家資訊服務經營者所提供的節目，並將抽測結果以書面紀錄送交審議委員會備查。

二、付費語音資訊服務與色情電話

付費語音資訊服務本身為一項傳播的通路，本質也並非做色情電話，然現今社會大眾的誤解，甚至由其引發的社會現象與影響，乃因部分業者抓住人性的弱點，利用此一科技工具創造出具爭議性的功能，來滿足社會大眾對於情色與金錢財富的渴望。

國外付費語音資訊服務的色情電話，被稱為Dial-a-Porn Service（porno-

graphic audiotext service），是在付費語音資訊服務開辦後出現，並迅速地成長，在一九九三年時，900成人色情電話更創下了數百萬元的產業商機，平均每月有十至二十萬元進帳。在一九九六年時，Dial-a-Porn產業快速增長，並經由色情電話創下七億五千萬元到十億元的商機。且據估計，每天撥打成人服務語音電話的通數五十萬通中，有70%是由未成年者撥打（Cwrl, 2001; Help & Hope, 2001）。

根據立法委員針對0204色情電話召開公聽會時指出，在0204電話開放初期，業者每月約有四百萬分鐘的通話量，其中色情電話占總通話量的二成；另根據一九九九年五月時統計，以有線電視廣告量分析，色情電話業者一九九七年投入廣告金額是十三億餘元，一九九八年九億餘元，一九九九年一月至二月就達六億五千餘萬元，顯見色情電話的氾濫（凌珮君、單厚之，1999；羅曉荷，1999）。

一般而言，色情資訊之內容大致可以分為：「情色」（erotic）、不含暴力，不貶抑女性的色情資訊（non-violent, non-degrading pornography）、不含暴力，但具有貶抑意味的色情資訊（non-violent, degrading pornography）、含暴力，且具有貶抑意味的色情資訊（violent, degrading pornography）、其他色情，如R級的暴力影片（R-rated slasher film）。不同種類的色情資訊，對於閱聽人造成的影響亦不相同，其在法律上可能的定位也就不同，通常色情資訊究竟是否得以對其加以管制，仍視其是否已經達到低俗不雅或是猥褻程度而定（葉慶元，1997）。

中華電信在一九九七年準備引進智慧型網路時，國內就有業者試探讓業者以合法投資經營色情電話業務的可能性（林淑惠，1997a）。業者周文德（深度訪談，2001）也指出，業界在推動付費語音資訊服務進入台灣市場時，就提醒電信總局和中華電信會有色情電話的問題，主要原因是國外已有先例，而色情業者要進入付費語音市場更是相當容易。

中華電信屈美惠、蔡惠瑩（深度訪談，2001）則指出，色情電話已讓社會大眾對0204電話產生誤解，使正當業者不易推廣業務，使得目前0204電話業務遭遇瓶頸困難。

業者周文德（深度訪談，2001）認為，一般社會大眾將0204付費電話

誤認爲情色電話的原因，來自於電視頻道上煽情的廣告畫面。因此，新聞局如能對廣告畫面加以管理，應可改善。而管理色情電話上，付費語音資訊業務審議委員會曾提出分級制度的建議。然電信總局張峻銘（深度訪談，2001）指出，中華電信目前是朝分級方向進行，在技術上可配合鎖碼、加密。不過，依國情、文化與法令恐怕還是無法接受，非單純修改電信法就行得通。

　　主管0204付費電話違法廣告業務的新聞局官員曹健誠（深度訪談，2001）則認爲，0204違規廣告可能會涉及兒少條例或刑法妨礙風化等刑責，因此，現有法律已經可達規範、防堵效力，若專爲0204廣告設立一個特別罰責，可能會造成法條規定疊床架屋。

　　以電信業者的立場而言，所有節目均需經審議委員會通過方能播出，同時亦不定時測聽，以防不肖業者私自變更節目內容；唯對於設有專人服務的專業諮詢節目，因囿於「通訊保障及監察法」之規定，無法測聽節目中雙方實際對談情形。

　　劉幼琍（深度採訪，2001）認爲0204情色電話的問題，應採用「分級制度」會比較好。主要原因是國內民情日趨開放，情色行業「禁不勝禁」，與其如此不如考慮以「分級制度」來管理爲宜。

　　從主管機關、業者到專家學者看0204色情電話，可說是各有立場，問題關鍵在於若認爲現今法令有不足之處，就應朝修法方向進行。然針對現有管制0204電話的法令足夠或是不足的看法均有不同情況，劉幼琍（2000）曾指出，原因在於國內沒有直接對0204付費電話的直接監督管理單位。電信總局張峻銘（深度訪談，2001）也指出，對於主管機關的電信總局而言，最高理想是和日本一樣成立電信服務協會，由業者共同肩負責任與義務，以維護消費者權益。

第八節　結論與建議

一、研究結論

本章探討數位寬頻影音產業之其中一項業務——「付費語音資訊」。經由付費語音資訊服務定義出發，解析其大眾傳播功能，再從資訊科技的涵蓋面，探究付費語音資訊與大眾的關係。本節根據所設定之研究問題與訪談、調查問卷分析的結果，綜合結論如下。

(一)資訊傳播運用的形式

電信產業從傳統電話、電報服務演進到無線、行動電話、數據資訊提供，其原因乃是滿足社會脈動所衍生的通信需求。而付費語音資訊的發展，以「新技術」、「新服務」和「多樣化」的加值資訊提供，震撼了傳統電信市場，也激起資訊服務經營業者的市場爭奪戰，這種情況在許多先進國家均曾經歷過。

正如同一般的資訊擷取（information on demand, IOD），已成爲資訊傳播的一種形式，並隨著民眾對於資訊需求日漸增加而普及。付費語音資訊是以隨選型音訊服務（audiotex on demand, AOD）呈現。如同Straubhaar和LaRose所指出，人們使用電話的動機，主要爲實利主義的動機，藉由電話達到安排會晤、搜尋資訊以及完成交易等目的，另外一項則是屬於愉悅滿足的動機，把電話之使用當作是社會互動的一項工具（涂瑞華譯，1996）。

而付費語音資訊服務可提供哪些功能？目前有許多行業提供了語音諮詢的服務，諸如投資理財顧問、股票證券即時分析解盤、命理星座諮詢等，以及其他休閒娛樂節目，如電視節目Call-in、最新流行的行動電話鈴聲、螢幕畫面下載等。

從國內、外付費語音服務的成功案例來看，可以說涵蓋了各行各業，

意即只要擁有創意的構思，就可運用付費語音資訊提供加值服務。不過，有些服務雖在國外已經廣爲發展，但國內尚未普及，例如法律諮詢、財務會計諮詢、醫療與心理諮商協談等。這些服務項目，若經專業規劃且收費更具彈性，都是可讓社會大眾受惠的。

然而，法律、醫療、教育等諮詢，一直被視爲屬於專業，在付費語音資訊業務的中介下，可增進社會大眾的近用性，民眾隨時可撥打，並可即時獲得的諮詢結果，讓這些專業領域的服務方式產生變革，進而對於社會與政府部門，形成相當的影響與壓力。

(二)產業利基

對於提供「付費語音資訊業務」的資訊服務經營者與資訊提供者而言，想立產業於不敗之地，需要資訊內容不斷更新，想出更多點子，創造附加價值服務。同時也要找出競爭與發展的有利點，即其商業利基所在。一般而言，若業者想要在付費語音資訊市場異軍突起，首先需認清自身的市場定位，並考量適當的經營策略，以整合性行銷與管理服務，吸引電信用戶的青睞，進而加強撥打取擷資訊的意願。

電信智慧型網路架構下的付費語音資訊業務，所提供的服務即是以「市場導向」爲主，經電信業者將服務機能組合後，創造出不同的服務特性，也讓業者能不需高額投資即可快速地引進新服務。而在資訊內容方面，強調以超越電話通信的加值資訊，包括專門技術販售、促銷推廣等，讓撥打者感到物超所值。從「付費語音資訊服務」的硬體架構到內容軟體的提供，均凸顯了一個特點，那就是便利性，也靠著方便易於近用，成爲電信產業服務競爭與發展的利基。

「付費語音資訊業務」，在國外已發展得相當成熟，運用範圍更是廣泛，從公家機構、學校、醫院、電視節目均大量使用付費電話與民眾互動，提供資訊或消費之用。這項業務，目前在國內已進入成熟期，業者們也期許不應只用於股票、成人交友、算命、點歌、聽笑話等服務，未來還有很多加值業務可以發展，以產生更多的經濟價值與商機。

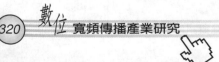

(三)使用者的認知與看法

　　從本研究「深度訪談」和「問卷調查分析」中可發現，電信業者、資訊服務經營者、專家學者到主管機關，都肯定「付費語音資訊服務」的資訊傳播功能。問卷調查受訪者中曾經撥打過0204電話使用者中，有近五成二認為其撥打動機是獲取資訊，而非付費語音資訊在社會評價中較負面的情色與無聊、想找人聊天取向，顯見「付費語音資訊服務」在資訊提供功能上已被認同。

　　然而，受訪民眾對於付費語音資訊的認知，雖清楚其功能，但是對於收費價格上，有五成以上表示在意且認為收費太貴，讓付費語音資訊服務在民眾心目中，呈現昂貴的印象。此一結果與業者認為，價位可依資訊性質種類不同，仍有向上調整空間，顯然看法有明顯差異。

　　同時，有使用經驗的受訪者大部分對於服務表示不滿意，由此也可推論現今業者所提供的付費語音資訊節目，在價位與內容品質上，無法完全讓大眾滿足，這項結果值得相關業者參考。

(四)0204電話不等同色情電話

　　「付費語音業務」既然成為傳播資訊的形式之一，加上電信智慧型網路的多元功能，帶來了便利與服務及市場競爭與商機。但是，在開放的環境下，也衍生出花樣繁多的新服務，引起一些法律問題爭議，其中以變相的「色情語音節目」氾濫，帶給社會大眾對於這項科技服務的負面印象為最。

　　依規定，第二類電信事業「付費語音資訊業務」經營業者，可提供專業諮詢規劃及電信線路供客戶租用，讓資訊提供者不需另外投資硬體設備，也不用擔心帳款的問題，透過付費語音業務機制，即可有收入來源，屬於小本經營就有機會獲取高利潤的新興行業，也讓經營色情節目業者有機可趁。

　　為了探討「付費語音資訊」給予大眾的負面印象，經訪談業者與學者後發現，受訪人認為施行「節目分級」，或可讓不同的節目，依不同的使用者需求而分道，讓部分「名不副實」的節目得以另案管理。「付費語音資

訊服務」是電信事業從傳統話務服務，轉型成資訊事業的最好明證，但電信技術發展如此迅速，我國的電信法規卻趕不上新技術的腳步。以「色情語音節目」為例，若政府能正視市場之需求，以分級制度來規範管理，或許是未來可行方法之一。

　　本研究還發現，業者和撥打民眾對於「付費語音資訊服務」涉及的色情語音服務，均處於「愛恨交織」的立場，業者喜愛的是商業利基，使用民眾則是得到語音情色想像空間的滿足；憎恨的是，色情電話帶給0204電話等同於色情電話的污名，阻礙了一般民眾接近使用語音資訊。在問卷調查中，受訪者女性和男性均有近五成表示不認同0204電話等同於色情電話，顯見民眾對於「付費語音資訊服務」有較正面認知。此一結果，對合法業者而言，可說是具有鼓舞作用，未來他們可以提供更好的資訊服務來回應。　業者和受訪民眾都認為，如果0204電話開放合法成人情色服務，應該採取管制措施。但是，主管機關則持不同看法，認為現有法令已經足夠，問題在經營業者本身從事不法的行為，足不可取。

　　然而，在「付費語音資訊服務」傳播形式與內容演變快速變遷中，對於電信事業兼具媒體與資訊科技整合，主管機關的相關法令規範應該全盤檢討並予以整合，讓這項新傳播科技隨著形式與內容的轉變時，亦能持續保有提供給社會大眾的傳播功能，並且保有傳播科技應有的品質與效能。

(五)前景可期的未來

　　在網際網路與通信科技發展的推波助瀾下，通信技術不斷推陳出新，使得電信服務市場成長快速，許多企業財團紛紛投入電信服務業，刺激了市場規模快速成長，並且也提供更多的服務項目。

　　電信智慧型網路科技，提供豐富管理資訊功能，逐漸融合成為人們生活中的一部分，在將來個人通信服務中，將扮演核心的角色，付費語音資訊業務也是其中重要一項。

　　因付費語音資訊業務和其他智慧型網路提供的服務一樣，在電信寬頻和多媒體通信技術不斷提升，由於社會大眾對於資訊提取以促進生產力增加的要求，業者勢必在服務上，朝縮短存取時間、供給大量資訊、提升通

信能力與資訊內容的更新等方向努力，讓大眾在個人需求以及對資訊存取的要求下，迅速獲得滿足。

在技術功能的演變上，付費語音資訊業務能提供特定的娛樂節目服務也將產生轉變，即節目內容不再是固定一成不變，透過寬頻雙向互動讓使用的民眾參與，或是依照民眾所要求，選擇不同情境的轉變與結果，使得娛樂節目變成「隨選型」娛樂，業者也從中有更多的獲利機會。

由於社會多元化，各行各業均有其專業知識或資訊，消費者秉持使用者付費之原則，支付費用取得其所需之資訊或相關的娛樂節目。因此，付費語音服務已和民眾發生密切關係，不只是現有的股市投資顧問資訊，還可被用來提供許多專業的諮詢服務、促銷訊息、以及客戶服務，預期未來將可以與各行各業結合成為「知識密集型」的產業。

然而，單一功能的媒體發展，在匯流的市場上是經不起挑戰的，因此，電訊和傳播媒體間的相互結合，也繼語音市場後，在未來發展之途上，與視訊媒體加入整合型媒體平台。雖然，匯流與整合可能會造成業界暫時性的紊亂，但這也是業界新生命力與活力的來源，業者誰能提供民眾最佳的選擇和服務，誰就能脫穎而出。

智慧型網路既然已開創出電信服務應用的新市場，電信業者必須體認到一個事實──就是必須與軟體發展業者合作，才能產生利多。由於智慧型網路本身的特質，可以提供業者、智慧型網路廠商，以及軟體的發展業者平等的機會來創造共贏情勢。而電信業者想在現有資源中加入更多軟體發展工具以增加新的服務功能，就必須使用標準化的智慧型網路平台，具備開放式的介面、標準化工具以及可擴充的結構，才能持續地向大眾提供新穎服務。

未來電訊產業步入寬頻和多媒體通信整合時，付費語音資訊將朝影音互動的趨勢邁進，朝寬頻網際網路與無線通訊兩大方向發展，目前已經有業者率先起跑，利用付費電話結合網際網路功能。透過電腦網路提供專人諮詢，且可真人真實透過螢幕對話的功能，將來寬頻網路建設基礎完成，更可利用超頻寬的優勢，提供更迅速且高畫質的相關服務。

(六)綜合結論

　　台灣「付費語音資訊服務」從市場蓬勃發展、平穩期到衰退期，僅有短短三年多，卻將國外走了多年的發展模式，整套翻版再走了一趟，甚至帳單與色情爭議，均和美國等發展模式相同。對於電訊傳播產業的意義而言，均可見到新傳播科技的相同模式再現，所不同的只有對民眾提供的功能性差異。

　　顯見「付費語音資訊服務」進入國內市場，很快地就達到社會大眾使用需求面，迅速擴張創造商機，但是後續技術成熟面和生命週期的維續，卻因為獨立監督主管單位尚未成形，能否有效掌握未來產業發展趨勢和方向，持續在語音資訊服務提供上發展，則仍有待觀察。

　　國內大型企業運用「付費語音資訊業務」，增加客戶服務管道的模式並不多見，倒是電視節目運用普遍，付費語音電話的確已打破國人對電話傳統功能的看法，讓電話和電視一樣，可提供有選擇權的資訊，電話成了資訊來源的新管道，這是除了科技面的進步發展外，也因傳統傳播與電訊法規的鬆綁，讓傳播媒介以真正符合民眾需求為前提下，提供更多元的服務，且具有跨媒體經營整合能力，並普及適用於各個擁有電信設備基礎國家，在劇烈競爭的媒體環境中脫穎而出。

　　國內在引進「付費語音資訊業務」前，美國、日本、英國等國家早已開辦，台灣甚至還比中國大陸晚了近十年，按理國外發展與缺失理應洞悉，然而自引進後，仍是重蹈覆轍，並無走出自己的一條新路。且在資訊節目提供上，除了娛樂、股市專業資訊少數節目外，看不到有較創意的節目，而國外較流行的節目，在台灣也不見得興盛，唯一相同的是情色語音。本文的結論也證實，新傳播科技引進時，總要等到預期性或是不確定的情況發生後，才會有法規介入管制，亦即法規總是落後於新科技的腳步。

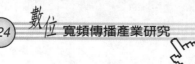

二、研究建議

　　國內付費語音資訊服務現仍維持在單純語音內容與圖鈴下載，雖然業者一致認為，將朝影音、多媒體互動的趨勢發展。因此，將來付費語音資訊服務科技發展，固網業者進入市場的可能性研究，以及其可能產生的結構變化與營運策略運用，均是未來研究者可延續之議題。

　　智慧型網路付費語音資訊業務的發展趨勢，既由顧客導向個人化的服務取代標準化服務，用戶對服務內容的要求與組合有更大權力，且在高品質的寬頻固網建設普及後，付費語音資訊業務勢必轉型成為影音接收，所提供的資訊傳播型式與內容將更為廣泛。因此，有關付費語音資訊業務朝多媒體方式發展後，所衍生之內容變化和產業觀察等相關問題，也可更進一步的研究。

　　由於「付費語音資訊業務」朝影音多媒體發展，涉及跨媒體經營的開放，可能需電信與有線電視相互連結整合，在我國目前仍對於電信與有線電視採二元管制體系架構下，未來針對付費語音資訊服務上，是否電信與有線電視業者會採取合作與結盟？此一方向亦值得探討。

三、研究限制

　　由於中華電信係最早提供「付費語音資訊服務」之業者，其業務亦較具規模、系統化，因此，本研究訪談重點亦以中華電信業務為主，故研究結果亦有資訊不平均之缺點，此亦為研究限制之一。

　　本研究主要採深度訪談和電話問卷調查法，屬於探索性研究，在蒐集資料和實行研究進程時，限於人力、財力和時間，無法進行更大規模的調查研究。

　　智慧型網路付費語音資訊業務的優點，為可迅速地因應市場所需，開發提供特定的服務內容，以在競爭激烈的環境中，資訊提供業者如何有效地提供新穎的資訊傳播服務，以獲取更大的商機。對於如何判斷何種資訊

能成為有價商品？值得深入探究。在本研究中，雖不斷和業者連繫，卻常以商業機密為由，未獲應允接受訪談，亦為本研究限制之一。

附錄　深度訪談名單及日期

訪談日期	訪談單位／部門	訪談對象
2003.06.18電訪	新世紀資通 語音產品管理部	蔡岳峻先生
2003.06.11電訪	台灣固網 行銷處	鄭麗峰小姐
2003.06.11電訪	中華電信 北區分公司	江仲勇先生
2001.11.29	新聞局廣播電視事業處 第四科	稽查員曹健誠先生
2001.11.22 2001.11.26	新聞局訴願審議委員會	執行秘書何吉森先生
2001.11.15	政治大學廣電系	劉幼琍教授
2001.11.22 2001.09.27	雷鈞電訊股份有限公司	總經理周文德先生
2001.10.23	東森寬頻電信 市場產品開發部門	江經理 （受訪者要求保留名字）
2001.09.14	交通部電信總局	專門委員張峻銘先生
2001.08.22	中華電信	助理管理師蔡惠瑩小姐
2001.08.22	中華電信	科長屈美惠小姐

參考文獻

■中文書籍論文部分

e-社會資訊，2002，《電話調查抽樣設計說明》。

中華電信，1996，《美國付費語音電話服務簡報》，台北市：中華電信股份有限公司。

中華電信，1997，《日本NTT公司付費語音資訊業務》，台北市：中華電信股份有限公司。

中華電信，1999，《智慧型網路付費語音資訊業務租用契約條款》，台北市：中華電信股份有限公司。

中華電信，2000，《智慧型網路付費語音資訊業務營業規章》，台北市：中華電信股份有限公司。

中華電信，2001，《獎勵付費語音資訊優良節目作業要點》，台北市：中華電信股份有限公司。

王昭正、朱瑞淵譯，1999，《調查研究方法》，台北市：弘智文化。

台灣固網，2002，《付費語音資訊服務營業規章》，台北市：台灣固網股份有限公司。

江中信，1997，《人際傳播學：人際溝通與關係》，台北市：風雲論壇。

汪琪、鍾蔚文，1998，《第二代媒介——傳播革命之後》，台北市：東華。

李天任、藍莘譯，1995，《大眾媒體研究》，台北市：亞太。

李美華等譯，1998，《社會科學研究方法》，台北市：時英。

宋偉航譯，2000，《數位麥克魯漢》，台北市：貓頭鷹出版社。

吳統雄，1999，《從蜃樓到綠洲——台灣網路使用者系列調查1996-1999》，1999年傳播與科技研討會：新興傳播科技與社會變革論文，新竹交通大學。

胡幼慧，1996，《質性研究——理論、方法及本土女性研究實例》，台北市：巨流。

涂瑞華譯，1996，《傳播媒介與資訊社會》，台北市：亞太。

張沛元譯，1999，《市場區隔戰法——活用區隔行銷的十五個攻略典範》，台北市：城邦文化。

郭珍利，1999，〈電視台網站使用動機與行為之研究〉，中山大學傳播管理研究所碩士論文。

黃郎文譯，1999，《標準化的調查訪問》，台北市：弘智文化。

葉慶元，1997，〈網路色情之管制——從傳統的管制模式出發〉，資訊科技與社會轉型研討會第二屆論文，台北市中研院社會所。

景崇剛，1997，〈數位電視在技術與政策法規層面之分析〉，世新大學傳播研究所碩士論文。

湯允一等譯，2001，《媒體／社會：產業、形象與閱聽大眾》，台北市：學富。

程予誠，1999，《新媒介科技論》，台北市：五南。

傅仰止、田芳華譯，1999，《改進調查問題——設計與評估》，台北市：弘智文化。

楊意菁、陳芸芸譯，1999，《媒體原理與塑造》，台北市：韋伯文化。

楊國樞、文崇一、吳聰賢與李亦園編，1985，《社會及行為科學研究法》，台北市：東華。

蔡念中，2000，〈有線電視與電信固網之跨媒體經營——規範競合與產業生態研究〉，台北市：台灣有線視訊寬頻網路發展協進會委託研究計畫。

蔡念中、陳文浩，2001，〈台灣地區電信智慧型網路付費語音資訊業務初探研究〉，中華傳播學會2001年會論文，香港浸會大學。

潘明宏譯，1998，《社會科學研究方法》，台北市：韋伯文化。

羅文輝，1991，《精確新聞報導》，台北市：正中。

■英文書籍論文部分

AT&T MultiQuest, 2001. *AT&T MultiQuest Premium Billing Service Guidelines.*

Aufderheide P., 1999. *Communications Policy and the Public Interest.* New York: The Guilford Press.

Baidwin, T. F., D. S. McVoy & C.Steinfield, 1996. *Convergence: Integrating Media, Information & Communication*. London: SAGE Publications.

Bell, T. W. & S. Singleton eds., 1998. *Regulators' Revenge: The Future of Telecommunications Deregulation*. Washington: CATO Institute.

Brock, G. R., 1994. *Telecommunication Policy for the Information Age: From Monopoly to Competition*. Cambridge: Harvard University Press.

Buchwald, C. C., 1997. Canadian Universality Policy and Information Infrastructure: Past Lesson, Future Directions. *Canadian Journal of Communications, 22.*

Carter, T. B., M. A. Franklin & J. B. Wright, 1993. *The First Amendment and The Fifth Estate: Regulation of Electronic Mass Media,* 3rd ed. New York: The Foundation Press.

Liu,Yu-li（劉幼琍）, 2000. "Dial-a-Porn Services in Taiwan: A Legal Perspective", paper presented at the *Conference on Communication Frontiers in the New Millennium,* Chinese University of Honk Kong, Hong Kong.

Mastin, Robert, 1996. *900 KNOW-HOW: How To Succeed With Your Own 900 Number Business,* 3rd ed. Rhode Island: Aegis Publishing Group.

Mcquail, D., 2000. *McQuail's Mass Communication Theory,* 4th ed. London: SAGE Publications.

Michael, Noll A., 1991. *Introduction to Telephones & Telephone Systems.* London: Artech House.

Rosenfeld, 1997. 900 Service: An Exploding Industry. *Connections Magazine.* http://www.connectionsmagazine.com/articles/page3.html

Taylor & Willis, 1999. *Media Studies: Texts, Institutions and Audiences.* Oxford: Blackwell Publishers.

Tone, G., M.Singletary & V. P. Richmond, 1999. *Clarifying Communication Theories: A Hands-On Approach.* Ames: Iowa State University.

■報章期刊部分

中國時報編輯部，2000，〈0204北聯考題一指通〉，《中國時報》，2000年6
　　月27日，地方新聞。

王一中，1999，〈付費電話遭盜撥，有人成冤大頭〉，《聯合報》，1999年2
　　月23日，20版都會掃描。

王向東，1997，〈飛速發展的中國電信信息服務業〉，《福建郵電技術快
　　訊》，總第十八期，http://www.netcity.fz.fj.cn。

王秋霖，2000，〈嬌娃獻聲，撈十幾萬〉，《中國時報》，2000年11月9日。

江聰明，2001，〈0204竄入未鎖碼頻道，鶯聲燕語處處聞〉，《聯合報》，
　　2001年2月8日，27版影視廣場。

李宗祐，1998，〈亂打0204電話，荷包受重傷〉，《中國時報》，1998年10
　　月5日，社會綜合。

李忠義，1999a，〈中華電信悄悄變聰明了〉，《中國時報》，1999年3月26
　　日，社會綜合。

李忠義，1999b，〈0204付費電話，中華電信加強把關〉，《中國時報》，
　　1999年5月5日，社會綜合。

李南燕，1998，〈付費電話亂叩機，0204嗶嗶叫〉，《中時晚報》，1998年
　　10月4日，焦點新聞。

李景駿，1997，〈撥個電話，各種資訊一通就來〉，《中國時報》，1997年4
　　月16日，台灣要聞版。

林志成，2000，〈虛擬城市赫爾辛基近在咫尺〉，《中國時報》，2000年11
　　月30日，12版。

林淑惠，1997a，〈坊間色情電話合法化意願不高〉，《工商時報》，1997年
　　4月24日，經濟新聞。

林淑惠，1997b，〈開放智慧型網路，民間業者搶攻〉，《工商時報》，1997
　　年4月24日，經濟新聞。

吳慧芬，2000，〈也是文明病，虛擬性愛成癮，不能自拔〉，《中時晚
　　報》，2000年3月7日，資訊科技。

胡明揚，2001a，〈台灣固網昨取得執照〉，《民生報》，2001年2月17日，

D3版3C新聞網。

胡明揚，2001b，〈傳呼電話，步上0204後塵〉，《民生報》，2001年5月5
日，3C新聞網。 孫黎芳、洪志成、周宗郕，1996，〈智慧型網路的發
展與應用〉，《通訊雜誌》，第25期。http://www.grandsoft.com
/cm/025/atr247.htm。

高凱聲，2000，〈我國加值網路業務現況〉，《通訊雜誌》，第73期。
http://www.grandsoft.com/cm/073/afo7301.htm。

凌珮君、單厚之，1999，〈色情電話廣告氾濫，蕭揆下令查〉，《聯合
報》，1999年5月8日，8版社會傳真。

陳立儀，1999，〈0204非色情〉，《星報》，1999年9月27日，16版摩登大
聖。

陳宛綺，2000，〈金家推出0204互動教學〉，《中國時報》，2000年8月4
日，財經產業。

陳孝凡，2000，〈0204春色放肆，新聞局將斷話並送法辦〉，《中國時
報》，2000年5月24日，影視娛樂。

陳素玲，2002，〈0204每分1.7元？騙人的〉，《聯合晚報》，2002年9月5
日，6版綜合新聞。

陳德勝，1994，〈談智慧型網路之引進——智慧化服務新紀元〉，《通訊雜
誌》，第4期，頁32-38。http://www.grandsoft. com/cm/004/004-9.htm。

黃啓璋，2001，〈0204付費電話有賺頭，炙手可熱〉，《中國時報》，2001
年5月21日。

張企群，2001，〈大陸妹妓高一籌，台灣性產業新寵〉，《中國時報》，
2001年10月1日。

張秋蓉，1999a，〈整合電話網路，AT&T提供即時線上服務〉，《工商時
報》，1999年1月19日，科技新聞。http://www.grandsoft.com
/cm/021/atr2111.htm。

彭淑芬，1998，〈看好付費語音商機，中華電信試啼聲〉，《工商時報》，
1998年1月23日，科技新聞。

彭威晶，1993，〈色情電話氾濫，電信局也是受害者〉，《聯合報》，1993

年10月9日，6版社會觀察。

楊基山，1997，〈打色情電話，打到賣房子〉，《中國時報》，1997年5月28
日，台灣要聞。

廖嘯龍，1998，〈假報明牌真詐財，股友社call機，A錢新招〉，《中時晚
報》，1998年6月20日，焦點新聞。

趙家麟，2000，〈成大學生盜撥宿舍電話逾千萬元〉，《中國時報》，2000
月1月11日，地方新聞。

蔡堆，1994，〈智慧型網路發展策略〉，《通訊雜誌》，第4期。
http://www.grandsoft.com/cm/004/004-10.htm。

羅文明，1998，〈撥0204，付費聽資訊〉，《中時晚報》，1998年1月22日，
焦點新聞。

羅曉荷，1997，〈色情電話廣告，氾濫到家〉，《聯合報》，1997年4月12
日，13版焦點。

羅曉荷，1999，〈0204色情電話，立委促嚴把關〉，《聯合報》，1999年5月
6日，6版生活。

龔小文，2003a，〈擺脫春色0204邁向多元化〉，《民生報》，2003年3月18
日，A8版3C新聞網。

龔小文，2003b，〈民營固網也推0208，0209〉，《民生報》，2003年3月18
日，A8版3C新聞網。

The Mirror, 2000a. Your Problems, p.39; Stars And Strips, p.44; Bingo, p.45;
Puzzles And Crosswords, p.46; Mirror Classified, p.50.

The Mirror, 2000b. Puzzles And Crosswords, p.31.

The Mirror, 2000c. Puzzles And Crosswords, p.30; Stars And Strips, p.34; Loans
And Finance, p.36.

■電訊機構與業者網際網路網站

0204創業投資，2000，〈如何籌備0204節目〉，0204創業投資網站。
http://www.0204.ceo.com.tw/

人民日報市場報，2000，〈電信服務優與劣衡量有了新標尺〉。

http://big5.people.com.cn/shch/200001/21/newfiles/A101.html

人民日報網路版，2000，〈山東1600萬未成年人宣誓遠離「三廳一台」〉。

http://big5.people.com.cn/zdxw/19/200004061920.html

中國電信，2001，〈電信之友——電話信息服務簡介〉。

http://www.chinatelecom.com.cn/t-consumer/01/6701080107.html

中國網，2001a，〈2000年上半年中國信息產業發展情況〉。

http://202.130.245.40/ch-xinwen/content/news/PressConference/200713/01.html

中國網，2001b，〈改革重組促進發展，全國電話用戶突破兩億戶〉，信息
產業部新聞發布會。

http://202.130.245.40/ch-xinwen/content/news15.html

中華電信，2001，〈智慧型網路服務功能〉。

http://www.cht.com.tw/

天馬電信，2000，〈0204付費資訊業務簡介〉。

http://www.020455.com.tw/

北京青年報，1999，〈最高限價二百八、公家電話問信息〉，電子版。

http://www.biyouth.com.cn/Bqb/19990316/BIG5/

台灣固網，2001，〈台灣固網背景說明〉，台灣固網網站新聞集錦。

http://www.tfn.net.tw/311.asp？id＝5&Page＝4

交通部電信總局，2000，〈電信網路中長期編碼〉。

http://www.dgt.gov.tw/chinese/telecom-numbering/9.1/。

交通部電信總局，2001，〈電信法規〉。

http://www.dgt.gov.tw/Chinese/regulations/5.1/Telecom-Acts.htm

行政院新聞局，1999，衛星廣播電視法。

http://www.gio.gov.tw/info/radiotv/law/law9-3.htm

光明網，2001，〈電信服務標準出台〉，《生活時報》，2000年1月20日。

http://www.gmw.com.cn/0_shsb/2000/01/20000120/big5/

宇音科技，2001，〈0204簡介〉。

http://Voice-Tec.com.tw/ProductIntro/0204intro.htm

奇景資訊，2000，〈什麼是0204付費電話〉。

http://www.tst.net.tw/index-main.htm

冠捷科技，2000，〈0204創業投資說明〉。

http://home.pchome.com.tw/life/knanchie/

葉景鴻，2000，〈付費資訊的型式〉，天馬電信網站。

http://www.020455.com.tw/

鼎基資訊，2000，〈運作模式〉。

http://www.dg0204.com.tw/

電訊盈科，2001，〈資訊聆〉。

http://www.hkt.com/

電訊服務用戶及消費者諮詢委員會，1994a，〈第一次會議會議記錄〉，
　　1994年10月1日。

http://www.ofta.gov.hk/chinese/ad-comm/ucac/ucactr.html

電訊服務用戶及消費者諮詢委員會，1994b，〈第二次會議會議記錄〉，
　　1994年12月3日。

http://www.ofta.gov.hk/chinese/ad-comm/ucac/ucactr.html

電訊服務用戶及消費者諮詢委員會，1997，〈職權範圍〉。

http://www.ofta.gov.hk/chinese/ad-comm/ucac/ucactr.html

蕃薯藤，2000，〈蕃薯藤網路調查〉。

http://survey.yam.com/survey2000/BBB, 2001, "Pay-Per-Calls"

http://www. Newyork.bbb.com/library/

BBC Online Northern Ireland, 2001, "How To Recognize a Premium Rate
　　Service."

　http://www. bbc.co.uk/northernireland/consumer/

Custom900, 2001, "Facts about the 900 Business."

http://www.custom900.com/introduction.htm

Cwrl, 2001, "Phone Sex"

　http://wwwcwrl.utexas edu/~wolfe /

Dfait-maeci, 2001, "The Stentor Alliancs."

http://www.dfait-maeci,gc,ca/english/news/newsletr/invest/cus5t3a.html

Dial Service Corporation, 1999,〝Content Service〞

　　http://www.dsn.co.jp/contents/contents.html

FCC, 1997,〝900 Number Par-Per-Call And Other Information Services〞

　　Consumer News, The Common Carrier Bureau, Enforcement Division.

FCC, 2001,〝Consumer Facts - 900 Pay-Per-Call.〞

　　http://www.fcc.gov/cib/consumerfacts/900Fact.html

FTC, 2001,〝Who Must Comply with the FTC Rule〞

　　http://www.ftc.gov/bcp/conline/pubs/buspubs/900/whomust.htm

Help & Hope, 2001,〝Facts about Pron〞

　　http://www.helpandhope.org/facts.htm

ICSTIS, 2001a,〝Frequently Asked Questions〞

　　http://www.icstis.org.uk/pm-main.htm

ICSTIS, 2001b,〝The Premium Rate Industry〞

　　http://www.icstis.org.uk/ov-faq.htm

ITU-T, 2001,〝What is UIPRN?〞

　　http://www.itu.int/ITU-T/universalnumbers/uiprn/files/whatis.htm

Japaninc, 1999,〝Tokyo-base ISP InterQ〞

　　http://www.japaninc.net/mag/comp/1999/11/nov99_venture.html

Lhtelecom, 2001,〈中國公眾電話信息服務網〉。

　　http://www.lhtelecom.com.cn/knowlodge/zyjs/dxwl/dhfww.htm

Lingbao, 2001,〈什麼是電話信息服務〉。

　　http://www.lingbao.ha.cn/dxzc/sxyw/main.htm

NEC NetWorks, 2001,〝Premium-Rate Service〞

　　http://www1n.mesh.ne.jp/CNPWORLD/english/solution/010218.htm

Press Release, 2001,〝Speech-Enabled 'Virtual Call Centre' by Speech Works a First for Australian Tourism Industry〞

　　http://www. Biz.yahoo.com/bw/010627/2240.html

SDE, 2001,〝タイヤルQ2サービス〞

　　http://host1.sde.co.jp/hyper-dictionary/50-ta/ta/dial_q2.html

Sonera, 2001a, "Premium Rate Service"

　　http://www.sonera.fi/english/solutions/datavoice/

Sonera, 2001b, "Service Categories"

　　http://www.sonera.fi/english/solutions/datavoice/

Sonera, 2001c, "Service Categories"

　　http://www.sonera.fi/english/solutions/datavoice/

Team Telemedia, 1998, "US Pay Per Call Market Review"

　　http://www.teamtelemedia.com/98/98research.html

Telecompute, 1997, "A Brief History of 900 Pay Per Call"

　　http://www.telecompute.com/900.html

Vodafone, 2001, "Premium Rate"

　　http://www.vodafone-partner.com/File/guest/products/

第六章
有線電視與電信固網跨業經營
之規範競合與產業生態研究

引言

　　有線電視與電信固網是現代社會民眾最經常使用的兩項傳播應用科技。以有線電視為例，目前台灣民眾的有線電視接線率已超過80%，除了收看電視外，還可以運用Cable Modem上網。此外，台灣民眾使用電話，也就是電信固網的比率亦高達95%以上，除了用來與他人聯繫、溝通外，還可以加裝ADSL寬頻上網，甚至觀看電視。從一九九九年起，政府解除了有線電視與電信事業互跨媒體經營的限制之後，台灣民眾已得以自由選擇，並能享受到這兩項傳播應用科技所帶來的便利。因此，電訊傳播的固網產業與市場的開放，可說是台灣電信自由化以來最重要的里程碑，不僅代表著電信獨占時代正式結束，同時，也宣告了台灣進入寬頻傳播時代的來臨。

　　電信自由化是一個產業生態與管制結構的變遷過程。就政策觀點而言，自由化本身並非最終目的，而是一個為加速社會資訊化、提高電信產業經營效率、促進消費者權益與多樣化選擇的手段。台灣電信事業最大的結構化變革是在於一九九六年立法院所修正通過的「電信法」、「交通部電信總局組織條例」，並新訂「中華電信股份有限公司條例」所帶來的影響。這些法令使台灣電信事業走上民營化的第一步，使電信總局能夠專注於國家電信政策的設計與電信市場的管理，並與經營電信事業的中華電信股份有限公司分離，成為兩個各自獨立運作的組織。

　　除了通訊的重要發展之外，電信事業另一個主要的相關市場為廣播電視。一九九六年底，國內開放衛星廣播電視節目中繼出租業務，衛星電視節目興起，消費者因而享有更多的節目選擇。一九九八年底，衛星行動及衛星固定通信業務開放，衛星通信業者開始在國內提供衛星大哥大服務，此後，國人內外通信無遠弗屆。而在一九九九年，政府解除了有線電視與電信事業間互跨經營的限制後，第二類電信業者多了經營專線出租的業務。此外，固網業務與有線電視的跨業結合，非但加速了寬頻的發展，也開拓了影音、資訊的融合業務。

　　因此，本章乃針對有線電視與電信固網互跨媒體經營所衍生之規範競合與產業生態變化之相關議題深入探討。希望一方面能夠釐清目前有線電視業者和電信業者從事跨業經營相關法規之管制規範；另一方面，則同時進行產業研究，剖析有線電視與電信產業整合固網的生態發展，深入探討固網產業與有線電視整合後可能帶來的市場變動問題。最後，提出有線電視系統業者及電信業者從事跨業經營時，對於目前管制架構的法規處理原則及因應之道。

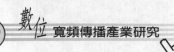

第一節　有線電視與電信固網跨業經營之研究背景

一、研究背景

　　有線電視系統是傳輸多頻道電視節目之用，而電信事業是提供語音、數據訊息之傳輸。但是，科技的演進使得有線電視與電信兩項傳輸通路，得以運用其互通性，跨媒體經營寬頻多媒體訊息之傳輸業務。然而，我國對有線電視與電信事業的法制管理，在過去是採取不同的規範，有線電視適用於「有線廣播電視法」，電信部分則適用於「電信法」，各自的主管機關亦分別歸屬於行政院新聞局廣電處以及交通部電信總局，因此造成部分業務相同，管制情形卻不對等的規範情況。面對時下科技匯流與媒體融合的趨勢，以往所設立的傳播產業監管組織，以及訂定的相關法規，顯然已不合時宜。觀察國際潮流與國內民意趨勢，都是提出進行組織改造以及法制革新，作為解決的對策。

(一)規劃國家通訊傳播委員會（NCC）

　　在組織改造方面，現行廣電業務與電信業務因相互具有科技匯流、整合的特性，符合政府改造方針——「主要業務間需要高度互動者」、「業務具上下游性質，合併有利於整體規劃者」、「主要業務互補，而整併無其他不利因素者」部門之原則。因此，各方呼籲應予以合併在同一機關為當。例如：美國的FCC，英國的OFCOM等機構。且近年來我國廣電與電信產業雖走向自由化，但因市場環境特殊，偶有業者或利益、政治團體介入媒體監管程序，予人球員兼裁判之印象，因此，在我國申請加入「世界貿易組織」之際，「成立獨立之監理機關」也成為我國承諾遵守的六大監管原則之一。

　　為達到以上目標，政府交由交通部及新聞局召集成立「電信資訊傳播

協調工作小組」，就電信資訊傳播統合機關之組織架構進行研商，其初步之規劃內容包括有（新聞局，2003）：

1.成立一統合監管機關，名為「國家通訊傳播委員會」（National Communication Commission, NCC）。
2.該機關為超然獨立之委員會，但仍受適當之監督：上層採獨立委員會，以合議制運作，下轄行政業務單位，以執行法定職權及委員會之決策。
3.新機關統合電信、傳播及部分資訊業務。

通訊傳播委員會設立的目的，被定位為「確保通訊傳播市場有效競爭，保障公眾及消費者權益，及提升國家競爭力」。其職掌，等於是將現行管理機關，諸如交通部郵電司、電信總局、新聞局廣播電視處及行政院國家資通安全會報等機構的業務調整歸納而成，包括通訊傳播監理政策、法令擬定與執行事項等。依功能區分又可分為營運之監督管理、證照核發、系統及設備之審驗、工程技術規範之擬定、傳輸內容之管理、資源之管理、競爭秩序之維護、資通安全之工程技術與管制、事業間重大爭議及消費者保護事宜之處理、國際交流合作、相關基金之管理、違法之取締與處分等事宜。總之，凡電信（原電信總局業務）、資訊（網際網路相關事務）、傳播（原廣電業務）等相關事項，均由國家通訊傳播委員會統一監管。

為保持通訊傳播委員會之專業性與獨立性，除了委員的資格需符合相當的學識或經驗標準外，政府也將於相關的行政作用法中，明訂獨立機關之組織法法源，其該委員會不必隸屬於行政院之下，並具有準司法機構的功能。未來，該委員會將設置通訊傳播監督管理基金，以規費收入之一定比例支應執行監理業務之需，以達到專款專用的目的，也確保該委員會在財務來源方面也能保持其獨立地位。

(二)修訂「廣電三法」

在法制革新方面，由於衛星、光纖線纜、寬頻壓縮科技、網際網路等

新興傳播科技的發展，造成媒體科技形式與定位的轉換，因此，媒體政策制訂的方向，也應朝向開放媒體、全球化概念，以及解除管制等面向來發展。新聞局認為，將以往的廣電三法（亦即廣播電視法、有線廣播電視法、衛星廣播電視法）予以整併與修正已是當務之急。

目前，新聞局所通盤檢討之「廣電三法」，其基本觀念是從科技匯流及產業秩序等面向構思整併與修法方向，包括頻譜分配、特許制、市場占有率、節目與廣告管理、跨業經營、收費機制，以及新興媒體等問題檢討修正，以期營造一個公平的媒體競爭環境（辛澎祥，2002a，2002b）。

在廣電三法整併與修正的草案中（新聞局「廣播電視法修正草案」，2002），總計共分為四章，一百零五條規定。在第一章總則內，包括了通則、經營許可、營運管理與節目暨廣告管理等項目，並確立「傳輸平台服務」與「頻道經營服務」等基本概念。在整個廣電架構下，「廣電傳輸平台服務業」涵蓋無線廣播電台、無線電視台、有線電視系統與直播衛星。「頻道經營業」則包括境內與境外衛星廣播電視節目供應事業。至於「內容供應者」則單指廣播電視節目供應事業。其中，廣電傳輸平台是屬於電信事業，工程技術亦屬於電信主管機關掌理。

不管是將現有的電信總局與新聞局廣播電視處合併，或是將原有的廣電三法的整併、修改，從這些計畫可以看出政府對電訊傳播政策與業務之掌理，已漸趨於一統，展現進步、前瞻的象徵。然而，由於這些計畫涉及媒體產業管理規範的劇烈變革，影響層面相當廣，因此，在執行的過程中，仍有許多困難亟待解決。例如：有線電視與電信的相關法規，是否真能整合為一致而和諧的管制架構？在修法的過渡期間，有線電視與電信業者在現行的法律架構下，如何才能做出有利的跨業經營規劃？行政院研擬裁撤新聞局之議，又是否會對廣電三法整併與修正之進度產生影響？

台灣目前已加入世界貿易組織（WTO），各界均期待國內媒體市場能朝向自由化、公平化的方向發展，以創造國內媒體產業的新契機。因此，本研究特別針對國內有線電視與電信固網跨業經營之規範競合與產業生態進行研究，期望本研究之成果在時下政府嘗試健全化國內媒體產業發展環境之際，能提供參考與助益。

二、研究目的

本研究之目的，可劃分為法規面和市場面兩大部分：

(一)「規範競合」方面

1. 探討有線電視業者和電信業者從事跨業經營相關法規之管制規範。
2. 分析有線電視系統業者及電信業者跨業經營時，所面臨的相關法規議題。
3. 深度探討固網傳播生態與有線電視整合後可能帶來的市場變動問題。

(二)「產業生態」方面

1. 探討新成立固網公司與有線電視跨媒體經營，對市場結構轉型的影響。
2. 探討四家固網業者（中華電信、台灣固網、新世紀資通、東森寬頻電信）如何創造新產品、新服務、新業務的生機，以面對其他業者的激烈競爭。
3. 剖析有線電視與電信的相關法規，整合為一致而和諧的管制架構的可能性。

三、研究方法

本研究所採用的研究方法包括：文獻分析、觀察法、深度訪談等，分別說明如下：

(一)文獻分析

文獻資料的蒐集與整理有助於釐清歷史過程中媒體生態的演變，同時

也有利於對不同的媒體組織做分析比較。本研究所整理的文獻資料，包括國外與國內經驗二類。國外經驗部分，將分析各先進國家（如美、日等國）跨媒體經營的現階段政策與生態變化，及其未來趨勢與展望。這類的資料整理與探討有助於本研究在分析國內經驗的文獻中，對於本土電信與有線電視產業的發展，提供一個有利的實證參考。此外，整體性地審閱、分析國內相關法規，特別是比較美國電訊傳播法規與案例，亦為本研究必要的過程。再者，由於本研究撰稿之際，廣電三法整併與修法尚未定案，因而有關有線電視部分，仍以現行之有線廣播電視法之規定為主，並輔以說明可能之修法內容。

(二)觀察法

觀察法有助於翔實記錄媒體產業的變化，從實質面來看，產業生態研究也多採用縱貫性的研究取向，即在不同的時間點上蒐集資料，根據長期紀錄的過程，檢查在事件中的轉移和變化，以做為歷史性的研究紀錄與趨勢探索。

傳播歷史面向的研究核心問題往往是：「當某個新傳播媒體引進某個社會中時，究竟是什麼情形」。因此，本研究將翔實記錄固網開放市場競爭之前籌備階段與初期開辦的媒體生態及市場變動之歷程，以歷史縱貫面的分析，提供未來趨勢的建議與參考。

本研究以學界的角度，提供有線電視與電信整合固網產業的實質建議，近距離觀察該項產業的運作過程中，也與四家固網業者密切長期接觸，觀察其經營運作的模式，以比較其不同的運作與進入市場的競爭力。

(三)深度訪談

本研究透過深度訪問法，在開放固網業務的籌備期間，取得各家固網業者的意見、價值、動力等資料，並深入瞭解規範管制與跨媒體經營模式的策略運作與考量，以及探討固網業者與傳播生態大環境下的互動關係，以補充文獻資料的不足，並做為分析媒體生態與產業變化的根據。深度訪談名單，請參見附錄。

四、研究限制

本研究涵蓋民間固網正式開台前初期籌設階段，由於研究問題涉及企業經營管理的商業機密與嚴格控管，因此，在研究過程中，常面臨到以下研究限制：

(一)業務秘密的限制

本研究執行期間，為國內開放有線電視與電信固網跨媒體經營之始，這是國內第一次將電信事業開放轉為民營的大資本額市場變動，因此，在本研究執行業者深度訪談的過程中，常有業者表示認為時期極為敏感，能夠提供的訪談內容有限，而對於部分敏感的市場競爭問題，則皆閉口不談，甚或拒絕訪談，使得部分研究問題無法做深入的探討。

(二)研究時程的限制

由於本研究是在民營固網正式開台營運初期，對於後來在長期市場競爭機制下，所影響的營運目標、策略等改變，囿於時間限制，無法以縱貫式長期觀察分析。

五、研究步驟

本研究之研究步驟如圖6-1。

圖6-1 分析產業生態之研究步驟簡圖

第二節 國內有線電視與電信跨媒體經營之 相關規範

一、國內有線電視事業管制規範重點

我國於一九九三年制定「有線電視法」，施行數年之後，於一九九九年做了相當幅度修正，並更名為「有線廣播電視法」。有線電視的管制重點包括：特許制、分區經營、特許負擔、外資比例、費率管制、水平結合限制、垂直整合與必要轉播等。茲將這些管制重點敘述如下：

(一)系統特許制

在我國,若欲成為有線電視系統經營者,必須向中央主管機關申請,並且須獲得其許可。由於有線電視採分區經營,在同一經營區中,主管機關僅可能核發少數幾張的許可。因此,有線電視系統業通常被稱為分區寡占的特許制(施俊吉、石世豪,1998)。在一個經營區之中,究竟應有多少家有線電視系統,就成為一個重點問題,初期「有線電視法」的規定是:「一區的系統家數不得超過五家」。但後來則修正為:「對經營家數不加以規定,而是依據有線電視審議委員會的裁量」。但若該經營區有系統終止經營,或是系統獨占、結合、聯合、違反水平結合上限而有妨害公平競爭情形,得經有線電視審議委員會之決議,重新受理申請。

成為有線電視系統經營者,必須經過兩個階段。首先,依據「有線廣播電視法施行細則」第十八條規定,申請者必須有最低實收資本額新台幣二億元,並提出營運計畫向中央主管機關申請。申請獲通過者,由中央主管機關發給籌設許可證。籌設完成後,應向中央主管機關提出系統工程查驗申請,查驗合格後,即可向中央主管機關申請營運許可證而進行開播。系統經營者的營運許可,有效期間為九年。屆滿時仍欲經營者,應於屆滿前六個月向中央主管機關申請換發。

(二)分區經營

「有線電視法」立法之初,曾將台灣地區分成五十一區,規定每一區系統不得超過五家。後來,由於市場因素與法令修改,成為目前的四十七區,每區經營家數不限的情況。近年來,由於有線電視相繼鋪設較為先進的HFC(Hybrid Fiber Coax)網路,可提供較高頻帶的數位調變視訊及多媒體資訊傳輸服務,使訊號傳送距離增加,品質與功能提升(黃進芳、蘇瑛玫,1999),故大多有線電視系統業者認為應重新調整並擴大經營區。此外,政府新聞局研修中的廣電三法整併修正草案中,明訂有線平台服務業經營地區之劃分及調整,由中央主管機關會商地方機關或直轄市審酌下列事項後公告之:(1)行政區域;(2)自然地理環境;(3)人文分布;(4)經濟效

益：(5)技術發展狀況。目前規劃在兩年內由目前的四十七區合併爲十八區，最終朝一區一家的目標整併（林淑玲，2003）。

(三)特許負擔

由於有線電視屬於特許經營，因此系統經營者相對上因公益而具有一定之負擔。其中，特別是有線電視經營者必須繳交一定的金額給予中央或地方政府，在美國稱之爲特許費（franchise fee）（江耀國，1998）。

我國早期有線電視法要求系統經營者每年應提撥營業額3%給予政府，後來則修改爲：「有線電視系統經營者應繳交營業額的1%給予中央主管機關成立特種基金」。特種基金的30%用於提升有線電視的發展，其中40%撥付地方政府，其餘的30%則捐贈予公共電視基金會[1]。

(四)外資比例

早期有線電視法之規定，外國人不得爲有線電視系統之股東。爲因應加入世界貿易組織（WTO），本法則放寬限制，使外資能在一定限度內投資我國的有線電視系統。依現行「有線廣播電視法」第十九條第三項，外國人直接持有系統之股份，以法人爲限，應低於該系統已發行股份總數20%；而外國人直接及間接持有系統之股份，合計應低於該系統已發行股份總數50%[2]。然而，在廣電三法整併修正草案中，外國人直接持有有線平台服務業之股份，合計應低於該事業已發行股份總數49%，直接與間接持有者，合計應低於總發行股份之60%。

(五)費率管制

由於有線電視屬於分區寡占（甚且可能是分區獨占，例如在美國絕大多數的經營區即是分區獨占），爲防止濫用市場力，做出不當之價格決定，從而有管制有線電視費率的必要（江耀國，1998，1999a，1999b）。依「有線廣播電視法」第五十一條，中央與地方政府對於費率問題具有雙重管制效力。換言之，屬於中央政府層級的「審議委員會」應（每年）訂定有線電視「收費標準」。而地方政府應依「審議委員會」所訂之「收費標準」，

核准系統的收視費用之申報。地方政府爲核准此費用之申報，並得自設費率委員會。

在一九九九年七月底，新聞局就公布了審議委員會所決定的二〇〇〇年的有線電視「收費標準」以六百元爲每月每戶收費上限[3]，至於是否訂定下限，由地方政府自行決定。中央政府的收費標準出爐後，若干地方政府在同年十一月底公告有線電視的收視費用（但地方政府大多將之稱爲「收費標準」）。計有台北市、台北縣、桃園縣、彰化縣、高雄縣、屏東縣，在十一月底公告其行政區內二〇〇〇年的收視費用，約爲五百到六百元之間。地方政府對於收視費用的訂定，不僅在名稱上使用「收費標準」，採用如法規命令般的公告發布，並在內容格式上與新聞局的收費標準，大同小異。例如每月每戶實收若干元爲上限，裝機、復機、移機費用各爲若干元。因而，實際運作的結果，中央與地方政府分別擁有制定費率（ratemaking）的權力，地方政府的收費標準甚且可能較中央的標準更爲嚴格。然而，在研修中的廣電三法整併修正草案中，費率之訂定將由中央全權核定其標準。

(六)水平結合限制

我國管制有線電視，有兩項防止壟斷的重要新規定，一項稱之爲系統經營者（MSO）水平結合上限，另外一項是垂直整合限制的新規定。這兩項規定在美國的有線電視法中，均有類似的立法。

在美國一九九二年有線電視法中，國會則授權通訊委員會制定規則，訂出大型MSO在市場占有率的上限比例[4]。通訊委員會經授權後，於一九九三年制定出在全國線纜鋪設戶數30%的上限占有率[5]，其後又於一九九九年十月略加修正爲：全國多頻道視訊傳播總訂戶數的30%爲上限[6]。在一九九三年，做成30%爲適當的水平整合上限比例之時，通訊委員會（FCC）說明其理由：

「爲了防止全國性大型MSO以增加水平集中率來取得進一步的操縱力（leverage），30%的水平經營限制是適當的。然而，這個標準也可以確

保大多數的MSO可以繼續成長，並可以從規模經濟中獲得益處，包括投資新的視訊頻道，以及開發更先進的有線電視技術」。[7]

我國現行「有線廣播電視法」第二十一條為MSO水平結合上限，其規定為：「系統經營者與其關係企業及直接、間接控制之系統經營者，不得有下列情形之一：

1.訂戶數合計超過全國訂戶數三分之一。
2.超過同一行政區域系統經營者總家數二分之一。但同一區域只有一家系統經營者，不在此限。
3.超過全國系統經營者總家數三分之一。

研修中的廣電三法修正草案亦有同樣的「水平結合限制」之規定。

至於何謂「關係企業」，依「有線廣播電視法施行細則」第十一條，係依公司法有關關係企業之規定。而依照公司法關係企業章之規定，關係企業包括兩種情形：(1)有控制與從屬關係之公司；(2)相互投資之公司[8]。

(七)垂直整合限制

美國在垂直整合方面，聯邦通訊委員會經國會授權後[9]，作成了40%的頻道數上限，亦即當系統在一個或多個全國性頻道商具有「可歸因利益」（attributable interest）時，該系統撥給這些頻道商經營的頻道數，不得超過其頻道總數的40%[10]。

類似於制定MSO訂戶數上限比例，通訊委員會做成這項上限頻道數，也是權衡兩個利益之後的折衷。通訊委員會說明，採取40%的標準是基於：

「在兩個相對立的法律目標中求取平衡：一方面，為確保有垂直整合的有線電視系統商不會獨惠與其有整合的頻道商，並且不會不公平地阻礙視訊節目可被有線電視訂戶收視；另一方面，鼓勵MSO能繼續投資具多樣性、高品質的視訊頻道節目」。[11]

我國垂直整合的頻道數限制在「有線廣播電視法」第四十二條第三

項：「節目由系統經營者及其關係企業供應者，不得超過可利用頻道之四分之一」。本項規定並非限制頻道商可入股系統商的股份比例，而主要是規範當一個系統與某頻道商屬於「關係企業」時，則此系統的可利用頻道數之中，至多只能撥出四分之一的頻道數，來播放此系統及某頻道商（關係企業）所提供的節目。

同樣地，第四十二條第三項的「關係企業」在施行細則第十一條，係依公司法關係企業之規定。此時，系統台與頻道商之間能否成立「關係企業」，就其法規以及認定的問題，前述在水平結合上限關於「關係企業」的分析，同樣適用。至於研修中的廣電三法整併草案，亦有相同的規定。

(八)必要轉播

關於有線電視的所謂「必要轉播」規定（must carry rule），乃指有線電視系統必須要轉播在該地區內可以收訊到的無線電視的節目。早在一九五六年，美國聯邦通訊委員會就以行政規則實施此項規定，以保護無線電視台，不會因為有線電視不播其節目而流失觀眾及廣告收益。然而，通訊委員會的必要轉播規定卻在兩個聯邦上訴法院的判決中，被宣告違憲[12]。之後無線電視業者轉向國會進行遊說，國會因而將必要轉播規定制定於在一九九二年有線電視法之中。國會的調查結論為，無線電視台為地方性新聞及節目的重要來源，因而政府有實質利益來促進此等免費電視節目的持續供應。其次，由於有線電視與無線電視在爭取廣告收益上有競爭關係，有線電視有經濟上的誘因去拒絕轉播無線電視台的節目，因此必要轉播規定有助於無線電視台的生存[13]。

二、國內電信事業管制規範重點

台灣電信事業在一九九六年立法院修正通過「電信法」、「交通部電信總局組織條例」、「中華電信股份有限公司條例」等三法，使得電信總局得以專注於國家電信政策之掌理，並與經營電信事業之中華電信股份有限公司分離。以下茲將我國電信事業的管制重點：特許與申請報備、外資比

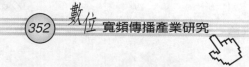

例、網路互連、會計分離與交叉補貼、普及服務、號碼可攜性服務等等分述之。

(一)特許制與申請報備制

「電信法」第十一條以電信服務業者擁有電信機線設備與否為標準，區分為第一類電信事業與第二類電信事業[14]。第一類電信事業是指設置電信機線設備，提供電信服務之事業，第二類電信事業則定義為非第一類電信事業之業者。

相較於第二類電信事業，我國「電信法」對於第一類電信事業課予較多的管制。除了限制第一類電信事業必須取得執照才得經營事業外，「電信法」第十四條第六項並對第一類電信業者之營業項目、營業區域、技術規範與審驗項目、特許之方式、條件與程序、特許執照有效期間、事業之籌設、履行保證金之繳交方式與核退條件及營運之監督與管理等事項之管理規則，皆加以規範[15]。

就目前「電信法」之分類，第一類電信業者包括固定通信網路事業、行動通信網路事業與衛星通信網路事業。固定通信網路業者計有中華電信、新世紀資通、台灣固網與東森寬頻電信等四家。行動通信業者，包括大哥大行動電話業者：中華電信、台灣大哥大、遠傳、和信、泛亞與東信等六家。衛星通信業者計有大眾電信、和允衛星與年代網際事業等十三家。第二類電信事業的業務範圍包括語音類、數據類和視訊類，例如付費語音資訊業務、提供網際網路接取業務及視訊會議業務等，相關業者包括數位聯合電信公司（SeedNet）、和信超媒體與東森多媒體公司（交通部電信總局，2000）。

(二)外資比例

一九九六年，國內修正「電信法」時，第十二條規定，外國人持有之股份總數不得超過20%。二○○二年再次修正「電信法」時，將外資持有第一類電信事業之股份總數，修正為直接持股不得超過49%，直接持股加間接持股不得超過60%。自「電信法」修法過程觀之，股權限制之問題逐漸放寬

外資投資比例，其主要之原因係為了排除加入WTO入會談判之障礙，以及配合我國亞太營運中心運作之需要。目前已加入競逐台灣固定通信網路服務業務之業者，包括美商通用電信（GTE）、新加坡電信（STI）、AT&T、德國電信（Deutsche Telecom）等。

(三)網路互連（interconnection）

由於電信事業屬於公眾網路，基於網路效應（network effects），大者恆大之原理，一方的行為對於他方會產生外部性（又稱網路外部性），新進弱勢業者必須依賴與優勢業者的網路互連，才能分享網路效應而能生存。若優勢業者不提供網路互連，將使得其他業者無法與既有業者競爭，有違市場競爭之原則，故網路互連係為電信開放的重要前提。

網路互連主要規範為「電信法」第十六條。其規定「第一類電信事業相互間，有一方要求與他方之網路互連時，除法令另有規定者外，他方不得拒絕」。該條第五項並授權電信總局訂定，關於第一類電信事業間之互連、費率計算、協商與裁決程序等事項之管理辦法。

在技術層次上，電信網路的互連乃透過網路介接點之設置連結網路，讓用戶能與本身所屬電信事業的以外的用戶通信，或接取其他電信業者之服務。關於網路介接點之設置，原則上係由第一類電信業者進行協商，協議決定網路互連之相關設備、維修、場所及相關費用[16]，並設置隔離雙方電信設備之責任分界設備或適當措施[17]，各電信事業應負責維護其網路端至網路介接點部分之鏈路[18]。然網路互連原則經電信總局核准，可不適用在下列例外情形：(1)不具技術可行性；(2)有影響通信設備安全之虞[19]。

「第一類電信事業網路互連管理辦法」第十二條並明定提供網路互連的服務費用（包括網路互連建立費、接續費、鏈路費或其他設備租金、與其他輔助費）之分擔原則[20]。其中接續費應由通信費歸屬之一方負擔，其他費用則由因要求互連而造成他方成本增加之一方負擔，且應符合公平合理原則，不得為差別待遇[21]。

電信總局考量電信市場的開放狀況，避免第一類電信事業市場主導者控制關鍵基本電信設備與控制市場價格，阻礙市場競爭，特別於「第一類

電信事業網路互連管理辦法」第六條第二項中規定，第一類電信事業市場主導者應於任一技術可行點設置網路介接點，提供網路互連服務[22]。亦即第一類電信事業市場主導者在技術可行性下不得拒絕提供網路互連之服務，例如：不得以空間、場所及經濟性因素作為技術不可行之理由[23]。

(四)會計分離與禁止交叉補貼（cost separation and anti cross-subsidization）

「電信法」第十九條訂定會計分離制度及禁止交叉補貼。第一類電信事業應依其所經營業務項目，建立分別計算盈虧之會計制度，並不得有妨礙公平競爭之交叉補貼；第一類電信事業兼營第二類電信事業或其他非電信事業業務者，亦同。

電信會計分離之制度，在確保電信事業提供內部服務與外部服務條件之一致性，收入及成本分攤與歸屬方法之可靠性，以防止不同電信事業間之交叉補貼，並作為網路互連之接續費、設施共用之費用分攤，與普及服務之成本核算等基礎，亦為主管機關監督與管理依據[24]。故可將會計分離與禁止交叉補貼視為一配套措施，在市場非完全競爭時，此措施可防止上游電信業者利用網路效應、基礎建設瓶頸（bottlenecks）之市場力量，對下游已開放競爭之服務進行補貼，造成不公平競爭。

(五)普及服務（universal service）

「電信法」第二十條規定：「為保障國民基本通信權益，交通部得依不同地區及不同服務項目指定第一類電信事業提供電信普及服務。電信普及服務所生虧損及必要之管理費用，由交通部公告指定之電信事業依規定分攤，並繳交至電信事業普及服務基金。電信普及服務範圍、普及服務地區之核定、提供者之指定及虧損之計算與分攤方式等事項之管理辦法，由交通部訂定之」。

普及服務保證在不經濟及偏遠地區提供電信基本服務（basic service）。然考慮業者可能沒有提供電信基本服務的誘因，故成立電信事業普及服務基金，用以補償業者提供服務的虧損。由於第一類電信業者被視為共同載

具之服務業者〔common carrier〕，故同時規範該類業者需擔負普及服務之義務。

(六)號碼可攜性服務〔number portability〕

號碼可攜性係指包括用戶在轉換業者、遷移位置或轉換至不同服務性質網路時，可保有原有號碼（陳民強，1999）。二○○二年增訂之「電信法」第二十條之一，明訂第一類電信事業應提供號碼可攜性服務。固定通信業務管理規則第六十條規定：「經營者應在其通信網路中提供號碼可攜性服務，所謂號碼可攜性服務指用戶在同一地點，由一經營者轉換至另一經營者時，得保留其原使用電話號碼之服務。經營者間應以平等互惠之方式，相互提供號碼可攜性服務」。目前關於號碼可攜性之規範，除了適用於固定通信網路事業外，未來在行動通信網路事業亦同等適用。

(七)網路細分化〔unbundled access〕

「電信法」於第十六條第二項規定網路互連之安排應符合「網路細分化之原則」。固網管理規則第四十六條復規定經營者應提供「細分化網路元件之成本」。第一類電信事業網路互連管理辦法第十六條第一項更要求第一類電信事業市場主導者之接續費「應按實際使用之各項細分化網路元件成本訂定」。

細分化網路元件包含下列項目：

1.市內用戶迴路。
2.市內交換傳輸設備。
3.市內中繼線。
4.長途交換傳輸設備。
5.長途中繼線。
6.國際交換傳輸設備。
7.網路介面設備。
8.查號設備及服務。

9.信號網路設備〔25〕。

至於關於第一類電信事業對其他第一類電信事業出租細分化網路元件之費率，係由雙方協商定之。但若屬網路瓶頸設施者，費率則按成本計價（cost-oriented pricing）〔26〕。

(八)資費管制：價格調整上限制（price caps）

電信資費管制之主要目的在保護消費者權益，避免業者因市場獨占或寡占，訂定高價而獲取超額利潤。過去「電信法」對資費的管理，是授權主管機關決定。但是，一般而言，民生用業皆採投資報酬率法（rate of return）。投資報酬率法的缺點為當電信事業的資產因重估而調整時，將擴大資費調整的計算基礎（base），使電信資費相對地調漲，以符合既定的投資報酬率。且在投資報酬率之規定之下，業者無法保留多餘盈收。對於經營效率高之業者而言，將沒有誘因從事提高效率的生產活動，節省服務成本，進而調降資費（立法院公報，1999）。因此，一九九九年國內再次修正「電信法」時，將費率管制訂為價格調整上限制。

(九)電信市場主導者（dominant firms）

對於市場主導者之規範，二〇〇二年修法通過的「電信法」第二十六條之一規定，第一類電信事業市場主導者，不得從事下列行為：

1.以專有技術直接或間接阻礙其他第一類電信事業提出網路互連之請求。
2.拒絕對其他第一類電信事業揭露其網路互連費用之計算方式及有關資料。
3.對所提供電信服務之價格或方式，為不當之決定、維持或變更。
4.無正當理由，拒絕其他第一類電信事業租用網路元件之請求。
5.無正當理由，拒絕其他電信事業或用戶承租電路之請求。
6.無正當理由，拒絕其他電信事業或用戶協商或測試之請求。
7.無正當理由，拒絕其他電信事業要求共置協商之請求。

8.無正當理由，對其他電信事業或用戶給予差別待遇。

9.其他濫用市場地位或經主管機關認定之不公平競爭行爲。

對於市場主導者之管制，亦稱爲非對稱性管制（asymmetric regula-tion），係指加諸有競爭優勢的業者較其他業者更多法規上的限制，以防止市場主導者利用其市場力量對其他新進業者進行不公平競爭。然此規範也同時給予新進業者不當誘因，促使業者以法令的保障而非市場機制，取得競爭中的相對優勢。新進業者因此將不會積極地從事有效率的競爭。故非對稱性管制應被視爲一「落日條款」，在一定期限之後即失效，藉以保障新進業者的權益，同時強化其提高本身競爭力的誘因[27]。

第三節　有線電視與電信跨業經營的四種情況

自從美國解除媒體跨業經營（cross-ownership）的禁令之後，媒體跨業經營似乎成爲世界的潮流與趨勢，因此「有線廣播電視法」刪除有線電視禁止跨業電信的規定，在一九九六年於立法院審議時，在幾乎沒有立法委員反對聲中而通過。

法律上的藩籬既除，有線電視與電信得互相跨業經營，本研究模擬下列四種情況加以分析：(1)有線電視系統業者經營第一類電信事業；(2)第一類電信業者經營有線電視服務；(3)有線電視系統業者經營第二類電信事業；(4)第二類電信業者經營有線電視服務。

一、有線電視系統業者經營第一類電信事業

在美國，有線電視系統業者若欲經營電信語音服務，主要有兩種技術途徑。其一爲「有線電視纜線電話」（cable telephony），其二爲「網際網路協定電話」（internet protocol telephony or IP telephony），國內較常稱呼爲VOIP（Voice Over IP）。從事網際網路協定電話的業者因爲不一定必須自建

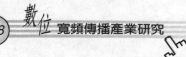

電信硬體設施，故而在國內可能被認定為第二類電信事業。

　　所謂「有線電視纜線電話」，是指語音訊號經由有線電視纜線傳輸，而在用戶端加裝一個特殊處理裝置，使得用戶仍然使用傳統的電話機及電話插頭。至於在有線電視系統頭端的部分，則由系統業者設置電信交換設備（或經由當地電話公司的交換設備）處理訊號[28]。但有線電視業者提供「有線電視纜線電話」，須提升網路系統由原來的單向傳輸改為雙向傳輸，且須設置交換機及數據機等設備，更改傳輸系統造成有線電視系統業者的成本增加，為經營電信服務須克服之處。

　　若干有線電視MSO自一九九七年起提供「有線電視纜線電話」，但由於該項服務的提供仍有賴於電信線路交換（circuit switching）的技術，因此MSO業者或者必須自建電話線路交換設備，或者必須依賴當地電話公司進行線路交換。昂貴的花費以及技術上的麻煩，使得「有線電視纜線電話」的市場還非常有限。在一九九八年，Cox有線電視在五個城市經營；Media One在兩個城市；Cablevision則在紐約州長島、康乃狄克州的幾個城市；第一大MSO的TCI在兩個城市；第二大MSO的時代華納（Time Warner）則停止有線電視纜線電話的服務[29]。在一九九八年AT&T併購了TCI之後，AT&T（原為長途電話公司）對於有線電視纜線電話的業務，甚為積極。至二〇〇〇年六月止，AT&T的有線電視纜線電話用戶為二十三萬四千戶。並自二〇〇〇年春季起，AT&T陸續與三個有線電視MSO（Cablevision, Time Warner, Comcast）簽約，將以這些MSO的有線電視纜線來提供電信語音服務[30]。

　　在我國有線電視若跨業經營第一類電信服務，主要也有兩個可能。第一個途徑是，有線電視業者成為傳送語音服務的電信業者，而取得電信綜合網路業務執照。第二個經營方式則是，有線電視系統將其纜線網路出租，而必須取得電路出租業務執照，以下分述之。

(一)有線電視系統業者成為電信綜合網路業者

　　有線電視系統業者若跨業經營，而成為電信綜合網路業者，依據「電信法」第十二條規定，仍然必須依「電信法」向交通部申請第一類電信特

許並發給執照。有線電視業者跨業經營電信後,則將遭遇的法規問題包括有:(1)網路互連之要求;(2)普及服務之要求;(3)成本分擔(cost alloca-tion);(4)外資比例。

■網路互連

在網路互連方面,「電信法」第十六條訂有規定,第一類電信事業相互間,有一方要求與他方之網路互連時,除法令另有規定者外,他方不得拒絕。電信事業乃公眾網路,基於網路效應(network effects),大者恆大之原理,一方的行為對於他方會產生外部性(又稱網路外部性),新進弱勢業者必須依賴與優勢業者的網路互連,才能分享網路效應而能生存。若優勢業者不提供網路互連,將使得其他業者無法與既有業者競爭,有違市場競爭之原則,故網路互連是電信開放的重要前提。由於「有線電視廣播法」並未強制有線電視系統業者網路互連,當有線電視業者經營第一類電信服務時,問題在於其是否應負有網路互連之義務?由於電信綜合網路業務屬於第一類電信,因此若有線電視業者成為綜合網路業者,將開始受到「電信法」規範體系的規制,而負有網路互連的義務。

■普及服務

在普及服務方面,雖然電信業者是提供共同載具之服務業者,但業者較沒有意願於偏遠或人口稀少地區提供成本頗鉅之電信服務,故規範業者須負普及服務之義務,並有普及服務基金的設置[31]。然對於有線電視系統業者而言,依「有線廣播電視法」第五十八條第一項:「系統經營者無正當理由不得拒絕該地區民眾請求付費視、聽有線廣播電視」。第五十八條第二項:「系統經營者有正當理由無法提供民眾經由有線電視收視無線電視時,地方主管機關得提請審議委員會決議以其他方式提供收視無線電視」。

第五十八條的規定並不完全等同於「電信法」的普及服務。「電信法」第二十條將電信服務視為「國民基本通信權益」,因此要求普及服務。相對的,在「有線廣播電視法」第五十八條之下,有線電視系統經營者若有「正當理由」(例如偏遠地區)可拒絕民眾的收視申請,依此規定並非課予有線電視業者具有普及服務的義務。因而,若有線電視系統業者跨業經營

電信綜合網路業務時，該業者必須額外再受到「電信法」普及服務有關的規範，增加業者的義務。

■成本分擔

關於成本分擔議題，現行「有線廣播電視法」第五十一條規定，系統經營者應每年向直轄市、縣（市）政府申報收視費用，由直轄市、縣（市）政府依審議委員會所訂收費標準，核准後公告之。系統經營者之會計制度及其標準程式由中央主管機關定之。至於「電信法」第二十六條規定，第一類電信事業之資費管制，採價格調整上限制。價格調整上限制之適用對象、適用業務、資費項目、調整係數之訂定、管制方式及各項資費首次訂定等事項之管理辦法，由交通部訂定之。

「電信法」第十九條乃是規範會計分離制度及禁止交叉補貼之規定，第一類電信事業應依其所經營業務項目，建立分別計算盈虧之會計制度，並不得有妨礙公平競爭之交叉補貼；第一類電信事業兼營第二類電信事業或其他非電信事業業務者，亦同。會計分離與交叉補貼為一配套措施，在市場非完全競爭時，此措施可防止下游業者利用其網路效應、基礎建設瓶頸（bottlenecks）之市場力量，對具有競爭性之服務進行補貼，造成不公平競爭。

電信資費管制之目的主要在保護消費者權益，避免業者獲取暴利及維持市場以供競爭，故從過去採投資報酬率管制法修正為價格上限法（指電信事業在不超過上限的範圍內可以自由的調整價格），其優點在於對電信業者提供誘因促使其生產力增加，以促進市場競爭。「有線廣播電視法」對於資費之管制則透過立法授權的方式由主管機關訂定之，但目前實務上是以投資報酬率法計算，同時受中央與地方機關管制（江耀國，1999b）。

故當有線電視業者經營第一類電信業時，因服務類別不同，必須受到兩套不同的資費管制；這有可能造成實際運作時的困難。舉例而言，有線電視服務以投資報酬率定價，就必須計算出提供該服務之成本，但現今有線電視系統亦可同時承載電信服務，而產生共同成本（joint costs）。如不使用會計成本分離原則，將無法計算單獨提供有線電視服務之成本（standalone costs）。依「有線廣播電視法」第四條規定：「系統經營者經營電信服務，應依相關電信法規定辦理」，當有線電視系統業者跨業經營電信綜合網路業務時，必須同時受「電信法」第十九條約束，建立分別計算盈虧之會計制度〔32〕。不過，即便如此規定，由於跨業經營者所提供之有線電視服務與第一類電信服務，將有若干部分共用網路或共享頻寬，如何合理地分離出有線電視與電信的各自成本部分，將會是一個難題，有待主管機關建立起明確可行的會計制度及會計處理準則。

其次，「有線廣播電視法」亦未規定禁止交叉補貼。在有線電視跨足電信的情形下，若不禁止交叉補貼，業者可能以其在有線電視市場的獲利來支援其在電信市場的投資與經營行為，而有可能導致不利於公平競爭。因而，有線電視系統在成為電信綜合網路業者時，應同時適用於「電信法」第十九條的規定，亦即不得有妨礙公平競爭之交叉補貼。

■外資比例

自「電信法」修法過程觀之，我國逐漸放寬外資投資比例，其主要原因係為了排除加入WTO入會談判之障礙，以及配合我國亞太營運中心運作之需要，故從將外資持有第一類電信事業之股份總數，修正為直接持股不得超過49%，直接持股加間接持股不得超過60%。而若當有線電視業與電信業跨業經營時，兩者對於外資股權之比例上限有所不同，則會發生法規適用上扞格之處。因此，較好的方式可能是透過修法，使兩者的外資比例限制相符。

我國目前就實況而言，有線電視系統並不特別熱衷跨業經營第一類綜合網路業務。獲得固網執照的三家業者之中，只有東森寬頻電信與有線電視系統有整合關係。同時，東森MSO系統也較積極規劃有線電視纜線電話服務，唯目前的規劃業務範圍尚局限。論其主要原因，係有線電視纜線網路為單向的視訊傳輸，這與電信的雙向訊號交換，有很大的不同。以致於有線電視業者若要經營電信，還必須重新改建網路，購買並設置昂貴的電信交換設備，這是一項很高成本的投資，因而有線電視業者在財力及意願上均有所不足（深度訪談，張峻銘，2000）。

(二)有線電視系統業者成為電路出租業者

所謂「電路出租業務」係指經營者出租其所設置不具交換功能之網路傳輸機線設備及其附屬設備之業務。交通部自一九九九年六月二十九日至二○○一年六月二十八日，接受申請經營電路出租業務，其特許執照核發張數不限。開放電路出租，主要為達成固定通信網路之開放，減少網路纜線的重複投資與建設，使既有之網路傳輸之公用事業，能將其有線傳輸網路，提供第一類及第二類電信事業使用。

依「固定通信業務管理規則」第十二條第一項，申請經營電路出租者，必須為已依法設置有線傳輸網路之公用事業的股份有限公司。第十二條第二項則將公用事業限定為下列事業：(1)電力事業；(2)大眾運輸業；(3)石油業；(4)自來水事業；(5)天然氣事業；(6)有線廣播電視系統經營者；(7)其他經交通部認定為公用事業者。

再者，經營電路出租業務者，其電路出租對象以第一類及第二類電信事業為限。電路出租業務的申請，若獲許可，其籌設同意書為兩年。電路出租的特許執照則為十五年。

依照交通部電信總局的「電路出租業務申請須知」，申請人應於交通部公告開放電路出租業務申請後，檢具下列文件，向電信總局提出申請（黃進芳、蘇瑛玫，1999）：(1)申請書；(2)事業計畫書及其附件；(3)主要表格；(4)事業計畫書摘要；(5)申請經營特許業務審查費匯款單回執聯影本；(6)評審項目及其細目所對應事業計畫書之章節頁次明細清單。

就我國實際情形而言，自一九九九年年中開放電路出租申請以來，有線電視申請電路出租業務者，頗為踴躍，至少已有二十五家有線電視業者提出申請。依照電信總局公布的最新資料，截至二○○三年五月二日止，申請電路出租受核可者有六十七家（電信總局，2003）。

二、第一類電信業者經營有線電視服務

在美國的一九九六年電信法解除跨業經營的禁令後，地區性電話公司

可依下列四種方式來提供視訊節目（張美滿，1998）：

1.以廣播為基礎的方式（radio-based communication）來提供視訊服務 [33]。

2.以公用共同載具（common carrier）的方式而傳輸視訊服務 [34]。

3.以傳統有線電視系統業者的身分來提供視訊節目 [35]。依此，地區性電話公司將被視為傳統有線電視系統業者，受聯邦與地方政府的有線電視法令的規範，因而必須申請有線電視特許及執照。

4.以「開放視訊系統」（open video system, OVS）的方式來傳輸視訊節目 [36]。地區性電話公司在提供「開放視訊系統」時，必須開放某些頻道以供非有整合關係之節目業者使用。

　　美國跨業經營的禁令解除後，確實有電話公司積極進軍有線電視市場。截至一九九八年六月，數個地方性電話公司取得有線電視系統的特許 [37]，而其中大多為重疊經營的特許。其中以中西部的Ameritech電話公司最具規模，該公司取得八十七家特許，其中七十二家已開始營運。Bell South電話公司則在其十八家特許中的九家，已提供視訊服務。GTE電話公司擁有十一張特許，開張的有三家。SNET電話公司則在康乃狄克州的十二個城市提供有線電視 [38]。不過，整體來看，在全美超過一萬家的有線電視特許中，約一百五十張的重疊經營特許仍然只占了1.5%。以重疊經營來促進有線電視市場的競爭，顯然只在Ameritech經營下的中西部較為明顯，其他大部分的地區還在起步的階段 [39]。

　　不過，依據美國聯邦通訊委員會的最新資料，地方性電話公司進入有線電視市場的速度並未增加，反而有些業者的意願在逐漸降低 [40]。以Ameritech電話公司為例，該公司已被SBC Communications電話公司所合併。SBC現今已經不再擴展有線電視市場，並且打算賣掉其所屬的有線電視特許，或是讓渡給既有的有線電視業者而自行保留光纖網路作為電信用途 [41]。

　　在我國，第一類電信業者若要提供有線電視服務，有以下兩種可能途徑：

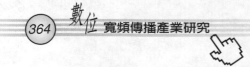

1.第一類電信業者成為傳統有線電視系統經營者。

2.第一類電信業者以其電信網路傳送視訊信號，例如隨選視訊（video on demand）。

(一)第一類電信業者成為有線電視系統經營者

電信業者若欲成為傳統的有線電視系統經營者，必須依「有線廣播電視法」向中央主管機關行政院新聞局申請許可。取得有線電視許可後，「有線廣播電視法」的管制重點也就適用於該業者，包括特許負擔、外資比例限制、費率管制、水平結合限制、垂直整合下的頻道數限制、以及必要轉播規定。

不過，非如第一類電信業務之特許不分區執照般，一張有線電視系統執照只能在一經營區域內提供視訊服務。若第一類電信業者欲提供全國性的視訊服務，則須申請數十張的有線電視系統執照，這不僅增加其行政成本，而且困難度頗高。

在目前有線電視市場快速整合、併購的結果，從一開始全國的領有籌設許可的一百五十六家系統數目不斷地減少。截至二○○二年十二月底，系統數大約減至六十四家（新聞局，2003）。在此等市場激烈合併之下，是否有市場空間讓新進業者（如電信業者）進入有線電視產業，其實是很大的疑問。因此，就國內市場現況而言，電信業者並無積極意願成為傳統的有線電視系統業者。

(二)第一類電信業者以其電信網路傳送視訊信號

電信業者可以其電信網路傳送視訊信號，國內開放的電信視訊類服務已有視訊會議業務，屬第二類電信事業。然而，電信業者能否提供視訊會議以外的視訊服務？答案是肯定的。

目前，中華電信已獲得MOD（Multimedia on Demand）試播許可，MOD是運用ADSL寬頻傳輸技術，在電視機上加裝數位機上盒，即可觀賞隨選式的影音節目（張惠清，2002）。

電信業目前當紅的ADSL（Asymmetric Digital Subscriber Line，非對稱數位用戶迴路）技術，原本即是電話公司為了提供隨選視訊（video on demand, VOD）的多媒體應用而發展的科技。ADSL技術最早由Bellcore公司於一九八九年提出，並於一九九〇年開始提供MPEG-1視訊。在訊號調變技術上，美國國家標準組織（American National Standard Institute, ANSI）於一九九五年選定DMT（Discrete Multi-Tone）做為技術標準（ANSI T.413/G.992.1／G.992.2）。ADSL擁有三個資訊通道，分別為高速下行通道（downstream）、中速雙工通道（duplex）、以及傳統電話通道（POTS, plain old telephone service）。由於將通道分開，故ADSL可以在電話服務仍在使用的情形下，提供高速資料傳輸（王佑瑜，1999）。

故而第一類電信業者可以ADSL技術，傳輸隨選視訊或經由網際網路傳遞視訊節目。就國內業界而言，技術上已然可行（鄭伯順等，1998），只是商業上還未達實用、普及的階段（深度訪談，張峻銘，2000）。在此，值得先行研究的問題為：當電信業者以ADSL或經由網際網路傳輸視訊節目時，是否已經屬於有線廣播電視法所稱的「有線廣播電視」服務，而必須受到有線廣播電視法的規範？關於此點，新聞局對於中華電信提供MOD服務的態度，傾向必須由中華電信申請有線電視系統營運執照，方得為之。中華電信卻認為，該項服務僅屬於視訊加值業務，兩者觀點殊異（劉至強，2002）。

究竟第一類電信業者提供何等的視訊才屬於「有線廣播電視」服務，而須向主管機關申請有線電視系統執照，首先應瞭解有線廣播電視法的規定。依該法第二條第一款規定，「有線廣播電視」指「以設置纜線方式傳播影像、聲音供公眾直接視、聽」。如此簡單的定義，似乎可以包括隨選視訊以及網路上所提供的視訊節目。但是做此等解釋時，電信業者可能因此而成為「有線電視系統經營者」，而受有線廣播電視法的規範。較好的處理方式是透過修正法律的方式，限縮電信業者適用有線廣播電視法的範圍。

美國一九九六年電信法對於促進有線電視市場的競爭，主要是開放地方性電話公司在其服務區內經營有線電視業務，即所謂的跨業經營（cross-ownership）。為了配合這個新的競爭政策，電信法對於有線電視的「有效競

爭」的定義，除了一九九二年有線電視法的三款規定之外，增列第D款的規定：

　　(D)【電話公司】地方性電話公司在有線電視系統的經營區內，直接提供給收視戶相類似（comparable）於有線電視的視訊節目服務。[42]

　　就我國而言，可以修正「電信法」，使電信業者可以傳輸某種範圍內的視訊服務而豁免於「有線廣播電視法」的適用。引申言之，電信業者若尚未直接提供給收視戶相類似於有線電視的視訊節目服務時，則不屬於「有線廣播電視」服務。而所謂「相類似於有線電視的視訊節目服務」應以「隨選多頻道視訊節目」（Multimedia on Demand, MOD）爲其特徵。如此立法，一方面應當有助於電信業者拓展新的業務領域，提供新的服務項目。另一方面，當電信業者實質上提供類似於有線電視的多頻道節目時，也可以「有線廣播電視法」加以規範，而保障既有有線電視業者的法律權益。

三、有線電視系統業者經營第二類電信事業

(一)事業類別適用之討論

　　目前，有線電視系統業者已與ISP業者以異業結盟方式提供寬頻撥接上網服務（深度訪談，張峻銘，2000）。由於撥接上網服務在電信法中屬第二類電信事業。電信總局傾向將有線電視系統提供撥接上網服務的業者（如東森寬頻及和信超媒體）視爲電信事業中的第二類（深度訪談，張峻銘，2000）。由於第二類電信事業無須如第一類電信事業負擔網路互連、禁止交叉補貼、普及服務等義務，有線電視系統業者與ISP業者合作提供網路服務時，並未受到額外管制負擔，包括無須開放其管線系統（open access）供其他業者使用，以及對所屬ISP業者無須受禁止差別待遇規範管制。因此，有線電視系統業者可以說享有競爭優勢。

　　參照美國案例，由於管制架構不同，FCC傾向將有線電視的撥接上網服務劃歸爲有線電視系統業者。根據「一九九六通訊法」，電信事業有公用共

同載具（common carrier）性質，須負網路互連之義務，亦即開放其管線系統；有線電視系統事業非為公用共同載具者，無須負開放管線系統。而「一九九六通訊法」並未對電信事業細分，故若定義有線電視ISP業者為電信事業，即必須對其課予較一般的有線電視業者更嚴苛的義務。同時「一九九六通訊法」定義有線電視服務包括：(1)對訂閱者作單向（one-way）的視訊或其他服務的傳輸；(2)可供訂閱者互動的視訊或其他服務（interactive services）。雖然有線電視ISP服務非為單向服務，但其互動性質符合第二種定義，故仍可視為有線電視服務的一種。

　　由於有線電視服務為特許制，受限於分區經營、特許費、費率管制等，有線電視業者經營ISP服務，如仍劃歸為有線電視服務，對其管制負擔有何影響呢？首先，有線電視業者無須另外申請一張電信執照才能提供撥接上網服務，節省行政成本。然分區經營原則卻限制了有線電視業者經營ISP服務的地理區位。有線電視業者若要跨區經營ISP服務，就必須另外申請有線電視服務經營許可，不若電信業者可提供全國性的服務。此規範使得有線電視業者的ISP服務範疇受到限制，不易擴展。

　　其次，有線電視業者須年繳執照特許費，在台灣，目前特許費為營業額的1%。若ISP服務劃為有線電視服務，則其營收是否必須合併計算於總營業額內？若然，特許費將會提高，增加業者負擔。第三，有線電視服務之費率管制，因基本服務（basic cable service）具必要轉播（must carry）性質，僅對其資費調整加以限制，而不管制特殊頻道（premium services）和計次收費（pay per view）等服務的資費。如果有線電視業者提供ISP服務，因非必要轉播，不屬基本服務，故ISP服務之資費可不受管制。然而，在FCC的行政命令中，規定特殊頻道和計次收費服務屬基本服務的附加項目，不可單獨提供。亦即，消費者不能只訂閱附加服務，而不訂購基本頻道。這使得有線電視業者提供ISP服務時，有服務搭售的爭議。消費者若想享用有線電視的ISP服務，則必須同時訂購基本頻道服務，造成搭售問題。

　　上述爭議，乃在美國管制架構下造成的特殊法律適用問題。同時界定有線電視業者在提供ISP服務時仍擁有有線電視業者之身分，其實造成雙重管制（parallel regulation）。此分類意味著一般非經由有線電視系統提供撥接

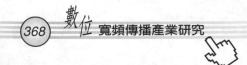

上網服務的業者，仍屬電信事業，必須負網路互連、普及服務等義務。這使得電信類的ISP業者受到較嚴苛的管制，易造成不對等競爭。在台灣，電信總局定義有線電視之ISP服務為第二類電信事業，不以有線電視業者身分規範，故無適用於有線電視的管制架構所衍生的爭端。

(二)ISP服務的去除管制（deregulation）

不論ISP服務以何種基礎建設提供服務，由目前的趨勢觀察，各國管制機關皆採去除管制或低管制的原則。故當有線電視業者跨足ISP服務時，仍以市場發展為前提，而管制被視為不得已的干預手段。以加拿大為例，加拿大官方認為寬頻服務乃與窄頻撥接上網屬同一市場，具相互替代性質，故有線電視業者的ISP服務目前仍不具市場力量，無須管制。美國FCC基本上也採取同一立場，認為除非有線電視業者已握有市場力量，造成市場失靈，否則不予管制。

再者，依據反托拉斯概念，當既有業者利用其在設備的優勢，而阻礙其他競爭者進入市場，反托拉斯法會對既有業者施以管制。所以，管制者將在下列兩種情況介入市場：(1)既有業者所握有的市場力量足以影響市場機制的運作；(2)有足夠的理由證明管制者的介入可以改變既有業者的市場地位。所以在電信市場管制者通常會對於握有瓶頸設施的業者進行特別的管制，強制具有優勢的先進業者開放其網路使得新進業者得以進入市場（Katz, 1999）。

(三)服務搭售

有線電視業者經營ISP服務時，對產業競爭造成的影響包括服務與價格的搭售及網路電話的提供。陳光毅認為（深度訪談，陳光毅，2000），有線電視業者會考慮以異業結盟方式搭售服務以獲取最大利潤。例如：東森有線電視集團對於有線電視用戶，可以採取套裝價格，將上網與電話業務一起搭售。服務搭售最大癥結所在即是以上游的獨占市場力量，調高價格，補貼下游的低價開放性業務，使消費者選擇較便宜的套裝服務，造成不公平競爭。一般對於防止以搭售服務進行不公平競爭的方法即為資費管制、

會計分離制度及禁止交叉補貼。電信法規定第一類電信事業應依其所經營業務項目，建立分別計算盈虧之會計制度，並不得有妨礙公平競爭之交叉補貼；「有線廣播電視法」也規定有線電視費率須受管制，然而第二類電信服務資費卻可自訂，不受規範。此管制架構衍生的問題為，當有線電視業者將接駁上網服務搭售有線電視服務時，需如何處理？是否仍受資費管制？

根據美國FCC的法令（Computer III），有線電視業者不能搭售其所提供的不同服務，而需細分化包括視訊服務、接駁上網服務、或公用共同載具電話等服務。此舉乃防止有線電視業者在接駁上網業務中的不公平競爭，及有線電視用戶被迫給付較高費率，非自願性補貼接駁上網服務用戶。在台灣，由於有線電視業者的接駁上網服務屬第二類電信事業，其資費不受電信法或有線廣播電視法管制。然而，「公平交易法」第十九條第六款禁止以不正當限制交易相對人之事業活動為條件，而與其交易之行為。這其中包括服務搭售。故有線電視業者搭售服務，若引發的反競爭行為，仍受公平交易委員會管制。

(四)網路電話（Voice Over IP, VOIP）

網路電話乃利用網際網路技術，將傳統類比式語音信號轉換成數位式封包傳輸，最後在尾端用戶處，再還原成類比式語音信號。目前ISP業者在技術上皆可提供與傳統電話品質相去無幾的網路電話服務。有線電視業者亦可以數據機、機上盒等連接用戶的電話機，提供網路電話服務（深度訪談，台南有線電視系統三冠王鄭協理，2001）。有線電視業者如欲提供電話服務，基於技術和成本考量，應會以第二類業者身分經營網路電話，而有線電視業者不以自行建設電信網路方式提供服務。易言之，有線電視業者可不申請第一類電信事業執照，且不受制於「電信法」中網路互連規範，而經營語音業務。

然VOIP的普及將會造成管制類別適用上相當大的爭議。電信業者經營網路電話因其第二類業者身分無須如固網業者負擔網路互連及普及服務等義務，且資費不受管制。這造成對固網業者的不對等管制，影響其競爭利

基。美國FCC考慮將網路電話業者劃歸為電信事業，需同時負擔普及服務義務（支付網路接駁費），以解決不對等管制的問題。但有線電視業者經營網路電話卻因其有線電視業者身分成漏網之魚，不受電信規範管制，故無須支付網路接駁費。此一對事業類別的認定（將網際網路服務包含在有線電視項目內），將在匯流時代造成管制的不一致性，甚或予有線電視業者人為的管制利益，必會遭遇其他業者的挑戰。

四、第二類電信業者經營有線電視服務

由於第二類電信業者非以自有電信機線設備，提供電信服務之事業，而有線電視業者卻以自有纜線設備提供視訊服務，故除非第二類電信業者再自行建置網路，否則無法提供有線電視服務。考量基礎網路建置的鉅額成本，本研究認為第二類電信業者經營有線電視服務的機率相當小，而會採取與既存有線電視系統業者進行策略聯盟或併購的方式提供服務，例如AOL與Time Warner的合併。據此，較無跨業經營之可能及法規競合之問題。

五、小結

綜上所述，匯流時代所產生有線電視與電信跨業經營最大的問題即是管制規範的競合。既有的電信和有線電視的二元管制架構，造成電信與有線電視業者間的不對等競爭。然而，在跨業競爭的管制中，核心議題應是如何創造可達公平競爭的規範。本研究認為，對相同服務，不論基礎建設，應採相同規範，才不會對業者造成差別待遇。解決不對等管制架構的方法，應制訂新的管制類別，如「寬頻服務事業」，以規範跨業經營的業者。

在法令的二元管制架構下，有線電視經營電信業務可分為：有線電視經營第一類電信，與有線電視經營第二類電信兩種。

以有線電視經營第一類電信而言，有兩大原因，以致於有線電視系統

並不熱衷跨業經營第一類綜合網路業務。第一原因為，我國有線電視系統為區域性執照，業者僅能在其經營區內營業（資本額兩億以上）；但電信綜合網路業務卻規劃為全國性執照，因此資本額需四百億以上，兩者差別甚大。第二原因，係有線電視纜線網路為單向的視訊傳輸，這與電信的雙向訊號交換，有很大的不同。以致於有線電視業者若要經營電信，還必須重新改建網路，購買並設置昂貴的電信交換設備，這是一項很高成本的投資。

至於，業者對於有線電視經營第二類電信業務，則有較高的興趣。因為有線電視以其纜線的頻寬搭配已發展成熟的cable modem科技，成為寬頻上網的最佳搭配之一，足以與電信寬頻的ADSL互相抗衡，實有相當的市場商機。因此，有線電視系統可發展為網際網路接取業者（ISP）。不過由於已經有大型cable modem的ISP業者（特別是和信GIGA、東森寬頻、太平洋聯台多媒體），目前有線電視系統大多選擇與這些cable modem的ISP合作，而非自行成為ISP業者（深度訪談，台南有線電視系統三冠王鄭協理，2001）。

因此在我國，就經營策略的規劃上，有線電視系統業者若跨業經營電信，比較有利的路徑是成為電路出租業者。有線電視的網路纜線可以出租給第一類電信業者做固定網路的使用，並由固網業者（而非有線電視業者）負擔第一類電信業者的四項義務：(1)網路互連；(2)普及服務；(3)成本分擔；(4)外資比例。有線電視的網路纜線也可以出租給第二類電信業者做網路接取業務的使用，發揮寬頻上網的網路效益。

另外，在法令的二元管制架構下，電信經營有線電視業務可分為：第一類電信經營有線電視與第二類電信經營有線電視兩種。

在第一類電信經營有線電視方面，有兩大因素使得第一類電信缺乏興趣成為傳統的有線電視業者。第一因素為，在我國第一類電信業者若欲成為傳統的有線電視系統經營者，必須依「有線廣播電視法」向中央主管機關行政院新聞局申請許可。即便獲得有線電視許可，也只是一張區域性經營執照（全國分為四十七區）。第二因素則是，由於有線電視市場激烈合併，是否有市場空間讓新進業者（如電信業者）進入有線電視產業，實為

一大疑問。

　　不過，第一類電信業者可以ADSL技術，傳輸隨選視訊或經由網際網路傳遞視訊節目，此等多媒體視訊語音的節目，應是電信市場上的未來發展的新利基。但如果將此等節目服務視爲「有線廣播電視」服務，就必須受到「有線廣播電視法」的規範（以致於電信業者必須申請有線電視許可）？就法令上，政府可以修正或解釋「電信法」，使電信業者不提供類似於有線電視的多頻道節目時，即不被視爲傳送「有線廣播電視」服務。

　　在第二類電信經營有線電視方面。由於第二類電信業者的服務，主要是依賴於第一類電信的傳輸通道之上，爲非以電信設施爲基礎（non-facility based）的加值型服務，與第一類電信係以電信設施爲基礎（facility-based）者，有很大的不同。故而非以設施爲基礎的第二類電信，並無法直接成爲有線電視系統業者，因爲有線電視系統本身就必須以有線電視設施爲基礎（cable facility-based），從而第二類電信業者不會「自身」跨業經營有線電視。不過，第二類電信業者當然可以以合作夥伴的方式，與有線電視業者結合而成爲cable modem的網際網路接取業者。

　　我國目前對於電信與有線電視業者採取不同的管制模式，主要有兩大不同之處：(1)第一類電信（固網）爲全國性執照，但有線電視爲地方性小區域執照。(2)電信服務被視爲「國民基本通信權益」（「電信法」第二十條）。然而有線電視則屬於媒體服務，媒體除了有線電視之外，還有無線電視、廣播、報紙等，因而有線電視並未達「基本服務」（basic service）的程度。

　　在此等不同特性之下，電信業者由於是全國性業者，故有較高的社會義務，故第一類電信依電信法負有四項義務：(1)網路互連；(2)普及服務；(3)成本分擔；(4)外資比例。除了外資比例之外，這些義務並未見諸「有線電視法」而加在有線電視業者之上。相對地，有線電視既屬媒體業者，爲了保障媒體多元、防止言論集中，從而「有線廣播電視法」中，設有股權分散、水平結合限制、垂直整合下的頻道數限制等反壟斷條款。有線電視此等限制廠商規模的反集中條文，在電信相關法規上並未見到。

　　因此，目前而言，二元管制架構還是依電信與有線電視產業特性加以

規範，還未出現不合理的差別待遇的情形。然而，就未來而言，一旦電信業者開始提供視訊服務，是否會被視為有線電視服務，是一個值得探討的問題。

第四節　國內有線電視與固網產業生態

近年來世界各地皆大力推動電信自由化，紛紛加強國家整體資訊建設，特別是在一九九七年世界貿易組織六十八個會員國決議，自一九九八年元月起共同消弭國際電信市場的投資障礙後，更加速全球網路通訊市場規模的擴大，使寬頻通訊產業一躍而成為二十一世紀的主流，也使得整個電訊媒體產業生態將面臨巨大變革。過去的國營獨占事業在外交現實的壓力、私人財團的遊說、與消費市場競爭的需求下被迫轉型，而民營企業為了追求更大的利益動作頻頻，同時打破不得跨媒體經營的藩籬，對於媒體科技的融合發展躍躍欲試。

根據國際電訊聯盟的資料顯示，全球電信服務產業營收從一九九〇年的三千九百六十億美元，成長至一九九八年七千四百四十億美元，預估二〇〇二年將達九千二百五十億美元。而全球網路通訊設備市場的規模，也從一九九〇年的一千一百二十億美元，成長到一九九八年的二千二百六十億美元，估計二〇〇二年將成長為三千七百五十億美元（周偉康，2000）。電信產業的營收成長充分的顯示出產業的發展利基。

世界貿易組織也預測，經由全球電信自由化協定所帶動的電信投資活動，將促使全球電信服務業的市場規模由一九九六年的六千七百億美元激增至二〇〇〇年的一兆兩千億美元，四年之內成長兩倍。二十一世紀的電信產業將取代金融產業成為全世界規模最大的產業（何定為，1997）。

今日以結合電腦、電信、電視為綜合體的資訊傳播體系，正在急速地發展成形之中，不論是科學家或傳播學者均一再指出，傳播與資訊科技正進行融匯。而這種融匯的現象使得過去法令上不得跨媒體經營的產業進行整合、結合及匯流。

由於傳播與資訊科技的融匯是如此之重要，而使它演變爲世界性的一項公共政策議題。不論是貧窮或富有的國家，都異口同聲地承認此項發展的重要性，並將其視爲國家經濟發展策略中的重心部分，各國之間也都將先進的傳播網路視爲競爭重點。

　　目前，有線電視與電信產業正逐漸朝向整合的方向邁進，Straubhaar與LaRose（涂瑞華譯，1996）指出，電話、電腦、有線電視以及媒介團體等，都積極地致力於相互整合，以便在研發的競爭上及掌握未來的傳播市場上，都能夠拔得頭籌。事實上，原先各自不同的電訊傳播產業，例如：電話公司及有線電視，目前已能互相整合成爲一個單獨的數位化網路，這代表著打破原先僵化的產業界線，並創造所謂的聯盟產業是意義非凡的。此外，大型企業與公共團體也被重新組織，經由科技上的融匯，以新方式來經營企業的優點也變成唾手可得。

　　另外，Baldwin等（謝奇任、唐維敏、甘尚平譯，1997）也認爲，對於電話通路競爭者而言，有線電視網路其實是切入市場最方便的立足點，因此某些電話通路競爭者，就是有線電視系統所衍生的分公司。另外也有眾多的業者透過談判，或承租有線電視系統網路的方式，跟有線電視業者結盟。

　　綜上所述，可得知電信與有線電視結合，在國外已成爲銳不可擋的趨勢。在我國，自從交通部固定通信綜合網路業務審查委員會於二○○○年三月十九日正式公布三家民營固網執照名單後，台灣長久以來以中華電信爲首的公有獨占事業即將面臨自由市場的開放競爭。取得固網營運執照的有台灣固網、新世紀資通、與東森寬頻電信三家業者，這三大團隊的參與非但代表了國營電信壟斷局面的結束，同時民營資金的投入也將刺激固網軟體服務、硬體科技業務的提升。審視三家民營固網業者的企業根基背景，其中或有結合資訊通信科技資源者，或有結合有線電視資源者，對於未來台灣整合寬頻系統的市場競爭威脅，電信與有線電視的結合必然有利於整合寬頻系統的發展。

　　在全球化的電信、電視、與電腦三大工業整合的趨勢推波助瀾下，許多歐美先進國家爲因應科技的軟硬體發展，皆放寬政策與法規的尺度，如

美國在一九九六年通過的電訊傳播法案（Telecommunications Act of 1996）中，明顯的放寬過去對電話與有線電視業者結合的限制策略，除了促進電信、電視、電腦工業整合的經濟聚合外，更重要的是打破以往電話公司與有線電視業務不相往來的政策藩籬，正式地通過電話公司得以參與加入有線租訂市場的條款。此低管制（De-regulation）之舉包含三大重要意義：(1)加速新電訊傳播服務進入消費市場，以推動市場運作，並重新建構市場機能。(2)大幅放寬跨媒體（電信、電視、電腦）企業經營的限制，電訊傳播市場的競爭法則將有所變動。(3)解除限制政策改變了原有的市場結構，並創造新產品服務，以維護消費大眾的權益。換言之，在解除限制政策與法規的配合下，這種科技、資源、服務、經濟、市場等面向的整合匯流，帶動了全球電信事業民營化的趨勢，而台灣的固網未來也將在這一波全球化趨勢中，呼應跨媒體整合營運的潮流。

　　未來可預期的是，民營固網業者將不可能只靠傳統電話服務維持營運，必然走向美國的模式，比如經營電子商務網路通訊，或者是與有線電視業者合作，經營多媒體互動式通訊業務，未來的固網業者將提供語音、數據、影像、視訊與多媒體等各項整合型服務，用戶得以一條電話線即可上網不塞車，隨時由電視下載電影、線上購物、互動教學等，這更是科技與通訊產業的一大革新，因此，固網市場的激烈競爭是指日可待的。是故，本研究以探討有線電視與電信整合固網之產業生態為目的，針對國內有線電視與固網產業生態，進行若干研究問題的探討。包括有線電視的產業發展現況？新成立固網公司如何在取得營運許可後積極的籌備運作，規劃其營運、軟硬體服務與市場策略？新成立固網公司與有線電視跨媒體的經營模式，又將如何影響新市場結構的轉型？中華電信在面臨民營企業的競爭下，有何因應之道？在自由市場的競爭之下，四家固網業者（中華電信、台灣固網、新世紀資通、東森寬頻電信）如何創造新產品、新服務、新業務的生機等等。

　　有線電纜的運用，依據不同時期，分別發展出有線電視、固網、電信等事業，最後走向全球電信自由化。因此，本小節也依據有線電纜的運用方式，分別介紹有線電視的發展如後。

一、有線電視的發展

有線電視的發展在各國初期都是為了改善山地偏遠地區電視收視不良的狀況，屬於公用共同載具（common carrier）的一種，僅轉播無線電視台的節目，並無自製節目。後來，隨著衛星的發展，與衛星傳輸結合，逐漸提供更多元的節目內容，未來更朝向提供寬頻雙向的服務發展。有線電視的媒體特色包括有：頻道寬廣、節目多元、具地方性、雙向服務、資金密集，未來更有與電信固網整合的跨媒體趨勢，提供更加多元的服務，使得發展空間無限寬廣。

我國有線電視發展的歷史與他國類似，也是發源於收視不良的地區。最早線纜業者錄下三台節目，並附送一些錄影帶節目，利用同軸線纜傳送到各收視戶，不過當時這些電台無法可循，只是地下行業，設備也很簡陋，因此，人們稱之為「第四台」。

第四台這種半明半暗的非法營運方式持續了十多年，一直到一九八一年，政府才開始正視其問題，於是在一九八三年八月成立了「行政院建立有線電視系統工作小組」，積極運作引進電纜（蔡念中，1996）。經過幾年的政策討論與爭議，終於在一九九一年提出「有線電視法草案」，在一九九三年公布實施，台灣的有線電視正式起步。截至二〇〇二年十二月底止，國內取得全區營運許可並已開播之系統經營者共計有六十四家。雖然，二〇〇二年底各有線電視系統業者向新聞局申報的收視訂戶數為將近四百萬戶，只占有全國收視戶的57.35%，但其他民間調查數據則顯示，連同私接戶一併計算，國內有線電視的普及率至少已在80%以上，居世界各國之冠（新聞局，2003）。可見，有線電視在台灣的發展極為迅速，已普遍為用戶所接受，同時供應多頻道的選擇，因此受到一般閱聽眾的喜愛，只是，若要確實地管理到所有的收視戶數，還需要在服務營運與法規監控上，做更詳盡的規劃。

有線電視網路之建設，與電信等公用事業相類似，需密集之資本方能投資興建，且就其傳輸系統特性、纜線附掛、網路鋪設及道路挖掘之社會

成本支出等方面而言，實具有「自然獨占」之產業特性。此外，「有線廣播電視法施行細則」第十八條也規定：「系統經營者最低實收資本額為新台幣二億元」。系統業者於由投資的金額龐大，因此，各經營區之系統經營者為了能達到一定的經濟規模，大多會有水平整合的情況，形成多系統經營模式，使得國內有線電視市場轉向集團化經營。例如：力霸集團大舉購併全國各地的第四台業者，並大手筆淘汰傳統第四台電纜，著手架設區域性光纖網路系統，成為目前有線電視產業的大戶—東森多媒體科技集團。目前，國內的有線電視市場，主要有東森、中嘉、太平洋、臺基網、卡萊爾等五大集團，這五大集團所擁有的收視戶，就占有所有有線電視收視戶的80%以上。

　　除了透過規模經濟，維持有線電視事業的營運成績外，部分集團業者，同時也在為未來固網事業的發展鋪路，例如：結合固網電信產業的科技能力與本身的經營模式，營造跨媒體事業的經營優勢與競爭實力。一九九九年二月，我國終於解除了長久以來有線電視與電信事業間互跨經營的限制，使得有線電視業者與電信產業跨媒體經營得以開展起來。

　　在先進國家的案例中，美國電信產業在一九九六年的「電信法」中，取消過去對電信及有線電視業者之間的經營範圍之法令限制，目標便是要開放所有的電信市場。在新法之下，有關有線電視業者進入區域電話市場的模式，若有線電視業者期望要快速切入電信市場，則需透過與電信業者的轉售協定，於其既有的網路上提供電話服務，長期看來，有線電視業者將致力於網路升級，以架設自有的電話網路，但是這又牽涉到財力與技術的二大難題，當中存在許多困難有待業者克服（何定為，1997）。

二、固網的發展

　　固網即「固定網路」的簡稱。簡而言之，目前家庭用戶使用的電話、有線電視，運用牽線到家的傳輸方式即為固網。有別於大哥大行動電話，以無線基地台傳輸訊號。過去固網開放初期只用於電話傳輸，但未來同一條寬頻光纖，既可以用來當電話線，又可用來做有線電視的傳輸，此外，

還可以作為電腦上網的通道，成為資訊高速公路。

過去，傳統同軸電纜的承載能力不足，無法同步、快速傳輸，但新一代光纖電纜突破此一限制。所以，對固定網路的理解，需與光纖、寬頻的發展觀念結合，才能瞭解固網所代表的市場商機是遠遠超越電話業務開放民營的發展空間（邱家宜，2000）。

「固網業務」包括市內電話、長途電話、國際電話、電路出租、頻寬交換通信及數據交緩通信等多項服務。隨著網路技術的發展以及固網與媒體的配合，業界預估，未來固網提供的寬頻電信服務不僅能傳輸影音、數據和影像，還能提供影像電話、隨選視訊、遠距教學、電子商務、高速率資料傳輸及多媒體整合性資訊服務。

固網的寬頻負載大量無限的資訊，實踐資訊高速公路的遠景，同時固網結合了傳統電信、有線電視、行動網路業者等產業，因此具有跨媒體經營的特色，也由於在全球電信自由化的聲浪中，跨國資金的投資與技術協助，與有線、無線的網絡鏈結，充分表現出國際化的色彩。以下將固網的特色一一詳述之。

(一)資訊高速公路

固網開放民營後，看電視、上網購物、進行視訊會議及遠距教學，不需坐在電視機前，透過電腦及行動電話手機，即可隨地處理事務、享受CD品質的語音及快速網路傳輸服務。這些特質將因民間業者投入電信寬頻固網服務、加快寬頻建設與服務內容而實現，未來消費者將進入e生活時代。

寬頻網路如同一條資訊高速公路，語音、數據、影像、視訊及多媒體資訊等各種不同「車種」，可同時穿梭在這條高速公路上。聲、光、影像的結合加上隨選式服務，有線電視節目不再局限於系統公司的安排，消費者可以選擇最適合自己的時間上網付費觀賞電影、下載流行CD音樂，或進行視訊網路傳輸、遠距教學、電子商務等多元化通信，同時也進入了資源共享的世代。過去藉電話只能語音傳輸及上網、有線電視只能觀看不能選擇及雙向互動的限制、網路族痛恨的塞車及漫長等待情景，都將成為歷史。

高快速電信傳輸系統與家庭有線電視結合後，消費者只要打開電視機

即可上網，經常出國的商務客或留學生、遊學生，將手提電腦接上網路後，可輕鬆在國外欣賞台灣有線電視節目，不怕漏掉國內重要新聞和喜愛的節目。此外，互動式網路電視使得電子銀行、電子商務更接近民眾的生活，網路新聞、網路購物、與朋友在網路電視上聊天不受時空的限制，工作與生活更便利。

(二)跨媒體經營

固網結合電信、電視、電腦三大產業，將影音、視訊、數據等多元媒體資訊匯整起來。明顯地，固網產業的發展與其他相關產業緊密構連，包括有線電視、行動網路業者、甚至是非通訊本業的電力與鐵路事業等，形成了不得不跨媒體經營的趨勢。

長久以來，全球各國皆有禁止跨媒體經營的條例，主要是避免跨媒體後所產生的獨占現象，媒體本身即是訊息、資訊的出口／管道，跨媒體的模式會帶來訊息獨占的危險。同時也將形成大財團的壟斷危機，使得資訊成為意識型態的工具，而無法達到多元化的目標，同時閱聽人的權益也將受損。

然而，基於科技技術的匯整，使得在資源不浪費的前提下，以往不同的媒體現在卻可以集中、匯流在同一出口，節省線纜的資源，同時又增加更多傳輸訊息的頻道，容納無可計算的資訊容量，提供閱聽眾更多元的選擇。而固網的未來趨勢即是一個寬頻、無限容量的跨媒體經營網絡。

由於資訊科技數位化所帶來的衝擊，使得傳統廣播電視事業、資訊工業、與電信產業整合匯流，因此許多跨媒體經營的模式成為產業中營運的重點，不同的媒體結盟、併購、投資入股，除了使產業轉型外，同時也開創了新市場結構，新科技帶動新的市場經濟，跨媒體經營的模式將使產品更為多元化，帶來更多的消費選擇。

(三)國際化色彩

固網可連結有線與無線的資源，而使得資訊的傳輸無遠弗屆，其所牽涉的硬體投資包括有衛星、海底電纜等，都有跨國的特性，固網通信產業

明顯充滿國際化色彩。同時，固網電信業未來更大的市場是在國際而非國內，藉由衛星、海底電纜使得整個固網的市場擴及海外國際，這也將是固網產業最大的利基。

　　台灣第一條光纖海纜是在一九八八年建置的，建設完成台灣本島至澎湖的數位式光纖海纜通信系統，使得國內海纜通信進入了新紀元。一九八九年又放寬網路使用年限，逐步開放加值網路業務供民間申請經營，放寬國內出租數據電路公用使用限制，奠下網際網路發展根基。一九九三年十月，更進一步准許用戶租用轉頻器，自行建立網站作衛星通信或廣播電視業務，民眾可以收播國外衛星電視節目，這使得閱聽人的眼界因此更開闊。所有的政策行動都在協助通信網絡的發展，從國內一步步擴展到海外。

三、電信發展事業回顧

　　中國人自辦的電信服務是從台灣地區開始的。最早起於一八七六年福建省巡撫丁日昌聘請丹麥大北公司教導開發、安裝線路，架設在台南府城至高雄旗津、以及台南府城至安平二條電信線路。五年後，中國大陸才有第一條天津至上海的電信線路。

　　一八八五年中法戰爭達成和議，台灣巡撫劉銘傳深感台灣對內對外通信的重要，大規模進行台灣電信建設，連結台灣電信南北幹線，為往後的電信事業發展立下根基。台灣光復後，電信事業是重建工程的重要一環，一九五三年七月起政府實施第一期四年電信建設，大幅增加電話門號。一九五五年八月推動長途電話鄉村支線計畫。之後，又於一九五七年推動參期四年電信計畫，國內的第一大工會之中華電信工會的前身－台灣省電信工會也在一九五七年七月正式成立。

　　一九六九年台北陽明山地面電台開放啟用，我國電信通訊邁向國際衛星通信之林。由於政府全力推動電信事業發展，一九七五年四月台灣地區電話機總數達到一百萬具，我國電話機密度達每百人6.26具，居世界各國第二十八位，遠超過亞洲地區平均值2.2具。一九七八年台灣地區市內電話話

機總數量達到二百萬具，當年話機成長率為24.6%，十年來話機增加率為649.2%，均居世界第一。

一九八〇年十月台灣地區七千二百三十九個村達到「村村有電話」的目標，「村村有電話」計畫共投資新台幣三億七千二百多萬元，純為照顧偏遠地區鄉村的生活，並未考慮投資效益。同時，蘭嶼朗島村因無電力供應，電信局特別向英國購置太陽能充電設備，利用陽光充電，來解決電話所需要的電源。

一九八一年十月，桃園武陵地區人工電話換裝自動電話工程完工通話，至此台灣地區電話全部自動化，成為全世界五十萬具以上話機全自動化的第十九個國家，同年十一月，全區自動化及長途電話直接撥號系統完成，並開放用戶直撥國際電話。

一九八七年起逐步放寬用戶自備終端設備，成為我國電信自由化的第一步。一九八八年又放寬網路使用年限，開放加值網路業務供民間申請經營，並放寬國內出租數據電路共用使用限制。一九九三年，准許用戶租用轉頻器自行建立網站作衛星通信或廣播電視業務。而最大的變革是一九九六年通過的「電信法」、「交通部電信總局組織條例」，並新訂「中華電信股份有限公司條例」。同年七月一日起，電信總局專注於國家電信政策的設計與電信市場的管理，並從此與中華電信股份有限公司分離，成為兩個各自獨立運作的組織。

電信通訊市場在近幾年來，隨著交通部法規、政策的開放而發展迅速。**表6-1**即簡述了一九九七年以後通訊市場變化的概況。一九九七年上半年，政府分別開放民間申請經營行動電話、無線電叫人、行動數據與中繼式無線電話等四項行動通信業務，使我國電信自由化更向前邁進一大步。民眾可以更低廉的價格使用高品質和多樣化的電信服務，使消費者有更多的選擇，全面提升消費者權益。上述四項行動通訊業務也為民間電信市場注入龐大商機，交通部預估，到二〇〇〇年年底，四項行動通信業務及周邊產業的營收，總產值可達到新台幣三千億元（中國時報，2000）。

表6-1　電信通訊市場概況

發展時間	市場概況
1997年2月	公布「第二類電信事業管理規則」
1997年1至5月	陸續開四項行動通訊業務—行動電話、無線電叫人（呼叫器）、行動數據與中繼式無線電話
1998年6月	開放衛星行動及衛星固定通信業務
1999年2月	解除有線電視與電信事業間互跨經營限制，第二類電信業者多了經營專線出租的業務
1999年6月	數位式低功率無線電話業務
1999年6月	市內、國內長途陸纜電路
2000年3月	開放固定通信綜合網路業務—長途、市內、及國際等固定電信網路經營業務
2001年以後	全面電信自由化

資料來源：作者研究整理。

　　一九九九年二月，政府解除有線電視與電信事業間互跨經營限制，第二類電信業者多了經營專線出租的業務，頻寬增加，營業成本降低，民眾上網速度增快，收費更便宜。

　　二○○○年三月，交通部開放長途、市內、及國際等固定電信網路經營業務，打破長期由中華電信公司獨家經營的局面，未來不久，民眾不必像現在一樣申請高速專線，可立即享受寬頻、高速的電信固網服務。

四、全球電信自由化

　　一九八三年英國電信自由化、一九八四年美國電信自由化、一九八五年日本電信自由化。在全球自由化風潮的大環境中，我國體認自由化的迫切性，於一九八七年逐步放寬用戶自備終端設備，用戶可自備電話機，成為我國電信自由化的第一步（何定為，1997）。

　　全球電信自由化於一九九七年定案，於一九九八年起逐步執行，其涵

蓋範圍包括基本有線電話、傳真、商務交換電報、衛星通訊、行動電話、個人通訊等多數基本電信業務。電信市場的開放原則包括：(1)管理單位應超然獨立；(2)公眾電話網路（PSTN）的費用訂定必須合理化；(3)不能有違反公平競爭的措施；(4)相關程序透明化。

目前全球最大的電信市場是美國，其市場占有率高達30%；排名第二的是歐洲，市場占有率為18%；排名第三的日本則占有15.6%的比例。從市場規模的觀點出發，美國電信業者的經營實力實為其他國家電信業者的超級勁旅，不論是技術、營運經驗、或是資金，美國電信業者都挾帶著強大的競爭壓力。

一九九六年美國國會所通過的「電信法」（Telecommunications Act of 1996）涵蓋範圍包括了電信服務、電信設備、廣播服務、有線電視、網際網路等五個部分。新版「電信法」主要目標便是要開放所有的電信市場，取消過去對電信及有線電視業者之間的經營範圍之法令限制，開放各種型態的跨業經營：長途電話業者與區域電話業者可以結盟、也可以互跨經營；區域電話業者及有線電視業者可以結盟或互跨經營；各區域電話業者之間也可以合併或結盟。

一九九六年美國電信法的主要精神在於解除電信基本架構的管制，為市場導入全面競爭，可以預見的是，美國電信服務市場的競爭態勢將愈趨激烈，區域電話、長途電話、行動電話、有線電話、網際網路市場的界線已逐漸模糊，跨業經營的可能性將分別來自水平整合與垂直整合。也因此帶來了購併風潮，如一九九六年的電信業者SBC與Pacific Telesis二家的購併、Bell Atlantic 與NYNEX兩造合併、以及長途電話業者WorldCom 與區域電話業者MFS的購併等。此外，尚有美國第三大長途電話業者Sprint與德國電信市場的主導業者Deutsche Telekom（DT）、以及法國電信市場的主導業者France Telecom（FT）共同投資成立Global One，以經營國際電信業務，其營業內容包括VSAT（very small aperture terminal）服務、跨國之點對點與私用網路服務、數據網路服務等項目。

英國電信市場主導業者British Telecom（BT）於一九九六年十一月宣布，與美國第二大長途電話業者MCI進行策略性的購併計畫，透過購併行

動，得於美國境內提供區域電話、長途電話、行動電話、國技術具通訊網路之整合服務。其他歐洲電信業者也積極開展跨國結盟計畫，如英國Cable & Wireless、德國的Deutsche Telekom、法國的France Telecom等，在歐洲電信業者的結盟之外，均積極尋求跨洲（特別是北美洲與亞洲）的國際合作關係。

一九九六年在日本掌握80%電信市場的電信巨人NTT成功的一分爲三，拆成一個長途電話公司（經營國內與國際長途電話業務）與二個區域電話公司，縮小原NTT的經營規模，改變了日本電信市場的競爭生態，增強市場的活力。同年日本郵政省也解除了NTT切入國際電信市場的限制，大幅提升了NTT的國際競爭力。

有關各先進國家（日本、英國、美國）電信事業重要之發展概況，如表6-2。

表6-2 各先進國家電信事業發展情況

國家	電信發展情況
日本	*日本郵政省在一九九三年開放有線電視提供電信服務，在一九九七年七月爲止，有二十五家有線電視系統提供第一類電信事業服務，包括TITUS COMMUNICATIONS與JUPITER TELECOM二家系統提供纜線電話（Cable Telephony）的服務。 *纜線電話以低費率取得競爭優勢。
英國	*英國有線電視公司所經營的電話服務稱之爲纜線電話（Cable Telephony），以有別於傳統電話與Internet。 *九成以上有線電視公司均提供電話業務，其用戶可租用有線電視或纜線電話，若同時租用有折扣優待。 *若干有線電話公司免費提供電話招攬生意，且提供其他業者轉換免換號碼服務，使得其電話業務大量成長。
美國	*美國有線電視業者利用電視網路接取Internet業務爲發展重點，電話用戶不多。 *Internet上網服務較著名的有TCI、COMCAST、COX及CABLEVISION等。 *電信業者也有購併有線電視業者提供寬頻上網服務，例如：AT&T購併TCI及MEDIA ONE。

資料來源：何定爲（1997）。

電信自由化改變了各國電信產業的內部結構，並進一步造成全球電信產業結構的變化，促成了電信全球化現象的發生。傳統只在各國之內經營電信事業的電信業者紛紛轉型成為跨國企業，在一九九〇年代之後積極於全球各大洲開拓營運版圖，短短幾年之內，跨國結盟蔚為電信產業的風潮，於是有愈來愈多全球性電信網路與電信聯盟的出現，而電信市場的競爭則從國內市場蔓延到國際市場。

第五節　研究發現──個案分析

一、四家固網業者比較分析

在基本架構自由化的前提下，基本電信服務市場的產業與競爭結構將不同於傳統。圖6-2顯示在基本電信市場全面競爭的環境下，競爭結構的可

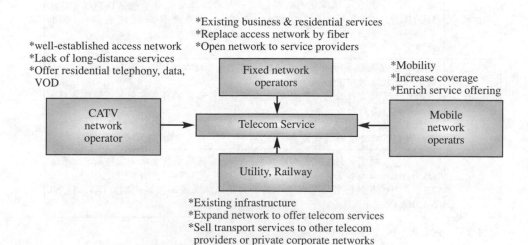

圖6-2　未來基本電信市場的競爭結構

資料來源：何定為（1997）。

表6-3　電信服務的四種類型

類型	優勢	劣勢
固定網路業者	1.擁有完整而成熟的電話服務 2.擁有廣大的客源基礎	需提高傳輸容量，因應市場寬頻通訊的需求
行動網路業者	1.具有可移動性 2.普羅大眾的第二支電話之最佳訴求	需加強網路覆蓋範圍，以提高通訊品質與服務功能
有線電視業者	1.具有提供住宅使用視訊服務的能力 2.可以提供其他電信服務	1.需網路光纖化來提高頻寬 2.需仰賴與其他電信業者的網路互聯，來擴大涵蓋範圍
電力與鐵路業者	提供長途幹線，以傳輸服務為主要經營業務	需與其他電信業者結盟，以連接接取網路

資料來源：作者研究整理。

能型態，市場的主要競爭者可依據本業背景區分為四類，分別是固網業者、行動網路業者、有線電視業者、以及非本業之公共與鐵路事業業者。

表6-3電信服務的四種類型經營傳統電話業務的固定網路業者（fixed network operators）是電信市場的老字號招牌，絕大多數固定網路業者的存在已有百年左右的歷史，其有線網路的普及程度早已達到覆蓋90%以上人口的水準，擁有完整而成熟的電話服務。固定網路業者的服務業務從區域電話到長途電話到國際電話，服務對象涵蓋住宅與商業用戶，由於市場切入點遠早於其他三類業者，並擁有廣大的客源基礎，故掌握了優越的競爭優勢。但長期而言，為維持競爭優勢，必然要接取網路光纖化，以提高傳輸容量，因應市場寬頻通訊的需求。

另一類型為行動網路業者（mobile network operators），他們是以經營行動電話、數位無線電話、行動衛星通訊為主的電信業者，其中又以行動電話業者為代表。由於服務的本質具有可移動性，使得行動網路服務擁有無可取代的優勢，成為日後推動行動電話作為普羅大眾的第二支電話之最佳訴求。但其通訊品質與服務功能，尚需加強網路覆蓋範圍，開發多樣化服務，來強化競爭優勢。

第三類型為有線電視業者，有線電視擁有傳統的樹狀結構網路，基本

上具有提供住宅使用視訊服務的能力，拜電信自由化之賜，有線電視業者得以跨入電信市場提供電信服務，其經營項目可能是電話服務，可能是數據通訊服務、也可能是隨選視訊服務（video on demand, VOD）或其他，不過有線電視業者同時也面臨著固定網路業者相同的挑戰，即接取網路光纖化的問題。此外，受限於有線電視執照對其營業區域的規範，有線電視業者的網路涵蓋範圍（相對於固網電信業者）較小，這應是客觀條件上的劣勢。因此有線電視業者經營電信服務之際，勢必要仰賴與其他電信業者的網路互聯，才能提供足夠覆蓋範圍的電信服務。

最後一類型的電信業者是來自於非通訊本業的電力與鐵路事業。電力與鐵路業者原本即擁有為本業而架設的區域或全國性之專用網路。為了能善用既有網路資源，電力與鐵路業者搭上電信自由化的便車，亦跨入電信市場經營電信服務。由於此類業者的籌碼是長途幹線而非接取網路，因此他們的經營方向通常不同於前三者，而是以傳輸服務為主要經營業務，目標市場則設定於專用企業網路以及各電信業者。

(一)固網團隊實力比較

中華電信在一九九六年由電信總局分割，並正式設立為公司組織，總資本額為九百六十四億七千七百萬元，主要業務範圍包括市內電話、長途電話、國際電話、行動電話、無線叫人、網際網路、公用電話、整體數位網路、超高速數據交換網路等。除了中華電信居龍頭地位外，我國於二○○○年三月開放民營執照的三家固網團隊，分別為台灣固網、新世紀資通、與東森寬頻固網。**表6-4**列出了這三家民營固網在籌設時期原始團隊的實力比較，以下分別討論之。

■台灣固網

台灣固網資本額為九百二十二億元，原來由太電集團為主導集團，董事長孫道存領軍，但自二○○三年六月，該公司發生經營權、股權爭奪，之後由富邦集團取得經營權，並推舉黃少華為代理董事長（林亞偉，2003）。國際技術結合美國通用電信，國、公營股東有台電公司的環島幹線

表6-4 三家民營固網籌設時期原始團隊實力比較

固網公司名稱	主要股東組成		經營團隊	硬體優勢	政商關係
	國內	國外			
台灣固網	太平洋電纜／台灣大哥大、富邦、大陸工程、國巨、宏碁、長榮、台電、東訓、震旦行	GM美國通用電信、Beta美商貝泰	董事長─孫道存 總經理─范瑞穎 副總經理─錢鋒	台電全島輸電網路	台電為公營，美商通用、貝泰具有國內政治人脈，各財團政商關係良好。
新世紀資通	遠紡／遠傳、亞泥、中華開發、統一、台電、國壽、和信、互盛、華新麗華、中視、台灣工業銀行、精業、資訊傳真各家	新加坡電信	董事長─徐旭東 總經理─辛漢文（新加坡電信總裁） 籌備處召集人─谷家泰	1.台電全島輸電網路。 2.統一超商全省通路。 3.和信寬頻為其股東。	台電為公營，中視為黨營，各財團政商關係良好。
東森寬頻	力霸集團、台鐵（以全省環島光纖資產作價投資）、中投、齊魯投資、中央產物、光華投資、華夏投資、啟聖投資、景德投資、中廣、中影、明台產物、中鋼、交銀、彰銀、東元、新光集團、東南水泥、華榮、宏泰集團	德國電信	董事長─王金世英 副董事長兼總經理─王令台	1.台鐵環島光纖，以及台鐵全省位於精華地段的二百五十九處車站可作為管線連接與鋪設中心。 2.東森有線電視家戶網路（區域光纖網路）及一百八十萬客戶。 3.與東森寬頻電信簽約合作的系統台涵蓋三百萬戶，有線電視收視戶的普及率是世界之冠。	國民黨黨營事業大集合，力霸董事長王又曾為國民黨中常委，台鐵為公營。

資料來源：邱家宜等（2000）；作者研究整理。

網路，其他重要股東有台灣大哥大、太電、華新、長榮集團、富邦集團、宏碁集團、新光集團、仁寶集團、中華開發、大陸工程、國巨電子、日月光、鴻海等十餘個上市公司及集團。在國外資源方面，台灣固網和美國第四大電信公司通用電信GTE（Good Telephone Echo）進行策略聯盟，美國通用電信一直是台灣大哥大的股東。

台灣固網因集團在行動電話市場上，已占得一席之地，因此未來也將利用現有手機用戶資源，開拓未來固網市場。台灣固網表示，將充分結合台灣大哥大既有的通信技術與近八百萬用戶之資源，希望開拓全方位的網路電信，包括長途及國際話務、智慧型網路服務、電路出租業務、數據交

換業務、網際網路及其他創新應用服務等。

■新世紀資通

　　新世紀資通資本額爲四百七十五億元，主導集團爲遠東集團，由董事長徐旭東領軍，新加坡電信支援國際技術，國、公營股東同樣爲台電占10%，其他尚有遠紡、國泰人壽、中華開發、台灣工業銀行、統一集團、精業集團、互盛集團、三商人壽、國產實業、台灣人壽、台灣電訊、錸德、合勤科技、中環、仲琦、中視、中興保全、新光保全、新海瓦斯等二十餘家公司及集團。未來該公司可能結合遠傳電信，將固網與行動通訊系統相互結合營運。

　　新世紀資通協理郭明琪指出，新世紀資通在線路架設、設備採購及各項籌備事物等前置作業部分，目前正如火如荼地展開，由於新世紀資通採取與新加坡電信技術合作，可以用新加坡固網經驗快速地移植台灣。

■東森寬頻電信

　　東森寬頻資本額爲六百五十六億元，主導集團是力霸集團，由副董事長王令台領軍，國際技術由德國電信協助，國、公營股東有台鐵的20%，其他股東包括有力霸、友聯產險、遠東倉儲、交通銀行、台灣工業銀行、中鋼、東元、力麗、燁隆、錸德、英業達、倫飛、力晶、東南水泥、環球水泥、信大水泥、彰銀、中華銀、大安銀、大眾銀等二十餘家公司。

　　東森寬頻總經理王令台指出，東森寬頻最大的優勢在於結合東森有線電視寬頻網路、台鐵環島光纖骨幹網路及國際電信之環球海底光纖網路，建構完整的寬頻高速網路。尤其可運用台鐵各個火車站，作爲固網機房交換據點，對擴展固網業務將有極大的助益（金秀娥，2000a）。此外，二〇〇三年七月由該集團轉投資的3G手機業者亞太電信正式營運，也邁入了固網與3G行動通訊結合的寬頻營運範例。

　　根據以上所述，可以看出，在三家民營固網的股東中，也不少有重複的集團或公司投資，同時，三家固網團隊也都有良好的政商關係；換言之，民營固網團隊未來可能會競爭，但也不無聯合的可能，因爲聯合寡占的模式可以追求極大利潤，也可以消弭其他的競爭勢力。這也是未來可觀

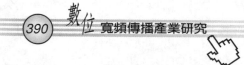

察的重點。

(二)固網團隊經營策略比較

從上述資料可以看出各家固網業者的競爭實力，有關各家固網業者的經營與市場策略，以下分別論述之。三家民營固網公司的經營策略與利基也在**表6-5**中清楚地分列出來。

■中華電信

目前中華電信固網業務市占率高達56%以上，世界排名第十五位，固網用戶亦高達一千二百五十萬人，顯示目前國內固網市場漸趨飽和。在目前國內固網市場為中華電信所獨占下，新的民營固網業者初期在通信線路無法完全鋪設之前，未來幾年內恐難與中華電信一較高低，因此面對三家固

表6-5 三家民營固網團隊經營策略比較

固網公司名稱	未來經營策略與利基
台灣固網	1.以台灣大哥大近八百萬用戶為基礎，促銷配套方案。 2.以企業用戶為主打，次為其他電信服務業。 3.長期目標將進行FMC（Fix Mobile Convergence）—固網手機整合。 4.與台灣大哥大股東，美國GTE（Good Telephone Echo）達成策略合作。 5.與香港New World、菲律賓PLPD等公司洽談台、港、菲三地海底電纜合作。
新世紀資通	1.與亞洲數一數二的新加坡電信合作，放眼全球市場。營運初期，可藉此與全球兩百個以上國家的電信業建立合作關係，並提供全球性寬頻服務。 2.結合遠傳電訊，共用管線設施。 3.以寬頻光纖建置固網，將語音、數據、與其他加值服務結合。
東森寬頻	1.已擁有區域光纖系統。未來連接台鐵已鋪設完成的全島光纖骨幹，並以台灣全省位於精華地段的二百五十九個車站為管線連接、鋪設中心，有希望在取得執照的最短時間內，提供有線電視、網際網路、固網的三合一服務。 2.台鐵的光纖骨幹，不但足以供應東森五十年內的需求，且可以出租給其他固網業者。 3.現有東森有線電視收視戶一百八十萬戶，都是其潛在客戶群，在行銷通路上相當有利。 4.配合轉投資企業--亞太電信行動通訊3G手機之開通營運，發展行動寬頻市場。

資料來源：黃白雪、謝柏安（2000）；作者研究整理。

網業者即將加入市場競爭，中華電信並不憂慮。

中華電信提出該公司營運績效良好的數據，一九九七、一九九八、一九九九三個年度獲利均能維持一定水準，二〇〇〇年度前九個月（一九九九年七月到二〇〇〇年三月）營收為一千三百多億元，稅前盈餘四百一十七億元。中華電信指出，固定網路開放前，市內電話、長途電話、國際電話仍由該公司獨占，市場占有率100%；行動電話、無線電呼叫服務在市場開放後，市場占有率到一九九九年十二月底分別為30.15%及37.88%；Hinet屬第二類電信加值服務，截至一九九九年底，撥接客戶市場占有率為45.3%。

中華電信副總經理張豐雄指出，中華電信擁有受客戶信賴、客戶多、設備齊全、後勤資訊強、通信品質穩定可靠等優點，因此在固網市場上已取得領先優勢，而未來三家民營固網公司新手上路，也需要一段時間的學習曲線，有利於中華電信的發展，預估，中華電信固網業務的營收，可大幅成長到一千六百億元的水準（金秀娥，2000b）。

不過隨著電信自由化的腳步，中華電信每年營業毛利率有逐年下降的趨勢，據統計，中華電信一九九八年的營業毛利率達49.86%，但一九九九年降為47.57%，預估今年將再下降為46.88%，而稅後純益率亦同樣呈現下降情形。因此，中華電信仍有許多潛在的不利因素，對該公司未來發展與經營績效亦將造成負面影響，包括電信業務全面開放、營運面臨多重挑戰、受國營事業體制影響經營欠靈活、員工平均年資偏高造成人事負擔沉重等，都是中華電信的束縛。

在全球電信產業享有重量級地位的所羅門美邦董事總經理暨全球電信產業分析團隊主管Jack Grubman認為，台灣位處亞太樞紐，非常有機會發展成「亞太電信中心」（transit hub），這也是中華電信發展成為亞太電信霸主的機會。但亞洲四小龍的南韓、香港、新加坡也都是台灣競爭的對手，因此政府公共政策焦點不能只放在釋股之上，更重要的是提供電信業者競爭的誘因，並大量投資建設台灣的網路基礎建設。Grubman指出，中國大陸在未來五年內將成為全球前三大電信市場，三通之後，台灣電信產業發展潛力無窮。中華電信第一步是順利完成民營化，下一步可考慮與跨國公司合

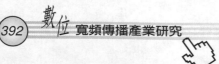

作，甚至到大陸購併發展。

■台灣固網

台灣固網在市場開拓方面，其關係企業台灣大哥大在過去幾年市場上的表現甚佳，幾年的經營已開發出近八百萬用戶，這些原本屬於大哥大的無線用戶，未來也將會是固網公司在開拓有線市場時，首要穩固的對象。除此之外，企業用戶也為其主打對象，其次才是其他的電信服務業。

至於其他方面，不論是語音、影像、或資訊等，一切都是台灣固網發展的方向，目前固網與行動電話整合（Fix Mobile Convergence, FMC）的國際趨勢，是台灣固網未來所要達到的長遠目標。

同時對於來自國際上的挑戰，台灣固網也與香港的New World及菲律賓的LPDT（Long Philippines Distance Telephone）兩家電信公司洽談，希望將來能共同合作三地（香港、台灣、菲律賓）的國際海纜鋪設。

■新世紀資通

目前新世紀資通的股東至少擁有台北市19%的主要商業大樓，可以做為未來新世紀資通興建電信機房之用，而這些團隊旗下的關係企業，每年的通訊消費金額更高達三十一億元，股東團本身就極具通訊消費潛力，假已有新加坡電信和遠傳AT&T等國際夥伴的加入，新世紀資通不只把目光放在國內，還企圖發展全球性的寬頻服務。

對新世紀資通而言，有了在亞洲電信市場經營十年的新加坡電信入夥，除可提供集團營運和技術上的協助外，還可透過新加坡電信取道亞太海纜二號（APCN2）、中美海纜（China-US）、日美海纜（Japan-US）以及TAT14等國際海纜，有助於新世紀資通發展全球的網路通信事業，提供全球化的寬頻服務。

新世紀資通與遠傳電信的合作，除遠傳基本客戶可能成為新世紀資通的潛在客戶外，遠傳高達四百多人的客戶服務部經驗也將作為新世紀資通未來營運的參考。除提供國內通信之整體服務需求外，二十四小時全天候專業服務及緊急維修體系，以自動化為營運支援系統與高度整合的網路管理系統，提供客戶迅速確實的服務，同時有專責服務及維修，使客戶享有

單一窗口的服務。同時新世紀資通也以企業用戶為主打，推出寬頻企業網路、寬頻辦公室、寬頻營業所、寬頻廠房等企業用途與服務項目。對於企業界執行決策、業務、與高科技研發等部門所面臨的挑戰與問題，提供企業寬頻的解決策略與觀念（蕭又仁，2000）。

■東森寬頻電信

東森寬頻電信最大的競爭利基是擁有台鐵的環島光纖網路，台鐵的環島光纖以全台二百五十九個火車站據點做連結，總建置成本超過二十億元，其他國營事業如中油和台電雖然也擁有光纖網路，但是中油和台電充其量只擁有長途的幹線，而台鐵所建構的四十八芯光纖網路除了有十二條自用外，其餘的光纖網路可供東森電信使用五十年無虞，甚至還有多餘空間可出租給其他固網業者。再結合過去東森寬頻電信自行鋪設的三十餘條區域光纖網路，與台鐵光纖網路形成點和面的結合，使得東森寬頻的硬體設施成為民營固網業者中主要的競爭優勢。

力霸集團的通訊網路主要分成三部分，除了東森多媒體科技主導的寬頻網路外，網路購物平台則由東森美國網路來主導，目前東森集團積極架設交換機房，未來只要將具有雙向傳輸功能的有線電視數據機（cable modem）裝到潛在的三百萬收視戶家中，消費者即可同時在看電視、上網、並使用東森寬頻電信的固網服務。

除了硬體設備和經營團隊外，為了與中華電信競爭，東森擬初期推出低價搶進的行銷策略（蕭又仁，2000）。此外，新世紀資通與台灣固網也同時採取降價策略，不論是長途、國際電話等費率，都大力促銷，甚至連查號台業務都已進入競爭階段（李宗莉，2003）。

綜上所述，各家民營固網公司依據各自不同的競爭優勢，都已擬定好了市場行銷策略，準備開打一場固網大戰。在民營固網業者正式開台後，台灣的電信市場已是一個全面開放競爭的市場，其市場結構與產業生態之複雜非現況所可比擬，而電信產業與其他產業間的鏈結之緊密程度亦將更勝以往，跨業間的交叉投資又使得電信產業的競合更形複雜。

二、產業經營現況分析

固網產業自由化的發展，從二○○○年三家新籌設的固網公司進入市場，可說是一個戰國時代的開始。本研究透過深度訪談（名單參見附錄一），試圖瞭解各業者營運狀況，以作為分析依據。茲將各固網業者營運狀況分析如下：

(一)經營模式與消費／市場

■新成立固網公司之營運模式、軟硬體服務與市場策略

在二○○○年獲得電信固網執照的新世紀資通、台灣固網、東森寬頻電信都表示，營運策略初期都以企業、高通信用量為主，國際電話費、上網費用都會比中華電信公司低，將提出多樣套裝服務產品供用戶選擇，並提供光纖化寬頻服務。業者都將與世界性國際電信公司合作，以降低國際通話費。

東森寬頻電信營運管理部副理林昌毅指出，取得營運執照後，業者競相廣徵相關產業人才，如中華電信、電研所、行動電話、衛星等等電信專業人才來協助建置。此外，募集大量資金，以提升軟硬體設備。有關市場策略上，簡單地說就是搶速度及價格戰。提供的服務項目大致分為：(1)數據：上網，透過ADSL、TI、CABLE MODEM等來傳輸，主要也是以快速為訴求。(2)語音：像市內電話、國內外長途等等。

有關市場契機的議題，前東森媒體科技公司總經理陳光毅表示，如果就傳統的plan on telephone service，亦即所謂的pots，其實陽春電話的服務，可以不要做了。事實上，目前要做的是所謂的加值服務。以台灣兩千三百萬的人口來看的話，中華電信的電信市場營業額將近兩千億的成績，可以說國內市場已經發展得差不多了，但是，其實仍然有很多的加值服務可以做。此外，也不能用傳統的電話市場plan on telephone來看未來電信市場，因為，未來的發展需要將電信市場國際化。當然也要考慮市場的競爭性，

提供更多的附加價值，以及更多的智慧型網路。這樣業者才能創造出更大的市場，所以，新進的業者不能只是做傳統的電話服務，而是應該去創造新的服務與市場。

■新成立固網公司整合固網通訊業務的模式

東森寬頻電信營運管理部副理林昌毅表示，東森固網現有的最大優勢有兩個，一是與台鐵配合，因為台鐵有入東森股份，另一個就是東森現有的有線電視架構。因為固網的架設主要分成三個部分：

1. BACK BONE：骨幹線的架設，剛才提到台鐵為東森股東，即指東森可走台鐵的光纖，而無路權取得之問題，且台鐵所經之路線遍布台灣，並多為重要的都市鄉鎮及人口據點，所以東森在固網骨幹線架設上，不但早已完成且具有絕對優勢。
2. CITY RING：都會圈，東森固網目前是以車站為據點，向外擴張，這部分是由東森自行架設的。
3. LAST MILE：最後里程，即從CITY RING連到消費者家中的這段線路，為另一個優勢，透過東森現有的有線電視線路CABLE MODEM，順利的話可將客戶轉換，當然，更強調的是頻寬足夠提供更多更好的網路及語音服務。

電信總局公眾電信處張峻銘認為，有線電視線纜要做電信固網，在雙向傳輸上會有某種限制，所以若要做固網業務的話，基本上是需要重建的。目前，三家新進的固網業者，尤其是東森寬頻電信本來就有有線電視網路，但其固網的建置也是另外重建的，不是依據其原有的有線電纜進行電話服務。此外，有線電纜也無法做到交換（switch）的功能，所以要重建。但是，有線電纜也有它的強勢性，因為有線電纜網路原本就已鋪設完成，因此，在鋪設電信網路時，在建設上會可能會比較容易，加上有線電纜已經達到80%以上的普及率，家家到戶。固網電信也是一樣要到戶，因此在既有的網路上業者較容易做整合。

陳光毅也表示，在有線電視的網路，固網是做所謂的通路接取網路

（access network）而已。access network基本上可分為兩部分，整個轉換的網路結構由有線電視來做，但是最後一哩（last mile）可以給固網業者執行，二者可以互補。業務方面，如果電信用異類結合的方式來搭售的話，消費者收看我們有線電視，同時打我們公司的電話，就可以有折扣，跟百貨公司一樣，可利用異類結合的方式促銷、提供服務。

東森寬頻電信副理林昌毅也提到，固網業者與地方有線電視搭配，絕對可創造利多，只是雙方協商的條件問題，因為在last mile的架設部分有很大的合作空間，有線電視可以將其線路出租給任何一家固網業，固網業可以將舊的有線電視線路升級，提供更多的服務，讓消費者選擇，並可刺激固網業者與有線電視業者合作及升級，帶動市場競爭力。

有關有線電視與固網的整合業務，陳光毅表示，目前東森旗下的有線電視訂戶數可分成兩個部分來統計，第一是所謂的新聞局的統計，東森擁有控制權的部分，大概有將近一百萬戶；另外，東森所投資而沒有控制權的部分，大約有七、八十萬戶，所以總共大概有一百七、八十萬戶。在有線電視與固網整合業務的過程中，如果網路沒有升級好的話，就沒有辦法傳送電信服務，所以一定要升級為雙向的傳輸網路。尤其，為了能提供電話服務，網路一定要具有互動的功能。

■新成立固網公司與有線電視跨媒體的經營模式對新市場結構轉型的影響

前東森媒體科技公司總經理陳光毅表示，未來趨勢就是媒體大匯流，未來的資訊會越來越多，不只是傳統單純的聲音而已，業者在匯流之後，未來的視訊、圖像、資訊、音訊，都將融合在一起。大致上，所有固網業者都有共同的看法，因此，也將積極地與ICP、ISP合作。

例如，為了固網開台營運，東森寬頻電信已完成首宗整合電信固網和ISP業者的大型投資案，即入主亞太線上，預估每年可增加五到六億元的營收。東森寬頻電信執行副董王令台表示，東森提報的營運計畫書中，原本便有成立ISP的打算，投資亞太線上將可避免投資浪費，並縮短投資時間。一般而言，寬頻租用是ISP業者最大的成本支出，固網業者如東森寬頻提供的網路頻寬資源，除了可以降低頻寬租用的成本支出外，對於推廣ISP和

IDC業務也有極大效益。

電信總局張峻銘亦說明，網際網路主要做所謂的接取業務是申請第二類電信執照，受第二類電信事業管理規則的管理。而這接取業務是不需要自己去舖設網路，它完全是跟所謂的電路出租業者，或者是固定網路業者租線路，純粹就是做網際網路接取的服務，通稱為ISP（Information Service Provider）。電信總局也樂見網際網路在國內蓬勃發展，因此在政策上，儘量提高行政效率，讓第二類電信業者能夠很快地獲得執照，很快地加入市場服務廣大的客戶。

事實上，有關ISP的轉型，隨著民營化的腳步，中華電信也將原有的ISP網站轉型為兼營電子商務的垂直入口網站。以中華電信數據分公司為例，該公司仍有許多專線、寬頻的空間，與其閒置，不如用來交換資源。其目標是將網站設計為一個可以提供多項資訊、服務，甚至充當電子商務平台的垂直性入口網站，到站者可在網站上搜尋各項資訊，也可進行各項交易。

在新的民營固網業者投入市場之際，屬於第二類電信業務的ISP，自然是固網業者期望經營的範圍，甚至透過「補貼」的形式，推出各種優惠的消費組合；現有的ISP業者也將因此遭受到極為強烈的衝擊，預測在未來數年內，國內的ISP生態將和目前有極大的不同。

對於電信固網公司而言，ISP是完整產品線的一環，因此台灣未來的電信業者必然有投資或兼營ISP公司的可能。

東森寬頻電信認為，ISP除積極轉型成為內容供應者，或加值服務業以外，未來的前景十分不確定，因為提供上網只是固網業者必備的業務之一，免費上網勢必成為新固網業者的市場策略，ISP業者不斷強調主機代管、大樓用戶集群上網等市場，也是固網業者一定會做到的業務，因此ISP賴以生存的利基，將遭受重大衝擊。此外，固網公司不但不會去擠壓第二類電信的加值服務業者（開發各種應用軟體或整合資源的業者）和內容供應商（ICP）的生存空間，反而應該對他們善加輔導，甚至入股投資，全力開發網路應用及內容，吸引越多人使用。

台灣固網公司也指出，從國外的例子來看，第一類電信公司（固網業

者）和ISP合作的情況十分普遍，其中一種方式，是由電信公司向客戶收取固定月租費，提供的服務包括有打電話、上網或查看股市資訊等加值服務，未來台灣會很快出現這種合作模式。

除了電信公司自己設立網路服務公司以外，也有人認為現有的ISP很可能會採取「賣客戶」給固網業者的方式，以極低甚至免費上網的手法，保住現有客戶或爭取新客戶，再向固網業者收取費用以彌補虧損。但前提是這些上網的客戶必須指定使用某家固網業者的網路，有助於新的固網電信公司在很短的時間，就可掌握到大量客戶。

■民營業者對中華電信面臨企業競爭的看法

曾任職於中華電信的陳光毅，對中華電信的發展問題，提出他的看法：第一，中華電信的軟體人才使用受限於中華電信的管理制度，使得軟體人才沒有辦法發揮。再加上因屬公營機關，受到採購法的限制，讓研發人才沒辦法發揮。其他許多內部的人才、設備，也無法運用。

第二，中華電信舊有的企業文化難以改變，管理者或員工安於現狀，使得進步節奏緩慢。加上時機、環境、技術的變化，中華電信必須要去思考，如何創造出更多的服務。

新世紀資通郭明琪協理也表示，中華電信憑著過去五十年來的服務經驗，所以基本上所提供的產品是非常受到大眾的信任，但是現在中華電信的角色已經有所不同，現在的中華電信是一個事業體，過去則是一個公益服務的提供者，過去沒有辦法選擇性的挑選客戶。現在，中華電信採取降價策略，對新進固網業者多少都會有影響。但開台了之後，會不會有一段時間完全是在降價，這需要觀察。

在電信業者發展有線電視的國外案例當中，目前最為引人注目的應是日前全美第一大通訊公司AT&T宣布將分割有線電視事業與無線部門成為獨立的公司。根據計畫，AT&T除了分割有線電視事業與無線部門成獨立的公司外，另計劃發行新股，成為消費長途電話部門的追蹤股，該部門將以獨立的零售部門來運作。AT&T剩餘的其他部分，則將控制該公司的網路，並且監督服務企業顧客的部門。而AT&T規模最大、同時也是最賺錢的部

門——企業服務部門，將繼承AT&T之名。由此可見，AT&T雖不是國營公司，但它爲了提升競爭力，將原有公司分割、股票分離，分別提供專業的服務項目，此舉或可讓國營的中華電信參考。

■新進民營固網業者如何創造新產品、服務、業務等生機

有關提供加值服務的議題，前東森媒體科技公司總經理陳光毅對服務的信念提出他的看法：

> 「雖然說寬頻可以提供很多的視訊，但並不表示那就是必要的。而是應該視呈現的設備而定，就像PDA、筆記型電腦，或是電視機。未來再加上網際網路，新的服務將陸續出現。例如，未來網際網路將變成一個流通資訊的主要通路或設備。不管你到任何地方，在家就用電腦上網或用電視機上網，出門就靠大哥大上網，收電子郵件或訊息。任何時間，任何地點，任何人都能夠被通知或者『被連線』，未來的資訊都是可以帶著走的」。

陳光毅同時也認爲，第一，爭取原來有線電視訂戶成爲東森寬頻電信的用戶確實是東森固網的利基。但首先還是要把產品做好，品質做好，然後再提供配套的周邊服務。

第二，在業務、服務的範疇中，並非要中華電信的客戶轉爲東森客戶，而是開發促銷用戶家中的「第二支電話」。陳光毅表示，東森不會把市場放在爭取家中的第一支電話，因爲目前東森還無法與中華電信競爭，未來用戶家裏的第二支電話才是東森的目標。東森計劃推出優惠措施，以開發用戶家中的第二條和第三條電話線的使用，做爲未來的市場策略。從國外的經驗來看，譬如美國消費大眾的第二條電話線普及率已經超過40%，這就是新進固網業者的機會。

第三，公司對公司（B2B）模式的服務業務也是一個方向。B2B的客戶就是一般企業體，其實資訊轉換形成B2B的形式早已行之有年，本來就是ISP的領域，由於新進業者還沒有能力無法處理過於大量客戶，專心服務企業客戶，和B2B供應鏈管理的經銷商，一起來把網路建立起來，也是一種可

行的經營模式。

東森寬頻電信林昌毅則認為，價格戰是策略的第一步。他提到，因為95%以上的第一線固網都是中華電信的客戶，打價格戰也不見得有很大的勝算，因此，未來民營固網業的競爭應以第二專線為主要訴求。

新世紀資通法規政策暨公共關係處協理郭明琪也同樣提到，固網業者在進入市場前早有一個認知，亦即不可能在傳統的影音市場上去跟中華電信競爭。郭明琪指出，第一，現在面對的普及率已經達95%的語音市場，所以如果還要來競爭這個市場其實是錯的。因此，未來固網發展的著力點是數據市場，所以一開始就有不同的定位。

其次，過去中華電信早期國營時期，是在提供公共服務，所以比較沒有辦法選擇性地去挑選客戶。而新進的固網業者則不同，他們很清楚自己的目標市場，整個公司的營運跟目標市場是共存的。新進業者希望客戶肯定他們的價值，而這些價值是不同於中華電信的，他們的價值是表現在客戶的服務方面或產品的創新上，可能是表現在讓消費者覺得新進業者有去考慮到消費者未來的需求上面。亦即，業者應該比消費者更清楚地瞭解他們的需求。因此，當固網產業科技迅速前進時，業者就要開始去創造需求，才會為產業創造新的商機。

■業者對於四家固網重複硬體工程設備的看法

新世紀資通郭明琪協理表示，在固網規劃初期計畫書未送審前，該公司曾經做過一些研究，包括像國外的經驗以及國內的電信產業空間。該公司認為，其實再有兩家新的固網業者是上限了，台灣應該只有容納三家固網業者的市場。可是企業間的整合是一個很複雜的過程，需考量很多因素，對業者而言，只能就自己公司內部和市場情況進行瞭解。不過，當務之急是到底什麼時候可以開始正式提供服務，有關是不是合併、整合，則由市場來決定。

前東森媒體科技總經理陳光毅也認為，從基礎建設來看，重複投資的現象是很無奈的。陳光毅指出，全世界所謂的自由化，並不是指一個家庭裏頭，三種電信用途就拉三條線進去用戶家中，那是很荒謬的。在電信技

術裏，「最後一哩」的電話線，可以跟既有業者租。所謂「所有權」跟「使用權」應該要分開，這樣就不用進行重複的硬體建設工作了。對既有業者而言，完成之基礎建設，是因為當時授與特許權，仍是屬於公共財。所謂公共財是指，雖然所有權屬於花錢投資的人，但使用權卻仍是屬於大眾的。雖然說這家業者擁有硬體建設的所有權，新進業者卻可以跟舊業者租用，付租金來營運。因為消費大眾選擇新的業者來服務，所以舊業者不可以要求獨占這些硬體設備。因此，所有權和使用權的觀念要分開來，有了這種概念，所有的電信事業就能很開放、很自由。

(二)政府角色與法規限制

政府主管電信事業的單位為交通部電信總局，在固網發展的過程中，業者與電信總局是扮演相互配合與輔導的角色，然而，政府與業者對於國內產業環境的看法，仍有相當大的差異。

■業者面臨到的政府限制

提到電信自由化中政府的角色問題，新世紀資通協理郭明琪指出，電信產業跟其他產業最大的不同是，它天生就是一個被嚴格規範的產業。

在全世界的電信開放的趨勢中，政府扮演非常重要的角色，當然全球電信自由化也在迫使既有業者做很多的事情。若要打破既有的產業結構，讓產業回到一個完全開放與自由競爭的市場，則政府在這開放過程中就需扮演重要的角色，才能推動整個產業的發展。然而，今天中華電信的國營形象仍在，政府偶爾仍會有偏袒中華電信的嫌疑。所以在民營化的趨勢中，重點是中華電信應該加速民營化，才能回歸正常的功能。

前東森媒體科技總經理陳光毅也指出，政府只是為了開放而開放，好像已經盡到責任，卻不去詳細思考細節，思考怎麼才能夠讓這所謂的自由化更趨於完美？開放應該要造福消費者為第一優先，讓消費者有更多的選擇，而既有業者不應用先占有的手段來形成新進業者的障礙。第二，要提高國家競爭力，需試問國內目前的開放是否達到了開放的目的，為什麼新的業者無法在地方鋪線等等問題。目前雖然開放了，可是政府並沒有配套

的措施來幫業者解決鋪纜線的辦法，所有周邊相關的計畫，例如：公共道路的建設，是需要政府法規來解決的，否則國內的電信事業將很難進步。

對建置所遭遇的困難，陳光毅表示說，線路鋪設在台北市是沒有問題，但到台中就完蛋了，地方政府機關亂剪，說要過路費。但業者有權去鋪，為什麼還要錢？

東森寬頻電信副理林昌毅也指出，地方政府剪固網業者的光纖纜線，因為地方路權的取得問題，地方路權歸地方政府管理，而共同施工利益協調不妥，加上縣市政府不清楚固網功能及未來所能帶給地方之優勢，故配合情形不佳，目前配合最好的是台北市政府。其實業者很需要中央政府能夠統合路權，協助民營固網業者能順利開台，如此未來寬頻網路競爭才能提高。

有關地方政府對線路鋪設不合作一事，新世紀資通郭明琪也表示，地方政府認為消費者都已經有電話線，為什麼要讓業者多挖一線，再者，固網業者註冊在台北，營業稅是繳在台北市政府，跟地方政府無關。而政府當初開放固網的時候，認為國家要成為一個經濟知識社會，寬頻建設是很重要的；同樣地，縣市政府要升格，寬頻網絡是要達到一定比例的，但目前的縣市政府並沒有同樣的認知。因此業者在建設中碰到困難時，中央政府應站出來協調管線鋪設的問題。

■政府的角色

交通部電信總局公眾電信處專門委員張峻銘說明，電信總局在電信自由化所扮演的角色。張峻銘說，電信總局按照電信法的規定，是監督管理電信事業，有時候也扮演輔導的角色。此外，要扶植國內整個電信產業的發展，這是在政策上必須做到的。當然最重要的還是要保護整個消費者的權益，不能讓電信事業在消費市場上，對消費者的權利有任何的侵害，這也是電信總局最重要的一個角色。電信的業務、技術隨時都在改變，電信總局對新的業務都會看國內市場的需求、規模、需要，及國際發展的趨勢，都必須與時俱進。

有關電信總局如何輔導業者導向一個良性競爭的市場機能，張峻銘指

出，競爭是好的，市場的規模究竟在哪裏，實際上是有一些隱藏性的需求，因此在一個所謂的獨占市場上是沒有辦法去預測的。一個所謂的市場的需求量，最重要的因素是來自於，第一個是價格，但是因為我們的開放並不是無止境地發執照，所以還是停留在所謂寡占競爭的市場地位，全球都是這樣，不可能無限制地開放執照。而寡占有一個特性，亦即一家降價，其他家一定會跟隨，會有一個所謂的跟進策略。所以在經濟學理上來看，寡占的價格策略在很短期裏有效，但是長期來看是無效的，因為對手也會跟進。

在固網市場競爭的機制下，張峻銘表示，電信總局重視將固網市場擴大，但避免所謂的惡性競爭，也就是在同樣一個市場裏去挖別人用戶。換言之，電信總局只要管好所謂的惡性的「重新分配」，也就是經濟學理上所謂的不均衡的問題，譬如說有一家業者以完全免費來吸引客戶，或者是某家業者訂一個所謂掠奪性的訂價，掠奪別人市場，或是業者的訂價已經低於它的平均變動成本等等這些惡性競爭，這都是政府不願意見到的。所以良性的市場競爭的機制，第一要讓業者並非在價格上做競爭，而是在品質上做競爭。

有關未來電信總局與廣電媒體業務與法規的複雜交錯，張峻銘專員也表示，國內有一些聲音，希望將來電信總局和新聞局合併成類似美國的FCC，所謂的傳播電信委員會，如果到那時候合而為一的話，則廣播電視法和電信法可能就要做全面的結合或調整。

政府目前正積極規劃經濟發展推動方案，將利用知識與資訊科技來促進產業的發展。有鑒於此，在今日資訊科技發展迅速的時代，有線電視可以跨業經營電信、網際網路也提供廣播服務產業，慣有分際正逐漸打破、重組。但目前國內電信、資訊、廣播等相關業務的主管權責分散於不同政府部門，制定相關政策或法案時，勢必遇到阻礙。此外，ISP、ICP、ASP等網際網路，業務主管機關不明確，以及不同服務衍生出規範及法律問題等，都需要協調相關單位。

如第一節所述，政府已著手進行電信、廣播及資訊等相關部門整合規劃，目前積極規劃設立「國家通訊傳播委員會」，以統合電信廣播及資訊之

相關監理事項。規劃中之監理機構,將獨立行使職權並發揮專業,使重大決策能減少外界壓力或政治影響。因此,未來台灣在整個電信、資訊、廣電媒體的大匯流趨勢下,不管在產業界、行政主管單位、法規面等等都將有所變動。整個固網產業在未來的發展中,不論是併購、結盟等等營運模式,如何演變將有待進一步觀察;而原有的電信主管單位電信總局,在電信資訊傳播委員會的催生下,或將有變更;法規的修訂永遠趕不上科技發展的迅速腳步,科技匯流的結果必將影響營運與法規面的調整與修訂。

第六節　結論

在結束國營電信獨占局面、與民營固網開台之初,本研究為瞭解有線電視與電信固網產業跨媒體經營模式的策略運作,以及有線電視與電信固網業者在傳播生態大環境下的互動關係,除了對未來四家固網業者進行基本實力與經營策略之比較外,並以新進固網業者之營運與市場策略、以及固網業者與有線電視跨媒體的經營模式對未來新市場結構的影響等相關問題,做為研究的主題。本研究一則以歷史紀事的研究方法,將固網產業相關報導詳盡的整理,作為對產業瞭解的基本根據;一則以深度訪談的研究方法,深入瞭解各家固網業者在開台之初的籌措運作、策略計畫、建置時程、以及所遭遇的困境,特別是有線電視與電信固網業務的整合在建置與市場上有何利益,以及未來將如何開發利基等等關注的議題,而提出以下的研究結論與建議。

一、有線電視與電信產業跨媒體經營時程

(一)固網發展延宕的原因

端看固網產業的發展,不論是三家新進的固網業者,或中華電信公司,均遭遇不同困境,但終至都面臨到開台延後、民營化延宕的問題。主

要因素，除了硬體建設上的進度不及之外，還包括有以下因素：

■中央與地方缺乏共識

　　受到全球電信自由化、以及申請加入WTO的影響，政府極力推動國家基礎建設NII，並開放國營事業民營化，而固定電信網路的發展是國家建設的一大重點，因此民營固網的開放可加速國家建設的發展，然而，地方政府與中央缺乏共識，無視於固網產業可能帶來地方發展的利益，使得固網業者在建設線路上，以及網路互連的進度都相當緩慢。

■各地方政府規範不同

　　由於中央將線纜管理要點交由地方管理制定，因此各縣市政府皆有不同的規定，有些縣市在「下水道暫掛線纜管理要點」中，未將固網業者納入適用範圍，有的縣市則是路權取得困難，有的則是要求業者必須採特定施工法，使得工程進度緩慢。

■舊有法規的限制

　　雖開放民間固網建設，但實際運用的相關法令，如「有線電視分配線網路暫掛雨水下水道處理要點」並未將固網納入管理範圍，使得固網業者無法可據，而影響建置的進程，因此交通部才決定建請內政部修正要點的內容及名稱，將固網業者納入管理，讓固網業者能附掛管線。

　　不過，由於交通部的出面協調與業者加速建設的成果，東森寬頻電信公司於二○○一年一月，取得國內第一張綜合網路業務特許執照，正式打破國內電信固定網路由中華電信公司獨占經營的局面，開啓了國內寬頻的新時代。另外兩家固網業者台灣固網及新世紀資通也均已正式開台營運。

(二)中華電信民營化延宕的原因

　　台灣電信自由化的政策，除了開放新進民營業者外，同時也包括將原有國營的中華電信釋股民營，而導致中華電信民營化延宕的原因，則是：

■釋股作業不理想

　　中華電信公司自從釋股政策決定後，風起雲湧，事件層出不窮，如高

層人士更迭、工會萬人抗爭等等戲劇性發展，雖然第一階段法人競拍、公開申購、員工認股如期展開，但實際情形並不理想，當然也受到國內股市大環境不佳及國際股市重挫的影響。

■海外ADR發行計劃延宕

中華電信原定二○○○年十二月底前發行美國存記憑證（ADR）的計畫，因股價底價過高、市況不佳的情況，而計劃延後。原本預計釋股十一億五千萬股，釋股比率為12%，如國市場反應良好，還可機動增加釋股1.8%，共一億七千三百六十五萬股，合計釋股比率最高可達13.8%。但由於中華電信二○○○年年底在國內上市後，股價即告重跌，種種原因使得中華電信發行美國存記憑證遲遲不前。

不過，在二○○一年初台股止跌反彈，又配合國際資金出現流入亞洲市場的趨勢，延後月餘的中華電信美國存記憑證發行計畫重新啟動，並於二○○一年開始進行海外巡迴投資說明會（pre-marketing）。直至二○○三年七月，中華電信海外釋股正式於美國掛牌上市，朝民營化的腳步又向前邁進一步。

二、股條事件影響

第二件新進民營固網業者和中華電信公司皆有的現象即是股條事件風波。有關固網股條的問題，證期會解釋，主要涉及證交法第二十二條，未經核准就私自募集資金的行為。台北地檢署也已進行蒐證調查坊間公開販售的固網公司股條，就涉嫌炒作或變相吸金部分展開偵察行動。

但在訪談的紀錄中，研究者發現，業者對於股條事件看法是正面的。陳光毅即認為，若是合法地買賣、轉讓股票，應是法律所保護的。然而，若以非法的方式進行交易，當然是於法不容的。

東森寬頻電信營運管理部副理林昌毅也表示，固網股條事件與資金是沒有影響的，因為早已集資好了。從股條事件可以看出，固網產業的未來發展是大有利益，才會使得未上市的固網股票被炒熱成股條販賣案，顯示

民眾對固網產業的前景是肯定的。

三、有線電視與固網的跨媒體經營模式的優勢

有關有線電視結合固網的跨媒體經營模式下，所帶來的優勢如下：

(一)建置工程上較容易整合

電信總局公眾電信處張峻銘說明，有線電視要做電信固網，基本上是需要重建的。三家新進的固網業者，尤其是東森寬頻電信本來就有有線電視，但其固網的建置還是要重建。但是有線電視有它的強勢性，因為有線電視的網路原本就舖設好了，因此在舖設電信網路時或許在建設上會比較容易，因為cable已經百分之八十幾的普及率裏，家家到戶，那麼固網電信也是一樣要到戶，因此在既有的網路上，業者較容易做整合。

(二)可提供電信、寬頻網際網路、及有線電視互動視訊三合一的整合性服務

東森寬頻電信從二〇〇一年起，於台北、新竹推出有線電視語音電信服務，只要是力霸有線電視用戶，即可免費申請增加這項設備服務，甚至計劃提出有線電視、行動電話、固網的組合性套餐費率。東森寬頻電信，可說是國內唯一提供電信、寬頻網際網路、及有線電視互動視訊三合一整合性服務的業者。但目前推行的結果並不理想。

此外，有關電信固網業者發展有線電視或隨選視訊VOD等的趨勢，電信總局張峻銘指出，目前還沒有實質達到商業化的階段。然而，中華電信已於二〇〇二年試播MOD（Multimedia on Demand），請讀者參閱本書第五章。而在國外案例當中，最主要的新聞是全美第一大通訊公司AT&T所宣布的，計畫分割有線電視事業與無線部門成獨立的公司，提供VOD服務。

四、新進固網業者的營運策略

此外，有關固網經營模式與消費市場方面的議題，從深度訪談的紀錄中，研究者發現，新進民營固網業者的初期營運策略都有以下特色：

(一)企業、高通信用量為主

企業用戶多半是高通信量的用戶，因此是固網業者爭取的重要客戶之一。

(二)價格戰

為穩住電信龍頭的地位，中華電信打出的第一策略即是價格戰。面對民營業者加入競爭，中華電信公司副總經理張豐雄表示已做好了最佳的準備，將會密切注意業者的營運策略，調整公司的營運方針，以保有客戶群及開拓新市場。中華電信公司從二○○一年一月起調降市內電話費率15%，並推出各項組合費率供客戶選擇。過去國內市話、長途及國際等電信固網市場一直為封閉行業，費率價格受到嚴重扭曲。一九九九年，由於國際海纜出租業務的開放，中華電信公司以三度降價，國際電話降價約30%至40%，長途電話降價約20%到30%。民營固網業者投入競爭後，電信網路增加，必定再度刺激電信市場，促使中華電信與民間電信業者提供更低廉的通信費率。

電信總局張峻銘則提出，價格戰在一個寡占（二、三家業者）的市場上有一個特性，也就是如果一家降價，其他家一定會跟隨，這是所謂的跟進策略。在經濟學理上來看，價格策略在很短期是有效的，但是長期來看是無效的，因為對手也會跟進。目前，各固網公司主要的競爭策略，還是以下列幾項為主：

■搶攻第二專線市場

新進固網業者均表示，以目前國內電話用戶的普及率來看，在第一專

線市場是無法與中華電信競爭的。林昌毅與陳光毅皆表示，未來市場的策略朝向用戶家中的第二條線和第三條線的使用，這是新固網業者的機會。

■提供多樣化套裝服務

林昌毅指出，提供數據、語音等等的服務是重要的市場策略。郭明琪也提到數據是固網業者將來的著力點，同時她也認為，語音資料可以傳輸出去、速度可以跑得快，這不是決勝關鍵，換言之，高速、容量大的光纖化寬頻服務是固網的基本服務，每一家業者都可以提供，但最後決勝關鍵在於如何讓網路上跑的資料、內容是消費者需求的。郭明琪更提出創造需求的概念，以科技來領導消費，業者在配套措施中，要懂得創造需求。而陳光毅則認為產品品質要好，再加上配套的周邊服務，提供更多的資訊和訊息。前述也提到，東森寬頻電信將以現有有線電視的優勢提供有線電視、行動電話、固網的三合一組合性套餐服務。

■與ISP業者合作結盟

在新的民營固網業者投入市場之際，屬於第二類電信業務的ISP（Information Service Provider），自然是固網業者期望經營的範圍，可以推出各種消費組合。國外固網業者與ISP合作結盟的模式甚為普遍，其中一種方式，是由電信公司向客戶收取固定月租費，提供的服務包括有打電話、上網或查看股市資訊等加值服務，未來台灣會很快出現這種合作模式。當然也有固網業者運用入股投資的方式來與ISP結盟，全力開發網路之應用及內容，國內如東森寬頻入主亞太線上即是整合電信固網和ISP業者的大型投資案，未來資訊時代是需要ISP蓬勃發展的。

(三)固網產業未來發展方向

目前，國內固網業者對於未來的發展方向與計畫，主要是依循以下兩點：

■拓展無線傳輸

陳光毅表示，未來固網將使得資訊成為如同水、電一般的公共資源，

任何時間、任何地點皆可取得資訊。林昌毅也強調，人是不喜歡拘束的，不會固定在某一位子上，人是要行動的，因此未來一定會走向3G，就是無線、衛星的傳輸，就拿日本DOCOMO用手機上網來說，便首先獨占市場，成功的提供無線傳輸的服務，相信將來電信固網業者也必定會另闢此一戰場。

■國際化，進軍大中華區域市場

除了在海外掛牌上市、爭取外資，與國際公司技術合作，固網業者均有擴展海外市場的計畫。誠如中華電信美國存證（ADR）的發行計畫，又如東森寬頻電信入主亞太線上的大型投資案，接著又計劃進軍大陸網路資料中心市場。這些行動在在都顯示出固網業者運用電信媒體的國際化特性，來擴展台灣島外的市場。

五、未來產業結構的變化

根據文獻資料顯示，從工程硬體角度與系統建設來看，四家固網業者事實上將造成重複投資，而業者也表示，重複投資的情形確實可能。郭明琪表示，以國外的經驗及國內的電信發展空間看來，事實上再有兩家新的固網業者是上限了，台灣應該只有容納三家固網業者的市場。但是任何企業間的整合是一個很複雜的過程，有關未來是不是合併、整合，則由市場來決定。

但有鑒於未來固網產業結構的變化，以下問題或可供開放寬頻產業時的考量：

1. 政府在開放固網事業時，是否評估過多少家業者的營運才適宜台灣市場的競爭？台灣市場是否夠大，足以讓四家固網公司生存？
2. 四家固網的建置工程，是否造成重複的投資？
3. 對於重複投資、造成資源浪費的現象，在國家建設的前提下，政府可有應變之道？
4. 政府訂定法規與評估開放時，可否考慮到避免重複投資、資源浪費等

問題的發生？

　　本研究經過資料蒐集、訪談、系統化的觀察與分析，終於將我國有線電視與電信固網跨媒體經營的發展狀況，初步地整理出若干研究結論。誠如Baldwin、Straubhaar與LaRose所指出，有線電視及電話公司目前已能相互整合成為一個數位化網路，不論是以承租線路的方式或結盟的方式，均可經由科技上的融匯，創造出嶄新的局面。

　　新設的固網業者，不論是東森寬頻、台灣固網、新世紀資通均已進入市場，邁入與中華電信白熱化競爭階段。另一方面，中華電信也因為近年來整體經濟大環境不佳，釋股並不順利，而使得民營化的腳步延宕。至於未來固網業者營運的策略，多以爭取企業與高用量用戶為主力，並搶攻第二專線市場，除了將運用價格戰外，提供多樣化的套裝服務，以及多元化的資訊服務，均可使消費者受益良多。此外，拓展無線傳輸亦將成為下一波的營運重點。

　　再者，就規範競合部分，由於跨媒體經營的開放使電信與有線電視可以相互整合、連結，然而目前台灣的發展並未發生兩個產業結構性根本的轉變，亦即兩個產業並未合而為一成為單一產業，僅有合作與結盟的方式發生。

　　既有的電信與有線電視的二元管制架構，造成電信與有線電視業者間的不對等競爭。然而，在跨業競爭的管制中，核心議題應是如何創造可達公平競爭的規範。在此研究者以為，對相同服務，不論基礎建設，應採相同規範，才不會對業者造成差別待遇。解決不對等管制架構的方法，宜創造新的管制類別，如「寬頻服務事業」，以規範跨業經營的業者。

　　而對於未來計劃從事相關主題研究之研究者，研究者依據本研究之研究限制，提出下列建議，以供參考：

1.縱貫式的觀察與分析：本研究因受研究時程的限制，僅對初期固網籌設的戰國時代，做紀錄與分析。對於新進民營固網業者開台後，整個市場結構的變化與營運策略的運用等，都需要長時間的觀察與記錄。因此，未來研究者可延續本研究所擬定之動機與研究問題，做後續的

分析與討論。

2.運用其他理論方法：由於固網業者與政黨、國內外財團、跨國合作之互動關係密切，又募集資本金額龐大，甚或可以影響國家整體經濟，牽動政治與經濟的面向，因此或可使用其他理論與研究方法，來解釋其特有之現象。例如：政治經濟學或媒體經濟學之觀點等，或可成為未來研究者運用的方向。

註 釋

[1] 「有線廣播電視法」第五十三條：系統經營者應每年提撥當年營業額1%金額，提繳中央主管機關成立特種基金。前項系統經營者提撥之金額，由中央主管機關依下列目的運用：

(1)30%由中央主管機關統籌用於有線廣播電視之普及發展。

(2)40%撥付當地直轄市、縣（市）政府，從事與本法有關地方文化及公共建設使用。

(3)30%捐贈財團法人公共電視文化事業基金會。

第一項特種基金之成立、運用及管理辦法，由中央主管機關定之。

[2] 「有線廣播電視法」第十九條第三項：「外國人直接及間接持有系統經營者之股份，合計應低於該系統經營者已發行股分總數50%，外國人直接持有者，以法人為限，且合計應低於該系統經營者已發行股份總數20%。」

[3] 新聞局在民國八十八年七月三十日公告「八十九年度有線電視（播送）系統收費標準」(88) 建廣五字第12327號)。

[4] Section 11(c) of 1992 Cable Act adding Section 613(f)(1)(A) to Communications Act. [47 U.S.C. section 533(f)(1)(A)]

[5] FCC, 1993: para. 25. See FCC, 1997: Table B-1.

[6] FCC, 1999a.

[7] FCC, 1993: para. 25.

[8] 公司法第三百六十九條之一。

[9] Section 11(c) of 1992 Cable Act adding Section 613(f)(1)(B) to Communications Act. [47 U.S.C. section 533(f)(1)(B)]

[10] 47 C.F.R. section 76.504.

[11] FCC, 1993: para. 45.

[12] Quincy Cable TV, Inc. v. FCC, 768 F.2d 1434(D.C.Cir. 1985) & Century Communications Corp. v. FCC, 835 F.2d 292(D.C.Cir. 1987).

[13] Section 2(a)(11), (12), (15), (16) of the 1992 Cable Act. [47 U.S.C. section 521(a)(11), (12), (15), (16)]. See also Gilbert 1996, at 641-642.

[14] 所謂電信機線設備指連接發信端與受信端之網路傳輸設備、與網路傳輸設備形成一體而設置之交換設備、以及兩者之附屬設備。參見電信法第十一條第三項之規定。

[15] 第一類電信事業須經交通部特許並發給執照，始得營業（電信法第十二條）；取得特許者，須繳納特許費（電信法第七十條）；第二類電信事業則應向電信總局申請許可（第十七條第一項）並繳納許可費。

[16] 參見第一類電信事業網路互連管理辦法第十條：「除本辦法另有規定外，第一類電信事業間網路互連時，得依雙方之協議決定網路互連相關設備之設置、維

修、場所及相關費用。」

第一類電信事業提供網路互連服務，應依要求網路互連一方之請求，於其場所提供網路互連相關電信設備之設置空間。第一類電信事業提出證明無法依前項提供設置空間時，應另提供其他場所供互連業者設置網路互連相關設備。但網路互連相關設備，由要求互連之一方提供。」

[17] 參見第一類電信事業網路互連管理辦法第七條：「第一類電信事業間之網路互連，應有明確之責任分界點，並設置隔離雙方電信設備之責任分界設備或適當措施。前項責任分界點、責任分界點設備與適當措施應依網路互連雙方之協議辦理。」

[18] 參見第一類電信事業網路互連管理辦法第九條：「網路互連之各電信事業應負責維護其網路端至網路介接點部分之鏈路。」

[19] 參見第一類電信事業網路互連管理辦法第四條。

[20] 參照第一類電信事業網路互連管理辦法第十二條：

「網路互連時，其相關服務費用如下：

一、網路互連建立費：指第一類電信事業間為建立網路互連所產生之一次成本支出。

二、接續費：指網路互連時依使用網路通信時間計算之費用。

三、鏈路費或其他設備租金：指租用鏈路或其他設備，以建構網路互連電路之費用。

四、其他輔助費：指為提供其他服務所應收取之費用。前項各款費用除接續費應由通信費歸屬之一方負擔外，其他費用應由因要求互連造成他方成本增加之一方負擔。」

至於對於第一類電信事業市場主導者之成本費用特別規定於第六條第五項：「第一類電信事業市場主導者得依其他第一類電信事業之要求，於第三項所定技術可行點以外設置網路介接點，並得按實際之成本收費。」

[21] 參照第一類電信事業網路互連管理辦法第五條，第一類電信事業提供其本身、關係企業或其他電信事業之網路互連服務，其價格、品質及其他互連條件應符合公平合理原則，且不得差別待遇。

[22] 第一類電信事業網路互連管理辦法第六條第二項：「第一類電信事業市場主導者提供網路互連服務時，應於任一技術可行點設置網路介接點。第一類電信事業市場主導者遇有無法設置網路介接點之情事，應以書面向提出網路互連要求之一方說明理由。」第三項規定：「下列網路介接點為技術可行點：一、市內交換機；二、市內彙接交換機；三、長途交換機；四、國際交換機；五、專用彙接交換機；六、信號轉送點；七、交換中心之交接點；八、其他已有前例之網路介接點。」

[23] 參照第一類電信事業網路互連管理辦法第六條第四項規定。

[24] 參見第一類電信事業會計制度及會計處理準則，此係依據電信法第十九條第二項授權由交通部訂定。其分別針對個體會計、分離會計原則、成本分離原則、資產分離原則、資金成本計算原則與收入分離原則做一規定。

[25] 第一類電信事業網路互連管理辦法第十六條第二項。

[26] 第一類電信事業網路互連管理辦法第十七條第二項。

[27] Chou, Yuntsai & Kung-Chung Liu (2000) "Asymmetric Regulation and Its Creation of Regulatory Rents in Mobile Communications of Taiwan," paper delivered at the 11th ITS European Regional Conference, September 9-11, 2000, Lausanne, Switzerland.

[28] FCC, Annual Assessment of the Status of Competition in Markets for the Delivery of Video Programming, *Fifth Annual Report* (Adopted: Dec. 17, 1998; Released: Dec. 23, 1998), footnote 239.

[29] Id. para. 59.

[30] FCC, Annual Assessment of the Status of Competition in Markets for the Delivery of Video Programming, Seventh Annual Report (Adopted: Jan. 2, 2001; Released: Jan. 8, 2001), para. 57.

[31] 「有線廣播電視法」第五十三條規定:「系統經營者應每年提撥當年營業額百分之一之金額,提繳中央主管機關成立特種基金。一、30%由中央主管機關用於有線廣播電視之普及發展。二,40%撥付當地直轄市、縣(市)政府,從事與本法有關之地方文化及公共建設之使用,三、30%捐贈財團法人公共電視文化事業基金會。」此等特種基金並非用於普及服務,故與電信法的普及服務基金並不相同。

[32] 「電信法」第十九條第一項:「第一類電信事業應依其所經營業務項目,建立分別計算盈虧之會計制度,並不得有妨礙公平競爭之交叉補貼;第一類電信事業兼營第二類電信事業或其他非電信事業業務者,亦同。」依此,跨業經營之有線電視系統屬於「其他非電信事業」,應而亦有電信法之會計分離制度的適用。

[33] Section 302(a) of the Telecommunications Act. [47 U.S.C. section 651(a)(1).]

[34] Section 302(a) of the Telecommunications Act. [47 U.S.C. section 651(a)(2).]

[35] Section 302(a) of the Telecommunications Act. [47 U.S.C. section 651(a)(3).]

[36] Section 302(a) of the Telecommunications Act. [47 U.S.C. section 651(a)(4).]

[37] AT&T電話公司解體之後,改組爲數個區域性的大型地方電話公司:東北部的Bell Atlantic,紐約地區的NYNEX,東南部的 Bell South,中西部的Ameritech,中南部的SBC Communications,以及西部及西岸的US West。NYNEX則已經併入Bell Atlantic。

[38] FCC, 1998-Fifth Annual Report, op. cit., paras. 43, 113-114.

[39] FCC, 1998-Fifth Annual Report, op. cit., para. 12 - LEC Entry.

[40] FCC, 2000-Seventh Annual Report, op. cit., para. 119.

[41] FCC, 2000-Seventh Annual Report, op. cit., para. 122.

[42] Section 301(b)(3) of the Telecommunications Act adding Section 623 (1)(1)(D)to the Communications Act [47 U.S.C. section 543 (1)(1)(D)].

附錄　深度訪談名單

訪談日期	訪談單位／部門	訪談對象
2000年11月14日	東森媒體科技股份有限公司	總經理陳光毅
2000年11月23日	新世紀資通股份有限公司 法規政策暨公共關係處	協理　郭明琪
2000年11月30日	東森寬頻電信公司 營運管理部	副理　林昌毅
2000年12月27日	交通部電信總局 公眾電信處	專門委員　張峻銘
2001年01月09日	台南三冠王有線電視系統 工程部	協理　鄭先生

參考文獻

■書籍期刊部分

王佑瑜，1999，〈電信業者祭出ADSL〉，《資訊與電腦》，第224期，頁43-
　　49。

中國時報，2000，《中國時報五十年社慶系列專刊——台灣電信生活五十
　　年》，台北市：《中國時報》。

立法院公報，1999，第88卷第37期院會紀錄，1999年6月30日，頁218。

江耀國，1998，〈美國有線電視的特許、整合及競爭管制——市場與法律政
　　策的分析〉，《人文及社會科學集刊》，第10卷第4期，頁515-574。

江耀國，1999a，〈1998年美國有線電視新市場——從結構管制的觀點分
　　析〉，《月旦法學》，第47期，頁133-150。

江耀國，1999b，〈美國有線電視的費率管制——兼論我國的情形〉，《政大
　　法學評論》，第62期。

汪琪、鍾蔚文，1998，《第二代媒介——傳播革命之後》，台北市：東華書
　　局。

李宗莉，2003，〈五億商機，查號台大戰開打〉，《蘋果日報》，2003年5月
　　4日，B2版。

何定爲，1997，〈從電信自由化看電信服務產業之發展〉。工研院電通所，
　　頁18-20。

辛澎祥，2002a，〈廣電三法整併修正，新聞局總動員〉，《大成報》，2002
　　年10月19日，第3版。

辛澎祥，2002b，〈廣電三法大整併，傳輸平台業、經營頻道業採許可
　　制〉，《大成報》，2002年11月6日，第9版。

金秀娥，2000a，〈太電、遠東、力霸即將引爆寬頻固網大戰〉，《Smart智
　　富理財》，第26期，頁178-179。

金秀娥，2000b，〈中華電信三年內仍是電信龍頭〉，《Smart智富理財》，第

26期，頁196-197。

邱家宜等，2000，〈固網大戰〉，《新新聞》，第677期，頁20-21。

周偉康，2000，〈寬頻產業是21世紀經濟火車頭〉，《Smart智富理財》，第
26期，頁174。

林亞偉，2003，〈66天奪權奇謀〉，《商業週刊》，第831期，頁88-95。

林淑玲，2003，〈有線電視朝全台一區整併〉，《中國時報》，2003年1月16
日，第6版。

施俊吉、石世豪主持，1998，《有線電視頻道節目業者與播送系統業者垂
直結合之競爭規範及許可衡量標準》，行政院公平交易委員會，八十七
年度合作研究計畫十，1998年6月，頁25。

涂瑞華譯（J. Straubhaar & R. LaRose原著），1996，《傳播媒介與資訊社
會》。台北市：亞太。

黃白雪、謝柏安，2000，〈搶一張執照，瓜分總值1.2兆的超霸商機〉，《新
新聞》，第677期，頁25。

黃進芳、蘇瑛玟，1999，〈有線電視系統與電路出租業務〉，《無線電界月
刊》，81卷6期，頁42-43。

陳民強，1999，〈固網開放所涉及之相關法令及其解釋及適用〉，固網與法
律研討會。

陳炳宏，1999，〈固網服務產業的結構特性與市場競爭議題：我國開放固
網服務業務的政經分析〉，固網與法律研討會。

張美滿，1998，〈美國有線電視與電信事業跨業經營管制歷程之研究〉，
《廣播與電視》，第3卷第3期，頁53-54。

張惠清，2002，〈中華MOD最快12月營運〉，《大成報》，2002年10月18
日，第16版。

新聞局，2003，《廣播電視白皮書》，台北市：行政院新聞局。

蔡念中，1996，〈有線電視〉，《中華民國新聞年鑑》（八十五年版），台北
市：中國新聞學會。

蔡念中、陳明珠、江耀國、周韻采，2000，〈有線電視與電信固網之跨媒
體經營──規範競合與產業生態研究〉，台灣有線視訊寬頻網路發展協

進會委託研究。

蕭又仁，2000，〈新世紀企業e化寬頻網路服務〉，建構新世紀e企業光纖寬頻研討會，2000年11月。

劉至強，2002，〈數位大戰開火，看誰的電視聰明〉，《中國時報》，2002年9月9日，第5版。

鄭伯順等，1998，〈電信網路大躍進── xDSL-based之互動式多媒體服務〉，《電腦學刊》，第10卷第2期，頁48-63。

謝奇任、唐維敏、甘尚平譯（T. F. Baldwin, D. S. McVoy & C. Steinfield原著），1997，《大匯流：整合媒介、資訊與傳播》，台北市：亞太。

Katz, Michael, 1999. "Regulation: The Next Hundred Years" delivered at 14th *Internet Regulation Conference,* Aspen Corolado.

■網站資訊部分

交通部電信總局電信業者名單（2000）

http://www.dgt.gov.tw/Chinese/Data-statistics/data-statistics.shtml

新聞局

http://www.gio.gov.tw/info/index_c.html

電信總局，2003，市內國內長途陸纜電路出租業務核可名單

http://www.dgt.gov.tw/Chinese/data-statistics/11.1/ Type1_enterprises_9.html.

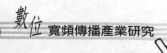

第四部分
網路產業相關研究

第七章
寬頻網路廣告新趨勢：
影音廣告之應用與其未來性之探討

引言

　　網際網路是一個極具發展潛力的行銷通路與廣告新媒體，其雙向互動的效益受到相關產業的重視，而且對整體傳播生態與行銷手法也確實產生了相當程度的影響。然而，目前許多廣告主對於將廣告經費投資在網路媒體上，仍然抱持著保守的態度，對於網路真正能夠達到的廣告效益也有較多的保留。為何網際網路跳脫了傳統媒體的功能，卻無法為其帶來對等的廣告收益？未來，網路廣告又該如何發展，才能滿足廣告主的要求與期望？

　　為了尋求寬頻網路廣告的最佳應用模式，本研究藉由多面向的深度訪談、座談與網路問卷調查方式，深入分析廣告主、廣告商、入口網站與網路使用者，對於寬頻網路廣告之發展、運作模式、評估機制與使用需求等方面的意見，以及研究對象彼此之間的互動關係，一方面可歸納出寬頻影音網路廣告的未來趨勢，一方面則可對網路廣告未來商機，研擬具體可行的建議。

　　再者，台灣寬頻網路正值逐漸普及之際，網路影音廣告已出現新的發展契機，面對目前呈現方式千變萬化的網路廣告，且為了因應未來影音廣告的大量需求，因此，寬頻網路影音廣告的應用與發展是刻不容緩的研究議題。

第一節　寬頻影音網路廣告之發展背景

　　網際網路時代的來臨，使得電腦、通訊與媒體三者之融匯（convergence）革命成為可能。自一九九一年網際網路商用化之後，全球資訊網（WWW）結合了多媒體與互動式的特性，使得政府、工商學術團體與個人都積極地投入網際網路運用的熱潮。

　　根據經濟部技術處委託資策會所進行的「我國網際網路用戶數調查統計」結果顯示，國內的網路用戶至二○○三年三月底止，已達到八百六十七萬人，網際網路連網應用普及率為38%，同時，寬頻網路用戶也已達到兩百一十萬戶以上，成長率為85%（中華傳播學會，2003；創市際市場研究顧問，2003）。挾著如此驚人的成長率，網路與「電視、報紙、廣播、雜誌」早已並列為「廣告代理商心目中的五大傳播媒體」，時下企業機構亦積極規劃，成立屬於自己的全球資訊網站，以避免因企業在網路上的缺席，而被市場及消費者所淘汰。可見，網際網路的使用，不僅是硬體、軟體上，舉凡工程、設計上，皆有遠大發展的潛力空間。

　　此外，資策會市場情報中心的報告顯示，國內網路廣告量由一九九六年的五百五十萬元，一九九七年的三千五百萬元，一九九八年的一億兩千萬元，一九九九年的三億五千萬元，到二○○○年的八億七千萬元，其成長之迅速實在令人刮目相看。報告中並指出，一九九九年台灣僅有10%的企業主採用網路廣告，到了二○○○年則大幅增加至42%。然而，在鄭自隆等人所研究的「台灣網路廣告市場趨勢分析」中卻指出，比較其他傳統媒體廣告之支出比例，廣告主在網路廣告上的支出，還不及企業分配至傳統媒體廣告支出的5%（鄭自隆、莊伯仲、朱文禎，2000）。此外，二○○○年台灣網路廣告市場的廣告量，雖然比前一年成長了66.67%，實際上，也只占了全年度整體廣告金額的0.54%而已（動腦編輯部，2001a）。所以，網路廣告雖然在年度的成長率中較其他媒體表現突出，但其實際的市場占有率仍不足1%。樂觀來說，可見網路廣告仍具有相當大的發展潛力；但從另一方

面來看，其有限的市場占有率，也不禁令研究者懷疑：網路廣告能保持其快速的成長速度多久？

目前，網路廣告呈現的方式相當多樣化，包括有動靜態橫幅廣告（banners）、按鈕廣告（buttons）、推播廣告（push technology）、編輯式廣告（advertotial）、郵件廣告（mail advertising）、插播式廣告（interstitial）、贊助式廣告（sponsorship）、彈出式廣告（pop-up ads）、浮水印廣告（water mark ads）、文字鏈結等等型態，目前更推出有全螢幕動畫、跳出視窗、eDM、120×600摩天樓看板、160×600的寬式摩天樓看板，以及120×240的垂直看板等。過去由於頻寬的不足，網路使用者多使用窄頻，使得網路廣告呈現的方式較多採取平面或動畫的方式，並加入大量的影音、大尺寸看板、互動動畫、語音廣告等方式。然而，科技的演進與寬頻固網的架設，促使兼具影像與聲音的多媒體訊息，得以被業者大量地運用，甚至極力地發揮創意，期望能在未來全面寬頻基礎建設完成後，發展出更多樣化的網路廣告型態，來服務消費者。

一、寬頻網路廣告媒體的發展

傳統的網路影像檔案，多以壓縮下載（download）的方式，並透過影音播放軟體在電腦螢幕上呈現。然而，近年來，即時影音串流（streaming）技術與影音壓縮技術的提升，使得網路影音播送的服務，包括隨選視訊（video on demand）、網路直播（live casting）大行其道。舉例而言，目前已有業者運用網路播送廣告CF或影音內容，簡稱為Vad（video advertising），另外亦有以e-mail傳送video影像，稱之為Vmail（video mail）。隨著寬頻的逐漸普及，原本以文字為主要表現形式的網站，也漸漸地朝向影音等多媒體的方式呈現。之前受限於頻寬的網路廣告，也隨之多樣化，以更具創意的形式，讓網路使用者充分感受到網路廣告特有的互動性。目前影音廣告的形式，多以方塊的影像視窗播放，或以超鏈結的方式，呈現影音廣告的效果（王曉雯，2001）。職是之故，寬頻影音廣告的播放型態大致可分為下載、直播、VOD等三種類型。分述如下：

(一)下載

下載是一般影音網路廣告的播出形式之一，影音網路廣告因聲音影像所占的容量大，因此網路使用者若需要某一影音網頁的資料，需透過下載的動作等候下載的時間，才能觀看到影音廣告。

(二)直播

透過寬頻傳輸，影音廣告若採用網路串流技術，可以讓網路使用者在執行下載動作的同時開始觀看，不需等待完整的下載時間，因此，成為一種新型態的影音網路廣告。

(三)VOD隨選視訊

網路使用者連上寬頻電視網站，可藉由VOD隨選視訊的方式，二十四小時全天候反覆點選收視，收看來自世界各國超過兩百個頻道的節目、網路電影、網路連續劇等。目前國內相關網站，包括網路數碼國際、中國電信Hinet、網路動員、天王星網站及阿貴網站等公司，都有提供網路電視節目的服務（鍾瑞芳，2001）。

換言之，這種多樣變化的影音互動模式，只有在寬頻網路多媒體中才能呈現出來，而網路影音廣告的需求，也必然是寬頻網路所帶動的未來趨勢之一。

二、寬頻網路廣告的特質

寬頻網路廣告，如前所述，可呈現的方式有數種，若以Vad、banner、TV三者來比較，從**表7-1**的內容可以看到，Vad影音廣告兼具電視與banner之特性，成本也居於電視和banner之間，並具有較高的廣告吸引力、互動性、分眾性、視覺焦點與多元性等特點。未來在寬頻的建置下，Vad可成為重要的網路廣告媒體之一，然而國內業者表示，影音網路廣告在推動時，常遭遇層層的市場困境，包括有企業主、廣告代理商對網路廣告的保留態

表7-1　TV、Vad、banner在網路功能與廣告效果上之比較

	TV	Vad	banner
播放時段限制	特定時段	24hr/internet	24hr/internet
單一檔次收看人數	視時段、頻道而定	視網站而定	視網站而定
播放成本	高	中	低
播放長度限制	易受限	較不受限	較不受限
廣告吸引力	高	高	弱
廣告播出特性	播放完畢即完成	兼具TV與banner之特性	需先注意banner內容，再瀏覽該連結網頁，廣告過程才算完成
互動性	弱	高	高
多檔連播	可	可	可
分眾性（targeting）	弱	高	高
視覺焦點	強	高	弱
媒體多元性	弱	強	強
連結功能	無	可	可
系統功能需求	無	中	弱

資料來源：提爾科技，http://www.tealtech.com.tw

度、廣告預算編列、網路廣告效益評估、成本、付費機制等問題（羅偉倫，深度訪談，2001）。

　　從商業市場的層面來考量，台灣的上網人口多半基於個人興趣與需求而上網，目前，高達八百多萬的上網人口，對網路的消費市場來說必然是塊利潤大餅，企業主（廣告主）針對不同的消費族群特性，利用市場區隔，透過網路廣告來開發新的市場商機，將是未來行銷的主流。根據一九九八年精實市場研究顧問公司針對廣告主網路運用的調查報告顯示，一般廣告主考慮採用網路廣告的主要目的包括有：宣傳活動事件與內容（87.5%）、宣傳公司形象（75%）、促銷產品（50%）、產品銷售（37.5%），以及透過網路活動收集名單（18.8%）等。而網路的發展在寬頻技術的建設與支援下，不但擴大了資訊的承載量，更是加速了資訊的流通與下載，預計台灣地區在寬頻固網的普遍建置下，未來網際網路的使用者將繼續增加，因此，寬頻網路廣告的前景也將更為看好。

然而，近年來，許多全球網路的巨擘，如雅虎、英特爾、思科等，都因經營困難而大量裁員，許多小型的網路業者也因經營不善，而告倒閉，或是與其他集團合併。進入二十一世紀後，網路廣告市場在二○○一年短短一年內，以平均每天結束一家的速度，徹底呈現泡沫化的現象。網路業者也紛紛表示欲振乏力，其原因何在？到底網路廣告能否繼續成長，亦或必須轉型，這是許多人關心之議題。

　　網路的商機是透過網站的建置來爭取的，它突破了時間與空間的限制，使企業主可以充分掌握無限的時間與空間去開發新市場，並爭取最大的利潤。美國線上行銷營運處副總裁史蒂文‧基文即提出：「網路廣告可以像電視、收音機、平面媒體一樣建立品牌；也可以像平面媒體或直效行銷廣告，將大量訊息傳達給人們。」寬頻網路廣告具有分眾、互動、高速、高承載量等的特性，其基本營運模式如圖7-1。

　　簡言之，企業主將商品交由綜合廣告代理商承辦廣告宣傳與促銷，透過入口網站，將寬頻網路廣告呈現在消費者面前，而網路使用者透過寬頻點選自己所需之商品廣告資訊，並可以直接或間接地與企業主互動。

　　因此，本文以多面向來探討寬頻網路影音廣告所面臨的營運問題，而非如一般網路廣告的研究，僅針對網路廣告的特性與效果作促銷式的陳述，而忽略了網路廣告在其整體營運的過程中，與其往來相關的重要結構（如企業主、廣告代理商、使用者等）。

　　對於產品的促銷宣傳活動來說，媒體企劃是其中十分重要的關鍵，企

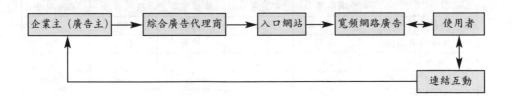

圖7-1　寬頻網路廣告基本營運模式

資料來源：作者研究整理。

業主將產品廣告的企劃交託給綜合廣告代理商，以決定採用何種媒體，達到最有效的商品宣傳。一般而言，大部分的廣告多是採用電視、報紙、雜誌等媒體，因為這些傳統媒體的廣告形式，都是直接呈現在閱聽人面前，強化閱聽人對商品的印象，閱聽眾無法因需要而選擇適當的資訊，只有接收與不接收的選擇。此外，廣告主大多也較信賴這些媒體的效果，認為這些媒體可以有效地將商品廣告傳達給最多、最適當的消費者。

三、寬頻網路廣告的研究趨勢

就網路廣告與其他四大媒體廣告的比較來看（參見**表7-2**），網路廣告具有互動、適合一對一行銷、可以達到最大的傳播範圍，以及享有刊播費用與製作成本低廉等等的優勢。然而，根據一九九八年動腦雜誌編輯部的調查指出，雖有11.5%的廣告主表示，計劃在未來增加網路廣告的預算，但事實上，廣告主在網路廣告的預算安排上仍非常有限。由此可知，網路廣告興起後，雖具有高度互動選擇性，但其效果仍然是廣告主與廣告商最大疑慮，因此，目前仍有許多綜合廣告代理商不願承接網路廣告。此外，網路廣告效益評估的標準不一，亦是令廣告主遲疑的原因。目前，網路廣告的評估辦法包括有強調曝光率要多、會員人數要多等等的評估標準，亦有傳統企業要求的形象、品牌、與Page View點閱率、造訪人次、成交筆數等等不同的評估方式。

表7-2　網路廣告與其他四大媒體廣告之比較

	網路廣告	電視廣告	廣播廣告	報紙廣告	雜誌廣告
一對一行銷力	高	低	低	低	低
廣告傳播範圍	最高	較高	較高	普通	低
廣告時間性	高	普通	低	低	低
廣告刊播費用	低	高	低	普通	高
廣告製作成本	低	高	低	高	高
短期促銷力	普通	高	高	高	低
客戶資料庫	高	低	低	低	低

資料來源：蕭湘文（1998）。

檢視當今入口網站（如PChome、雅虎奇摩、蕃薯藤等）與寬頻網路廣告之呈現方式，多半是橫幅平面或2D動畫廣告的點選，這些型態類似的網路廣告宣傳形式發展至今，已顯得平淡無奇。正如前述內容，隨著寬頻網路的建置，網路廣告必然將走向影音廣告的型態，過去使用者需要等候資訊下載的時間，到現在，等待的時間已經越來越短，所以，目前較需注意的問題是，隨著網路技術的進步，業者應該如何因應，創造新的影音廣告型態以提供更即時的效果？同時，如何說服企業主、綜合廣告代理商採用寬頻網路，作為產品廣告宣傳的重要出口，以及如何建立一套可靠的網路評估機制等，都是本研究的重要議題。

　　根據創市際市場研究顧問公司（2003）所發表的「台灣網路生活型態報告」結果顯示，國內網路使用人口在性別、年齡，以及地區分布等變項的表現上，已經逐漸趨近於母體分布，顯示國內民眾對於網際網路的使用相當普遍。在教育程度方面，有64%的上網人口為大學或大專生，雖然這表示網路使用人口的教育程度是偏高的，但是可能也和國內教育的普及與高學歷趨勢有關。此外，這項調查還發現了若干網路購物族群的特色，例如：3C商品，以月收入三萬元以上的男性網友為主；美容美體商品，以二十至二十九歲的女性網友為主；音樂文學商品，則以十九歲以下的女性網友為主。這些會考慮透過網路購物的受測者表示，除了安全機制、售後服務與價格外，產品的多元性，也是網友選擇購物網站的重要因素。可見，透過網路快速蒐集、管理商品資訊的優勢，如能再搭配各種不同形式的網路廣告設計，將能規劃出相當有效的網路行銷策略。

　　此外，透過網路廣告的聯繫，企業廠商與消費者之間，產生了新的互動溝通模式，其過程包含了發訊、接收、回應，且雙方的訊息使用能力、訊息的便利性與複雜性等等因素，都會對此一溝通過程，產生影響。因此，本研究亦期望能深入探討網路使用者對各種不同形式的網路廣告的看法與使用經驗，以及高度使用者與較少使用者之區別，與接受程度差異？其對未來寬頻網路影音廣告的發展又有何需求？根據使用者的意見，有助於推論出寬頻網路影音廣告之未來趨勢，並可做為入口網站業者與網路廣告播映形式的參考。

雖然網路被認為是一個極具潛力的行銷通路與廣告新媒體，其雙向互動溝通的效益也受到重視，對整體傳播生態與行銷手法都產生某些程度的影響。然而，目前各廣告主對網路媒體的運用仍持保守的態度，對其所能達到的廣告效益也有較多的保留。再者，現今台灣寬頻固網的建置舖設，給予網路影音廣告帶來新的發展契機，為了因應未來影音廣告的大量需求，以及表現形式上的超越與突破，寬頻網路影音廣告的應用與發展已是刻不容緩的研究議題。

四、研究面向與重要性

整體網路廣告的營運結構，關係著企業主、廣告商、入口網站、以及使用或消費者等面向，在清楚界定要達成的廣告目標之下，網路廣告可以針對特定的消費者，量身訂做與其「溝通」的工具、形式與內容，以達成企業主所交付的任務。網路廣告發展至今，由於網路媒體無遠弗屆與高互動的特性，市場分析家都看好其發展，同時，網路人口也不斷地快速成長。然而，從實際的市場面向觀察，其發展卻不如預期。

因此，綜合以上從寬頻網路廣告發展背景的各個環節來看，本研究期望能從多個面向探討、分析寬頻影音網路廣告的營運結構與未來可能的發展趨勢。針對企業主、廣告商、入口網站、與網路使用者等，四個牽動寬頻網路影音廣告發展的重要因素，並以市場觀察、訪談、文獻分析、問卷調查等方式，來進行深入的探討。研究的重要議題包括有：

(一)企業主方面

1.企業主如何運用寬頻網路廣告，達成其所需的廣告宣傳與行銷目的？
2.企業主對寬頻網路廣告的評估與看法？
3.寬頻網路廣告如何才能取得企業主的信賴？

(二)綜合廣告代理商方面

1. 從事綜合廣告代理業務時，是否有將網路廣告業務規劃在內？其考量為何？
2. 現階段承接網路廣告的業務狀況如何？
3. 需要何種有效、可靠的網路評估機制，才能說服廣告代理商採用寬頻影音網路廣告？

(三)入口網站方面

1. 網路廣告的發展現況如何？
2. 如何建立一套可行的網路廣告運作模式？評估機制的建立有何困難？其解困之道為何？
3. 因應寬頻時代的來臨與影音廣告的需求，如何開發新型態的廣告形式？

(四)網路使用者方面

1. 對網路廣告的看法與使用態度為何？
2. 對網路廣告的需求為何？喜歡何種形式的網路廣告？為什麼？
3. 使用者對寬頻網路廣告有何需求？

第二節　從傳統到寬頻影音網路廣告的運作模式分析

一、傳統影音廣告的運作模式

　　傳統影音廣告的運作模式，多半是單一訊息的廣告，也就是無論其目的為促銷、建立品牌形象與知名度、贈獎活動，或是宣傳產品功能與效果，其內容都只是單純地告知訊息。所謂TVC（television commercials），都是單向對閱聽眾傳輸訊息，而由廣告代理商執行創意、設計、製作、媒體企劃、以及預算評估等等工作。整個廣告預算的編列方式，根據採用的影音媒體、播放管道而有所不同，例如：無線電視台、有線電視台等，不同媒體就有不同的收費標準。此外，購買不同時段也會影響廣告預算的編列。一般而言，收視率高的時段與黃金時段，其廣告時段的販售價格較高。至於傳統影音媒體的廣告評估，多以收視率調查為依據，或以CPM為基準。

　　所謂的CPM（cost per mill）是指每一千個曝光數的成本，這是一種媒體購買判斷的指標，其目的在透過降低成本而達到最高的廣告利益。然而，值得注意的是，購買低成本CPM未必就能為企業主帶來最大的廣告效益，更應該要注意的是，廣告播出的時段及其閱聽眾是否和商品的目標消費者相符合。另外，還有所謂的GRP衡量指標。GRP是指，廣告播出後，各節目所得收視率之總和，亦即總收視率，GRP越高，則表示廣告的效果越好。

　　廣告代理商的服務佣金，以17.65%為公定價，也就是廣告主付了媒體企劃、製作費用後，外加17.65%的服務費給廣告公司。傳統影音廣告的運作模式多半是由企業廣告主向廣告代理商提出商品、品牌、企業形象等的廣告需求，再由廣告代理商內部提出媒體計畫，包括創意、行銷、媒體分析、預算等等，之後與企業廣告主協商達成共識後，開始執行整個媒體計

廣告主	→	代理商	→	媒體計畫	→	執行

圖7-2　傳統影音廣告的運作模式

資料來源：作者研究整理。

畫。簡言之，傳統影音廣告的運作模式如**圖7-2**。

　　由**圖7-2**中可以看出，傳統影音廣告運作模式的主要特性為：(1)偏向單向；(2)互動有限；(3)以訊息到達的廣度為主。換言之，在傳統影音廣告的運作模式中，企業主與消費者之間是偏向單向傳播的，而且互動上也較為有限，這些都是由於傳統媒體的技術限制，所以，其目的也多以傳輸訊息給最大閱聽眾為主（無論是否為目標閱聽眾）。

　　尤其是無線電視台，其媒體特性為普及率高，對於廣告內容的品管與秒數的控制也較為穩定，但也因此其廣告費用是相當昂貴的。過去，無線電視台約占有20%到30%的節目收視率，雖然因近年來有線電視的競爭而逐年下降，形成負成長趨勢。不過，就傳統影音媒體的廣告量而言，無線電視台仍然占有國內總廣告量的69.80%。反之，新興的網路廣告媒體雖具有相當不錯的成長率（14.94%），只是，目前其市場占有率仍然不及2%（參見**表7-3**）。

　　由於傳統影音媒體的廣告特性是強制性的，固定編排在節目播放過程中，雖說其廣告可以多次的播放，但也不是閱聽眾想看時就可以即時播放。另外傳統影音廣告有所謂80／20比例的說法，也就是說這些影音廣告真正影響的是20%的閱聽眾，這些閱聽眾是此廣告品牌忠誠度高的群眾，而80%的閱聽眾可能都不是此商品的顧客。

表7-3　一九九九至二○○二年台灣總廣告量統計

媒體別		1999年廣告量（億元）	2000年廣告量（億元）	2001年廣告量（億元）	2002年廣告量（億元）	2002年成長率（%）	2002年市占率（%）
電視	無線 Terrestrial TV	167.76	130.02	115.60	98.16	-15.09	11.84
	有線 Cable TV	145.59	176.68	161.44	197.19	22.14	23.78
	製作費 Production Fee	40.00	32.00	25.20	20.16	-20.00	2.43
報紙 Newspaper		350.00	312.43	206.16	161.14	-21.84	19.43
雜誌 Magazine		70.00	72.00	65.10	66.54	2.21	8.02
廣播 Radio		55.00	59.20	41.97	35.67	-15.00	4.30
四大媒體小計		837.35	782.33	615.47	578.86	-5.95	69.80
戶外廣告 Outdoor		30.00	24.00	22.32	20.09	-10.00	2.42
交通廣告 Transit		14.70	18.00	14.40	12.67	-12.00	1.53
夾報廣告 Flier		30.00	12.50	8.40	4.20	-50.00	0.51
店頭廣告 POP		56.00	8.00	10.00	11.00	10.00	1.33
電話簿廣告 Yellow Page		12.00	11.00	8.50	7.65	-10.00	0.92
展場廣告 Display		90.00	100.00	100.00	80.00	-20.00	9.65
網路廣告 Internet		3.60	6.00	8.70	10.00	14.94	1.21
直銷廣告 DM		50.00	51.00	40.08	38.08	-5.00	4.59
外銷廣告 Export		—	—	29.50	30.98	5.00	3.74
行動廣告 Mobile		—	—	0.30	3.00	900.00	0.36
雜項 Others		40.00	39.00	31.20	32.76	5.00	3.95
其他媒體小計		326.30	269.50	273.40	250.43	-8.40	30.20
總計（Total）		1,163.65	1,051.83	888.87	829.29	-6.70	100.00

資料來源：動腦編輯部（2002，2003）。

二、網路廣告的運作模式

(一)網路廣告的基本型態

　　網路廣告的誕生，源起於網路人口的快速成長，使得網路成為新的市

場通路，許多商業利基與網路結合，因此發展出各種型態的網路廣告。大致上，網路廣告基本型態包括有（劉美琪等，2000）：

■橫幅式廣告

通常以長方形圖案顯示，其中放置了可連結到另一網頁或網站的廣告內容與促銷訊息。

圖7-3　橫幅式廣告

資料來源：交通部觀光局網站

■按鈕式廣告

可說是橫幅式廣告的簡化，通常以方形或圓形型態呈現，由於版面小，因此所傳達的訊息也較有限。

圖7-4　按鈕式廣告

資料來源：MSN網站。

■動畫式廣告

較具吸引力，可與使用者互動，來延長注意廣告的時間。有設計動畫或遊戲等多樣的型態呈現廣告訊息。

圖7-5 動畫式廣告

■文字連結

在文字上點選即可連結到相關的網頁，取得進一步的廣告訊息。

圖7-6 文字鏈結廣告

■插播式廣告

自行顯示的廣告形式，可以獲得較高的注意力，然而也造成干擾，需避免產生負面的廣告效果。

圖7-7 插播式廣告

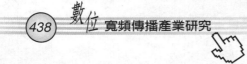

■浮水印廣告

浮現在網頁上的廣告，無論捲軸如何的移動，浮水印廣告永遠浮現在此網頁上。也是一種可以引起注意力的廣告型態。

圖7-8　浮水印廣告

資料來源：可樂帝國網站

陳盈汝（1999）在「強迫性網路廣告的效果研究」論文中，對電視與網路二種不同媒體在源起、技術面、廣告主、與消費者等四個面向曾做了一番比較，另外，針對網路廣告與傳統廣告在基礎、模式、與特色上也做了分析（參見**表7-4**、**表7-5**）。由於網路媒體本身擁有高互動性與重複性的特質，在廣告的運用上，已與傳統影音廣告不同，因此，廣告的形式變得十分多元，不僅可以做雙向互動的廣告，同時更可以即時購買，完成線上交易，或是搭配各種傳播活動，達到直效行銷的效果。

(二)網路廣告刊登服務流程

網路媒體具有即時的互動性，網路使用者可以藉由各種不同的廣告形式與廠商溝通，進而產生對產品的認同感。而對廣告主而言，則可以藉由網路取得消費者的相關資料。同時網路使用者在網路媒體上，具有主導的地位，可以自由選擇自己所需要的訊息內容，有別於傳統媒體的強迫性接收。此外，網路廣告的內容、與產品訊息可以即時增加或更正，不需重新拍攝或印製。網路也提供了線上購物的功能，只是，還有賴於信用卡的普及和安全機制的建立。除此之外，網路打破國界，網路使用者可以瀏覽全球各地的網頁，也帶來跨國的商機。

網路廣告刊登的流程，以中時電子報為例，該公司是站在專業行銷業

表7-4 電視與網路媒體之比較

	電視	網路
源起	1939：紐約世界博覽會中人們首度看到電視 1960s：彩色電視 1970s：有線電視 1980s：衛星電視 1990s：數位化傳播之後，高畫質電視	1971：美國國防部在Stanford等五個大學所發展的計畫 1988-89：伊利諾州Mosaic大學HTML語言的發明 1992：Netscape（瀏覽技術）發明VRML 1995：Java發明（最初將網路轉換成有利的互動性工具）
技術問題	⊙進行中與預期中的更多改變： --將接收者與傳播者的規格對等化 --重視完工後的傳播效果 --重視色彩、畫面品質 --效果的測量：使用人數、實際記數法 ⊙對廣告產生回應的困難： --如何吸引觀眾 --喧鬧 --強力推銷與勸誘推銷 --市場區隔化 --相關規劃者與服務者增加 --相關設備的固定格式 --帶來不規則的情況與環境 --相關的問題測量容易	⊙進行中與非預期中的改變： --不同通訊協定與系統的對等化與整合 --安全性考量 --相同的格式或圖片對於重複的業務來說是不理想的 --使規劃保持時效性 --接近性 --效果的測量：格式與點選率或數量的計算 ⊙連接標題與實際影響的困難： --如何使參觀者涉入更深、促使重複參觀 --雜亂使得尋求資訊的困難度增加 --標題作為廣告工具的效果 --市場分裂化 --網路組織的增加 --缺少標準化格式 --帶來不規則與即時的環境 --測量問題的困難性
廣告主贊助者的回應	--先擬計畫，然後作廣告 --廣大影響，容易看到看覺到 --掌握收益與成長潛力 --代理商對於媒介有重要影響 --受限於品質問題與價格	--先有廣告然後再擬定計畫 --掌握互動性與重複性 --提倡互動性的潛力、市場占有率的減少、市場分裂的可能性 --廣告主成為重要的推動者 --受限於人口學變項：教育程度、年齡等
消費者的回應	--高接受度 --內容取向、強調圖像	--精通科技 --e世代具有高接受度 --繪圖導向、強調設計感

資料來源：陳盈汝（1999）。

表7-5　網路廣告與傳統廣告運作模式比較表

	網路廣告	傳統廣告
基礎	cyberspace（網際空間）	traditional broadcasting media
模式	雙向傳播（two-way communication）	單向傳播（one-way communication）
特色	1.互動性 2.不受時空限制 3.藉hyperlinks（超鏈結）與browser（瀏覽技術）與各地網站資源聯繫 4.網站行銷者與廣告主利用多媒體等技術 --引誘消費者的量化（線上問卷）、質化（以e-mail回覆開放式問題）回饋方式 --連結各地站台以提供瀏覽、參觀等可能的互動形式	1.被動、一對多的傳播模式 2.受時間限制 3.personal selling: face-to-face面對面銷售產品 4.廣告主只能從局限性的顧客回饋上得知行銷效果，進而接觸到一些目前存在、或潛在的顧客

資料來源：陳盈汝（1999）。

務諮詢的角度，為每一廣告主設計出適合的廣告活動，其服務流程如下（周甫亮，2000）：

■步驟一

　　首先，由中時電子報的業務代表進行瞭解廣告主的活動和產品屬性，針對廣告主的預期目標及預算做出網路廣告刊登的規劃，在評估各項需求條件後，提出預算採購規劃建議。

■步驟二

　　廣告主確認接受中時電子報的廣告採購後，業者會協助廣告主進行廣告刊登的前置作業，包括提供網路廣告製作諮商，以及網站活動建議等專業服務。

■步驟三

　　業者提供線上查閱廣告報表的功能，讓廣告主可上網監測廣告的刊登效果。廣告上線後，廣告主會收到一組專屬的ID和password，當日的報表會在次日統計完成，並提供給廣告主查閱。報表內容如下：

1.報表數據：包含廣告曝光次數（impression）、廣告點選次數（click）、廣告點選率（yield）。

2.報表種類：包含單日報表（daily report）、周報表（weekly report）、月報表（monthly report）、季報表（quarterly report）等。

3.進入任一報表後，除了可以查閱時間內的統計數據，還可以查閱活動累計的統計數據。

4.廣告主可看到廣告播放在各網站的表現數據，提供廣告主精確且詳細的廣告效果報表，並依此評估結果，進行適當的行銷計畫調整。

(三)網路廣告的聯播機制服務流程

另外，網路廣告亦有聯播網的機制。聯播網扮演著中間協調的角色，一方面透過簽約的方式集結中小型網站，另一方面，則做為廣告主購買網路廣告的媒介。換言之，網路廣告聯播網的功能在於集合中小型網站的流量，結合而成一個大規模的媒體，以和大型入口網站競爭。以HiAD為例，其廣告服務流程如下（周甫亮，2000）：

■步驟一

瞭解廣告主的行銷需求。媒體業務專員將主動瞭解廣告主的行銷活動目標與預算等，同時提供最新網路廣告動態及市調資料。

■步驟二

協助廣告主運用網路媒體計畫（media planning）。例如，HiAD亞太網路廣告聯播中心所加盟的網站數目眾多，可配合不同的媒體組合，提供最符合廣告主需求的媒體企劃。

■步驟三

確認媒體執行計畫（scheduling）。透過業者所提供的媒體建議書，廣告主可進行適當的調整，並與業者做充分的溝通，以確認媒體執行計畫的內容。

■步驟四

廣告上檔與線上報表（AD run and on-line report）。服務人員會全程參與廣告主的廣告活動，廣告主會擁有專屬的帳號密碼，可以隨時上線查詢報表（包括廣告曝光數、點閱次數、點閱率等）。

■步驟五

評估廣告效益。廣告刊登後，業者會提供完整的廣告效果報表，做為廣告主未來研擬廣告計畫的參考。

■步驟六

永續服務。廣告刊登結束後，業者將會定期提供廣告主最新的網路行銷動態以及市場研究報告。

雖然網路廣告聯播網可以為中小網站帶來新商機，但誠如網路家庭（PChome）總經理李宏麟指出，縱然聯播網是個符合網路經濟的機制，但目前台灣的聯播網多半只掌握到較小型的網站，加上品質好的網站並不多，因此，聯播網的效力就不如美國網站業者所能掌握的廣告績效。對廣告主而言，聯播網提供的是方便又簡捷的運作模式，廣告主若是一一與每個網站洽談廣告業務，必然耗費較多的人力、時間與金錢，同時每個網站可能有各自的計算基準，產生不同的報表，廣告主在效果評估上也較不易執行。而聯播網給予廣告主單一統合的報表，廣告土便可以輕易地瞭解網路廣告的效果，這也是網路廣告聯播機制的優點。

此外，部分廣告業者提出「網路廣告唯有標準化才有生路」的看法。以先進國家為例，美國網際網路廣告局（Internet Advertising Bureau, IAB; http://www.iab.net）即挺身倡導網路媒體集合起來自我規範，並訂定出網路產業應當遵循的規則。IAB創立於一九九六年，擁有全美超過三百家的成員，包括了九十五家最大的線上出版商，專注於三大領域：「制定網路廣告類型的標準、無線傳輸廣告的格式，以及網路隱私權的維護」。一九九七年九月，在IAB所做的網路廣告效果研究中，即提出不應再以點閱率作為評估指標的概念，而是與傳統廣告一樣，評估對於消費者在品牌或產品認知

度的影響，同時也強調網路廣告花費的必要性。一九九七年台灣遵循美國IAB的模式，成立了自己的組織CIAB，而台灣CIAB面臨與美國IAB同樣的挑戰，亦即如何將網路廣告產業統整於一套比點閱率更適合評估廣告效果的評斷標準，以及可以對台灣網路廣告主證明，網路廣告對於品牌認知度實際產生的影響力（羅邁凱，2001）。

針對網路廣告的廣告量與市場占有率來看，台灣在發展網路廣告上確實有阻力。從資策會MIC online AD'00計畫得知，一九九九年我國網路廣告市場的瓶頸，主要有流量績效稽核不易、無法精準命中目標客戶、無適當網路行銷提案、廣告價格太高、多媒體影音效果不易呈現、代理機制混亂，以及對相關技術的陌生等等（鄭自隆等，2001）。前述問題都是導致廣告主遲遲站在觀望的角度，不敢大力投注資金於網路廣告的相關因素。

電訊盈科首席副總裁蘇雄曾建議，廣告主不應該以傳統媒體的方式來看待網路廣告，在數據與效益的計算方式上也要有所改變，才能真正體會網路廣告在多元行銷上的效益；至於網路業者，則應該提供更優質的環境給企業廣告主和消費者使用。NetValue網路資訊公司總經理黃仲輔亦表示，多數人以為網路行銷的依據只是簡單的網路瀏覽率、會員數，但是，目前已經有大型廣告主發現，這種行銷方式並不能達到預期的效果，不論是瀏覽率，或是網友最常拜訪的各大網站排行榜，都無法精準地指出正確的廣告行銷方向。可見，無論是從企業主、廣告代理商，或是網路業者的角度，都存在著網路廣告在效果評估上的難處。

目前許多網路媒體逐漸認清流量（page view）不等同金錢的問題本質，而願意站在企業主的角度，量身設計更適合的網路行銷模式，這項轉折或可視為未來網路市場的發展指標。另外，許多跨媒體廣告模式紛紛出爐，開啟跨媒體行銷策略的新戰局，逐漸朝向整合行銷，客製化的趨勢。行銷策略如「先報紙、再網路、後電視」等模式，使消費者在循序漸進的誘導下，獲得強烈情境式的印象，並充分誘發對產品的認同。而「整合行銷」的觀念對企業廣告主而言，是一種兼顧宣傳與銷售的新選擇，對台灣的網際網路業者而言，也將走向與產業共榮的新里程。因此，對廣告從業人員來說，該深思是否要再與企業主陷入「CPC每次點閱費」、「CPL每筆

資料費」等計價方式的辯論中，或是要接受逐漸成型的「Ad Impression廣告曝光」，以及「Cost for Transaction促成交易」的整合式行銷新觀念。這樣的整合行銷模式，同時也開啓了網路結合其他媒體行銷的新契機。

三、寬頻影音網路廣告的運作模式

寬頻影音網路廣告除了強調寬頻所帶來的速度、容量外，更著重於聲音、動態影像與聲光動感效果的影音呈現，以加強商品的促銷與宣傳的效果。相較於過去的窄頻傳輸，所謂「寬頻」，多指56K以上的流量。目前，較普遍的寬頻上網種類包括有：透過有線電視線纜的cable modem寬頻上網，以及ADSL（Asymmetric Digital Subscriber Line）非同步對稱數位迴路系統二種形式。目前，這兩種上網方式都擁有相當數量的用戶，國內部分，是以ADSL較領先（參見**表7-6**）。

表7-6　寬頻上網方式之比較

種類	Cable Modem 有線電視寬頻上網	ADSL 非對稱性數位迴路系統
網路頻寬	下行與上行約在512Kbps以上	下行 3Mbps-512Kbps 上行512Kbps- 64Kbps
距離限制	光纖網路無法到達之偏遠地區	只能適用在電信局方圓六公里內區域
使用限制	採用多人共享線路頻寬的設計，因此有線電視網的傳輸速率會因使用者增加而遞減。	上行頻寬較窄，若有大量資料上載，會影響其他用戶上行速率變慢或發生斷續等不穩定現象。
應用項目	Analog TV、 Digital VOD、Telephony、H-speed Data、Video-phone	Digital VOD、Telephony、H-speed Data、Video-phone
支援 服務單位	區域性有線電視台提供服務（可提供最快速、最直接的維護支援）	僅由中華電信投入發展（以全國性規劃時程發展建設）
代表廠商	東森寬頻電信、Giga和信超媒體	中華電信Hinet、各家ISP與固網業者（Seednet、So-net、Giga、東森寬頻電信、台灣固網）

資料來源：羅美惠（2000）。

(一)有線電視寬頻網路未來發展問題

cable modem是透過有線電視線纜構築而成的網路,與網際網路internet連接,由於台灣地狹人稠,給予有線電視網路一個很好發展的環境,民眾已經習慣在家中、公司加裝有線電視來收看節目,如今只要加裝一台線纜數據機,即可以做線上活動,因此有線電視寬頻網路的未來也十分被看好。然而其未來發展亦面臨到下列問題(周冠中、林佩璇、陳世偉,1999):

1.cable modem的發展受限於有線電視雙向網路的鋪設速度。
2.業者對於經營網路服務的掌握度不夠,需要網路管理及應用方面的經驗。
3.有線電視受限於區域網路型態,安全性不足。由於有線電視網路是廣播式的網路,資料欠缺隱密性,亟待加密解密機制的訂定,將電子商務整合融入服務中。

(二)ADSL未來的發展特性

ADSL則是一種不同於傳統類比式的數位用戶線路,ADSL利用現有的電話線路以及調變技術,將數位資料的下傳與上傳速度都大幅地提升。由於上、下傳速率相差近十倍不等速,因而稱爲非對稱性。應用ADSL的技術,可以不需要再增加現有基礎架構設備,使電信或是網際網路服務業者,可同時提供使用語音及上網的服務,解決網路塞車的問題。目前,除中華電信外,許多ISP與民營固網業者都有提供ADSL的服務。其最大優勢,是透過現有的電話線路,快速傳遞資料,不會因爲用戶的數量增加,而在頻寬上被分割、遞減。此外,ADSL技術的未來發展具有以下二點特性(周冠中、林佩璇、陳世偉,1999):

1.ADSL使用普及的關鍵因素在於掌握其成本、效能和可用性。
2.發展初期,系統提供者需同時提供中心端及用戶端設備的完整解決方

案。因此我國廠商應密切注意其產品發展狀況，一旦標準成熟，用戶端設備成本降低至大量且低利潤的產品區隔時，才可切入市場。

由於寬頻的速度快、容量大，訊息品質比窄頻好，預計寬頻網路廣告的未來將帶給廣告更多的商機，過去因窄頻下載時間過久，使得網路廣告的發展受到限制，甚至影響使用者互動的機能，而阻礙商機。隨著寬頻的普及，業者預期將可針對網路即時互動的特質，創造出更多、更吸引消費者的網路影音廣告型態。

至於寬頻廣告的服務機制，以和信多媒體為例，該公司於二○○○年六月即推出寬頻服務，計劃爭取或取代窄頻網路表現形式有限的網路廣告業務。和信多媒體GiGiGaGa.com推出三種寬頻廣告服務，分別為影音隨選視訊、線上影音聊天室與寬頻型錄等。廣告主可依產品的特質或廣告企劃來選擇呈現的方式，其中，影音隨選視訊強調深度溝通，在寬頻網路上提供介紹影片或數位化的主題，讓使用者可以深入瞭解廣告商品；互動式的線上影音聊天室，則是提供廣告主與客戶進行即時互動，以收集網友意見；寬頻影音型錄，則是利用廣告主舊有的電視廣告或產品展示帶於寬頻網路播放，以延伸電視廣告的效果。

在寬頻市場的發展下，大集團紛紛進軍寬頻多媒體影音內容提供者市場，包括重要的入口網站也不缺席，強調著本身具有「寬頻互動電視服務平台」、「影音技術提供者」的身分，以切入寬頻影音多媒體市場，而未來寬頻網路廣告更被視為是一份重要的營收來源。

(三)MSP──新網路廣告型態

由於寬頻網路廣告是在近幾年才開始發展，即使在國外，到目前為止，許多寬頻媒體的呈現形式都仍在實驗中。國外有將影音媒體，如電視，將節目內容掛在網路上供消費者隨選觀看，但是，網路上所收看到的影音資料，其品質與電視仍有差異，此外這種形式的發展，顯示出未來寬頻在影音資料的呈現上，仍可能屬於內容提供業者（content provider）的主要市場。所以，寬頻網路廣告目前尚未有制式的表現形式。過去廣告媒體

可說是一門已經發展了一百多年的學科，廣告學含有策略、收視率等等，然而網路卻沒有。換言之，網路有很多的可行性，例如不只是國外，包含國內網頁版位的變化仍舊在發展中，網路廣告的形式也都在實驗中。寬頻的發展，加速了媒體整合腳步，網路廣告可能將不再局限於網際網路，其他或透過e-mail，或透過手機簡訊的方式，利用跨媒體的合作模式，創造出隨時、隨地可得，且更便利、更快速的服務商機。

以提爾科技公司規劃的運作方式來說明，藉由MSP（Media Service Provider）的商業角色，來提供網路影音的應用服務，例如：企業網路的影音製作、數位媒體整合應用、網路影音的管理系統、以及Vad影音直播廣告的機制等。MSP是一個可以跟各種網路商業行為結合的運作模式。MSP在Vad運作的體系下，是各種網站和廣告代理商的橋樑，其運作功能包含有（提爾科技，2000）：

1.廣告影片的專業數位壓縮處理，以及後續相關的製作。
2.為網站解決影音頻寬的困擾。
3.節省軟體的成本負擔。
4.代為處理相互之間繁瑣的商業行為。

(四)Vad影音廣告應用的模式系統分類

目前業者所發展出Vad（video advertising）影音廣告應用的模式系統十分多樣，大致可分為下列幾種模式：

■基本型

基本型的運作模式是進入網站之後，立刻開始播放，包括下方的字幕，以及在暫存區下載banner的底圖，接著才是影像的呈現。最後影片結束或連結失敗時，程式都會立刻偵測到，並自動去下載一個banner，經由banner或字幕可以連結到其他相關的網站，換言之，網路使用者進入這網站後，便能以不同的方式，充分表現廣告的效益。此外，也可以有不同的配合，例如：多檔聯播或其他的互動效果。

圖7-9　基本型的運作模式

資料來源：蕃薯藤網站

■長條型的banner

影音廣告可以搭配傳統制式468×60的長形banner，展現rich media的效果，影像剛出來是沒有聲音的，需要網路使用者去點選喇叭，才會出現聲音。

圖7-10　長條型的banner

資料來源：蕃薯藤網站

■漂浮型

此種形式的影音廣告可以無所不在，如影隨形吸引住網路使用者的目

光，須在播映後才會自動關閉，但業者要特別小心選用此類型廣告，否則可能會產生反效果。

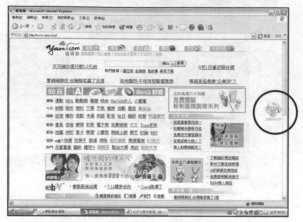

圖7-11　漂浮型的廣告

資料來源：蕃薯藤網站

■電子商務的運用

Vad影音廣告也可以應各種不同的廣告需求而有變化，如電子商務中有些運用平面廣告卻難以表達的特性，用影像就可以完整的呈現，例如品味生活網所運用的影音播放系統。

圖7-12　電子商務運用的廣告

資料來源：蕃薯藤網站

■根據網站不同的需要製作廣告

根據網站不同的需要來製作內容，如最新消息、最新美食餐廳、最新旅遊景點等，都可以用影像來呈現。

圖7-13　根據網站不同的需要製作的廣告

資料來源：蕃薯藤旅遊網站

■Vmail影音郵件

搭配電子郵件行銷的方式，來達到分眾廣告中鎖定目標群眾的效果。在製作面上，當網路使用者在線上時，可以直接播放影音廣告，若是離線的狀態時，網路使用者常會先把信件下載至電腦，然後才閱讀觀看，這時候也可以秀出banner來，而不至於對網路使用者產生太大的困擾。

影音的應用方式可以配合專案，搭配各種不同的影音功能應用介面，與Vad合作的網站包括有：Pet Shop、SheSay、Wise休閒網站、女人女人Woman 2000、台北愛樂電台、咕嚕美食網、藝術家、紅裙台灣、紅裙Matchnet、站地萬象、蕃薯藤賣蕃天、Kuro飛行網等等（提爾科技公司，2000）。

圖7-14　Vmail影音郵件

第三節　網路廣告技術面的發展與未來趨勢

一、網路廣告技術面的發展

　　網路廣告的技術面發展不斷的推陳出新，從靜態到動態，從動態到互動，運用HTML程式設計、rich media豐富媒體、Java程式、Flash、Active Ads，甚至到Push推播技術，以及Streaming串流影音技術的發展等等，可見網路廣告的技術面的多元。

　　網路廣告從傳統的文字、靜態的banner廣告，到現在以多變的Flash動畫、串流影音的方式呈現，形成多媒體的網頁形式，網路使用者可以看到跟著滑鼠移動的廣告、隨著網頁忽上忽下的浮動式廣告、有故事劇情的互動廣告，以及短片一般的影音廣告等，提供給網路使用者多元選擇。Flash廣告和影音廣告呈現出來的感覺不同，若廣告擬以卡通化的方式呈現，就適合以Flash的方式呈現出動畫式、浮動式等廣告；而當廣告擬表達出真實

的感覺，則適合採用影音廣告。動畫廣告多採用Flash技術，而影音廣告則採用網路串流的技術（王曉雯，2001a）。

以HTML程式設計的橫幅式網路廣告，一般是讓瀏覽者填寫搜尋字串，選擇選項，其互動性較低。而所謂的豐富媒體廣告，則通常在廣告中加入一些影音媒體效果，例如：發出聲音，或是提供影片下載、讓使用者直接在線上交易等等。這類型的廣告需要較大的頻寬才能達到良好的效果，因此設計時必須考量到下載時間太長的限制。豐富媒體的相關科技包括有InterVU、Real Video、Enliven、Flash，以及Active Ads等等（鄭自隆等，2000）。

此外，也有強制性網路廣告的形式，當網友剛進入網站等待下載，或在瀏覽頁面時跳出來的廣告視窗，網友若不想閱讀這則廣告，有些可直接關閉視窗即可，有些則必須等候播完廣告才會自行關閉，這類強制性廣告強迫網友接收廣告訊息，雖是廣告主比較期望的目的，然而在使用設計上必須考慮瀏覽者的感受，以避免對企業形象帶來負面的影響。

而有關Push推播式的技術，主要是由廣告人員或資訊服務業者的需求而產生。Push技術，可依據網友的需求，在設定相關條件後，網站內的系統就會定期或不定期地自動傳回符合條件的資訊內容給網友們，並將網站內容或資訊存放在自己的電腦上。過去，網際網路都是由使用者主動直接輸入網址，連接網站，使用者具有主控權，而Push則是網站具有主動推播訊息的功能。Push技術可分為電子郵件（如通知書notification）、專屬文件夾（profile）、自動捉取式（automatic pull），以及自動推播式（automatic push）等形式。未來在寬頻的設備下，可由軟體偵測記錄使用者的上網行為後，由網站提供使用者使用行為資訊，這些內容將成為影響行銷市場的主要趨勢。

有關串流影音的技術，訊亞數位科技公司行銷經理羅偉倫（深度訪談，2001）說明，串流影音就是當伺服器接收到使用者要求收看的訊息時，就將這些影音檔案分解成許多封包，並同時一一傳送至用戶端的暫存區，而用戶端程式會將這些小封包一一重組，即時呈現在螢幕上，與過去將檔案完整下載再播放之形式迥然不同，而且節省許多時間，增加便利

性，這是一種影音直播的機制。簡言之，所謂「串流影音」是指影音資料可以一邊下載、一邊觀看，而毋需把所有資料都下載到硬碟上，再開啓應用軟體觀看，是故即時欣賞的特性就是它最吸引人的地方。

要收看網路上的串流影音，必須先安裝播放軟體，目前最常使用的串流影音播放軟體，就是Real Networks的Real Player和微軟的Windows Media Player，這兩大陣營較勁，都希望成爲市場第一。以Real Player7爲例，其爲免費軟體，並提供了超過二百個以上的網路電視頻道及網路電台連結，點選這些網站，只要幾秒鐘就會出現即時的音樂或影片畫面，同時也提供每日更新的娛樂頭條新聞。而微軟的Windows Media Player7.0，不僅在操作介面與外觀上相當美觀之外，也新增了編輯播放清單和影音檔案管理功能，可以編輯播放清單後，將其傳送到MP3隨身聽上（莊瑞祥，2000）。例如：和信超媒體的GiGiGaGa.com、東森網路的Etwebs.com、Seednet、雅虎影音中心、HiNet影音中心等網站首頁上，都可看到以Windows Media Player爲播放平台的影音廣告，其中，許多網站的影音廣告是直接由電視CF，以串流影音技術轉換到網站上播放的（鍾瑞芳，2001）。

二、網路廣告的效果評量機制

網路廣告除了呈現的方式推陳出新之外，影響網路廣告效益的點閱偵測軟體也不斷更新，早期的觀測軟體只能提供網站瀏覽的次數，作爲建議廣告行銷的依據，但是新生代的偵測軟體不僅可以知道網友的職業、收入、興趣、年齡、瀏覽次數，更可以知道網友停留在網頁上的行爲，例如：線上購物、進入聊天室，或是其他行爲等等。

在二〇〇三年之前，台灣主要有四家網路調查公司，分別爲SuperPoll、NetValue、iamasia、以及AC Nielsen eRating。各公司使用的網路評量系統包括有iRate網路收視率調查系統、NetMeter、Insight等。而在調查技術方面，有以URL作爲網站區隔及資料收集目標的，有以網路封包爲偵測基準，亦有以TCP/IP運作的技術軟體，或是System-level Metering Technology，以及運用Java語言爲主的評量軟體。前述這幾家網路調查公

司，除了AC Nielsen不定期公布Netwatch調查資料外，其他多已結束業務。之後，在二○○三年四月，一家以運用Net Rover專利技術軟體的「創市際網路市場研究顧問公司」成立，從事ARO（Access Rating Online）網路收視率調查，以其招募的網路使用者組成母群體，可提供分析調查之網路活動，包括：網站瀏覽、檔案傳輸、線上影音、電子郵件、線上遊戲等等。

　　透過多樣的寬頻影音軟體技術，以及新型的偵測分析軟體，網路業者建議企業主應多運用影音資料庫研擬行銷策略，以針對不同網路使用族群，分析其瀏覽行為，達到最佳的廣告行銷效果。隨著寬頻時代的來臨，許多不同的寬頻網路新技術仍在研發當中，在可預見的未來，將會推出更多元、更多影音資料傳輸的寬頻網路廣告的新型態。

三、網路廣告未來發展的重要議題

　　上述從傳統影音廣告到網路廣告的發展，明顯可以看出網路廣告的行銷機制與營運模式已和傳統的廣告相當不同。未來，在寬頻傳輸網路設施的建置下，網路廣告將更朝向多元、多變的局面發展。網路廣告迄今雖僅占全年廣告量的1%不到，然而，寬頻網路廣告的發展勢在必行，因此這其中的潛伏期勢必將延續一段時日。截至目前，網路廣告的問題仍是盤據在廣告主、廣告代理商以及網路使用者三者的互動關係，因此，未來寬頻網路廣告的發展不可忽視以下幾點：

1. 爭取廣告代理商認同網路廣告的機制。雖然國內幾家大的廣告業者皆設有自己的網路部門，然而尚有相當多的廣告業者並不承接網路廣告的業務。設有網路部門的廣告公司在運作網路廣告的營運時，多半也是附屬在大型廣告的宣傳活動下。因此網路廣告要建立口碑，亟須廣告代理業者對網路廣告的推波助瀾。

2. 建立廣告效果評估機制，以強化廣告主的信心。企業主對網路廣告遲遲不前的態度，也是嚴重阻礙網路廣告應用與發展的主因，唯有重新教育廣告主，改變其傳統廣告營運模式的刻板印象，並建立一套具有

公信力的效果評估機制，才是網路廣告發展的當務之急。

3.掌握網路使用者的消費行為，就是掌握商機。瞭解網路使用者的行為模式，建構個人資料庫，給予精準的行銷策略，針對個人需求銷售特定商品，以達到最大的廣告效果。

4.提供多元影音的資訊與需求。寬頻時代的來臨就是影音資訊無限上網的開始，因此研發更便捷、更快速的影音傳輸軟體，以及設計出更多元的影音廣告來吸引使用者的注意，都是寬頻網路影音廣告的未來趨勢。

5.朝向跨媒體整合行銷廣告的新局面。「整合行銷」的概念使得網路廣告不再陷入「CPC每次點閱費」、「CPL每筆資料費」等的計價迷思中，而是站在企業廣告主的角度，量身設計跨媒體整合行銷的廣告模式，朝向整合式行銷新觀念。

寬頻網路廣告發展的未來大有可為，鄭自隆等（2001）即提到，未來網路廣告充滿多種的可能性，從有線到無線裝置，單純的電腦螢幕到戶外的網路廣告，或許經過某些百貨公司專櫃時，消費者可以看到網路廣告呈現在消費者面前。這樣的想像或許充滿許多科幻幻想，但想像是無限的，而網路廣告正以各種不同的面貌呈現在使用者的面前，透過不同的載具，持續發揮廣告的效果。

在寬頻的建置下，網路廣告可以透過各種不同的有線、無線載具，例如行動上網，隨時隨地呈現在消費者面前。目前行動電子商務就是一種銷售宣傳的新管道，重要的是它可以依據個人需求及喜好，主動提供即時資訊給使用者。未來，寬頻結合行動通訊網路，網路廣告將有無可限量的商機。

第四節　研究設計

一、研究方法

本研究所採用的各項研究法，分別簡要說明如下。

1.文獻分析：文獻資料的蒐集與整理有助於彙整國內外有關網路廣告的研究，同時也有利於對不同的寬頻管道（Cable Modem與ADSL）做分析比較，對於寬頻網路廣告的發展，提供一個有利的實證參考。

2.網路資料搜尋與彙整：本研究案探討寬頻網路廣告之問題，故需上網查詢網路廣告之相關資料，在整個搜尋與彙整的過程中，觀察網路廣告之各種形式，並提出不足需改進之處。

3.深度訪談：深度訪談有利於提供豐富詳盡的資料，同時也能對敏感性問題提供精確的解釋。本研究深度訪談方法，取樣對象選自於國內大企業主排名、廣告業排名等，共計深度訪談五家企業主、三家綜合廣告代理商，以及二家入口網站業者，以探討網路廣告之營運議題。

4.網路問卷調查：本研究針對網路使用者設計問卷，以調查其對傳統網路廣告及影音網路廣告之意見。問卷之設計酌採相關研究之問卷為藍本，再經修正，並由專家檢測信度與效度。

從實質面來看，本研究將採用橫向式的研究取向，即在整體營運的結構中，從不同的相關面向來收集資料，將有關於寬頻網路廣告之關係結構，做深入問題之探討，並對未來發展提出可能之趨勢探索。

二、研究步驟

本研究進行步驟圖示如**圖**7-15。

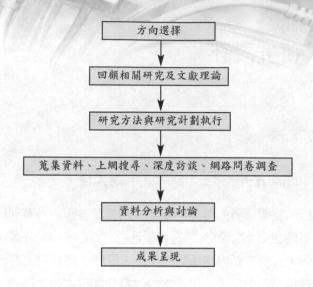

方向選擇

↓

回顧相關研究及文獻理論

↓

研究方法與研究計劃執行

↓

蒐集資料、上網搜尋、深度訪談、網路問卷調查

↓

資料分析與討論

↓

成果呈現

圖7-15　本研究研究步驟

資料來源：作者研究整理。

三、深度訪談與座談對象之取樣

本研究有關深度訪談與焦點座談的部分，在研究取樣上，分別是針對企業廣告主、綜合廣告代理商、入口網站業者等三面向進行立意取樣，以下即爲本研究的取樣過程：

(一)企業主

訪談取樣在五家企業主中，本研究參考資策會提出的二〇〇〇年網路廣告主排名，以及成功運用網路廣告的企業主中便利取樣，最後選出以下五家企業主（受訪名單與受訪日期請參考**附錄**）：

1.宏碁科技：二〇〇〇年網路廣告主排名第一，資訊業者。
2.銀河互動網路公司：負責「福特汽車」網路廣告業者。

表7-7 二〇〇〇年網路廣告主排名

名次	公司	網路廣告支出（百萬元）
1	宏碁科技	35
2	統一企業	3
3	聯強國際	25
4	英特爾	15
5	協和國際	12
6	裕隆汽車	11.5
7	中國信託	10
8	IBM	8.6
9	中華航空	7.5
10	福特汽車	6.5

資料來源：中時電子報（2001）。

3.花旗銀行：成功網路廣告的企業主案例。

4.雅虎國際公司：既是廣告企業主，亦是入口網站身分的業者。

5.數位公誠證券公司：金融業者。

(二)綜合廣告代理商

綜合廣告代理商方面，本研究參考商業周刊與動腦雜誌的廣告業排名順序，而決定深度訪談以下三家廣告公司（受訪名單與受訪日期請參考**附錄**）：

1.奧美廣告。

2.台灣電通。

3.聯廣公司。

表7-8　二〇〇〇年廣告業承攬額排名

名次	公司	承攬額 （百萬元）	成長率 （%）	2000年 500大排名
1	奧美廣告	4,448	59	166
2	台灣電通	3,570	6	191
3	聯廣	2,907	18	227
4	華威葛瑞廣告	2,668	4	243
5	智威湯遜廣告	2,640	-4	245
6	麥肯廣告	2,520	20	261
7	上奇	2,380	1	273
8	博達華商	2,167	13	292
9	博陽傳播	2,035	-4	312
10	電通揚雅廣告	1,781	-22	343

資料來源：商業週刊（2001）。

(三)入口網站業者

入口網站方面，則參考《動腦雜誌》二〇〇〇年網路媒體廣告營收的排名，選取二家入口網站業者進行深度訪談（受訪名單及受訪日期請參考**附錄**），分別為PChome網路家庭與ET.com東森國際網路。

表7-9　二〇〇〇年網路媒體廣告營收排名

名次	網路公司	2000年 （百萬元）	1999年 （百萬元）	成長率 （%）
1	Kimo奇摩站	240	65	269
2	PChome Online網路家庭	130	56	132
3	Yam蕃薯藤	100	60	66
4	中時網科	80	50	60
5	Sina新浪網	70	30	133
6	Yahoo!雅虎台灣	50	25	100
7	聯合線上	12	—	—

資料來源：動腦雜誌（2001b）。

(四)網路使用者部分

　　網路使用者調查部分於二〇〇一年十二月七日至二十日止，共計兩週時間，將網路問卷附掛於東森國際網路，以及PChome網路家庭二家入口網站公司，由網路使用者自願選擇是否願意填答。

四、研究問題

(一)企業主

　　針對五家企業主，本研究以座談形式取得其經營網路廣告的經驗（參與座談名單與座談時間，請參考**附錄**），座談內容議題如下：

1. 網路廣告的使用問題：　貴公司目前採用哪些網路廣告的呈現方式？其效果如何？網路廣告占　貴公司廣告總支出的多少百分比？對採用網路廣告作為商品行銷的方法，有何看法？
2. 網路廣告的效果評估問題：網路廣告如何建立一套有效的效果評估？才能取得企業主的信賴，以利網路廣告的商機？
3. 寬頻網路廣告的需求問題：未來在寬頻網路的基礎下，　貴公司將期盼透過網路廣告的特性，做到什麼樣進一步的效果，以提高產品促銷，並可改善目前窄頻網路的缺點？對寬頻網路廣告的發展趨勢有何期許？
4. 寬頻網路影音廣告的未來發展問題：對寬頻網路影音廣告的未來發展有何看法？

(二)廣告代理商

　　針對廣告公司，本研究以深度訪談形式取得其經營網路廣告的經驗（深度訪談名單與訪談時間，請參考**附錄**），訪談問題大致如下：

1.現階段承接網路廣告的狀況與經驗如何？廣告主的接受態度如何？對網路廣告的效果有何疑慮？

2.在媒體企劃中，網路廣告的媒體地位如何？是否企劃網路廣告作為商品行銷的方法之一？為什麼？

3.有關網路廣告的效果，如何建立一套有效、可靠的評估機制？

4.對於寬頻網路影音廣告的發展，有何看法？目前影音廣告的技術與市場應用面運作如何？有無困難？

5.寬頻網路廣告的應用有何特殊的需要？對未來寬頻網路廣告的發展有何期盼？

(三)入口網站

針對入口網站，本研究以深度訪談形式取得其經營網路廣告的經驗（深度訪談名單與訪談時間，請參考**附錄**），訪談問題大致如下：

1.網路廣告與傳統廣告（在技術面、市場面）有何不同？

2.目前進行網路廣告的業務是否順利？與企業主、廣告商、網路使用者之間的關係如何？有何困境？可能的解決方案為何？

3.如何建立一套可行的網路廣告評估辦法？評估機制的建立有何困難？其解困之道為何？

4.因應寬頻時代的來臨與影音廣告的需求，如何開發新型態的網路廣告形式（技術面與市場面的考量）？

5.對寬頻網路廣告的未來願景有何期許？可能的發展趨勢為何？

(四)網路使用者

針對網路使用者，本研究設計有網路問卷，並附掛於二大入口網站，即PChome網路家庭和ETtoday東森國際網路二家，附掛時間為二○○一年十二月七日至二十日，共計兩週。網路問卷的設計以獎金、獎品的形式鼓勵網路使用者填答，因此，屬於自願樣本。問卷回收後，以SPSS輔助資料統計分析。

五、研究限制

本研究在整個策劃、執行的過程中，所面臨的研究限制包括有：

1. 訪談對象的局限：本研究深度訪談對象，以大型廣告代理商、入口網站為主，對於小型的廣告代理商或入口網站業者之看法與意見，本研究無法一一參考，可能造成研究結果的局限。
2. 企業主參與意願低：邀請企業主相關部門主管參與座談會，在聯繫上頗有困難，許多企業單位或因業務忙碌，或因業務機密無可奉告，參與意願低，也因此本研究案藉由與媒體的合作來邀請企業相關單位的參與。
3. 問卷重複填寫者的問題：二家入口網站都是網路使用者經常進入的網站，有些網路使用者可能出現在二家入口網站問卷的名單上，而產生重複填寫問卷的問題，也因此本研究將二家問卷結果分別分析，而不做總量的分析。

第五節　網路使用者對網路廣告的態度

一、網路使用者分析

本研究於二○○一年十二月七日至二十日，以網路問卷的形式，將網路問卷附掛於二大入口網站，即PChome網路家庭與ETtoday東森國際網路二家，在兩週的時間內，共取得PChome網站一千一百五十六名自願參與者，以及ETtoday網站六百二十四名的自願參與者名單。在基本資料方面，ETtoday填問卷者男女比率平均，而PChome部分則是女性多於男性，有近六成的比率；年齡層方面，PChome較集中於二十至二十九歲，有57%，而

ETtoday的年齡層則較高，集中於二十五至三十九歲，有63%；在教育程度方面，PChome與ETtoday二者都有超過六成的參與者，具有專科、大學的學歷；在職業方面，PChome顯示上班族與學生比例相近，都有超過四成的比率，而ETtoday則有六成的參與者為上班族；最後在居住地區方面，北部地區的參與者人數顯著，PChome有55%，而ETtoday有64%。網路問卷參與者基本資料請參見**表**7-10。

表7-10　網路問卷參與者基本資料表（性別／年齡／教育程度／職業／居住地區）

	性 別		
	女（%）	男（%）	空白（%）
PChome 1156	679（59%）	470（41%）	7（0.6%）
ETtoday 624	304（49%）	312（50%）	8（1%）

	年 齡							
	15歲以下（%）	16-19歲（%）	20-24歲（%）	25-29歲（%）	30-39歲（%）	40-49歲（%）	50歲以上（%）	空白（%）
PChome	40（3%）	200（17%）	417（36%）	245（21%）	188（16%）	53（5%）	9（1%）	4（0.3%）
ETtoday	16（3%）	27（4%）	134（21%）	174（28%）	218（35%）	37（6%）	12（2%）	6（1%）

	教 育 程 度					
	國小或以下（%）	國中（%）	高中、高職（%）	專科、大學（%）	研究所及以上（%）	空白（%）
PChome	20（2%）	35（3%）	222（19%）	794（69%）	71（6%）	14（1%）
ETtoday	14（2%）	11（2%）	127（20%）	402（64%）	65（10%）	5（1%）

	職 業			
	上班族（%）	學生（%）	其他（%）	空白（%）
PChome	506（44%）	484（42%）	140（12%）	26（2%）
ETtoday	377（60%）	138（22%）	98（16%）	11（2%）

	居 住 地 區						
	北部（%）	中部（%）	南部（%）	東部（%）	外島（%）	其他（%）	空白（%）
PChome	631（55%）	238（21%）	236（20%）	27（2%）	8（1%）	6（1%）	10（1%）
ETtoday	403（64%）	109（17%）	94（15%）	10（2%）	4（1%）	0	4（1%）

資料來源：作者研究整理。

使用者環境調查方面（參見**表7-11**），參與問卷的使用者目前較常上網的環境，多為ADSL寬頻上網，PChome有44%，ETtoday亦有38%；目前仍採用數據機撥接上網，使用56K以下載頻的參與者仍有21%；使用術網、學術網路、公司行號、網咖等寬頻環境者也有近三成的比率。另外，在上網的時間長度方面，每日超過四小時的使用者ETtoday有較高的比率43%、PChome則有34%；而平均每日一至三小時者，PChome有近五成的比率（48%）、ETtoday也有42%。可見問卷的參與者多以寬頻環境上網，而且，超過八成的使用者每日上網時間超過一小時，甚至有四成上下的使用者超過四小時以上的上網時數。

根據本研究所擬之研究問題，針對網路使用者分析有以下三大議題：

1.對網路廣告的看法與使用態度為何？
2.對網路廣告的需求為何？
3.喜歡何種形式的網路廣告？原因為何？使用者對寬頻網路廣告有何需求？

表7-11　使用者環境調查表（上網環境／上網時間長度）

	上網環境				
	數據機撥接上網 56K以下窄頻（%）	ADSL（%）	Cable Modem（%）	術網、公司行號、網咖等寬頻環境（%）	空白（%）
PChome 1156	240（21%）	505（44%）	85（7%）	321（28%）	5（0.4%）
ETtoday 624	134（21%）	236（38%）	79（13%）	174（28%）	1（0.1%）

	上網時間長度（以每日計）				
	超過4小時	1-3小時	不到1小時	偶爾上網	空白
PChome	394（34%）	560（48%）	105（9%）	86（7%）	11（1%）
ETtoday	266（43%）	265（42%）	57（9%）	36（6%）	0

資料來源：作者研究整理。

以下就此三大議題問卷所得結果，分別討論分析之。

(一)對網路廣告的看法與使用態度

有關對網路廣告的看法與使用態度，相關問題包括有點選網路廣告的頻次、點選網路廣告時出現的問題、以及遇到問題時的態度等。在點選網路廣告的頻次上（請參見**表7-12**），每天都會點選廣告的頻次不高，僅有一成；有二成的應答者很少點選網路廣告，而超過六成的問卷應答者均表示有時或偶爾會點選網路廣告。換言之，雖然從上網的時數看來，超過八成的網友每天平均上網超過一小時，卻並不表示每天都會點選網路廣告，可見網路廣告不若傳統電視廣告具有強迫性。

再看點選網路廣告時所出現的問題（請參見**表7-13**），有近七成的問卷應答者表示經常在點選網路廣告後，發現與自己所需所想的資訊有差距，

表7-12　點選網路廣告的頻次分析表

	點選網路廣告的頻次				
	每天都會點選廣告（%）	有時點選廣告（%）	偶爾點選廣告（%）	很少點選廣告（%）	空白（%）
PChome 1156	122（11%）	384（33%）	386（33%）	253（22%）	11（1%）
ETtoday 624	84（13%）	206（33%）	206（33%）	128（20%）	0

資料來源：作者研究整理。

表7-13　點選網路廣告時所出現的問題分析表

	點選網路廣告時所出現的問題（複選）				
	連結出問題（%）	速度慢等好久（%）	點選後發現不是您要的（%）	內容令人覺得乏味（%）	其他（%）
PChome 1156	317（27%）	552（48%）	784（68%）	511（44%）	105（9%）
ETtoday 624	185（30%）	292（47%）	438（70%）	251（40%）	48（8%）

資料來源：作者研究整理。

這也是最普遍的問題，換言之，點選前的廣告訊息符號是吸引網友注意的，然而點選後，卻與網友的期待有異。此外，有超過四成的應答者認為網路的速度慢，與廣告內容乏味是點選網路廣告時所出現的問題，至於連結出問題則有近三成的問卷應答者認為是點選廣告時的問題。

至於點選網路廣告出問題時的態度分析（請參見**表7-14**），顯示超過六成的問卷應答者表示如果速度慢，即可能不願等待，或有離線的行為。只有近二成的網友可能在離線後，會重試。而有四分之一左右的應答者則表示只要是需要的網路資訊，即使網路下載的速度慢，也都會繼續等下去。而僅有不到一成的應答者認為即使網路廣告的內容乏味，也會再重新尋找其他廣告資訊。由前面這些數據資料顯示，網路廣告必須著重快速的訊息提供服務。

(二)對網路廣告的需求、喜好的形式

有關網路廣告的需求問題，包括有點選網路廣告的主要動機，與會藉由網路廣告得知的產品類別（問卷的設計中，產品類別分有十二類，包含汽車、金融、食品、旅遊、藝文、房屋仲介、服飾、家電、家具、書籍文具用品、影音產品以及其他等類別）。至於喜好的網路廣告形式，則分有按鈕式、橫幅廣告、插播式、文字鏈結、影音廣告、遊戲式、Flash動態廣告、以及浮水印廣告等型態。為釐清各種網路廣告型態，在問卷上均有顯

表7-14　點選網路廣告出問題時的態度分析表

	點選網路廣告出問題時的態度				
	速度慢就不等，離線（%）	若是需要的資訊，速度慢都會等下去（%）	離線，但會重試（%）	即使內容乏味，也會再重新尋找（%）	其他（%）
PChome 1156	691（60%）	314（27%）	208（18%）	99（9%）	71（6%）
ETtoday 624	411（66%）	131（21%）	115（18%）	42（7%）	24（4%）

資料來源：作者研究整理。

示範例圖像；而在接受程度上，也分有無法接受、難接受、普通、可以接受、很能接受等五個層次。就點選網路廣告的主要動機而言（請參見**表7-15**），二家入口網站皆顯示，有四成左右的問卷應答者認為「獲得更多商業資訊」是點選網路廣告的最主要動機，PChome有36%，ETtoday則有45%；其次，好奇、好玩的動機也有三成的比率，PChome為33%，而ETtoday為29%；最後，依序為「找到最便宜的商品」有超過一成、近二成的比率，以及「互動性高」，與「隨時隨地可以消費」二項動機皆不足一成。換言之，有七成以上的問卷應答者認為，點選網路廣告的主要動機多半是為了要獲得更多商業資訊，或只是好奇、好玩的心態。

此外，消費者藉由網路廣告蒐集資訊的產品類別（請參見**表7-16**），以旅遊與影音產品（CD、VCD、DVD等相關產品）二類比率最高。旅遊類在PChome有52%，在ETtoday則有61%的比率；而影音產品類，則是PChome為60%，ETtoday為52%。另外，也有超過四成的應答者表示書籍、文具用品類也會藉由網路廣告來得知訊息。其他，例如家電類有超過三成的比率。再依序排列，還有藝文類、食品類、汽車類、金融類、服飾類等產品，不到一成的比率者，尚有房屋仲介類、與家具類。換言之，旅遊資訊與影音產品的相關資訊，是大部分網友經常上網得知的網路廣告訊息，而一般食（食品）、衣（服飾）、住（房屋仲介、家具）、行（汽車）方面的需求，並不會吸引消費者經常上網以得知廣告資訊。由上述內容可知，消費

表7-15 點選網路廣告的主要動機分析表

	點選網路廣告的主要動機						
	好奇、好玩（%）	獲得更多商業資訊（%）	互動性高（%）	隨時隨地可以消費（%）	找到最便宜的商品（%）	其他（%）	空白（%）
PChome 1156	383（33%）	420（36%）	73（6%）	23（2%）	204（18%）	47（4%）	6（0.5%）
ETtoday 624	180（29%）	274（44%）	47（8%）	16（3%）	96（15%）	9（1%）	2（0.3%）

資料來源：作者研究整理。

表7-16 藉由網路廣告得知的產品類別分析表

	藉由網路廣告得知的產品類別I（複選）					
	汽車類（%）	金融類（%）	食品類（%）	旅遊類（%）	藝文類（%）	房屋仲介類（%）
PChome 1156	212（18%）	186（16%）	243（21%）	603（52%）	297（26%）	79（7%）
ETtoday 624	160（26%）	164（26%）	163（26%）	380（61%）	137（22%）	64（10%）

	藉由網路廣告得知的產品類別II（複選）					
	服飾類（%）	家電類（%）	家具類（%）	書籍、文具用品類（%）	影音產品類（%）	其他（%）
PChome	226（20%）	349（30%）	85（7%）	554（48%）	694（60%）	210（18%）
ETtoday	118（19%）	196（31%）	56（9%）	267（43%）	325（52%）	83（13%）

資料來源：作者研究整理。

者藉由網路廣告得知的產品類別排序（由比率高至比率低）分別為：

PChome：影音產品（60%）、旅遊（52%）、書籍文具用品（48%）、家電（30%）、藝文（26%）、食品（21%）、服飾（20%）、汽車（18%）、金融（16%）、家具（7%）、房屋仲介（7%）。

ETtoday：旅遊（61%）、影音產品（52%）、書籍文具用品（43%）、家電（31%）、金融（26%）、食品（26%）、汽車（26%）、藝文（22%）、服飾（19%）、房屋仲介（10%）、家具（9%）。

二家入口網站的排序有些差異，其中差距較大的有金融類，相差10%，以及汽車類，相差8%，推測可能與填問卷的參與者之基本背景有關。由於ETtoday應答者的年齡層以二十五至三十九歲為主，占有63%，而PChome應答者的年齡層較集中於二十至二十九歲，有57%，此外，在職業方面，ETtoday則有六成的問卷參與者為上班族，PChome則是上班族與學生比例相近，因此ETtoday的應答者年齡層較高，且以上班族居多，金融類與汽車類的產品的網路廣告需求，則是大過於PChome的應答者。

在各種型態的網路廣告之接受程度分析中（請參見**表7-17**），二家入口

表7-17 各種型態的網路廣告之接受程度分析表

PChome 問卷 1156					
網路廣告 型態	無法接受 （%）	難接受 （%）	普通 （%）	可以接受 （%）	很能接受 （%）	空白 （%）
按鈕式	29（3%）	42（4%）	478（41%）	492（43%）	111（10%）	4（0.3%）
橫幅廣告	30（3%）	96（8%）	429（37%）	488（42%）	98（8%）	15（1%）
插播式 直接跳出來	275（24%）	374（32%）	302（26%）	168（15%）	20（2%）	17（1%）
文字鏈結	31（3%）	65（6%）	425（37%）	444（38%）	175（15%）	16（1%）
影音廣告	43（4%）	112（10%）	433（37%）	440（38%）	117（10%）	11（1%）
遊戲式	27（2%）	76（7%）	348（30%）	461（40%）	232（20%）	12（1%）
Flash 動態廣告	31（3%）	70（6%）	353（31%）	486（42%）	206（18%）	10（1%）
浮水印廣告	74（6%）	183（16%）	485（42%）	319（28%）	75（6%）	20（2%）

ETtoday 問卷 624					
網路廣告 型態	無法接受 （%）	難接受（%）	普通（%）	可以接受 （%）	很能接受 （%）	空白（%）
按鈕式	12（2%）	22（4%）	236（38%）	280（45%）	73（12%）	1（0.2%）
橫幅廣告	11（2%）	26（4%）	244（39%）	278（44%）	61（10%）	4（1%）
插播式 直接跳出來	164（26%）	199（32%）	166（27%）	78（12%）	15（2%）	2（0.3%）
文字鏈結	10（2%）	34（5%）	248（40%）	249（40%）	72（12%）	11（2%）
影音廣告	20（3%）	76（12%）	244（39%）	226（36%）	50（8%）	8（1%）
遊戲式	19（3%）	39（6%）	209（33%）	265（42%）	83（13%）	9（1%）
Flash 動態廣告	19（3%）	51（8%）	219（35%）	263（42%）	65（10%）	7（1%）
浮水印廣告	65（10%）	100（16%）	259（41%）	162（26%）	27（4%）	11（2%）

資料來源：作者研究整理。

網站的問卷分析皆顯示，按鈕式（PChome 53%、ETtoday 57%）、橫幅廣告（PChome 50%、ETtoday 54%）、文字鏈結（PChome 53%、ETtoday 52%）、遊戲式（PChome 60%、ETtoday 55%）、Flash動態廣告（PChome 60%、ETtoday 52%）等五種網路廣告型態，都有超過五成的網路應答者表示接受；而最難以接受的網路廣告型態則是插播式直接跳出來的網路廣告，有超過五成的比率曾接觸（PChome 56%、ETtoday 58%），卻僅有超過一成的比率表示能接受（PChome 17%、ETtoday 14%）。此外，逐漸普及的影音廣告，也有超過四成、近五成的比率表示能接受，PChome 有48%、ETtoday 則有44%。浮水印廣告則有超過三成的比率表示接受，PChome 為34%、ETtoday為30%，但也有超過二成的比率表示難以接受。由分析表中可看出，干擾式的廣告雖然較引人注目，卻較不為網友們所接受，如插播式廣告排斥的比率就超過五成，又如浮水印廣告（PChome 22%、ETtoday 26%），無論行走到哪裏，浮水印就跟著浮標捲軸走，永遠浮現在網頁上，也造成某種干擾。

由以上針對網路廣告的需求與各種網路廣告型態接受度的分析中，可歸納出以下幾項重點：

1. 點選網路廣告的動機主要是為了要「獲得更多商業資訊」，其次為「好奇、好玩的心態」；「互動與消費的動機」則較弱。

2. 旅遊與影音產品的資訊是大部分網友經常上網搜尋的網路廣告訊息，其次為書籍文具用品以及家電類。

3. 在年齡層較高且上班族居多的應答者中，金融類與汽車類的產品的網路廣告需求，大過於年齡層較低，且上班族與學生族群居半的應答者。

4. 在各種型態的網路廣告之接受程度分析中，按鈕式、橫幅廣告、文字鏈結、遊戲式、Flash動態廣告等五種網路廣告型態，都有超過五成的網路應答者表示接受，而較少接觸到的影音廣告，也有超過四成、近五成的比率表示能接受；此外，有五成以上的應答者表示，最難以接受的網路廣告型態則是插播式直接跳出來的網路廣告。

(三)對寬頻網路廣告的需求

在「期望寬頻能帶來什麼樣新服務或新型態的網路廣告」問題中,各選項比率均高,以**表7-18**的分析來看,「快速傳輸影音資料」是網路使用者對寬頻網路廣告最多的需求,在PChome 與ETtoday皆有七成以上的比率。其次為「期望寬頻帶來更多更便捷的互動服務」(PChome 67%、ETtoday 68%),接著是「容納更多的多媒體資訊」(PChome 55%、ETtoday 60%),與「提供更多元的商業訊息」(PChome 42%、ETtoday 47%)。換言之,消費者對寬頻網路廣告的需求依序為:速度的需求、互動的需求、容量的需求,以及訊息多元化的需求。

二、網路問卷交叉分析

為了瞭解各不同族群對網路廣告的態度,本節進一步作網路問卷的交叉。就網路問卷參與者的基本資料類別中,將各類別較高比率的族群,如居住地以北部占有一半近六成以上,或教育程度以大專近七成的比率等,作為特殊分析的族群。由於比率較高,交叉分析的結果也較有效度。以下以ETtoday(問卷樣本數=624)、PChome(問卷樣本數=1156)為例,根據較高比率的族群,例如:性別族群(ETtoday 女49%、男50%;PChome女59%、男41%)、年齡族群(ETtoday 20-39歲 84%;PChome 20-29歲57%)、

表7-18　寬頻網路廣告的需求分析表

	對寬頻網路廣告的需求(複選)				
	容納更多的多媒體資訊 (%)	快速傳輸影音資料 (%)	更多更便捷的互動服務 (%)	更多元的商業訊息 (%)	其他 (%)
PChome 1156	634(55%)	843(73%)	779(67%)	485(42%)	93(8%)
ETtoday 624	373(60%)	455(73%)	424(68%)	292(47%)	31(5%)

資料來源:作者研究整理。

教育程度族群（ETtoday 大專64%；PChome大專69%）、職業族群（ETtoday
上班族60%、學生22%；PChome上班族44%、學生42%），以及居住地區的
族群劃分（ETtoday北部64%；PChome北部55%）等，作爲交叉分析的族群
對象，以探討三大議題：各使用族群對網路廣告的看法與使用態度、對網
路廣告的需求與喜好形式，以及對寬頻網路廣告的需求。以下分述之。

(一)對網路廣告的看法與使用態度

就點選網路廣告的頻次來看（詳見**表7-19**），ETtoday的男女不同性別
族群，每天都會點選網路廣告，不過以女性網友的點選率較高，近男性的
二倍，其他各項比率則相當，有時或偶爾會點選廣告者皆有三成以上，而
有二成表示很少會點選廣告。另外，在PChome的受訪者中則顯示，不同性
別的使用者點選網路廣告的比例相似，有近七成者有時或偶爾會點選網路
廣告，一成的使用者每天都會點選廣告，而有二成使用者很少點選。

表7-19　點選網路廣告的頻次交叉分析表

ETtoday				
點選網路廣告的頻次百分比		每天點選廣告	有時點選廣告	偶爾點選廣告	很少點選廣告
性別	女（49%）	17.4	31.5	31.9	19
	男（50%）	9.2	33.9	34.6	22.1
年齡	20-39歲（84%）	13.8	33.6	33.6	18.8
教育	專科、大學（64%）	14.6	32.8	33.5	18.9
職業	上班族（60%）	15.3	35.5	30.2	18.8
	學生（22%）	10.1	25.3	40.5	23.9
居住	北部（64%）	13.1	35.7	32.2	18.8
PChome				
點選網路廣告的頻次百分比		每天點選廣告	有時點選廣告	偶爾點選廣告	很少點選廣告
性別	女（59%）	10.8	35	34	21.6
	男（41%）	9.7	31	36.1	22.3
年齡	20-29歲（57%）	9.8	34.2	33.3	21.6
教育	專科、大學（69%）	10.3	34.8	33.6	21.1
職業	上班族（44%）	14.2	34.1	31.6	18.9
	學生（42%）	6.4	31.8	34.2	27.2
居住	北部（55%）	11.4	32.6	32	23.1

資料來源：作者研究整理。

在二十至三十九歲的年齡層、大專學歷、職業與北部地區的分類族群中，點選廣告的情形皆十分相似，尤以上班族點選網路廣告的比率稍微偏高，而學生族群稍微偏低，如 ETtoday、與PChome的學生族群在偶爾、或很少會點選廣告二項中即占有六成之高。其他如年齡（ETtoday二十至三十九歲族群、PChome二十至二十九歲族群）、專科與大學學歷，以及北部地區各項比率情況相近，然而在ETtoday 的每天都會點選廣告的各項族群比例顯示比PChome 同族群的比率稍微偏高。

(二)對網路廣告的需求、喜好的形式

有關各族群對於點選網路廣告的主要動機（請參見**表7-20**），無論是ETtoday或PChome在不同性別族群上的差異不大，同樣是以「好奇／好

表7-20　點選網路廣告的主要動機交叉分析表

ETtoday		好奇，好玩	獲得更多商業資訊	互動性高	隨時隨地可以消費	找到最便宜的商品
性別	女（49%）	33.8	41.7	6.9	1.6	13.8
	男（50%）	24.3	45.5	8	3.5	17.3
年齡	20-39歲（84%）	28.5	44.1	7.9	2.6	15.2
教育	專科、大學（64%）	29.6	46.7	6.4	1.7	13.4
職業	上班族（60%）	27.3	49.6	6.8	2.6	12.4
	學生（22%）	24.7	34.7	5	2.4	21
居住	北部（64%）	25.8	45.9	8.1	3.7	14.3
PChome		好奇，好玩	獲得更多商業資訊	互動性高	隨時隨地可以消費	找到最便宜的商品
性別	女（59%）	36.6	34.1	5.8	1.9	17.3
	男（41%）	28.2	39.7	7	1.9	17.6
年齡	20-29歲（57%）	31.1	37.1	7.2	1.5	18.2
教育	專科、大學（69%）	31.6	38.4	7.4	1.1	18.1
職業	上班族（44%）	27.8	41.5	6.9	3.1	16
	學生（42%）	39.6	28.5	6.6	0.8	19.4
居住	北部（55%）	30.9	35.8	5.5	3	19.4

資料來源：作者研究整理。

玩」、與「獲得更多商業資訊」居多，但女性對此兩選項比例相近，特別是「好奇／好玩」一項比男性多一成，而男性則多偏向於「獲得更多商業資訊」，有四成男性網友勾選此項。不過，在「隨時隨地消費」一項，ETtoday的男性網友高過於女性網友（男：3.5；女：1.6）。而在其他高比例年齡層與大專學歷的族群中，「獲得更多商業資訊」的選項比率也是居於首位，在ETtoday 的網友中更高居四成五的比率。此外，在職業族群中，ETtoday 的網路問卷中，有近五成的上班族表示點選網路廣告的動機爲「獲得更多商業資訊」（相較於學生族群僅三成），而有二成的學生則是爲了「找到最便宜的商品」；而在PChome的受訪資料顯示，有四成多的上班族偏向「獲得更多商業資訊」，而有近四成的學生族群則是偏向「好奇／好玩」，足見其動機的不同，同時，上班族群在「隨時隨地消費」的選項中也高過於學生族群。另外，北部使用族群也以「獲得更多商業資訊」的比率較高（ETtoday有四成五，而PChome有三成五），有超過3%具有「隨時隨地可以消費」的動機。

　　針對藉由網路廣告得知的產品類別（請參見**表**7-21），無論在性別上、職業別、二十至三十九歲年齡層、大專學歷、或北部族群等，二家入口網站之前三名的產品類別皆爲旅遊類、影音商品類與書籍文具用品類，三種商品類別都有相當高的比率，只是比例、排序上的差異。換言之，目前藉由網路廣告得知的產品類別，並不因族群別的差異而有不同，網路使用者會藉由網路廣告得知的商品資訊，尤以旅遊、影音商品以及書籍用品居多。而比例較低的三項產品類別則以家具、房屋仲介二項爲最低，另有汽車、服飾及金融三類分別在不同族群中出現，如學生的購買能力有限，因此汽車及金融類產品偏低。除了家具、房屋二項產品外，服飾類產品在ETtoday網站中表現較弱，而金融業則在PChome網站表現較弱。

　　至於各族群對各種不同型態網路廣告之接受程度（請參見**表**7-22），無論是ETtoday或PChome網站，所有的族群均表示在比較不容易接受的型態上，以「插播式」直接跳出來的網路廣告與「浮水印廣告」比率較高，此二種廣告皆爲干擾性的廣告，同時「插播式」在比較不容易接受的型態上，又高出「浮水印廣告」型態的二倍之多。而比較接受的網路廣告型

表7-21 藉由網路廣告得知的產品類別交叉分析表

ETtoday			
族群類別		藉由網路廣告得知的產品類別百分比%	
		前三項	後三項
性別	女（49%）	旅遊類（68.1）、書籍用品類（44.7）、影音產品（40.7）	房屋仲介類（8.6）、家具類（8.6）、汽車類（13.5）
	男（50%）	影音產品（63.1）、旅遊類（53.8）、書籍用品類（41）	家具類（9.6）、房屋仲介類（11.5）、服飾類（14.4）
年齡	20-39歲（84%）	旅遊類（62.7）、書籍用品類（54.4）、影音產品（42.6）	家具類（8.7）、房屋仲介類（10.5）、服飾類（17.7）
教育	專科、大學（64%）	旅遊類（66.4）、影音產品（50.9）、書籍用品類（43.3）	家具類（7.7）、房屋仲介類（10.4）、服飾類（16.7）
職業	上班族（60%）	旅遊類（67.3）、影音產品（50.3）、書籍用品類（42.9）	家具類（9.3）、房屋仲介類（11.9）、服飾類（16.7）
	學生（22%）	影音產品（52.8）、旅遊類（50.7）、書籍用品類（48.5）	房屋仲介類（2.9）、家具類（4.3）、金融類／汽車類（15.2）
居住	北部（64%）	旅遊類（67.7）、影音產品（51.6）、書籍用品類（44.9）	家具類（9.7）、房屋仲介類（12.4）、服飾類（17.9）
PChome			
族群類別		藉由網路廣告得知的產品類別百分比%	
		前三項	後三項
性別	女（59%）	旅遊類（56.1）、影音產品（52.5）、書籍用品類（52.1）	房屋仲介類（6.8）、家具類（7.4）、汽車類（11.9）
	男（41%）	影音產品（70.4）、旅遊類（46.5）、書籍用品類（41.9）	房屋仲介類（6.8）、家具類（7.4）、服飾類（12.3）
年齡	20-29歲（57%）	影音產品（58.1）、旅遊類（53.6）、書籍用品類（47.8）	房屋仲介類（5.9）、家具類（7.6）、金融類（14）
教育	專科、大學（69%）	影音產品（59.4）、旅遊類（55.5）、書籍用品類（47.7）	房屋仲介類（7.1）、家具類（7.1）、金融類（15.4）
職業	上班族（44%）	旅遊類（64.8）、影音產品（57.9）、書籍用品類（46.2）	房屋仲介類（7.9）、家具類（10.1）、服飾類（18.8）
	學生（42%）	影音產品（61.9）、書籍用品類（48.9）、旅遊類（40）	房屋仲介類（4.3）、家具類（4.3）、金融類（7.6）
居住	北部（55%）	影音產品（58.6）、旅遊類（55.9）、書籍用品類（44）	家具類（7.4）、房屋仲介類（7.8）、金融類（16.3）

資料來源：作者研究整理。

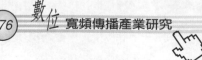

表7-22 各種型態網路廣告之接受程度交叉分析表

ETtoday					
各種型態網路廣告 之接受程度		較不容易接受的 二種型態（%）		較能接受的三種型態 （%）	
性別	女（49%）	插播式 55.9	浮水印 23.4	遊戲式 60.2	橫幅 58.9	按鈕式 58.2
	男（50%）	插播式 60.6	浮水印 29.5	按鈕式 55.1	橫幅 50	遊戲式／文 字鍊結 49.4
年齡	20-39歲（84%）	插播式 60.8	浮水印 27.2	按鈕式 59.7	橫幅 57.8	遊戲式 56.8
教育	專科、大學（64%）	插播式 62.2	浮水印 27.1	按鈕式 58.7	遊戲式 57.2	橫幅 56.2
職業	上班族（60%）	插播式 53.6	浮水印 23.3	按鈕式 59.9	遊戲式 59.7	橫幅 58.6
	學生（22%）	插播式 68.8	浮水印 31.9	按鈕式 52.9	橫幅／文字連結／Flash 51.4	
居住	北部（64%）	插播式 58.6	浮水印 26	按鈕式 60.5	遊戲式 59.3	橫幅 57.8

PChome					
各種型態網路廣告 之接受程度		較不容易接受的 二種型態（%）		較能接受的三種型態（%）	
性別	女（59%）	插播式 52.4	浮水印 20.6	Flash 63.3	遊戲式 62.4	按鈕式 53
	男（41%）	插播式 61.7	浮水印 26.7	遊戲式 56.4	Flash 54.9	按鈕式 51.1
年齡	20-29歲（57%）	插播式 59.8	浮水印 22.9	遊戲式 59.1	Flash 58.3	按鈕式 55.4
教育	專科、大學（69%）	插播式 58.6	浮水印 23.2	Flash 62.1	遊戲式 61.5	按鈕式 54.4
職業	上班族（44%）	插播式 49.6	浮水印 21.9	遊戲式 62.8	按鈕式 55.5	文字鍊結 54.2
	學生（42%）	插播式 61.8	浮水印 22.5	遊戲式 57.9	文字連結 52.3	按鈕式／ 橫幅 46.9
居住	北部（55%）	插播式 55.8	浮水印 22.8	遊戲式 60.1	文字連結 54.8	按鈕式 53.7

資料來源：作者研究整理。

態，ETtoday、PChome二家網站有些許差異，ETtoday以遊戲式、橫幅、按鈕式為較受歡迎，尤以按鈕式在各族群中最為受歡迎；而PChome則以遊戲式、Flash 動態廣告、按鈕式、以及文字連結等較受歡迎，尤以遊戲式網路廣告選項比例最高。由此可見，網路使用者的各族群中，對於主動跳出來引人注意、但干擾網友的廣告較令人難以接受。此外，因各家網站的網路廣告設計不同，也顯示出網友喜好的網路廣告型態有異。

　　針對各不同族群對網路影音廣告的接受度（請參見**表7-23**），各不同族群反應在可以接受與很能接受二選項上，皆有四成以上的比率，尤以上班族接受的程度最高（ETtoday：47.7；PChome：49.8），而在PChome的性別族群中，女性網友也有高達49.5的接受程度（ETtoday亦有54.1的比率），女性在二個入口網站中皆呈現最低，較不容易接受影音網路廣告（ETtoday：

表7-23　各族群對網路影音廣告的接受度

ETtoday		
各族群對網路影音廣告 接受度	較不容易接受% （含無法接受、難接受）	較能接受% （含可以接受、很能接受）
性別　女（49%）	6.6	45.1
男（50%）	17.3	43.3
年齡　20-39歲（84%）	15.8	46.2
教育　專科、大學（64%）	16.4	43.8
職業　上班族（60%）	15.1	47.7
學生（22%）	18.8	37.7
居住　北部（64%）	16.4	44.2
PChome		
各族群對網路影音廣告 接受度	較不容易接受% （含無法接受、難接受）	較能接受% （含可以接受、很能接受）
性別　女（59%）	11.5	49.5
男（41%）	16.2	46.4
年齡　20-29歲（57%）	14.5	45.5
教育　專科、大學（69%）	13.1	47.6
職業　上班族（44%）	13	49.8
學生（42%）	14.8	45
居住　北部（55%）	13.2	48.7

資料來源：作者研究整理。

6.6；PChome：11.5)，顯示女性網友對「影音廣告」的接受度較高。

(三)對寬頻網路廣告的需求

對於不同族群對寬頻網路廣告的需求（請參見**表7-24**)，在性別的差異上不大，同樣以「快速傳輸影音資料」與「更多更便捷的互動服務」二項需求居多，而男性對於「更多元的商業訊息」的需求較女性為高，同時男性也對「快速傳輸影音資料」有較大的需求（ETtoday：75.6%；PChome：77.4%)。其他如二十至二十九歲年齡層、大專學歷、不同職業別以及北部網路族群，都是以「快速傳輸影音資料」、與「更多更便捷的互動服務」二項需求的比率居高，而以學生族群對「商業訊息的需求」稍偏低（ETtoday：38.4%；PChome：35.1%)。

表7-24　寬頻網路廣告需求的交叉分析表

ETtoday		容納更多的多媒體資訊	快速傳輸影音資料	更多更便捷的互動服務	更多元的商業訊息
寬頻網路廣告需求（複選）百分比					
性別	女（49%）	54.9	70.7	71.1	44.4
	男（50%）	64.7	75.6	65.7	48.7
年齡	20-39歲（84%）	58.9	72.8	68.3	45.2
教育	專科、大學（64%）	56.5	71.4	64.4	43.3
職業	上班族（60%）	58.1	71.9	69.7	47.7
	學生（22%）	62.3	77.5	63	38.4
居住	北部（64%）	55.3	70.7	65.8	42.7

PChome		容納更多的多媒體資訊	快速傳輸影音資料	更多更便捷的互動服務	更多元的商業訊息
寬頻網路廣告需求（複選）百分比					
性別	女（59%）	53.1	69.8	68.6	38.5
	男（41%）	57.2	77.4	65.7	47.2
年齡	20-29歲（57%）	52.4	71.7	70.3	40.7
教育	專科、大學（69%）	55.2	73.8	67.6	42.9
職業	上班族（44%）	54.5	70.9	68.7	47.8
	學生（42%）	54.5	73.1	64.4	35.1
居住	北部（55%）	53.8	70.8	68.6	41.6

資料來源：作者研究整理。

第六節　結論與建議

一、研究總結

　　寬頻網路的發展勢在必行，本研究藉著多面向業者與使用者的討論，以分析企業廣告主對於寬頻網路廣告的看法，從廣告代理商的角度探討目前網路的問題與未來寬頻影音網路廣告的發展趨勢，以及就入口網站業者的立場談寬頻網路的需求，與網路使用者對於寬頻網路廣告的態度等。透過座談會、深度訪談、以及網路問卷的研究方法，契合研究問題與方向來進行分析討論。以下就企業主、廣告代理商、入口網站、以及網路使用者四個面向，整理歸納研究結果與分析的結論。

(一)企業主分析

■企業主如何運用寬頻網路廣告，以達成其所需的廣告宣傳與行銷的功能？

1. 寬頻網路廣告的特性包括有告知訊息、達成認知、採取行動、加強高互動性、多元型態的呈現、通路的多樣性、通路不易中斷、容納大量影音廣告、直效行銷的利器等等。
2. 企業主皆認同網路廣告切忌過多文字的敘述，並應避免干擾式的型態呈現，而應多發展影音廣告的型態，提供新技術與視覺的新感受。
3. 在寬頻的建置下，應該發展影音新平台，建立影音資料庫，使網路成為親善的媒體（media friend），來吸引網路使用者成為產品的消費者。
4. 企業主十分重視網路消費群的資料收集與探勘，企望透過寬頻網路廣告，來尋求目標客戶target audience，並瞭解與掌握其消費行為及行為

模式的改變。

5.寬頻網路廣告的發展應朝向整體行銷的概念，可與其他傳統媒體廣告配搭，來達到最佳的宣傳與行銷效果。

■企業主對寬頻網路廣告的評估與看法為何？

1.大部分企業廣告主皆肯定網路廣告的效益，成本預算低，效率高，可以在最短的時間內，瞭解廣告的效益。

2.網路廣告的效益評估十分多元，有以點選次數、曝光次數、階段性回應互動、潛在客戶名單、成交次數等等不同方式做為評估的標準。

3.網路廣告的效益評估需要具公信力單位或機構來承辦，以提高評估值的可信度。

4.企業主最關心的網路效益是，如何找到既精準又質好的目標客戶群。

5.由於網路媒體精準數據化的特性，雖網路廣告較其他傳統媒體的預算低，可是在效益評估上卻最嚴苛。

■寬頻網路廣告要如何取得企業主的信賴？

1.企業廣告主對於未來寬頻網路廣告之發展皆表肯定態度。寬頻網路廣告具有立即、快速、有彈性、接收品質好、不易中斷、訊息完整呈現、提供互動參與的經驗等特性。然而，目前企業主仍持保守觀望態度，使得投資在網路廣告的預算成長極為緩慢，換言之，企業主對網路廣告之效益仍有遲疑、無法完全信賴的問題。

2.對於寬頻影音網路廣告的投資，由於製作費用較高，企業主遲遲不願嘗試；但企業主也肯定寬頻影音可以帶給消費者不同於傳統影音媒體的使用經驗。

3.部分企業廣告主對於寬頻的技術並不瞭解，也因此寬頻影音網路廣告的型態很難推廣，而相對地網路廣告的預算也無法提高。

4.面對寬頻的環境，未來廣告通路的多元，企業廣告如何在多元管道中，選擇網路廣告作為通路，信賴其廣告效益，從網路中尋找正確的

目標客戶群，這都是企業主方面對未來寬頻時代來臨時可能發生的質
疑。

5.有關公正的評估單位，有些業者表示需要有第三單位的公信力，來提
高企業主對網路廣告效果評估的信賴，然而也有業者質疑第三單位的
公信力問題，認為這些評估數據只能做參考，而並不完全具有公信
力，另有業者表示網路廣告的評估應由業者自行決定，而銷售量即是
最佳的評估標準。

(二)廣告代理商分析

■從事綜合廣告代理業務時，有否將網路廣告業務規劃在內？其考量為何？

1.網路為一新興媒體，其發展仍不成熟，不但企業主不清楚，連廣告公
司本身對網路廣告的運作也不瞭解，在網路泡沫化的情勢下，同時又
缺乏網路行銷的人才，因此許多業者在規劃廣告時仍觀望不前。

2.在廣告企劃之中，網路可被視為一種行銷通道，與傳統影音廣告媒體
有別。

3.網路廣告在規劃時需要更有創意，否則將被網路使用者視為垃圾資
訊，同時干擾式的網路廣告可能會帶給使用者負面的效果。

4.在整體廣告企劃時，網路應被視為一種直效行銷，雙向傳播的行銷方
法，必須強調專業的訓練，除了技術面以外，更需重視資料庫的處
理。網路廣告中，「廣告」一詞將不適用於網路媒體，未來寬頻時代
將帶來rich media豐富媒體的環境，影音、3D等都可以透過寬頻來大
量傳輸，網路已不再是單純的廣告媒體，而是多元互動的行銷傳播工
具，一種交易買賣的重要通路。

5.未來寬頻網路的發展，在資料庫的規劃中，業者將掌握消費者的行為
習性，根據個人的消費行為，提供個人化的服務。

6.未來寬頻的環境將會是入口網站與ISP資訊服務提供業者握有的重要

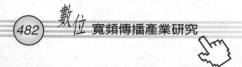

資源，成為一寡占市場，大的入口網站會慢慢建立獲利機制，網路付費機制也將成立，而資料庫的收集更被業者重視。許多商品或服務將會結合寬頻的運作機制，來達成交易的目的。

7.在寬頻的環境下，業者可規劃發展大量的影音廣告，同時可以傳達更多的資訊，並配合活動包裝，來進行整體行銷的效果，以吸引更多的消費族群。

■現階段承接網路廣告的業務狀況如何？

1.廣告代理商尚未承接網路業務的原因，包括有網路的泡沫化、廣告效益難評估、傳統產業不易接納新媒體、企業廣告主與廣告代理商均不瞭解網路媒體、缺乏網路行銷人才、窄頻的環境下網路行銷的模式受限制等等。

2.目前有承接網路行銷業務的業者強調網路「直效行銷」（direct marketing）的概念，根據行銷的需求，以網路做溝通介面，目標不只是訊息的傳遞，而且還要有互動回應，來建立雙向互動的管道與資料收集。傳統廣告的思維已不適用於網路的行銷概念上，網路的互動功能可以創造更好的商機。

3.網路行銷的業務不僅可由廣告公司代理，同時ISP業者更可開發自己的廣告主，多方地說服並教育企業廣告主，網路是一雙向互動的通路，可以變化為多元的行銷模式。

4.網路運作的模式可以運用CRM（custom relationship management）顧客關係管理的行銷觀點，使網路發展成消費個人化的行銷工具。

5.對於沒有經驗或不瞭解網路媒體的企業廣告主，網路行銷業者需提供告知與建議使用網路做為行銷的通路，去協助並判斷客戶的產品適不適合應用網路行銷。

6.網路行銷業者根據目標對象群、產品屬性或創意的概念等，提出有力的網路行銷方案，並透過市場調查，來說服企業廣告主運用網路通路來達到最佳的行銷目標。

■需要何種有效、可靠的網路評估機制，才能說服廣告代理商採用？

1.網路效果評估是多元複雜的，其可信度仍受質疑。

2.網路行銷評估的方向，點選、曝光、個人資料、交易等次數，若非與行銷目的配合，則其評估亦無價值。

3.網路行銷需要一公正的第三單位來評估效果，目前各家評估的數據真假難以辨識。

4.目前運用網路行銷的客戶多強調「有效名單數」、與「交易成交數」來評估網路行銷的效果。

5.目前整合行銷的趨勢，強調運用各種不同媒體來進行行銷活動，也面臨不同媒體無法以相同評估模式計算之問題。

6.網路行銷部門建立自己的評估機制，評估各個網頁版面、入口網站，以及各種不同網路廣告的型態，來推算出最適合某產品服務的行銷模式。

7.行銷案例都可以累積經驗，成為有用的分析資料，可以提供下一次網路行銷企劃的參考。

(三)入口網站分析

■目前網路廣告的發展有何評估？

1.網路廣告的發展是具有前瞻性的，網路媒體不受時空限制，未來又可與電訊系統合作搭配，其未來商機更是大有可為。

2.網路的技術發展迅速、具有發展潛力、提供多元內容、準確掌握消費者、可以追蹤效果、朝向媒體整合的趨勢等等，使得網路廣告的未來發展受到肯定。

3.寬頻的豐富度、精彩度、流暢度將是未來發展的重要基礎，然而技術面的轉換、技術人才的需求、以及整個產業的成熟度都是寬頻網路廣告發展所需面對的問題。

4.網路媒體是較屬於個人的媒體，如何建立使用者付費的觀念、以及掌

握消費者來創造經濟，都是網路廣告發展目前應注意的課題。

5.未來寬頻通路建置完成後，應建立一套良好的溝通系統，同時在貨源充裕的情況下，網路廣告的運用將更具多元性。

■如何建立一套可行的網路廣告的運作模式？評估機制的建立有何困難？其解困之道為何？

1.網路廣告的運作朝向整合行銷的模式，結合不同媒體的優勢來創造最佳的廣告效果。

2.網路廣告的型態多元，目前普遍運作的網路廣告型態基本上呈現二種模式，即主動式寄發e-mail，與被動式上網找資料的運用。

3.目前網路廣告面臨速度、容量的技術問題，許多影音廣告下載時間過長，又必須等待下載後才得以一窺全貌，因此影音廣告的承接量並不高。目前雖有影音串流的技術，然而串流技術所呈現的影音品質與流暢問題仍需改善。

4.入口網站營運模式逐漸轉型，網路廣告從過去占有大多數收入來源，到目前降為一半，入口網站的營運轉向其他線上產品銷售，以及收取通路費用等，提供各種多元的交易模式與服務。

5.有關入口網站廣告業務的來源，過去企業主與廣告代理商占各半的局面，已轉為企業主多於廣告代理商，部分廣告代理商仍不瞭解網路廣告的運作，而企業主基於市場競爭則多願嘗試網路廣告的行銷模式，也因此廣告代理商也需要逐漸接受，且嘗試去瞭解網路廣告的運作。

6.企業主運用網路廣告的模式可分為三種：由廣告代理商發稿、企業廣告主自行發稿，以及有廣告代理商卻自行發稿的企業主。

7.對於直效行銷的概念，有不同於前述廣告代理商的看法，網路不能被局限在廣告的運用上，且網路廣告的運作若只講直效行銷，其意義顯得狹隘。

8.過去許多在傳統媒體上很難開展的產品服務如金融、證券產業，運用網路廣告行銷卻可以輕易地推展開來。

9.目前網路廣告評估機制陷入Click與CPM的迷思，許多調查單位所提供的數據，其準確性頗受人質疑，評估機制的不確定性，亦使得網路廣告的經營越來越難，獲利也相對地減少。然而任何一個評估模式或調查系統，只要是信賴度夠高，評估機制仍是可以建立的。

10.網路廣告雖不若傳統媒體的廣告效果，然而，不同的媒體廣告具有不同的效果特性。網路廣告的三種基本效果，即告知、深度溝通、與互動。然而，企業廣告主卻經常忽略了網路廣告的告知效果，而去擴大強調其深度溝通與互動的效果。

■因應寬頻時代的來臨與影音廣告的需求，如何開發新型態的廣告形式？

1.寬頻影音時代的來臨，在技術與行銷面都成熟的情形下，任何一種新型態的網路廣告行銷模式都可能實現。

2.寬頻影音是一種工具，而不是單純的廣告，它是結合商品與娛樂的行銷工具。

3.目前寬頻網路的技術面及應用面已漸成熟，所呈現的影音訊息若能朝向精緻化、高品質的設計，運用互動科技，則未來的發展無可限量。

4.不同於傳統影音廣告的內容，寬頻網路影音廣告可以隨時隨地傳達廣告的訊息，同時更可以立即提供進一步的詳細內容，使消費者可以深入地瞭解產品與服務。

(四)網路使用者分析

■對網路廣告的看法與使用態度為何？

1.超過八成的網友每天平均上網超過一小時，卻並不表示都會點選網路廣告。

2.點選網路廣告時所出現的最普遍問題是：點選後發現不是網友所想要瞭解的（近七成）。其次是速度慢、內容乏味，以及連結出問題。

3.當點選網路廣告出問題時，一般的反應為：速度慢，不等了，離線
（六成以上），但離線後會重試者僅有二成不到。而有四分之一使用者
的反應為：只要是需要的網路資訊，即使網路下載的速度慢，也都會
繼續等下去。至於內容乏味會再重新尋找資訊者不到一成。

■對網路廣告的需求為何？喜歡何種形式的網路廣告？為什麼？

1.點選網路廣告的動機主要是為了要獲得更多商業資訊，其次為好奇、
好玩的心態；互動與消費的動機則較弱。
2.旅遊資訊與影音產品的資訊，是大部分網友經常上網得知的網路廣告
訊息，其次為書籍文具用品以及家電類。
3.在年齡層較高、且上班族居多的應答者，對金融類與汽車類的產品的
網路廣告資訊需求是大過於年齡層較低與學生族群的應答者。
4.在各種型態的網路廣告之接受程度分析中，按鈕式、橫幅廣告、文字
鏈結、遊戲式、Flash動態廣告等五種網路廣告型態，都有超過五成的
網路應答者表示接受，而對影音廣告，也有近五成的比率表示能接
受；此外，有五成以上的應答者表示，最難以接受的網路廣告型態則
是插播式直接跳出來的網路廣告。

■使用者對寬頻網路廣告有何需求？

對寬頻網路廣告的需求，依高低序排列為：速度的需求、互動的需
求、容量的需求、以及訊息多元化的需求。

二、研究建議

綜合以上問題與討論，就「寬頻網路廣告」新趨勢的議題而言，無論
從哪一個面向的分析結果，均肯定寬頻網路廣告的未來發展。就科技屬
性、技術面、評估面、需求面等來觀察，目前寬頻環境已漸成熟，因此應
加強技術面的提升，行銷人才的培養，廣告代理商與企業主的再教育，以

因應此一趨勢。對於效果評估沒有一個標準法則，不同的廣告行銷活動與廣告目標則以不同計次方法（點閱率、曝光率、有效名單數、或交易成交數）來計算廣告費用，然而，評估數據的真偽難以辨識，是否應設立公正單位來執行評估機制亦無共識。再者，「網路廣告」與「直效行銷」的概念造成若干混淆，有謂「廣告」一詞局限了網路多元行銷的特性，然而亦有謂「直效行銷」無法涵蓋網路多元的屬性。這些渾沌不明、尚未體制化的原因阻礙了寬頻網路廣告的發展。然而，在當前網路廣告產業未成熟之際。網路使用者對於寬頻網路的需求是明顯的，不論在速度、互動性、容量，以及多元訊息上，網路使用者對寬頻網路的未來是正面期待的。寬頻影音不但是一種廣告行銷的呈現方式，更被視為是一種商品工具，對於寬頻影音網路廣告的未來趨勢與應用，可歸納為以下幾項重點：

1. 政府與業者應積極發展影音新平台，建立影音內容資料庫，以配合寬頻傳播發展趨勢。
2. 網路廣告應強調寬頻影音的品質與流暢度。
3. 網路廣告應朝向運用整合行銷的概念。
4. 網路廣告應追求精準的目標消費群。
5. 網路廣告可協助建立使用者付費機制。
6. 網路廣告將朝向「消費個人化」的趨勢邁進，並成為規劃行銷重點。

「寬頻網路廣告」的發展與成長在近年來雖然稍有遲緩，然而經本研究多面向的分析討論後，發現整體寬頻網路廣告的未來，正朝向一個正面、優質的發展方向。正如同媒體大亨梅鐸在二○○二年初指出，經過蕭條與不景氣，媒體廣告市場已漸露曙光，反彈有望，或許這也正是網路廣告的新契機。同時，商業周刊亦指出，網路廣告業務將在未來大幅成長，為因應此一趨勢，網路業者應加強對廣告主與消費者的教育，以期待網路廣告的成長回春。

由於本研究的執行，是在寬頻網路廣告逐漸成熟之際，投入其發展過程的階段性的分析討論，最主要的研究效益在於，對目前整體寬頻網路廣告的相關業者作詳細的探討。未來，學界如欲從事相關主題之研究，研究

者建議，可延續本研究結果，規劃網路廣告下一階段性的發展，進行趨勢探索的研究。

附錄　深度訪談與專家座談名單及執行日期

廣告代理商		
訪談時間	訪談對象	受訪者
2001.10.04	台灣電通股份有限公司	資深副總經理　陳榮明
	華安聯網科技股份有限公司	副總經理　黃唐源
	多寶格行銷股份有限公司	總經理　吳世廷
2001.10.05	奧美直效行銷顧問股份有限公司	業務總監　王正平
2001.10.08	聯廣股份有限公司	業務總監　林建志

入口網站		
訪談時間	訪談對象	受訪者
2001.10.12	PChome網路家庭 國際資訊股份有限公司	廣告部副總經理　陳麗足
2001.10.16	東森國際網路股份有限公司	業務企劃處企劃襄理　田其虎 內容開發處資訊企劃專員　閔其慰

企業廣告主		
座談時間	座談企業	企業代表
2001.11.08	宏碁科技	網路行銷暨廣告企劃事業課主任 陳志榮
	Yahoo!奇摩	業務協理　陳建豪
	花旗銀行	消費金融部協理　李芃君
	銀河互動網路（福特汽車網路代理）	市場開發部經理　賴國慶
	數位公誠證券	廣告公關部經理　武豐恩

網路業者		
訪談時間	訪談對象	受訪者
2001.09.15	提爾科技股份有限公司	執行長　羅偉倫

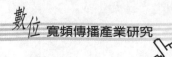

參考文獻

■論文書籍報章期刊文獻

王曉雯，2001，〈影音特效，廣告改頭換面〉，《大成影劇報》，2001年4月23日，第15版。

李天任譯（Roger D. Wimmer, Joseph R. Dominick原著），1995，《大眾媒體研究》，台北市：亞太。

周甫亮，2000，〈網際網路商機探討〉，世新大學傳播研究所，未發表文章。

周冠中、林佩璇、陳世偉，1999，《建構企業網路與網路行銷應用》，台北市：博碩文化公司。

施心慧，1999，〈網路廣告，創意掛帥〉，《廣告雜誌》，第95期，頁128。

徐怡華，1998，〈網路速度與資訊呈現方式對廣告效果之影響〉，中正大學碩士論文。

莊瑞祥，2000，〈網路住宅，越上網越省錢〉，《民生報》，2000年4月11日。

高志宏、李鴻璋、傅志忠，1998，〈全球資訊網橫幅廣告有效性之分析研究〉，《資訊管理展望》，第1卷第1期，頁79-91。

黃慧欣（Kent Wertime原著），2001，〈網路商機的奧秘〉，《奧美Viewpoint觀點》，2001年7月，頁32-33。

陳盈汝，1999，〈強迫性網路廣告的效果研究〉，中央大學企業管理研究所碩士論文。

陶振超，1999，〈一九九九網路大調查——上網人口成長大幅減緩〉，《天下雜誌》，第223期，頁298-304。

商業周刊編輯部，2001，〈二〇〇〇年服務業排行榜〉，《商業週刊》，第704期，頁154。

動腦編輯部，1999，〈一九九九年廣告計劃新趨勢〉，《動腦雜誌》，1999

年1月，第273輯，頁33-41。

動腦編輯部，2001a，〈二〇〇〇年台灣總廣告量：幾家歡樂幾家愁〉，《動腦雜誌》，第300輯，2001年4月，頁113-126。

動腦編輯部，2001b，〈二〇〇〇年台灣媒體廣告營收特輯〉，《動腦雜誌》，2001年7月，第303輯，頁95。

動腦編輯部，2002，〈二〇〇一年台灣總廣告量統計〉，《動腦雜誌》，第310輯，頁33。

動腦編輯部，2003，〈二〇〇二年台灣總廣告量統計〉，《動腦雜誌》，第322輯，頁22。

創市際市場研究顧問，2003，《台灣網路生活型態報告》，台北市：創市際市場研究顧問公司。

提爾科技，2000，〈提爾科技公司Vad發表會資料〉。

蔡念中等，1998，《大眾傳播概論》，台北：五南。

蔡念中、陳明珠，2001，《寬頻網路廣告新趨勢──影音廣告之應用與其未來性之探討》，台灣有線視訊寬頻網路發展協進會委託研究。

鄭自隆、莊伯仲、朱文禎，2000，《台灣網路廣告市場趨勢分析》，台北：台灣有線視訊寬頻網路發展協進會。

蕭湘文，1998，《廣告創意》，台北：五南出版社。

蕭湘文，2000，〈台灣廣告媒體之現況與未來發展趨勢〉，邁向21世紀台灣廣告發展趨勢學術研討會，台北：世新大學。

劉美琪、許安琪、漆梅君、于心如，2000，《當代廣告：概念與操作》，台北：學富文化。

鍾瑞芳，2001，〈入口網站廣告耍花招，抓得住你〉，《大成影劇報》，2001年4月21日，第15版。

羅美惠，2000，〈我國有線電視發展寬頻網路之研究〉，世新大學傳播研究所碩士論文。

羅邁凱，2001，〈網路廣告唯有標準化才有生路〉，《廣告雜誌》，2001年1月刊，第116期，頁120-122。

欒斌、周志勳，1999，〈網路標題廣告效果衡量與行為影響模式之探討〉，

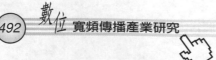

中山研討會論文。http://gais.cs.ccu.edu.tw--網路廣告

■**網站資料**

中時電子報廣告管理，2001

    http://ads.chinatimes.com.tw/media_kit/html/contrl.htm

中時網科市場研究室，〈廣告規格與價格邁向多元〉

    http://www.cyberone.com.tw/market%20report/0331.htm

中華傳播學會

    http://ccs.nccu.edu.tw/

林素儀，〈網路廣告之現況暨未來〉

    http://www.find.org.tw/oriinews/focus/advertise/

林素儀，1999，〈我國廣路廣告市場現況暨展望〉，《大特寫》，頁1-3

    http://gais.cs.ccu.edu.tw--網路廣告

奇摩網站，1999，〈網路廣告的介紹與比較〉

    http://www.kimo.com.tw

吳世廷，〈為什麼需要網路廣告聯播機制（online network）〉

    http://hiad.hinet.net/report/report00.html

周冠中，〈資訊網站之經營模式〉，資策會科學展示中心

    http://www.esales.com.tw/menu/menu8/ecl/body.ecl.htm

提爾科技公司，2001

    http://www.tealtech.com.tw

構思網頁設計有限公司，〈網路廣告身世大公開〉

    http://www.goxite.com.tw/advertis/ad.htm

蕃薯藤網站

    http://www.yam.com

MSN網站

    http://www.msn.com.tw

PChome網站

    http://www.pchome.com.tw

第八章
網路音樂產業之研究

引言

　　拜數位科技與寬頻網路之賜，傳統的廣播、電視等娛樂內容商品，已能以數位的方式傳送，提供給消費者更便利、更高品質的服務。而當傳統的錄音產品，不再被局限於傳統的某一種媒體介質或某一種傳輸方式進行後，從此便開啓了開放、多元的錄製音樂產業環境。

　　首先是錄音產業中的各環節角色變得更複雜了，例如：音樂商品的傳輸，常常需要資訊網路與實體物流的結合；消費音樂商品的收費機制，也需要虛擬與實體的金流制度結合。而在音樂商品的種類上，更因爲一律採用數位化的格式，而招攬了更多有志之士的加入。只要是有創意、能創造大眾新娛樂需求、新娛樂模式的網路服務業者，都有機會從虛擬的網路服務，贏得實體世界中消費大眾的金錢回饋。

　　初始，傳統的唱片公司並不樂意將自己原來獨占的唱片市場，公諸大眾共同分享；然而，日漸蓬勃的網路音樂產業，已是傳統錄製音樂產業無法抵擋的趨勢。因此，本章特別針對目前新興的網路音樂服務業者進行訪談，希望在瞭解網路音樂產業發展現況的同時，能夠進一步分析出網路音樂產業最適切之經營模式。

第一節　網路音樂發展背景

　　由於音樂為不具實體的高價值商品，使得網路音樂在數位寬頻網路平台建立之後，成為網路使用者最喜愛交流傳遞的資訊之一。從過去的實體唱片，到現在無形卻無所不在的MP3，傳播媒體環境的轉變，確實是影響音樂產業發展的主要原因。大致而言，網路音樂產業的崛起，歷經了以下幾項發展背景。

一、錄音產業的三個世代——原音時代、電子時代、數位時代

　　音樂產業，最早乃是起源於歐洲中古世紀貴族與民間的「音樂家演唱會」，而使得音樂得以商品化，流行於社會當中。隨著錄音科技的進步，音樂產業轉換成「錄音產業」，並歷經了原音時代、電子時代，以及目前仍在進行中的數位時代。

　　原音時代的錄音產業，是以製模的方式，進行唱片的錄製，當時的唱片，其實只是電子廠商為了促銷留聲機而「附贈的產品」。到了電子時代，廣播與電視媒體的出現與明星系統的開發，為音樂產品增添了額外的「感官價值」。從此，音樂帶給人們的，不僅只是流暢的音符演奏、舒服的聽覺享受，還包括了消費者對於音樂創作、演唱演奏者的認同與欣賞。

　　電子時代的音樂產業，其實已發展出相當成熟的產業架構（參見圖8-1），而由於當時透過廣電媒體促銷，已經成為錄音產業的重要利器，加上音樂產品（磁帶、錄音帶）之發行、促銷成本昂貴，因此錄音產業經營者需要垂直整合該產業之製作、生產、流通等各階段的資源，且對於傳播媒體需有相當的掌控權力，才能在錄音產業經營上獲得最大利益。在這些門檻的交相運作下，全球唱片市場因而逐漸被五大唱片公司（日本新力、美國華納、英國科藝百代、德國博德曼、荷蘭環球）所寡占。依據統計，全球音樂產業的市場一年產值大約有三百九十億美元，其中，全球五大唱片

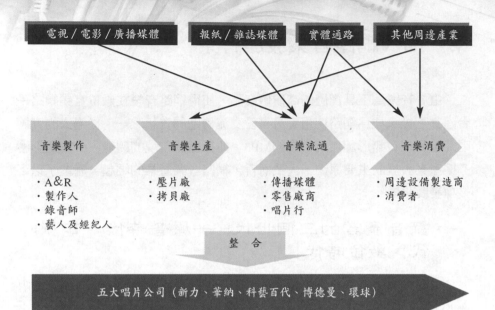

圖8-1　電子時代之錄音產業架構圖

資料來源：作者研究整理。

公司就占去了八成的市場（陳秀惠，2001）。

　　進入數位時代初期的錄音產業，開始製作音質精美且保存期限更長的
CD音樂產品。但是，在產業架構上並沒有發生明顯的變化，因為CD雖然有
著音質細緻、易於保存的特性，而使錄音產業的銷售額達到巔峰，卻仍脫
離不了其傳統的製作、生產、配銷流程。不過，在電腦加入了音樂製作的
過程後，錄音技術變得簡便而易於操作，許多獨立音樂製作人也因而大量
產生。加上電腦設備廠商，將光碟機、燒錄器視為個人電腦的基本配備，
使得電腦周邊設備也加入了錄音產業的一環。之後，網際網路、MP3與MP3
音樂搜尋軟體（如Napster）的風行，更是開啟了前所未有的音樂消費方
式。

二、MP3開啓音樂消費新紀元

　　MP3（Motion Picture Experts Group 1, audio layer3）是動畫影片專家檔案格式第一代（MPEG-1）音訊層第三級的簡稱。其原理是將聲音資料中，人耳不易收聽到的部分降到最低，以達到既不降低音質，又可壓縮檔案的目的。MP3的壓縮比例可高達1：10至1：12，也就是說，原來可以儲存六十分鐘的CD，透過MP3的檔案轉換，將可以儲存十到十二小時的音樂內容。其實，較晚出現的MP3的音質水準比起CD是不升反降的，它最大的特性是在於改變了音樂的儲存方式，使其轉換成能與電腦設備溝通、相容的軟體內容。也由於其能與電腦相容的特性，在網際網路興起後，MP3才能透過電腦傳上網路，達到快速傳輸的目的，進而開發出不同於傳統錄音產品的行銷通道。

　　最初，在MP3剛進入市場時，受限於個人電腦的處理效能有限，因此在播放效果和傳輸速度上都不太理想。但是，到了九〇年代末，隨著個人電腦以每十八個月速度就提升一倍的莫爾定律，MP3越來越能在電腦上發揮其處理音訊壓縮和即時播放的卓越長處，再加上網際網路打開了一個流通的管道，終於讓MP3成爲網路上相當熱門的一種技術。

　　透過網際網路，使得消費者得以進行線上收聽或下載MP3音樂，不但改變了音樂商品的儲存與呈現方式（不需載具），也給傳統錄音產業架構，尤其是產品流通方式的部分，帶來強烈的衝擊。過去，傳統錄音產業由於唱片的發行和促銷的費用過於昂貴，以致於只有跨國的唱片集團才有能力投入龐大的資金，培養超級巨星。獨立創作者，或是小型的唱片公司，如果不透過這些唱片集團的發行系統，幾乎很難將產品呈現在消費者面前，因而形成大型唱片公司寡占的產業環境。而網際網路的出現，讓許多不知名的音樂創作者，可以以最低廉的成本，發行他們的作品，甚至和消費者直接接觸，因而使得唱片公司的生存條件受到威脅（參見圖8-2）。

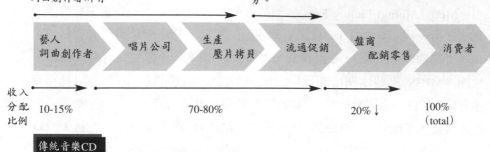

數位音樂（如MP3）

數位音樂產品因爲省去了CD壓製、配銷物流的成本，因此，在售價方面可以有若干的調降。除藝人、詞曲創作者之成本外，其他收入將轉由網路服務業者、電腦軟體業者瓜分。

約有50%的零售收入可全部劃歸藝人及詞曲創作者所有

| 藝人
詞曲創作者 | 唱片公司 | 生產
壓片拷貝 | 流通促銷 | 盤商
配銷零售 | 消費者 |

收入分配比例　10-15%　　　　70-80%　　　　20%↓　　100%（total）

傳統音樂CD

圖8-2　數位音樂與傳統音樂CD成本結構之比較

資料來源：作者研究整理。

　　自一九九八年下半年起，國內各大搜尋引擎的統計資料均顯示，「MP3」已成爲排名僅次於SEX之後，最常被網路使用者查詢的熱門關鍵字。而根據美國錄音產業協會（Recording Industry Association of America, RIAA）於一九九九年三月所發表的調查結果也指出，MP3的流行成爲十五至二十四歲消費族群減少購買CD的重要原因（RIAA, 1999）。面對錄音產業的結構重整與利益重新分配的市場契機，許多新興的網路音樂服務業者也應運而生，推出各式各樣，創新的服務機能。

第二節　網路音樂產業相關文獻探討

一、網路音樂服務的市場需求與特性

　　便利的網際網路與現代電腦設備優越的資訊處理效能，爲有心投入網

路音樂服務的業者帶來許多的創新服務商機。我們可以從目前新興的各種網路音樂服務內容，歸納出網路音樂服務的市場需求與特性：

(一)與科技發展密切相關

傳統錄音產業，隨著錄音科技與唱片壓製技術的提升，帶給消費大眾品質更好的音樂商品。而對逐漸成形的網路音樂產業而言，電腦效能、軟體開發與網路頻寬，則攸關著消費者保存、欣賞、流通音樂商品環境的使用環境。因此，舉凡周邊相關產業廠商，例如：電腦設備與數位音樂播放設備（如MP3 Player）製造廠商、寬頻服務業者（如HiNet提供寬頻上網）、應用軟體開發業者（如Microsoft提供WMA播放軟體）、網路服務業者（如「MP3.com」提供線上硬碟空間、「Napster」與「Kuro」提供MP3搜尋軟體）、無線通訊業者（如無線手機業者提供音樂下載）等，均是由於專業科技的進步，而得以進入網路音樂產業，投入競爭的行列。

(二)產製成本結構特殊

從經濟學的角度來看，傳統錄音產品具有高昂的固定成本（如藝人簽約金、作詞作曲費、錄音費、宣傳行銷費）和低廉的變動成本（如CD壓製費）。若是根據實體商品的製作成本來定價，根本不可行，而應該以消費者認定的價值為定價基礎（例如對於明星藝人的自我認同）。然而近年來，經濟不景氣，加上時下青少年的娛樂消費項目增多，諸如手機、隨身聽、數位相機、PDA等等，瓜分了青少年的消費預算，因此，相較之下，新世代的青少年多偏好購買便宜又大碗的盜版CD。熟悉電腦與網際網路的青少年，更是自己動手上網尋找免費的MP3歌曲下載，以「時間換取金錢」。因而在音樂商品的消費上，有越來越多轉往盜版商品，或是上網搜尋免費MP3的傾向。

MP3所擁有的虛擬商品特質（不需要載體仍可流通、使用），將傳統錄音產品在產製成本上的特殊結構發揮到極致。像是線上購買、線上下載、線上收聽。雖然，MP3所造成的熱潮，對唱片銷售似乎帶來很大的負面影響，但從消費者對MP3的喜愛程度來看，可知大眾對於音樂的需求仍然強

烈，只是無法支付和過去相同的消費金額。數位技術的支援，正好有助於降低音樂商品在以往行銷、生產上所支付的龐大費用。因而，有許多網路服務業者（如「Kuro飛行網」），提出以加入會員的方式，與其他的網路使用者交換音樂，或進行單曲下載等等。因此，消費者只需要花費低廉的「會員費」，就可以欣賞到許多MP3網路音樂，或者，只需要花小錢購買自己想聽的歌（不必一定要買整張唱片），這些都是目前網路消費族群非常能接受的網路音樂服務項目。

(三)需有多樣化的人才參與

音樂產品的製作過程，從詞曲創作、演唱演奏、錄音，到MTV的拍攝，都需要許多專業創意人才的加入。電腦與影音設備的進步，使得對音樂有興趣的創作者都有自行製作音樂商品的可能，有助於降低唱片公司尋找、募集人才的成本。因而有若干網路服務業者，以提供音樂創作發表空間的方式，吸引許多音樂創作人才，以及音樂愛好者的使用，並進而利用網站所培養出來的社群資源，做進一步的商業利用。例如：「滾石可樂」、「我要音樂台」等等。此外，也因為網路音樂服務在提供服務時的執行空間是在網路上進行，因此，網路音樂產業的經營，還另外加入了傳統錄音產業所沒有的寬頻網路業者、電腦技術人員、網路技術人員的參與，以協助將整體服務內容數位化、網路化。

(四)屬於經驗產品

經濟學上所謂的「經驗產品」是指，消費者必須體驗商品過後，才能知道產品的價值。而音樂商品每一次的消費，都可算是經驗商品。因此，為了讓消費者願意購買音樂商品，唱片公司會透過各種媒體或管道，讓消費者試聽。因此，若干網路服務業者（如「百娛網」），甚至某些入口網站（如「Yahoo」），都提出線上免費試聽MP3的服務，來促進影音產品的銷售。

(五)產品生命週期短暫，具有高度不確定性的需求

市場對音樂產品需求的不確定，主要來自三個原因：消費者對音樂產品（時尚產品）的偏好與忠誠度經常轉變；法令限制產業垂直整合的程度；大眾媒體對音樂產品的評估標準時常變動。因此，不只是消費者，就連唱片公司本身都無法確定何種產品會暢銷。因此，也有若干的網路服務業者藉由提供音樂產品銷售的相關資訊給消費者及唱片公司，來作為服務的內容。例如：「HA music」提供娛樂新聞、唱片訊息。「Top Music」提供唱片銷售榜單等。

(六)網站成為仲介平台

傳統的錄音產業，在消費者蒐集資訊作為選購音樂商品的參考資料前，其實，大眾媒體已經透過曝光率機制，淘汰掉部分的產品。而在數位音樂的時代，這樣的機制則轉由入口網站的所接手。如「Yahoo」提供MP3的下載或相關網站之連結等等。當然，即使進入了網路音樂的時代，傳統錄音產業所密切合作的製作人才、行銷通路、物流、金流等業者，仍然將活躍於網路音樂產業的環境中，甚至發展出更多創新的便利機制（參見圖8-3）。

此外，根據報導（鄭呈皇，2003），蘋果電腦網站與五大唱片公司於二○○三年四月底在美國推出iTune Music Store線上音樂下載平台，甫一推出，即在短短兩個月內，創下五百萬首音樂下載的紀錄。此一意義，等於宣告唱片公司進入「獲利」的線上音樂市場。在台灣，諸如飛行網（Kuro）與全球數碼（Ezpeer）等提供線上音樂下載平台的業者，也早在數年前即積極進入市場，只是至今仍未獲得五大唱片公司的授權。

二、網路音樂產業之商機與現況

根據網路資料中心（Internet Data Center, IDC）於二○○○年提出的研究報告顯示，若以全美的數位音樂市場和實體唱片市場相比較，數位音樂

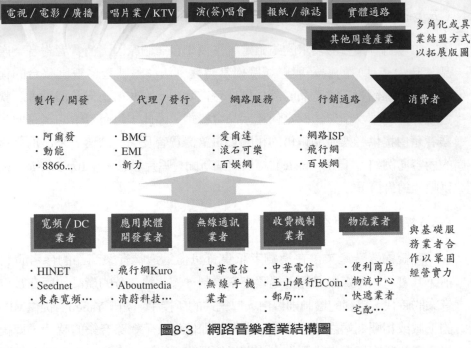

電視／電影／廣播	唱片業／KTV	演(簽)唱會	報紙／雜誌	實體通路	
				其他周邊產業	多角化或異業結盟方式以拓展版圖

製作／開發	代理／發行	網路服務	行銷通路	消費者
・阿爾發 ・動能 ・8866...	・BMG ・EMI ・新力	・愛爾達 ・滾石可樂 ・百娛網	・網路ISP ・飛行網 ・百娛網	

寬頻／DC業者	應用軟體開發業者	無線通訊業者	收費機制業者	物流業者	
・HINET ・Seednet ・東森寬頻…	・飛行網Kuro ・Aboutmedia ・清蔚科技	・中華電信 ・無線手機業者	・中華電信 ・玉山銀行ECoin ・郵局…	・便利商店 ・物流中心 ・快遞業者 ・宅配…	與基礎服務業者合作以鞏固經營實力

圖8-3　網路音樂產業結構圖

資料來源：作者研究整理。

市場的規模在二○○一年以前仍相當小。不過預估數位音樂市場的規模，將從一九九九年的三十萬美元，增加到二○○四年的十二億美元（參見圖8-4）（汪宜正，2001）。另外，網路研究公司Jupiter Media Metrix的調查報告也指出，網路音樂的營業額每年將以43%的速度快速成長，估計至二○○六年營業額將突破六十二億美元，是二○○一年十億美元的6.2倍（Ctech科技網，2001a）。

而依據工研院IEK中心的預估，全球可攜式數位音樂播放機的出貨量，也將從一九九九年的八十五萬台，成長到二○○○年二百八十萬台，二○○三年九百六十萬台的出貨量，計算複合平均年成長率（1999-2003）將可達到83.3%（鍾俊元，1999）。由此可見網路音樂市場的快速成長。

網路音樂產業的興起，主要源自於一九九九年，由Napster所開創的免費線上音樂交換模式。Napster的原理，主要是透過中央伺服器來連結許多

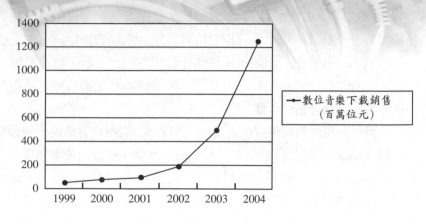

圖8-4　美國數位音樂市場預估成長規模

資料來源：汪宜正（2001）。

網路使用者，幫助使用者複製彼此硬碟內的音樂檔案。而為了網路傳送的方便，歌曲則被壓縮成MP3的格式來傳輸。使用者只需要在該網站上登錄成會員，下載一個軟體，就可以有效率地使用Napster來免費下載音樂。由於Napster讓使用者很容易找到想要的歌曲，因此在成立約一年的時間，就在全世界募集到兩千兩百萬的使用者（二〇〇〇年七月），且在二〇〇〇年底左右，全球的會員人數已超過七千萬人，可見其成長速率相當驚人。

　　由於Napster所創立的這套線上音樂交換模式，可能造成唱片業的銷售業績下滑，美國錄音產業協會RIAA於一九九九年十二月七日，向美國聯邦地方法院提出對Napster的告訴，認為Napster利用網路交換技術，提供查詢及下載侵權MP3檔案資料之服務，已違反著作權。

　　Napster由於涉及這場官司，立即損失了將近10%的會員，後來，法院判決Napster違法成立，Napster也因此倒閉，但是，類似的線上音樂交換網站的官司訴訟卻不斷上演，因為，網路上還有許多有著類似功能，甚至更為優越的線上交換軟體。例如：KaZaA、Grokster等其他業者所使用的對等共享（peer-to-peer, P2P）軟體「Morpheus」和「Grokster」，讓使用者不需要透過某個中央伺服器（此為RIAA得以控訴Napster侵犯著作權的主要原因），就可以從其他網路使用者的電腦中，尋得並下載MP3音樂檔案。部分

線上交換軟體，甚至採用開放原始碼，供網友使用、修改，使得網路上流傳著許多改良式的版本，且無從辨識誰是該軟體的創作人，加上檔案傳輸的行為人分散各處，因此，即使唱片公司要提出告訴，也沒有對象可以求償。而在二○○三年四月二十五日，洛杉磯聯邦法庭也判定這些交換網站並未侵犯音樂智慧財產權。

目前，國內的網路服務業者——飛行網，同樣也有提供一個類似功能的軟體「Kuro」，等於就是中文版的Napster軟體，在國內音樂產業界，亦引起相同的法律紛爭。飛行網用戶於二○○二年原本僅有五萬名，到了二○○三年已成長到五十萬名，年營收達到兩億元以上，驚人的成長速度，引起唱片業相當大的反彈。

唱片業者認為，交換網站所提供給網路使用者的內容並未取得授權，在線上音樂檔案的交換行為上，又缺乏有效的管理機制，任由網路使用者無限制地拷貝、流通，雖然部分交換網站有意與唱片業者協商分享利潤，卻又無法提供透明化的統計數據，根本無法給予唱片公司版權保障，因此使得唱片公司很難與這些交換網站合作。然而，相較於這些交換網站上熱絡的交換行為，有取得唱片公司音樂授權的付費音樂網站，例如國外的Rhapsody、Pressplay、MusicNet，國內的和信超媒體G-Music的市場反應卻是冷淡許多。由此可見，雖然網路音樂產業的規模逐漸呈現，未來的產業經營模式卻仍需各個相關業者發揮創意，透過多角化的結盟與資源分享，尋找到既能吸引消費大眾使用，公平分享參與者的利益，又能符合法律規範的創新服務型態。

第三節　研究設計

從前一節研究背景與相關文獻資料之敘述內容可知，國內網路音樂產業已蔚然成形。本章為深入瞭解該項產業之營運趨勢，茲有下列之研究設計。

一、研究目的

由於網路音樂產業為國內新興之數位寬頻內容產業，在產業發展之初，雖然相關資訊不足，但仍亟需設法尋找出適合該產業之經營模式，因此，本研究之主要研究目的分述如下：

1.描述網路音樂產業的市場現況與需求。
2.分析現階段網路音樂服務類型。
3.分析現階段網路音樂相關業者經營模式。
4.瞭解現階段網路音樂成本與營收。
5.提出產業未來待改善與解決的問題。

二、研究方法

為能深入瞭解國內網路音樂產業之發展現況與經營模式，達成上述之研究目的，本研究採用的研究方法包括有：

1.文獻分析：蒐集各種相關之期刊論文、產業資料等進行分析，但由於國內有關網路音樂之研究文獻並不多，因此，本研究主要的研究資料，是以深度訪談所獲得之第一手資料為主。
2.觀察法：觀察數位寬頻網路上，大眾對於網路音樂的流通與使用情形。
3.深度訪談：實地訪談具代表性之網路音樂產業相關企業，以瞭解國內網路音樂產業在經營模式、服務類型及成本營收上的狀況，同時也蒐集受訪者對於網路音樂產業未來發展上的意見，以做為參考。本研究於二〇〇二年七月至八月間進行，訪談對象以網路音樂服務業及唱片公司為主，訪談名單如**附錄一**所示。

三、研究步驟

　　本研究之研究步驟，在進行文獻探討後，依據訪談及文獻所得資料，分為業者現況與市場現況二主題進行分析。過程如圖8-5所示：

四、研究範圍與限制

　　本研究範疇，聚焦於現階段國內網路音樂產業，由於人力、物力與時間之有限，本研究之限制包括有：

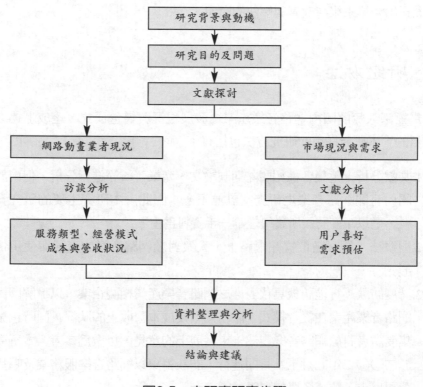

圖8-5　本研究研究步驟

資料來源：作者研究整理。

1. 無法考量網路媒體以外之發展數位內容相關因素，例如：電視媒體的競爭、國家政策法規、網路使用者行為等。

2. 研究對象僅包括現階段經營網路音樂業者（如飛行網、滾石可樂等）。

3. 調查之部分內容可能因涉及媒體商業機密，而發生各研究對象資訊不平均的情況，並僅限於質化描述。

4. 調查所得之資料內容不易做完全的分類比較。

第四節　網路音樂產業營運模式分析

一、網路音樂產業架構分析

進入MP3網路音樂時代後，網路音樂產業所構成的價值鏈除了傳統的「製作／開發」、「代理／發行」、「行銷／流通」、「消費／使用」四個部分外，另外還增加了「網路服務」的部分。而且，由於電腦設備、電腦軟體、網際網路的加入，在整個音樂產品價值鏈的各個階段，都有著若干的革新與變化（參見圖8-6）。

(一)製作／開發

網路音樂產業的內容製作與開發工作，由於音樂產品儲存方式的改變，因此，除了在製作音樂的設備上大幅的電腦化之外，還必須將音樂成品數位化，以轉換成利於在網際網路上流通、傳輸的格式。而由於工作設備的革新，這一階段的組成成員，大多需重新熟悉電腦化的音樂創作設備，而且，為了能有效率地將成品數位化，也有許多的電腦與網路相關技術人才進入網路音樂產業。電腦設備與相關創作、錄音軟體的運用，使得音樂創作與錄音的技術不再是傳統錄音專業人員的獨門密技。許多對於音樂創作有興趣的人，也都可以透過價格較低廉的電腦設備，創作出屬於自

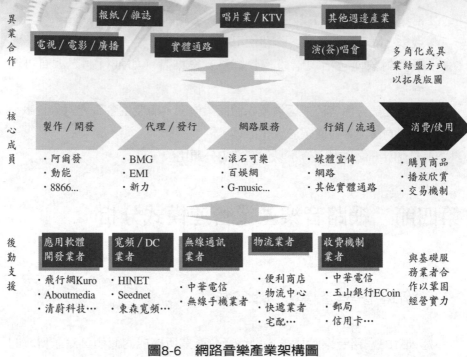

異業合作

| 報紙／雜誌 | 唱片業／KTV | 其他週邊產業 |

| 電視／電影／廣播 | 實體通路 | 演(簽)唱會 |

多角化或異業結盟方式以拓展版圖

核心成員

製作／開發	代理／發行	網路服務	行銷／流通	消費/使用
·阿爾發 ·動能 ·8866…	·BMG ·EMI ·新力	·滾石可樂 ·百娛網 ·G-music…	·媒體宣傳 ·網路 ·其他實體通路	·購買商品 ·播放欣賞 ·交易機制

後勤支援

應用軟體開發業者	寬頻／DC業者	無線通訊業者	物流業者	收費機制業者	
·飛行網Kuro ·Aboutmedia ·清蔚科技…	·HINET ·Seednet ·東森寬頻…	·中華電信 ·無線手機業者	·便利商店 ·物流中心 ·快遞業者 ·宅配…	·中華電信 ·玉山銀行ECoin ·郵局 ·信用卡…	與基礎服務業者合作以鞏固經營實力

圖8-6 網路音樂產業架構圖

資料來源：作者研究整理。

己的作品。

營運目的，除了賺取產品製作費用外，也多了一些傳統錄音產品數位化的營運項目。若干網路服務業者，如「滾石可樂」、「我要音樂台」，還看中音樂愛好者對音樂製作人才的支持人潮與服務需求，透過網站提供給獨立創作者一個發表作品的空間，進而建立起音樂社群。並利用音樂社群所帶來的人才、社群資料等資源，做進一步的商業規劃。例如：培植有潛力的藝人、提供社群音樂服務營造收入等等。

(二)代理／發行

「代理／發行」部分，唱片公司由於握有產品版權，因此，仍然是「代理／發行」的主要掌權者。其營運內涵，除了掌握傳統媒體進行宣傳動作

外，隨著網際網路的使用人口逐漸增多，透過成本低廉的網路，來進行行銷的動作，也是唱片公司越來越重視的。

由於發行單位需要為產品進行行銷策略的規劃，但是在目前不景氣的環境下，已少有唱片公司願意支付平面或廣電媒體龐大的宣傳費用，為了能使有限的費用仍能獲得最大的效益，唱片公司開始有越來越多與其他周邊產業的合作計畫。諸如：合作舉辦演唱會、為業者產品代言而同時舉辦的簽唱會、代言產品之媒體廣告與宣傳唱片之結合等等。

因為這些合作計畫多少都超出了以往唱片公司的服務範圍性質，因此，也增加了發行單位與許多網路服務相關業者的合作機制。未來，「策略聯盟」將是網路音樂服務者不可或缺的經營策略。例如：與固網業者合作（如中華電信），成立唱片公司網站。與網路服務業者合作（如「百娛網」），提供線上購買音樂產品的服務。與入口網站合作（如Yahoo），利用免費提供新曲試聽為入口網站吸引更多人潮，同時也為新唱片促銷等等合作模式。

(三)網路服務

新加入音樂產業架構一環的網路服務業者，在網路音樂產業當中，更是發揮所長與創意，為消費大眾開發出更細緻而多元的音樂相關服務。主要的服務類別包括有：

1. 提供軟體介面，例如「飛行網」提供的線上MP3搜尋與交換服務。
2. 提供資訊內容，例如「HA Music」提供的娛樂新聞、藝人資料與唱片訊息。
3. 提供銷售CD的通道，例如「百娛網」。或扮演線上收聽網路音樂的頻道商，例如「HiChannel」。
4. 提供軟硬體的網路技術支援，例如「愛爾達」等等。

各自區隔的專長服務內容，一方面是為了開發網路音樂產業更新的消費群；另一方面，則是希望善加運用自身與合作對象的長處進行策略聯盟。

(四)行銷／流通

通路方面，網路音樂產業與傳統錄音產業最大的不同，就是容許產品透過網際網路流通、配銷的網路特質。透過寬頻網路，配銷人員可以以低廉的網路維護成本，將產品快速地傳送到各處，取代了傳統錄音產業龐大的運送成本與庫存風險。而且，在將產品送上網路流通的過程中，配銷人員可運用電腦強大的計算功能，分析統計消費者的資料與消費習慣，進而預先規劃產品的流通頻率與未來銷售對象。

為了能確實達到在網路上快速傳輸音樂產品的目的，網路音樂產業之「流通／配銷」階段，需要專業的網路技術單位的支持。此外，音樂產品在網路上流通的同時，通常還需要搭配有大量的資訊內容，例如：娛樂新聞、銷售排行、藝人活動等等，這些內容都需要網頁製作人員的參與才能順利供應。最後就是在現實中，實體錄音產品（如CD）的市場仍然存在，為了也能提供實體商品消費的服務，配銷單位必須與金流或收費機制業者合作，研擬出適合又便利消費者的收費方式，再搭配以物流業者，規劃便利的送貨方式。例如：便利商店、直銷、量販店等等。錄音產業，自此進入無店面的線上購物時代，如果是以MP3的檔案格式為商品型態，未來的音樂商品，連實體的製作成本都不再需要。

(五)消費／使用

在「消費／使用」階段，網路音樂與傳統錄音產業最大的差異，就是消費場所與使用設備上的變化。透過線上購物，消費者只要利用業者所提出的金流付款機制，例如：信用卡或預付卡等方式，就可以在家中上網購買音樂產品。而使用音樂產品的器材，消費者可以透過電腦光碟機，一邊工作，一邊欣賞；可以上網下載想聽的任何歌曲，也可以下載後存在磁碟片，帶著MP3 Player隨身欣賞。音樂商品使用設備的多樣化，也為電子產業帶來許多的商機。而在無形的軟體部分，例如播放軟體、檔案格式等等，也是應用軟體業者競逐的重要項目（參見**表8-1**）。

表8-1 網路音樂產業各階段產製流程合作結盟對象

產製流程	製作／開發	代理／發行	網路服務	行銷／流通	消費／使用
主要 運作單位	唱片公司 製作人才	唱片公司	網路服務業	網路服務業 物流業	網路服務業 實體通路
主要 合作對象	網路服務業 創作人才	網路服務業 傳播媒體 實體通路成員	寬頻業 無線通訊業 軟體開發業	唱片公司 實體通路成員	周邊產業 金流業 物流業
其他 合作對象	軟體開發業	周邊產業	傳播媒體 周邊產業	—	軟體開發業

資料來源：作者研究整理。

　　由上述之網路音樂產業結構分析過程，可進一步推論出網路音樂產業各環節角色經營之關鍵成功因素（key successful factors, KSF）（參見圖8-7）。

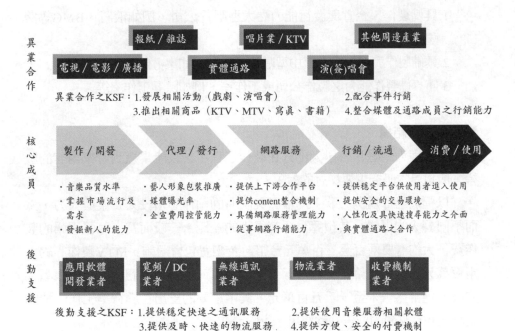

圖8-7　網路音樂產業各環節角色經營之KSF分析

資料來源：作者研究整理。

二、國內網路音樂服務業者經營模式分析

根據上述之網路音樂產業結構，進一步分析可得國內網路音樂服務業者之經營模式如後。

(一)內容開發與產製部分（網路音樂產業之上游部分）

■成員類別

網路音樂產業中，負責最上游的音樂內容製作、生產工作的，主要仍在於唱片業者本身。若從唱片工業的階層化結構來劃分，可以將唱片業者概分為三類：

1. 具備製作、企宣與發行能力之大型唱片公司，例如滾石、BMG等跨國唱片公司。
2. 具備製作與企宣能力之中型唱片公司，例如東方魅力、阿爾發等。
3. 僅具備製作能力之製作公司或工作室，例如陳昇工作室等。

■產製成本結構

中型與大型唱片公司大部分在製作過程中，較能掌握到音樂內容的版權，所以是本研究主要探討的對象。

以福茂唱片為例，歌手的培養與詞曲的創作必須投入資金與人力，然而不同藝人的專輯，其預算也會有很大的差距。一般而言，每張專輯的製作費，大約需要兩百至三百萬元台幣。企劃費包含服飾、MTV製作等約需兩百萬元台幣。宣傳費，約需五百至兩千萬元台幣。大體而言，一張唱片的成本通常為一千至一千五百萬元，其中主要的支出在於行銷工作，特別是用在購買媒體的廣告打歌費用。

一年平均發行八張唱片，加上每個月六百萬元的公司管銷，因此一張專輯至少應該要賣七至八萬張才可與經營成本打平，但是這個數字在現今的唱片市場已是很難達到。若是走小眾市場，製作費約需一百萬元，宣傳

費則可能大幅減少到五十至一百萬元，但是仍需賣到兩萬張才可打平。

以東方魅力娛樂事業(台灣分公司)這類以開發新人為主要目標的唱片公司為例，雖然專輯預算相較於其他大型公司少了許多，但是由於行銷工作對流行音樂市場仍然有相當大的影響力，所以，該公司目前折衷的作法是，利用網路做長期的媒體宣傳，因為購買大眾媒體之經費有限，就算購買電子媒體廣告，其曝光效應也會不盡理想。

■營運模式

近幾年來，唱片銷售量普遍減少許多，販售CD已不足以獲得大量營收以支持唱片公司的營運，因此，目前唱片公司的經營趨勢，是朝向經紀業務的發展。過去，對唱片公司而言，藝人經紀部分，其實只占公司整體營收的一小部分，但在現今，卻已經逐漸轉變成唱片公司的主要經營業務。

營運方式上，包括偶像劇的演出、擔任廣告代言人、舉辦巡迴演唱會等等，特別是在中國大陸開演唱會以及擔任品牌或產品代言人這兩部分，都為唱片公司賺取相當大的營收。尤其因為中國大陸人口眾多，在大陸各地舉行演唱會之售票營收十分可觀，這也是唱片發行之後，額外得到的收入。另外，對部分唱片公司而言，廣告代言更是一項重要的策略合作方式。只要有合作廠商的全力支持，從專輯歌曲的製作、藝人的定位，到MTV的拍攝製作，唱片公司都可以為廣告主量身打造，密切合作。例如：歌手周杰倫代言的百事可樂廣告，就為唱片公司帶來千萬元的收入。

■分工模式

唱片業專業分工的模式，在製作部分，多依專輯的製作，以專案的形式，發包給專業的音樂製作人或工作室承接。專案結束，合作關係也告停止。此外，企劃與宣傳部分的工作，有時也會外包給專門的工作室負責。

至於演出的部分，則視藝人與唱片公司之合約關係而有所不同。部分藝人，尤其是偶像型的藝人，例如F4，會有經紀公司負責協調這部分的業務。雖然，大部分唱片公司旗下的歌手，例如福茂旗下的歌手，僅擅長於音樂領域，在演藝條件並不配合的情況下，在這方面無法有營收。不過，目前唱片業的經營重點，不再局限於錄音產品的製作、銷售，這種情形已

是十分明顯的。

■對網路音樂發展的因應

唱片業至今對於網路音樂多抱持懷疑的態度，並且可從以下現象觀察出來：

1. 擔心開放網路音樂的下載會嚴重侵蝕CD銷售市場，成為第二個盜版來源。認為CD的賣價與網路音樂下載的價格不能差距太大，如果將CD的定價調得太低，可能會導致唱片公司喪失利潤。
2. 認為現有法令不健全，盜版侵權問題無法可管。
3. 主流外商唱片公司之台灣分公司經理人，因為決策權不足，目前多採取觀望的態度，要等待美國市場開發線上音樂服務成形後，才可能有明確的決策。其他，還有部分經理人，則是因為考慮公司經營績效的因素，不敢貿然嘗試接納網路音樂市場，以致於採取排斥或逃避的態度來面對此一發展趨勢。

目前，國內唱片公司在網路方面的運用，仍是以宣傳工作為主，例如：提供藝人資料、活動資訊、娛樂新聞等，以促銷實體的音樂商品。另外，還有當紅歌手之演唱會，會與網路公司合作提供線上收看的服務。例如：孫燕姿、Microsoft與About Media網路公司合作舉辦的線上演唱會。

部分唱片公司，則是透過公司自製網站或是其他下游網站（如百娛網），提供線上試聽服務。只有滾石唱片與HiNet影音館的合作內容，有提供線上下載音樂的付費服務機制，但是，滾石唱片公司本身的網站GOGOROCK上，仍然是以提供流行資訊的服務為主，而YOYOROCK提供的是手機鈴聲下載，滾石可樂則提供網友線上發表作品等等。

目前，國語流行音樂在華語市場中，是主要的娛樂消費，特別是中國大陸地區。台灣唱片公司普遍看好這塊大餅，但對於網路通路卻並不熱衷看好，甚至視MP3為盜版，堅決反對。

而在內容部分，儘管有部分唱片公司引進日韓歌手另闢市場，然而國內音樂市場仍然缺乏多元性。唱片公司期望眾多新人中能有一人唱片大賣

的賭博心態，以及重視宣傳甚於音樂品質的經營態度問題還是存在。

唱片工業屬於娛樂、藝術與文化三種性質兼具的事業，商業性與創作性同時並存，而表現在產品開發的過程中。然而音樂內容生產的know-how，局限於唱片製作人與經營者之個人經驗，相對於消費者品味及消費行為變化之快速，以及隨著新科技發展而成長的e世代主力消費群，生產者與消費者之間的落差似乎越來越大，這樣的差距要如何拉近，似乎要等待唱片業走出傳統「CD」與「專輯」之傳統產品型式與規格才能看得見方向。

(二)網路服務及通路方面（網路音樂產業的中下游部分）

目前，國內現有的網路音樂服務業之經營型態，大致可分為「提供軟體介面服務」、「提供線上CD銷售服務」、「提供內容頻道服務」、「提供影音系統整合服務」（擔任線上收聽平台，如同「網路的頻道商」）、「提供無線通訊音樂服務」（亦即手機音樂服務）等五類，茲分別以業者經營現況，以案例說明如後。

■提供軟體介面服務──以飛行網為例

飛行網的服務內容，並非提供網路音樂，而是提供軟體介面以搜尋網路音樂的服務，定位在協助網友分享音樂檔案的經營模式。目前飛行網是以會員制的方式經營，參加的會員每月只要支付九十九元的會員費，就可以無限制地使用飛行網的服務機制，尋找、下載MP3歌曲或與歌曲有關的各種資料，不會再收取其他費用。另外也提供以優惠價格訂購各種音樂相關產品的服務，例如：與Yahoo合作提供二手CD拍賣服務，以及與硬體廠商促銷數位收聽器材。

收費機制方面，飛行網結合電信業者使得消費者之繳費更為簡便，另一方面，也利用網站本身之加值服務功能，協助電信業者的寬頻促銷活動，加強與電信業者的合作關係。目前，其收費機制包括以下四種：

1.HiNet月繳制：凡是HiNet的56k撥接、計時或固定制ADSL的用戶，就可以利用此方式付費，每月費用為九十九元，款項會附在使用者的HiNet帳單上面。

2.中華電信手機門號（emome）月繳制：凡是中華電信的手機門號用戶，即可利用此方式付費。每月九十九元的款項會附在使用者的手機帳單上面，因此不需另外付款。

3.郵政電子易付卡：在全省郵局窗口都可以買到郵政電子易付卡，面額為五百元可以使用六個月（可多用一個月）。

4.信用卡：信用卡收費方式為五百元使用六個月（也有多用一個月的優惠）。

　　飛行網學習國外MP3搜尋軟體Napster的經營模式，自行開發了中文版的Napster軟體——Kuro，吸引了許多網路使用者的加入，目前使用者已成長到五十萬人，並且擴及大陸市場。探究其成功之關鍵因素，乃在於抓住網路使用者貪圖免費之心態，但由於經由該公司網站流通之音樂並非經過唱片公司授權使用，因此其經營模式仍存在有法律疑慮。為避免因此捲入版權糾紛，飛行網最主要的收費機制合作單位——HiNet，已表示暫時不考慮與飛行網續約（史榮恩、龔小文，2003）。由於飛行網大約八成的會員都是經由HiNet收費，失去HiNet的合作契約，預期將對飛行網會員造成相當的不便。飛行網事業發展處處長王立文表示，從國外判例來看，飛行網所提供給消費者使用的Kuro P2P軟體並不涉入重製或侵權的問題，但為避免間接造成音樂創作人的傷害，該公司將著手推動修正著作權法，提出著作權補償金制度，並將邀集燒錄器廠商、網路服務業者加入，從相關MP3服務營收中，撥取一部分比例給音樂創作人，做為對唱片公司的善意回應。

■提供線上CD銷售服務──以百娛網為例

　　百娛網是CD大盤商亞洲唱片投資之子公司，主要經營業務是線上購物，有時也和實體娛樂事業合作舉辦線上演唱會，進行網路上的實體音樂商品行銷工作，提供網友預購與線上試聽等服務，與唱片公司有著良好的互動及合作關係。

　　百娛網的主要營收來源為CD與VCD之銷售，每月營收約十多萬台幣。由於從亞洲唱片（盤商）取貨的成本價格並未比其他業者低，加上物流運費之負擔，其電子商務之經營獲利有限。另外，該公司人力不足，網路事

業部只有兩人，公司整體編制也小，支持公司整體運作有困難。

目前該公司營收以VCD之利潤較高，其他營收方面，則以當紅藝人之Call-in活動，因為可與電信業者拆帳，獲利較多。消費者每分鐘消費價格為五元，百娛網可抽五角。目前，該公司正計畫推動線上卡拉OK服務。

■提供內容頻道服務，建構線上收聽平台——以GoToWatch.tv網站為例

GoToWatch.tv是About Media公司提供之影音內容線上收看平台，採計次付費方式。曾與唱片公司及Microsoft合作舉辦孫燕姿之線上音樂會，吸引了一萬多名消費者上線收看。音樂部分僅提供MTV，無法獲利。

■提供影音系統整合服務——以愛爾達科技為例

愛爾達科技，提供影音系統整合的服務，為內容服務業者，設置多媒體資料上傳與下載的介面。例如：HiChannel影音內容線上播放的所有技術工程，就是委託愛爾達科技所執行的。除了工程技術之外，為了能促進網路影音產業的發展，愛爾達科技甚至以「內容業者50％」、「中華電信30％」、「愛爾達20％」的優惠拆帳比例，協助HiChannel，進行與傳統媒體合作的協商工作（參見圖8-8）。

目前，該公司宣稱已結合了全台90％的傳統媒體，納入在HiChannel所提供的影音內容之下。其中，包括有直播頻道（電視、電台、網路節目直播）、VOD視訊隨選頻道（如電視節目影音片庫、十大票選排行、十大點播排行），以及付費節目（電影、非主流節目、特製節目）等。

另外，愛爾達科技也自行經營一個網路影音服務網站——Channel 5。Channel 5為愛爾達科技利用該公司自己所取得的內容產品，或是其他較小的內容供應商所提供的影音內容，所組成的網站。除了做為該公司所獨立擁有的入口網站之外，Channel 5也連結於HiChannel網站上。拆帳比例，會因為消費者所使用的通路不同而有所變化。如果消費者是透過Channel 5來進行線上的點選消費時，則愛爾達公司可以從內容供應商再多取得8-15％不等的收入。

收費機制方面，愛爾達結合電信業者的帳單機制（如中華電信），使消費者可以方便繳費，然後再與電信業者以及內容供應商拆帳。

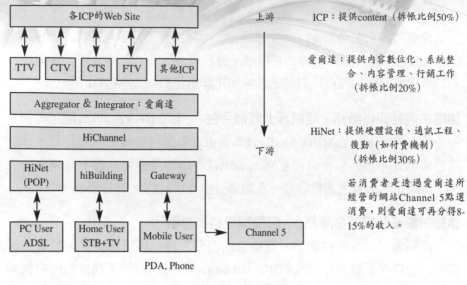

圖8-8 愛爾達經營模式圖

資料來源：作者研究整理。

■提供無線通訊音樂服務──以YOYOROCK為例

滾石公司旗下的滾石移動，目前正全力發展網際無線娛樂事業。該公司利用本身所擁有的大批音樂資源，成立了**YOYOROCK**網站，以提供手機音樂及相關內容下載服務為主要營業項目。消費者可以透過小額預付現金的方式購買點數，再到該網站上點選下載內容，扣點消費。

為能爭取到各種手機門號用戶的使用者，該網站與中華電信、台灣大哥大、和信電訊、東信電訊、遠傳都有合作關係，而且針對不同合作對象，其合作規劃的服務內容，也稍有差異。例如：**YOYOROCK**為東信電訊使用者提供之服務只限鈴聲下載；為台灣大哥大用戶提供之服務，則另外還有滾石音樂台等等的語音服務。

由於該公司所推出的這項服務頗受消費者的歡迎，因此，近期滾石又與中國大陸的中國移動、聯動、電訊等三大電信公司協商合作結合雙方之通路與音樂資源，發展所謂的「**RING BACK TONE**」事業，目前已投入上億資金，期望能將鈴聲下載服務推向兩岸數十億人次更大的市場（梁鴻

斌，2003）。

　　以上各類網路服務提供業者之營運模式彙整，請參閱附錄二。

第五節　研究結論

一、對MP3數位音樂需求之趨勢業已形成

　　MP3問世以來，大幅改變了錄音產品的呈現方式。從由實體產品（唱片、錄音帶、CD、MD）透過播放工具（audio player）來收聽，轉變為利用電腦將數位化的音樂檔案下載收聽。此一方式將音樂產品傳播的速度快速提升，但也因為網際網路的快速發展，使得音樂產品在網路的使用並未妥善地被規範，造成目前在網路音樂產業的發展過程中，法令、著作權及收費等層面多有歧見，造成此一產業的發展停滯不前。

　　但是，由消費者的角度來看，網路音樂的使用與消費的習慣業已建立，未來將有可能取代實體通路，成為音樂市場的主要通路，因此，網路音樂產業各成員（尤其是上游的唱片公司）應重視消費者之需求走向，以行銷導向的方式，發展出網路音樂經營及收費的模式，以利用此一需求趨勢，成為未來經營收入的另一項重要來源。

二、網路音樂產業價值鏈專業分工機制已具雛形

　　由網路音樂業者訪談之結果可以發現，自網路產業泡沫化現象產生以來，網路相關產業之經營，已不像一九九〇年代末期，僅以.com及空洞的營運模式，即可輕易地獲得大量資金的挹注。現今網路音樂產業內各業者之經營模式，多以「專業分工」的方式合作經營，而非盲目地相互投資。典型的專業分工經營模式可分為以下幾個部分：

1.上游廠商：content provider，例如唱片公司提供音樂內容（content）。

2.中游廠商：提供軟體介面、管理機制以及內容整合數位化等服務。例如：愛爾達、飛行網等業者。

3.下游廠商：提供通路或平台，提供消費者音樂及購物服務，例如：Hichannel、channel 5、buyee百娛網等業者。

4.後勤支援業者：提供硬體（server）、通訊骨幹、收費機制或實體物流等後勤活動，使網路音樂產業的交易活動更為順暢。代表廠商如中華電信（HiNet）、Seednet、行動電話通訊業者、7-11等業者。

在網路交易收入之拆帳比例上也已產生共識。以愛爾達與HiChannel的合作情形為例，業者以上游content provider占50%左右；中游業者占20%；下游及後勤業者占30%為原則。因此，在此一專業分工機制已逐漸成熟的前提下，未來只要將音樂內容之授權問題加以突破，相信網路音樂市場應可快速發展。

三、網路音樂產業上下游業者歧見仍深

由消費者需求面及網路音樂產業分工機制等方面分析的結果均顯示，此一產業有其發展之潛力，但在實際訪談業者後卻發現，業者對此一產業發展前景多有疑慮。歸納其原因，主要導因於產業內上下游業者對網路音樂發展方向看法分歧。

中下游業者一致認為，網路音樂服務已成為不可阻擋的消費型態，網路音樂產業業者應及時掌握市場機會，建立網路音樂服務經營模式。然而，提供音樂內容之上游業者（唱片公司）卻持相反意見，他們認為，目前消費者使用MP3下載音樂係屬侵權行為，並將此種收聽方式與「盜版」劃上等號，在對MP3使用視為違法的認知下，唱片公司多採不願開放授權網路音樂市場的態度。管理階層對於網路音樂市場之發展現況，亦多認為目前之消費者使用習慣將無法使業者獲得收益，所以管理階層的決策大多仍為排拒、保守（依國外總公司之決策行事）。

但在近幾年來唱片市場銷售量快速下滑，唱片業者收益大不如前之狀況下，除了國內五大唱片公司之分公司仍受國外總公司決策所限制外，部分小型或受到競爭威脅的唱片公司，已感受到經營困難之處境，亦考慮透過網路音樂產業之中下游業者進行宣傳、試聽等作業。雖然，此類唱片公司僅居總體市場占有率之少數，但就目前唱片銷售前景黯淡，收益日漸下滑之情況來看，未來，等到國外音樂網站發展較具成效後，網路音樂產業之發展趨勢，將成為未來唱片市場（尤其以華人音樂市場）兵家必爭之所在。

四、網路音樂授權及使用之相關法令問題尚未釐清

如前節所述，目前，網路音樂產業發展之瓶頸，主要即歸因於網路發展相當快速，而相關法令規範完全無法跟上腳步。此一現象對音樂產業之衝擊尤其明顯。

由於MP3使用之普及性甚高，致使對實體音樂產品產生極高的替代性，加上過去華語音樂市場品質良莠不齊，口水歌、翻唱歌充斥，或是一張專輯中僅有一、二首歌吸引聽眾，致使消費者紛紛轉向網路搜尋免費音樂下載服務，進而促使唱片銷售量大幅下滑。此舉造成唱片業者對網路音樂服務視同洪水猛獸，甚至採取法律行動欲置之於死地。此種採取對立而非相互合作的作法，並不能改變網路音樂服務已存在且被廣泛使用之事實。

目前，不論是美國（Napster案）或台灣（成大學生使用MP3案），唱片業者與網路服務業者、網路使用者仍多以採取訴訟的方式解決爭端，但值得思考的是，究竟何種方式最能使消費者願意付出金錢，以獲得其所需之音樂服務？似乎在法令的解釋及訂定方面，由公正的第三者進入仲裁或協調，以制訂適當的授權方式與收費機制，是能使網路音樂服務有效運作發展的可能解決方式。

第六節　建議

　　本章從數位寬頻網路平台的觀點出發，進行網路音樂產業之調查研究。在針對網路音樂產業發展現況、產業架構、成員及價值鏈分析，以及上下游業者經營模式及策略聯盟、異業合作等方面之分析探討後，本研究提出以下建議，做為業者未來發展網路音樂事業之參考：

一、建議對逐漸增多的網路音樂使用者採取開放而非抑制的態度

　　雖然目前對網路音樂下載之法令相關問題尚未獲致結論，但就消費者收聽音樂之行為、習慣加以分析，未來透過網路提供音樂服務之比重將逐漸增加之趨勢不會改變。因此，唱片業者應思考如何透過網路音樂服務來獲得收益，以合理、方便的機制促使消費者以付費機制取得所需之音樂服務。對於現有的網路音樂產業服務業者（如HiChannel、飛行網Kuro、Ezpeer等），應採取合作而非對立的態度，以「就地合法」的方式，使目前網路音樂服務之活動化暗為明，以低廉收費之方式鼓勵消費者付費下載歌曲，例如蘋果電腦所成立的「iTune網路音樂商店」，以每首歌收取若干服務費，再由各業者拆帳的方式經營。對於不願與內容提供者合作，執意傷害著作權之業者，再訴諸法律行動，加以制裁。如此，將能使網路音樂產業導向健全之方式來發展。

二、透過網路音樂產業「專業分工」機制，上中下游業者持續擴大合作

　　目前，在網路媒體經營模式上，「專業分工」之共識逐漸產生，在網路音樂產業方面，建議亦以此一概念持續進行合作。

　　1.上游（唱片公司）：負責音樂內容之製作、企劃及部分宣傳（如電

視、廣播、平面媒體）等工作。

2.中游（網路服務業者）公司：負責音樂內容之數位化、使用軟體建構、提供管理機制，及網路行銷等工作。

3.下游（網路通路業者）：負責提供平台介面，便於消費者接觸、搜尋及使用。

4.後勤活動支援業者：提供金流、物流及網路通訊基礎建設之合作。

5.拆帳比例建議：上游，約40-50%。中游，約20-25%。下游，約30-35%（以收入為基準）。

6.成本方面：未來配合網路音樂產業之發展態勢，過去唱片業者動則千萬的宣傳費用，未來可透過與網路媒體（中下游廠商）之合作模式，大幅減少宣傳成本支出，並將降低成本之效益回饋給消費者，以更合理的價格獲得音樂服務，以產生「三贏」的效果。

三、網路音樂產品單曲化、無形化、多樣化

因應未來消費者依賴網路搜尋資訊之行為趨勢，電子商務之發展將逐漸取代部分實體通路之功能，對於網路音樂產業而言，此一現象將更為明顯。未來若大量開放網路付費下載音樂服務，傳統實體錄音產品及通路將被網路服務快速取代。目前，唱片行、CD販賣等現象將逐漸消失。未來網路音樂產品將以「無形化」，亦即「服務」的形式存在。而當實體產品受到取代後，亦無所謂的「專輯」（album），而是以單曲（single）為主要的銷售單位。因此，歌手或唱片公司可依據實際的市場需求推出音樂產品（服務），並可配合不同主題（例如節日、電影電視主題曲、廣告歌曲、配樂等），製作多樣化之音樂，以滿足不同消費者之需求。

四、提升網路音樂服務之附加價值

網路音樂產業除提供單純的音樂服務外，並應朝向提高附加價值之方

向邁進，以創造更多的交易機會。例如：網路KTV、網路音樂圖書館、個人線上音樂檔案編輯管理、線上演唱會、MTV播放、音樂創作發表、相關商品販賣等均可作為未來網路音樂產業發展之參考。

附錄一 　深度訪談名單

訪談時間：二○○二年八月一日至二○○二年八月三十日

受訪企業及其相關機構	產業定位		受訪對象
福茂唱片	上游	音樂製作	製作人　李俊廣
東方魅力娛樂事業 www.stareastnet.com	上游	音樂製作	企宣部企劃副理　劉麗萍
飛行網 www.kuro.com.tw	下游	介面提供 音樂資訊	總經理　陳國華 商務發展副處長　柯美慧
百娛網 www.hichannel.com.tw www.buyee.com	中游 下游	影音頻道內容提供 CD購物 音樂資訊	網路事業部副理　洪欣怡
愛爾達科技 www.hichannel.com.tw www.ch5.tv	中游 下游	影音系統整合商 影音頻道內容提供 影音頻道內容平台	總經理　陳怡君
About Media www.gotowatch.tv	下游	影音頻道內容平台	總經理　劉財源

附錄二　網路音樂產業主要相關業者營運模式比較

公司名稱	飛行網	百娛網	愛爾達科技 第五台 Channel 5	福茂	東方魅力
主要營收	訂戶月費	商品銷售：10-20萬/月 VCD代理經銷：不定期收入 Hi-Channel與中華電信拆帳：收入不多但穩定 call-in活動0951、0949拆帳0.5-1元/4元/分	線上收入80% HI CHANNEL 20% 與hiChannel拆帳方式： HINET 30%、ICP 50% ELTA 20%	CD銷售 演唱會 錄音室	CD銷售、演唱會 手機鈴聲5000元/首
主要支出	軟體開發 音樂資料製作	人事 一般營運支出	內容與版權所有者合作播出	行銷企劃 製作費	行銷企劃 製作費
公司組織架構	財務處、科技處、行銷處、服務處、商務發展處、產品營運處。	網路事業部（包括企劃、行銷、美術設計、網站維護）、產品部（主要負責與亞洲唱片洽談商品事宜）、管理部。	管理4人、業務7人、工程25人，總計36人。	企宣、製作、版權、發行。	企宣、製作、版權。
發源	大盤商華總唱片家族事業	大盤商亞洲唱片投資	略	略	香港東方事業
經營模式	P2P	B2C實體通路與7-11合作	B2B、B2C	唱片製作、企宣、發行、銷售、藝人經紀、其他相關活動（戲劇、演唱會）	唱片製作、企宣、發行、銷售、藝人經紀、其他相關活動（戲劇、演唱會）
產品定位服務	Kuro軟體介面搜尋MP3、下載、播放、燒錄、音樂資料庫、聊天室	CD、VCD 明星商品、遊戲點數卡等	網路頻道整合者及管理者	國語流行音樂 西洋音樂發行	國語流行音樂

公司名稱	飛行網	百娛網	愛爾達科技第五台 Channel 5	福茂	東方魅力
與其他業者合作方式	和製作公司合作較多。不認為網路音樂可以靠廣告存活，計劃朝向AOL模式發展，未來提供加值服務額外收費。	一般唱片公司規定一張專輯可放三首歌線上試聽，但是已有唱片公司願意開放整張試聽。開發線上卡拉OK	與HINET合作，對方負責頻寬、主機及付費機制，愛爾達負責ICP的整合洽談。目前主要提供歌手MTV，因消費者使用習慣，且MP3音樂太容易取得，所以目前並未在網站上販售音樂單曲或專輯。有考慮提供手機VIDEO RING TONE加值服務。	與製作公司（工作室）合作，提供MTV宣傳帶，發掘新人。	與廣告商合作music video與cf製作以獲得贊助及廣告曝光。
面臨問題困境	法律問題：二〇〇〇年曾嘗試線上單曲付費下載但是失敗。和唱片公司談版權授權未成功，也曾計劃與唱片公司合作辦活動，但唱片公司不願簽授權合約所以告吹。和唱片公司企宣合作常受到唱片公司主管的反對。	販售的CD價格沒有比實體通路低物流部分運費高企業人力不足	片源安全機制的問題穩定的播放平台	CD銷售量下降媒體宣傳費高歌手非偶像型較難宣傳盜版問題	CD銷售量下降企宣預算較低新人推進市場困難網站部門裁員盜版問題

資料來源：作者研究整理。

參考文獻

■論文書籍報章期刊部分

史榮恩、龔小文，2003，〈MP3音樂下載收費搞不定〉，《民生報》，2003
　　年5月29日，A11版。

汪宜正，2001，〈數位音樂對唱片公司與音樂產業影響之探索性研究〉，台
　　灣大學商學研究所碩士學位論文。

汪昱緹，2001，〈網路上MP3音樂著作權之研究〉，東吳大學法律學系研究
　　所碩士學位論文。

李寧怡，2003，〈蘋果推出低價音樂下載網站〉，《蘋果日報》，2003年5月
　　5日，A19版。

於念鋆、林信昌，1999，〈數位音樂市場風起雲湧〉，《經濟日報》，1999
　　年7月5日。

翁維薇，2003，〈蘋果搶奪台灣線上影音商機〉，《蘋果日報》，2003年5月
　　30日，B7版。

梁鴻斌，2003，〈滾石移動大利多，商機e觸即發〉，《大成影劇報》，2003
　　年6月4日，第4版。

陳秀惠，2001，〈音樂產業價值創造系統演進之研究〉，政治大學企業管理
　　研究所碩士學位論文。

鄧晏如，2000，〈MP3網站使用對唱片消費行為之影響〉，中山大學傳播管
　　理研究所碩士學位論文。

鄭呈皇，2003，〈飛行網與五大唱片業者三度撕破臉〉，《商業週刊》，第
　　817期，頁134-136。

鍾俊元，1999，〈全球可攜式數位音樂播放機市場趨勢〉，工研院IEK中心
　　電子資訊研究組。

RIAA., 1999, *1999 Music Consumer Trends. June,* 1999. Available:
　　http://riaa.com/pdf/1999_music_consumer_trends.pdf

RIAA., 2001, *2000 Consumer Profile. January,* 2001. Available:

    http://riaa.com/pdf/2000_consumer_profile3.pdf

■網路部分

胡憶平，1999，〈為什麼傳統唱片公司將MP3視為頭號敵人？〉，Ctech科技
    網站，1999年5月10日。

    http://www.ctech.com.tw/reports/88051412.asp

翁嘉銘，2002，〈反盜版，是歌迷應有的常識和行動〉，IFPI網站。

    http://www.ifpi.org.tw/activity/act_index.htm

陳爽璁，2002a，〈全球音樂銷售下滑，網路與CD燒錄被指禍首〉，Ctech科
    技網站，2002年4月17日。

    http://taiwan.cnet.com/news/ec/story/0,2000022589,20036703,00.htm

陳爽璁，2002b，〈Jupiter研究：檔案交換刺激音樂銷售量〉。Ctech科技網
    站，2002年5月7日。

    http://taiwan.cnet.com/news/ec/story/0,2000022589,20037742,00.htm

陳爽璁，2002c，〈CD加上防拷貝技術，五大唱片全挨告〉。Ctech科技網
    站，2002年6月17日。

    http://taiwan.cnet.com/news/ec/story/0,2000022611,20043321,00.htm

鄺怡德，1999，〈MP3對音樂產業的影響〉，PChome電腦報。

    http://taiwan.cnet.com/Ebusiness/Market/MP3/

Ctech科技網，2001a，〈Jupiter報告：網路音樂市場每年成長43%〉，Ctech
    科技網站，2001年7月24日。

    http://taiwan.cnet.com/news/ec/story/0,2000022589,20018444,00.htm

Ctech科技網，2001b，〈付費下載音樂 網友尚未做好準備〉，2001年8月30
    日。

    http://taiwan.cnet.com/news/ec/story/0,2000022589,20021403,00.htm

Ctech科技網，2001c，〈Napster風暴後網路音樂交換轉入地下〉，2001年5月
    8日。

    http://taiwan.cnet.com/news/ec/story/0,2000022589,20005544,00.htm

■相關業者網站

百娛網	http://www.buyee.com.tw/
我要音樂台	http://www.iwant-music.com/contest4/
飛行網	http://www.kuro.com.tw/new4/mp3p.html
滾石可樂	http://www.rockacola.com/info/aboutus.asp
Channel 5	http://www.ch5.tv/
GetMusic	http://www.getmusic.com
HA music	http://www.hamusic.com/
IFPI台灣網站	http://www.ifpi.org.tw/
MP3.com	http://www.mp3.com/
Napster	http://www.napster.com/
Top Music	http://top.mp3url.com/
Yahoo奇摩	http://tw.yahoo.com/
YOYOROCK	http://www.yoyorock.com/

第九章
網路動畫產業之研究

引言

「動畫」，可以被簡單地定義爲「動態的畫像或圖像」，也就是說，從陪著兒童一路成長的卡通，到目前以多媒體軟體製作而成的2D或3D電腦影像，都可以歸屬於動畫的一環。相較於其他類型的眞人或偶具演出的娛樂節目，由於傳統動畫的製作過程，需要耗費大量的人力、時間以及專業的美術技巧，以致於動畫產品的產量一直無法有大幅度的提升，也因此，動畫一直無法成爲主流的影音娛樂文化。然而，動畫不管對於兒童或是成人觀眾，總是存在著一股特殊的吸引力，那也是其他表演方式所無法取代的特殊魅力。

隨著資訊科技的進步，動畫的製作過程逐漸走向更簡易、更機動，也更易於儲存的電腦化模式。由於現代的動畫幾乎已成爲電腦化的產物，因此，在網際網路發展之後，同屬數位化格式的動畫產品，便成爲各類網路服務業者計劃用來吸引消費者的熱門商品，而逐漸促成網路動畫產業的誕生。但是，儘管網路動畫以星火燎原之勢，在網路界製造了不小的震撼，然而，業者們卻發現，在欣賞網路動畫之餘，卻少有消費者願意爲這些辛苦製作完成的網路動畫付費。

爲了維持產業的生存，網路動畫業者不得不設法尋找屬於自己的生存之道。究竟數位寬頻網路平台的特性，對網路動畫產業具有什麼樣的影響？無法向消費大眾直接收費的網路動畫產業，又該從何建立起特屬於該產業的商業模式？本章特別選定部分以Flash及其他多媒體軟體製作網路動畫的相關業者，進行其經營模式及發展現況的探討，希望能有助於學界瞭解網路動畫產業發展現況。

第一節　網路動畫發展背景

網路動畫是網際網路上頗受大眾歡迎的流通內容之一。然而，過去的網路動畫商品卻一直無法帶來足夠的營收與利潤，一直到整體環境的逐漸成熟，才推動了網路動畫產業的誕生。這些相關因素包括有：

一、上網人口增加，市場基礎逐漸擴大

網際網路，是歷史上發展得最快的媒體，從發明之初，只花了四年時間，就達到五千萬使用人口的普及率。依據「中國互連網絡信息中心」過去調查的數據顯示，全球上網人口是以150%的速度成長（參見**表9-1**）。在華人部分，中國大陸雖然在電腦與網路科技方面的發展不及歐美國家來得快速，但挾著人口的優勢，以及政府全面強制推動的環境利基下，預估到二〇〇四年，其上網人口將可以達到一億七千三百萬人，成為亞洲上網人口最多的國家，並直追歐美各國。

在台灣部分，目前國內上網人口數也已達到千萬人以上，家庭上網率突破40%，列居全球第五、亞洲第三，亞洲排名次於新加坡、韓國。在寬頻用戶數方面，則達到二百二十六萬戶以上，而且有82%的窄頻撥接用戶表示，已計劃要安裝寬頻網路，可見國內寬頻網路的使用人口成長得相當快速。至於人們在寬頻網路上所從事的活動內容，依據劉幼琍、陳清河

表9-1　全球上網人口調查及預估

	全球	美國	西歐	中國大陸	台灣
2000年	4.14億	1.35億	0.95億	2250萬	640萬
2002年（預估）	6.73億	1.69億	1.48億	*	*
2005年（預估）	11.74億	2.14億	2.46億	*	*

資料來源：中國互聯網絡信息中心。

（2002）的研究結果發現，「在網路上觀賞或使用影音資訊」，爲網路使用者認爲使用寬頻網路的第六項助益（次於「下載檔案」、「電子郵件」、「找尋資訊」、「線上遊戲」、「瀏覽網站」），可見，線上影音娛樂對於網路族群來說也是相當重要的一項活動。另外，「網路動畫／影片」爲網路族群最常下載的第四類內容（次於「應用程式」、「圖片」、「遊戲」），顯示出國人已逐漸能夠適應透過寬頻網路取代過去其他媒體的影音欣賞活動。

二、寬頻網路建立，數位內容產業發展

拜數位科技與寬頻網路之賜，使得傳統以電視爲主的影音娛樂服務，開始轉向以數位的方式傳送，提供給消費者更高品質的服務，資訊、通訊、消費電子和娛樂等產業科技間的界線日趨模糊，而逐漸孕育形成一個數位的大媒體（megamedia）。由於數位內容產業的呈現方式相當多元，相同的內容可經由不同媒體出版，因此，也使得資源的整合運用越來越重要。屬於電腦多媒體產品的動畫，不僅在內容或是傳輸、儲存方式上，都是相當適合在數位寬頻網路平台上發展的數位內容商品，所以，也相當受到業者的重視。

所謂「電腦多媒體」，係指應用電腦當作媒體傳播工具來播放文字、聲音、影像及某些特效的畫面，其成品的呈現方式，可以分成離線方式及連線方式兩種。連線方式需要網際網路之支援，尤其在寬頻網路普及之後，網路變成了展現多媒體內容的主要媒介。加上網路連線設備的多樣化發展，包括個人電腦、個人資料助理（PDA）、資訊家電（IA）、手機等來加以傳播，在寬頻網路的連結下，網路動畫能以任何的形式傳輸、呈現，爲人們的生活加添樂趣。

政府方面，如同工業局所主張的，台灣電子資訊產業的發展，已在全球生產體系中取得優勢地位，成爲全球第三大資訊軟體大國，近年來，經由全球化布局的努力，台灣電子資訊業的核心機能價值已從過去倚賴低附加價值、替代性高的生產與裝配活動，開始推移至高附加價值，重視產品設計與創新的研發中心，以及重視整合行銷的全球運籌中心。從網際網路

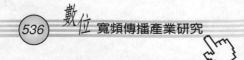

普及後，以服務為導向的消費型態已成為主流，因此，台灣也應積極規劃，建立發展數位內容產業（包含軟體、電子遊戲、媒體、出版、音樂、動畫、網路服務等領域）的基礎。

　　為了引導國內數位內容產業的發展，政府已將數位產業列入國家重點發展計畫之一，行政院也訂定了「加強數位內容產業發展推動方案」，希望能將台灣建構成為亞太地區數位內容設計、開發與製作中樞，並帶動周邊衍生性知識型產業發展，預計台灣數位內容產業之相關產值於二○○六年將可達到三千七百億元的目標，使該產業具國際競爭優勢（王皓正，2002）。此外，許多產官學界的合作力量，也促成了若干推動組織的誕生，像是「台灣數位視訊協會」，或是如有線電視業者與電話業者的結盟，電腦業與電視業的購併與跨業經營……等，例如：二○○○年八月，GIGA與SEGA合作進軍寬頻遊戲；二○○○年十月，和信、雅虎推出聯名寬頻網站，提供消費者影音娛樂內容，或是企業用戶使用線上播放系統、線上記者會、線上會議、遠距教學等服務；二○○○年十一月，Yahoo與東森國際網路聯名發展寬頻入口網站等等。隨著媒體的整合，也表示未來動畫產業能夠發揮的舞台，將隨著數位寬頻網路的連結，極盡地擴張。

三、Flash軟體的開發

　　Flash是Macromedia公司所推出的軟體，目前最新的版本為MX版，它是專門用來設計網頁及多媒體動畫的軟體，運用極簡單的步驟，即可為網頁加入專業、美觀的互動式按鈕及向量式的動畫圖案特效，是目前製作網頁動畫最熱門的軟體。Flash可以整合數位視訊建立多媒體互動的網站，匯入業界標準的視訊格式如：QuickTime、Windows Media Player、MPEG、DV（Digital Video）、MOV（QuickTime）、AVI及WMV（Window Media Player）等。

　　Flash的動畫繪圖方式是採向量方式處理，這樣圖案在網頁中放大或縮小時，不會因此而失真，而且可依顏色或區塊做部分的選擇來進行編輯。圖片和動畫能防止別人竄改，且能隨著瀏覽者的螢幕解析度不同而調整，

以提供高品質的顯像。網頁設計師能使用這個軟體，在網頁上製作出美觀、簡潔的導覽介面、插畫、動畫以及其他炫麗的效果。Flash也增強了網頁動畫，例如透明度和混合形變效果等等方面的表現，使得網路動畫的品質，可以達到和手繪動畫相同甚或更細膩。

四、串流技術的進步

互動式串流影音，是指影音檔案可經由串流技術在傳輸同時，將一個影音資料分段傳送，觀賞者不需等待整個影片傳送完，即可一邊觀賞。此外，串流影音檔案中可植入連結點，因此，即使一邊播放影音，網頁仍然可以跟著自動換頁。串流影音傳輸可以由一個資料來源所提供，比如攝影、網路傳播、廣播電台，或是儲存在伺服器上的串流影片。當用戶在觀賞連續影片時，並沒有影片檔被下載到電腦上。這些資料在抵達觀賞者的電腦後，會立即由streaming plugin（如Real Player、Quick Time Player、Microsoft Media Player）播放，觀賞者的硬碟上不會存有影片。為了能達到串流的效果，影片或聲音大小通常都會經過壓縮處理，以減少檔案量，但同時也會降低影音品質。雖然，時間因素與影片品質上仍需取得平衡考慮，但串流影音技術讓網路影音的服務變得更有效率，而且可以收看時數較長的節目，方便使用者可以隨選隨播，有助於促成使用網路影音的習慣。

目前，網路上播放影音節目所採用的串流檔案格式主要可分Real Networks和Microsoft兩大陣營，前者為realaudio或realvideo格式（副檔名為.ra、.rm、.ram等），後者為Windows Media Audio或Windows Media Video格式（副檔名為.wma、.wmv）。

為能達到串流檔案的傳輸效果，所有影片或聲音都需要放在Streaming Server上，並安裝相關Player 的Plugin軟體瀏覽。目前，主流的串流影音播放軟體參見**表9-2**。

表9-2　市場上主要的串流影音播放軟體

公司名稱	觀賞端	製作端	Server端
Real Network	Basic Real Player G2 (Free)	Real Player Plus G2 ($29)	Real Producer G2 (Free) Real Producer Plus G2 (US$150) Basic Real Server (Free) Basic Real Plus Server (US$1995)
Apple	Basic QuickTime4 Movie Player (Free)	QuickTime 4 Pro (US$29.99)	QuickTime Darwin Streaming Server 3 Public Preview (Free，內含於Mac OS X Server)
Microsoft	Windows Media Player (Free)	Windows Media Server (Free)	Windows Media Tools (Free)

資料來源：作者研究整理。

使用串流軟體進行傳輸與播放的優點，包括有：

1. 即時欣賞：可即時觀賞到影像，不需等待長時間的下載。
2. 現場直播：可在網路上播放新聞或節目活動，是目前唯一能運用數位寬頻網路進行現場直播的方式。
3. 媒體檔案大小不受限制：可一邊傳輸一邊欣賞影音檔案內容，不需要等待一次把檔案下載的時間，對於傳輸的內容等於解除了檔案大小的限制。
4. 多重廣播：允許多位觀賞者同時收看同一個串流影像檔。
5. 隨機播放：對於預先錄製好的節目，觀賞者可以隨意暫停、快轉、播放等等的互動操作。
6. 影片資料不會被複製：透過串流軟體的控制，影音資料不會被複製到觀賞者的電腦儲存設備上，更便利於版權所有者控制影音檔案的傳布範圍。

第二節 網路動畫產業相關文獻

一、網路動畫科技所衍生的創新服務型態

　　傳統媒體上的動畫或卡通，在製作成本上需要大量的資金、時間與人力，且受限於媒體的特性，在內容選材上需能符合大眾需求，屬於大眾傳播的內容，進入門檻可以說相當高。之後，拜科技之賜，運用易學易用的電腦多媒體製作動畫，不僅成本低、功能強大，而且，可以輕鬆地將創意成品，透過各種媒體呈現出來，例如：跨平台、資料不因轉檔失真、互動功能……等。

　　另一方面，寬頻網路的盛行與無遠弗屆，也使得使用者可以輕鬆地將作品分享給大眾。而電腦多媒體或網路最迷人的互動功能，也在網路動畫中充分展現，例如：提供使用者不同結局、提供使用者能發洩情感又不違法的工具動畫、修改符合使用者個人風格的形象設計……等。動畫不再像過去那麼的遙不可及。相反地，與網路動畫相關的產品還不斷以不同形式出現，例如：以網路動畫呈現的電子賀卡、手機簡訊、線上遊戲等等，使得現代人的生活，因為網路動畫而更加活潑亮麗。

　　對台灣而言，網路動畫所提供的不僅僅是上述的改變，更重要的是，它讓台灣的小成本動畫公司有機會走向世界舞台。如前所述，傳統的動畫工業進入門檻過高，使得小成本的動畫公司只能淪為代工產業，而代工的獲利有限，使得相對有興趣的人才投入意願降低。網路動畫的興起，不但使得小成本的動畫公司有發表的舞台，也因此有了宣傳曝光的機會，讓世界市場知道台灣動畫的存在，並進而出現了其他的商機及生存空間。也因為網路產業的風行，使得願意投入或學習的人才增多。因此，網路動畫科技所帶來的改變，不僅提升了台灣願意學習動畫人才的比例，也促成了代工產業走出品牌的機會，替台灣帶來了不少的商機。

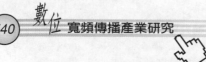

目前，網路動畫所提供的服務型態，大致上可分為以下幾種類型：

(一)跨媒體播放作品或廣告

傳統影音作品雖因寬頻及串流媒體時代來臨而可以在網路上播放，但以目前的科技而言，所播放的品質仍不如傳統媒體上所播放的動畫好。相反的，以Flash軟體製作的網路動畫，因為有不論檔案大小、壓縮程度都不影響品質，以及可以轉存成傳統媒體所需的高畫質播放格式等優點，因此，跨媒體的播放不但不會增加成本，而且也可以維持播放品質，在製作成本上，也比傳統媒體上同品質的作品成本低，因此，可以預見會有更多網路動畫出現在傳統媒體上。

(二)提供整合型服務

傳統動畫卡通，雖然有配合宣傳提供其他周邊或娛樂媒體服務，但都無法像網路動畫一般，所有服務皆可在網路上完成，舉凡欣賞動畫、參加電玩遊戲、購買相關商品、與其他同好族群討論等等，都可以在網路上甚至同一個網站上完成，達成真正的整合型服務。

(三)提供互動式服務

網路動畫充分利用了網路及電腦多媒體的特性，提供互動功能，使得網路動畫可以依不同使用者需求提供更多樣化的服務。例如：提供不同的故事版本、加入其他附加服務（例如遊戲），不但提高了使用者的興趣，也提供網路動畫更多樣化的設計空間。

二、網路動畫產業的主要經營模式

一個公司是否擁有生存及成功的要件，除了要有技術及核心經濟價值、資本外，更在於建立成熟穩定的經營模式。Timmers（1998）表示，所謂的經營模式，是指一個涵蓋產品、服務和資訊流的架構，其中應包括有：

1.企業參與者之定位與所扮演的角色。

2.企業參與者所能獲得的潛在利益。

3.企業參與者的營收來源。

Dickson和DeSanctis（2000）曾指出，當網際網路的經營環境愈趨成熟後，許多公司不再是單純的生產者或配銷者，大部分成功的經營模式都是合併不同的經營模式而產生；這些企業群體會連結到其他的企業群體，而產生一種所謂「網站對網路」（Web for Web）的交易環境。一個企業如果可以利用同樣的基礎結構，更有效率地利用資源和創造附加價值，進一步產生不同的獲利來源，就可以提升附加價值給所有的成員。因此，本研究也以網路動畫產業的架構分析為藍圖，針對該產業相關的企業參與者定位、獲利來源、營收來源、價值鏈及其合作競爭策略、成功關鍵因素等，做進一步的分析研究。

依據數位影音產業的相關研究文獻內容發現，網路動畫產業可以以內容製作、包裝、發行、終端使用等四個面向來探討，加上數位寬頻網路中電子商務的日趨重要，因此，本研究將網路動畫產業的架構，分成上、中、下層三個部分（參見**圖**9-1）。

如**圖**9-1的中間一層，是網路動畫產業從企劃製作、包裝發行，一直到傳送給消費者觀賞的流程，其中，有些網路動畫公司從創意製作、開發到包裝，以至於平台、服務通路，甚至完全是一手包辦，例如：「春水堂」、「CH1」、「Kokoro」。

下層部分，則是支持網路動畫產業發展的相關基礎服務業者，包含頻寬提供業者、應用軟體開發業者、無線通訊業者、收費機制業者及實體通路等等。每一位業者都提供了發展網路動畫產業所需的後勤基礎，並且因為與網路動畫等數位內容產業的合作，也發展出許多知名的企業，例如：「About Media」、「華錢科技」、「玉山銀行E Coin」等。

上層部分，則是透過多角化經營網路動畫，或是與網路動畫異業結盟等方式來增加自身產值的產業。由於網路動畫主要是藉由數位寬頻網路為主要的播放與傳輸平台，同時，又可以與其他種類的商品結合，因此，在

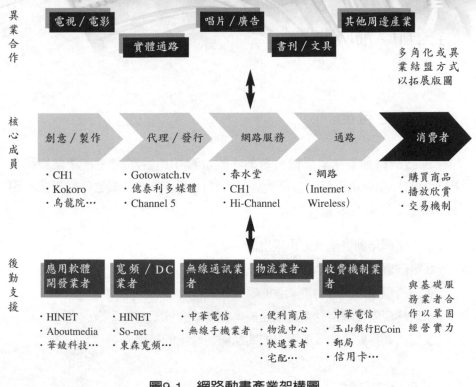

圖9-1　網路動畫產業架構圖

資料來源：作者研究整理。

網路動畫產品的通路上，還可區分為實體及虛擬物流通路二類。實體物流通路，是指周邊商品（肖像布偶）或加值產品（音樂CD等），虛擬通路則是指網路平台。

　　由圖9-1可知，網路動畫產業的發展重點，主要是在中間及下面的區塊部分，在與基礎服務業者合作，鞏固經營實力後，再逐漸往上層跨傳統媒體、出版業合作或與異業結盟等方式拓展版圖，進而發展成一個產業價值鏈。

第三節　研究設計

一、研究目的

由於網路動畫產業為國內新興之數位寬頻內容產業，在產業發展之初，雖然相關資訊不足，但仍亟需設法尋找出適合該產業之經營模式，因此，本研究之目的如下：

1.描述網路動畫產業的市場現況。
2.瞭解現階段網路動畫服務的類型。
3.分析現階段網路動畫業者的經營模式。
4.瞭解現階段網路動畫產業之成本與營收。
5.提出網路動畫產業所面臨的問題與經營上的建議。

二、研究方法

本研究所採用的研究方法包括有：

1.文獻分析：本研究針對國內外網路動畫相關次級資料，包含論文、期刊等學術與產業相關資料，進行文獻分析。希望能運用文獻探討所得之理論基礎，用以解釋國內網路動畫產業目前的現象與市場行為，並歸納深度訪談所得的資料，發展出時下數位寬頻網路產業的經營通則。
2.深度訪談：目前網路動畫仍屬新興行業，為求得最新的產業動態，除文獻探討外，本研究並針對國內網路動畫主要業者進行深度訪談，以瞭解國內網路動畫產業在經營模式、服務類型及成本營收的狀況，同時也蒐集受訪者對於網路動畫產業未來發展上的意見，以做為參考。

訪談對象，選擇影響網路動畫產業各不同面向的代表性業者進行訪談，期望能藉此了解目前產業內的實際經營模式，及不同面向業者間的競合、優劣勢關係，以供研究者進行客觀的產業分析。訪談名單如附錄一所示。

三、研究步驟

本研究之研究步驟，在進行文獻探討後，依據訪談及文獻所得資料，分為業者現況與市場現況二主題進行分析。過程如圖9-2所示。

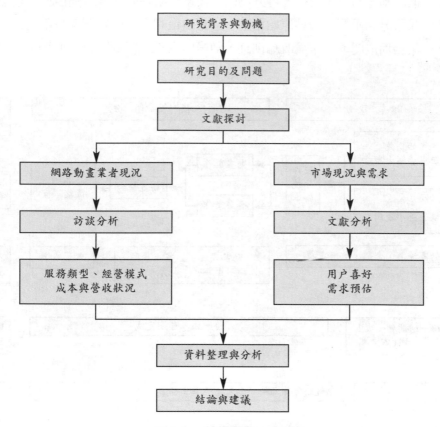

圖9-2　本研究研究步驟

資料來源：作者研究整理。

第四節　網路動畫產業營運現況

　　本研究經整合相關文獻與深度訪談相關業者後,將所得之資訊分析探討,得到以下研究發現。

一、網路動畫的製作流程

　　網路動畫的製作流程,可分為前製與後製兩階段(參見**圖9-3**)。前製部分又可分為兩類,一為原始創意,通常由企劃小組固定開會以腦力激盪方式集結而成劇本;一為改編創意,則是由企劃小組依既有且取得授權之

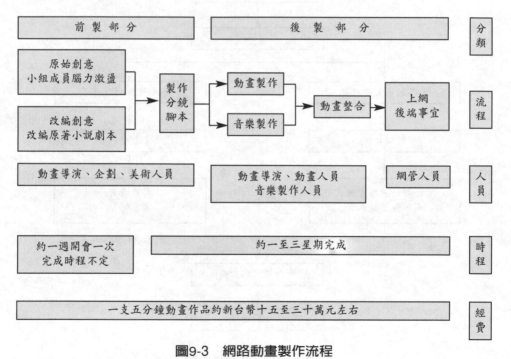

圖9-3　網路動畫製作流程

資料來源:作者研究整理。

故事直接更改為劇本，再由動畫導演與美術人員合作完成分鏡腳本。在前製的時程上，很難歸納出一定的時間進度。在訪問過程中，研究者發現主事者以往的工作經驗通常會影響到前製的流程。例如：一般廣告或電視、音樂媒體經驗的主事者，會將前製仿效傳統電視、廣告，甚至電影的工作流程進行，在拍攝前就設計好分鏡腳本，不僅對於作品的風格與品質可以更容易掌控，動畫師也可以專心的製作所需的效果。當然，如此的正規做法，自然需要較多的製作成本及時程。其他也有許多網路動畫業者是直接依據腳本內容製作網路動畫，也許是因為目前消費大眾仍然沒有付費訂閱或觀賞網路動畫的習慣，因此，許多動畫業者在成本的考量下會以較節省成本的方式製作網路動畫。

在後製工作部分，許多較講究的網路動畫公司會仿照美國好萊塢做法，將音樂、人物配音交由知名的專家製作配樂及配音，最後再交由動畫人員整合，由網管人員上傳至數位寬頻網路平台上。

在時程上，從製作分鏡腳本開始到放上數位寬頻網路平台，以一支五分鐘短片的網路動畫來說，依精細度與人員分配的不同，其製作時程可從一星期至三星期不等。而在製作經費方面，依精細度或公司規模來分，成本則約需新台幣十五到三十萬元之間，甚至也有業者花費到上百萬元不等。

二、網路動畫產業的價值鏈結構

國內大部分的網路動畫廠商皆擁有自己的網路平台，作為產品展示的通路，也有少數為節省人力及網管人員成本的業者，採取統一交由發行業者或入口網站包裝發行的方式經營，希望能因此而增加產品的曝光率與瀏覽量。另外，也有動畫製作業者與代理業者合作，推行以小額付費機制經營的特別合作方案。因此，除了自行製作的網路動畫業者外，從事網路動畫代理的業者，以及規劃網路服務和產品通路的業者們，也是國內網路動畫產業的重要成員，所有參與者相互合作支援，而構成網路動畫產業的價值鏈。

以從事「代理／發行」的業者來說，可分為下面幾類：

1. 代理國外著名網路動畫：負責代理地區的相關授權權益，如億泰利多媒體公司代理韓國賤兔的相關授權。
2. 網路影音頻道商：提供小型的網路動畫業者將動畫放置於自己的平台上，並提供收費機制或相關服務。
3. 入口網站業者：提供網路動畫業者置放或連結於入口網站中，以互相吸引人潮並豐富網站內容。

在「網路服務」方面，則包含下列相關業者：

1. 收費機制業者、無線通訊業者：提供收費機制服務。
2. 應用軟體開發業者：開發收費或播放平台。
3. 頻寬業者：提供主機代管、寬頻傳輸網路。
4. 實體物流業者：提供電子商務服務。

在「通路」方面，則包含虛擬通路及實體物流通路，所參與的業者則以大賣場、便利商店、文具店等為主。

雖然目前消費大眾對於網路動畫的付費觀念還很薄弱，但品質不好的網路動畫內容，就算不收費也得不到使用者的青睞，相反地，一個好的網路動畫作品，會藉由使用者透過電子郵件或是網站瀏覽等方式快速地大量傳播，達到宣傳的效果，進而獲得周邊的利益，例如：肖像、內容授權、廣告代言等等。因此，網路動畫產業價值鏈上的各個成員，仍應以提供最高品質的服務，為成功的關鍵因素。例如：創意製作業者提供優質的網路動畫作品，頻寬業者提供穩定的寬頻傳輸服務，網路服務業者提供親和力高的播放平台，收費機制業者提供公正安全的收費模式，物流業者提供便利的物流系統等等，產業內的各個角色均提供其最擅長的服務，便組成了整個網路動畫產業的價值鏈（參見圖9-4）。

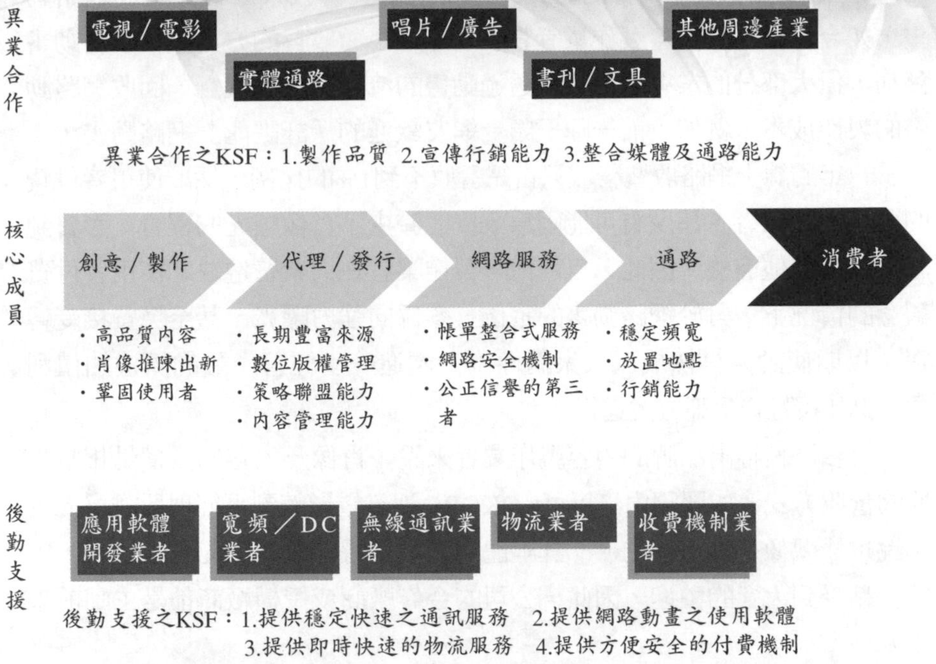

異業合作

| 電視／電影 | | 唱片／廣告 | | 其他周邊產業 |
| 實體通路 | | 書刊／文具 |

異業合作之KSF：1.製作品質 2.宣傳行銷能力 3.整合媒體及通路能力

核心成員

創意／製作 ➤ 代理／發行 ➤ 網路服務 ➤ 通路 ➤ 消費者

・高品質內容　・長期豐富來源　・帳單整合式服務　・穩定頻寬
・肖像推陳出新　・數位版權管理　・網路安全機制　・放置地點
・鞏固使用者　・策略聯盟能力　・公正信譽的第三　・行銷能力
　　　　　　　・內容管理能力　　者

後勤支援

| 應用軟體開發業者 | 寬頻／DC業者 | 無線通訊業者 | 物流業者 | 收費機制業者 |

後勤支援之KSF：1.提供穩定快速之通訊服務　2.提供網路動畫之使用軟體
　　　　　　　3.提供即時快速的物流服務　4.提供方便安全的付費機制

圖9-4　網路動畫產業各環節角色經營之KSF分析

資料來源：作者研究整理。

三、網路動畫產業的成本營收分析

網路動畫產業的成本營收分析，依據企業於網路動畫產業中所扮演的角色，而在營收支出的項目比例上會有所差異。**表9-3**所列項目，僅是業者可能發生之營收成本項目，然因個案不同，其所占比例亦有所不同，故無法列出實際比例。

以網路動畫產業中的內容製作業者為例，運用自家品牌肖像替其他產品代言，甚至執行包含傳統媒體與網路媒體的廣告專案，對業者而言是最好的營收獲利方式。因為，在網路動畫產業的發展初期，網路使用者大多

是以電子郵件或口耳相傳的方式，來傳送或宣傳大眾觀賞免費的網路動畫，如今雖有部分內容製作業者嘗試以線上小額收費的方式販售網路動畫獲利，但大部分的業者仍是無法透過動畫的流通向大眾收費，回收網路動畫的製作成本。例如：前一陣子頗受網友歡迎的「訐譙龍」網路動畫，二〇〇一年的線上網路收費營收只占總營收不到1%的比例，採取使用者付費的內容製作業者，甚至有可能因為收費而減少了肖像曝光的機會，影響到該產品的其他商機。因此，目前內容製作業者在大眾普遍缺乏使用者付費觀念的情況下，對於網路動畫的定位，多偏向強力曝光，甚至免費接受轉寄，以期使動畫肖像成為大眾偶像後，才進一步經營產品的周邊加值利益，例如授權費用等方式進行。

對於已經打出品牌的內容製作業者來說，肖像及內容的授權是相當重要的營收方式。如同國內洛可可KOKORO動畫電影館副總經理靳鐵章先生所說：「偶像是被追逐的。」訐譙龍的總經理特助戰克傑先生也提到，由於產品受到大眾的歡迎，因此，公司的合作廠商或授權廠商都是主動前來

表9-3　網路動畫內容製作業者之成本營收項目分析

主要收入來源（占總營收比例%）		主要支出項目（占總支出比例%）	
廣告製作 （％）	以肖像配合代言商品，製作媒體、網路廣告專案	製作費 （％）	包含動畫及音樂製作
授權費 （％）	內容、肖像、餐飲業、文具等周邊商品、遊戲軟體	主機代管 （％）	將主機交由ISP公司代管
出版 （％）	廣告、CD、書籍、電影	授權發行／代理費 （％）	代理國外知名動畫網站及相關台灣授權
動畫製作代工 （％）	沒有以公司肖像為主的音樂MTV或廣告製作	客戶服務 （％）	以收費觀賞之網路動畫網站或代理發行之網站為主
網路廣告費 （％）	以入口網站之網路廣告拆帳收益為主	網路頻寬 （％）	與ISP業者租用網路頻寬費用
線上收入 （％）	月費、計次、套餐價	其他 （％）	與發行網站或電信業者之間的代收費用
其他 （％）	企業應用、軟硬體建置、插卡式廣告		

資料來源：作者研究整理。

尋求合作或授權機會的,可見,一個好的網路動畫,相對於網路而言,正是個最強力的宣傳管道。以訐譙龍或是阿貴來說,光是肖像代言及內容授權方面的獲利,就占去總營收的三分之一至二分之一以上。至於網路動畫的周邊加值利益,例如:由動畫產品衍生出的音樂CD、圖畫書等又可以回到傳統通路販售。因此,對於現今的內容製作業者而言,與其去要求網路使用者付費看動畫,不如將動畫產品當成強力的宣傳工具,以獲取其他周邊的加值利益。

而對於一些尚未成名的內容製作業者來說,如有好的技術與點子,動畫代工也是一筆不小的財富。有許多內容製作業者就是以代工渡過了網路泡沫化時期,然而代工的收益仍遠不及自創品牌,因此,大多數內容製作業者仍是以創造出自家品牌偶像為最終目標。

網路動畫製作業者的一年營收總值會因公司規模及知名度而有所差異,從百萬至千萬不等。代理發行業者,例如專業的影音網站,每年則大約有千萬左右的營業額,但相對於網路動畫可能產生的整體收益來說,目前網路動畫產業的獲利情況仍然不甚理想。對於代理發行業者而言,網路廣告是主要的收費方式,由於大眾仍未建立起使用者付費的觀念,因此,受訪的代理業者也都表示,目前網路動畫的付費收益相當低弱。然而,對於入口網站而言,網路動畫可以帶來人潮,以目前網路廣告的計費方式(每次顯示付費,pay-per-impression或每次點擊付費,pay-per-click-through),的確可以增加不少收益。而利用網路廣告出現在動畫視窗的周圍,或在不影響動畫內容的前提下,於播放前後加入插卡式廣告,也是目前評估的營收模式(參見**表9-4**)。

此外,隨著網路線上遊戲的盛行,以及網路使用者願意付費使用線上遊戲的觀念已普遍為大眾所接受,目前已有網路動畫內容製作業者,嘗試結合動畫故事與線上遊戲,利用與線上遊戲應用軟體商合作,使用自家肖像製作線上遊戲以增加收入來源,這也是未來有可能的獲利模式之一。

表9-4 網路動畫獲利模式分析

獲利方式 比例排行	特性	舉例
肖像授權方式	利用網路流傳的特性造成宣傳風潮，形成偶像模式。之後再透過肖像授權獲利。	將動畫人物肖像，授權予其他業者製作各種產品。例如：阿貴文具、T恤。
內容授權方式	以原有之動畫內容及人物，與其他產物結合，進入新市場競爭。	「阿貴說英語」節目。
廣告專案方式	使用自家肖像代言，並結合傳統與虛擬媒體，同步製作宣傳廣告的整合專案。由製作實體與虛擬廣告及販賣肖像權等三方獲利。	「小蕃薯與統一布丁」合作專案。
產品代工方式	非使用自家肖像製作之實體或虛擬動畫廣告，收入不高，但可免於倒站停業危機。	KOKORO替8866製作MTV。
線上小額付費機制 線上購買點數消費	因網路動畫不收費習慣已成風潮，獲利來源低。	Hinet、Seedent小額付費，手機小額付費，購買虛擬貨幣，或SSL信用卡線上付款。
網路廣告方式	利用入口網站之廣告、動畫前後的插卡廣告，或播放動畫視窗中的廣告，與入口或影音網站拆帳獲利。	蕃薯藤或Hi-Channel的網路廣告置放及播放方式。

資料來源：作者研究整理。

四、主要業者的經營合作與競爭策略分析

資訊產業的策略結盟方式，可分為以下幾種進行：

1. 有股權：合資、股權交換、少數持股、購併等。
2. 無股權：共同行銷、共同品牌、網站內容、交換、簽合作備忘、共同研發、OEM、ODM等。

由於網路動畫產業仍屬新興產業，目前的商業營運模式尚屬試驗階

段，尤其經歷網路泡沫時代的陰影，主要業者在經營與合作策略方面，都是以無股權類型為主，先以專業分工，再依貢獻度或知名度作為獲利拆帳的準則。

在異業結盟或多角化經營方面，如為產品的周邊加值收益，例如：許譙龍的音樂CD或KOKORO動畫電影館的動畫圖畫書等，則依照傳統媒體的利潤分配習慣，版權仍歸屬於原動畫製作公司，出版發行收入則拆帳分配。也有業者是將動畫直接在電視頻道上免費播出，以增加製作公司的知名度。如為肖像授權，則以每年為單位商談授權合約，並收取授權保證金（保證商品可賣出一定之銷售量），拆帳之百分比則依肖像的知名度調整，大約為20%左右。

內容製作業者與代理發行業者的合作關係，目前大多是以獲利拆帳的模式進行，依動畫內容的知名度而調整拆分比例，大多平均維持在50%左右。如果代理發行業者需要與頻寬、通路業者分拆，則代理約取20%，負責主機、硬體、頻寬的業者則約拆分30%。也有業者是以各取所需的效益，做為合作的基礎。例如蕃薯藤、So-Net在入口網站中提供其他網路動畫業者免費或只收取極低的上架費放置動畫。對入口網站業者而言，可利用動畫來增加入口網站內容的豐富性及吸引人潮；而對於網路動畫製作業者而言，則是產品的最佳曝光機會。有些入口網站會替固定供稿的動畫網站開闢專屬的空間，提供專屬網頁中的網路廣告分帳，甚至仲介其他商機機會。入口網站會針對自己網站的屬性決定合作的網路動畫業者，由於上述的入口網站並不設定使用者為寬頻用戶，因此，對於網站上的檔案大小及製作方式會比較有所限制。然而，這對於沒有主機或新興的網路動畫製作公司來說，確實是一個雙贏的合作模式（參見圖9-5）。

如就主機代管或頻寬業者的合作模式來說，有些寬頻業者為增加用戶數，而免費提供動畫製作業者主機或頻寬。有些業者對於這樣的服務很滿意，也有業者為分散風險或頻寬考量下，選擇同時與多家頻寬業者合作。而對於代理發行業者來說，本研究發現業者大多租用Hinet頻寬，雖然Hinet收取的費用比其他頻寬業者高，但由於其網路使用者流量及線上收入較其他網站多，因此仍然有許多代理發行業者主動與Hinet合作。

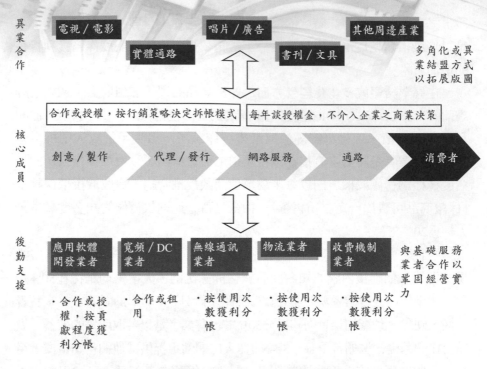

異業合作

電視／電影　　唱片／廣告　　其他周邊產業

實體通路　　書刊／文具

多角化或異業結盟方式以拓展版圖

核心成員

合作或授權，按行銷策略決定拆帳模式　　每年談授權金，不介入企業之商業決策

創意／製作　　代理／發行　　網路服務　　通路　　消費者

後勤支援

應用軟體開發業者　　寬頻／DC業者　　無線通訊業者　　物流業者　　收費機制業者

與基礎服務業者合作以鞏固經營實力

· 合作或授權，按貢獻程度獲利分帳 · 合作或租用 · 按使用次數獲利分帳 · 按使用次數獲利分帳 · 按使用次數獲利分帳

圖9-5　網路動畫產業各環節角色之經營與合作模式

資料來源：作者研究整理。

　　與收費機制業者（含無線通訊業者）的合作模式爲，線上金流以目前可提供的信用卡、手機繳款……等模式付費，再與相關業者拆分金額。如同二○○一年蕃薯藤網路調查結果發現，商店之信用度爲影響網路使用者進行線上購物意願之重要考量因素，因此，如有公正具信用且繳款便利之收費機制業者代替信用度不明的業者處理金流問題，自然有助於提升網友的消費意願。目前收費機制業者的代收代價爲代收金額的20%左右。

　　另外，在網路動畫產業與通路業者的合作模式方面，虛擬通路通常由代理發行業者自行處理；實體通路方面，目前大多由周邊廠商依循傳統模式配發到通路點上，在網路上直接交易之貨品，則由發行網站直接下單給物流中心，以郵寄或快遞方式送達消費者。本研究認爲，這可能與目前便

利商店代收金額過高的情況有關，例如：目前便利商店對於代售線上遊戲卡之費用抽成高達50％，代售書籍達45％，比例相當驚人，如以郵寄或快遞方式來傳送產品，不失為一項低廉、方便的方法。

五、網路動畫產業的困境與前景分析

依據文獻及訪談內容，本研究發現國內網路動畫產業目前正遭遇到若干發展困境，包括有：

(一)網路動畫人才不足

目前國內具有製作網路動畫技術及創意或具影視製作背景的人才並不多，雖然教育單位有增加許多相關科系的趨勢，然而，國內動畫產業的分工並不如國外精細，獲利模式也還在建立中，因此，欲吸引國內外專門人才的投入，恐有實質上的困難。韓國的發展經驗，或許可以作為台灣網路動畫產業的參考。例如：由政府或價值鏈上的其他業者，合作推動協助相關人才至國外學習之計畫，以提升網路動畫產業之內容品質與技術水準。

(二)網路動畫內容貧瘠

以目前數位寬頻網路的便利與普及，國內的網路動畫競爭廠商必須與國外的網路動畫業者相互競爭。部分國內網路動畫業者表示，以目前國內的動畫品質來說，還不足以吸引消費者在線上進行消費。因此網路動畫的付費模式，還需仰賴業者加強內容，以提升產品吸引力。此外，本研究發現，相較於短篇動畫，長篇且具內容深度的動畫，在未來較有可能吸引消費者付費觀賞。由此可見，相關網路動畫人才的培訓，確有其必要。

(三)缺乏跨國界的動畫內容

如前段所提，由於網路的無國界性，將為網路動畫創造出更高的商業價值，因此，製作出無國界性的網路動畫確有其必要性。以韓國賤兔為例，作品的觀賞幾乎不需語言介入，就能達到跨國界的共鳴。反觀美國動

畫因介入太多文化特色（反諷型言語幽默），在台灣反而無法引出共鳴。雖然這對近年來強調本土化的台灣風格稍有出入，然而，如何加入台灣特色卻又能獲得跨國界的共鳴，可能是國內網路動畫產業需深思的課題。

雖然網路動畫產業目前的發展尚未進入穩定獲利的階段，但產官學界對於網路動畫產業的前景仍相當看好。除了國內明訂了「兩兆雙星」計畫，積極推動數位內容產業的發展之外，在中國大陸經濟起飛後，華文內容的發光發熱，也是遲早的問題。特別是透過數位寬頻網路、3G電信服務等無遠弗屆、數位化方式所滲透的數位內容，將是台灣未來產業的希望。

曾經來台訪問的前加拿大Sheridan學院電腦動畫技術中心創辦人與IMAGINA公司執行長Robin G. King認為，未來最受歡迎的數位內容應用，還是在動畫、遊戲、網路以及繪圖等方面。新浪網創辦人暨台灣地區總經理蔣顯斌則認為，由於台灣受到多元文化薰陶，因此在數位內容產業上具有相當的發展優勢，特別是台灣的娛樂、影音內容在大陸非常受到歡迎，可見國內有足夠的潛力發展成為華文數位影音商品的製作中心。推出知名的「阿貴」動畫網站的春水堂公司總經理張榮貴，一樣持正面看法，他認為數位內容可望成為台灣下一波的發展重點，雖然，所有的製造業都可能移向大陸，但除非大陸對媒體、思想完全解放，否則在以「創意」為重的內容產業上，台灣擁有絕對的優勢。

網路動畫的成本較低，內容的規劃上，就像卡通或漫畫一般，不需要拘泥於現實的合理性。可發揮的內容，相當的廣泛。加上目前網路動畫主要的播送平台是寬頻網路，加入一些趣味的互動設計，要跟其他媒體相互比較，並非難事。網路動畫在網路的傳遞中建立知名度後，再評估是否繼續其他的行銷手法，這樣的做法不僅可以降低廣告成本，成效也十分顯著。

網路動畫有許多其他媒體所沒有的特點，這些特色也正是未來數位寬頻網路影音所要發展的方向。在這同時，消費者的角色也從過去的資訊接收者，轉換為資訊搜尋者。化被動為主動，使得所有的內容不再是朝著大眾化的發展，而轉變成鎖定特定族群的小眾市場。所有數位化的媒體都必須在內容的增強外，具備互動性、資訊性，以鞏固自己的市場。

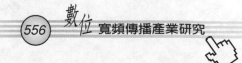

第五節　結論

根據前節之研究發現，研究者歸納以下結論：

一、網路動畫具有成為產業的潛力

網路動畫產業是一個新興產業，雖已逐漸成形，仍因科技的演變，不斷嘗試新的營運模式。因此，也有許多業者對於網路動畫已成為一個產業抱持懷疑的態度。研究者認為，根據文獻資料研究與訪談分析，網路動畫的確有成為產業的潛力。目前以獲利模式來說，雖受限於網友不習慣觀看網路動畫付費的習慣，然而，業者也不斷調整步伐，探測使用者願意付費的方式及時機，且目前不以網路動畫線上收費為主的獲利方式，己使內容製作業者不受網路泡沫化影響而倒閉，更證明此產業有發展成型的基礎。

二、網路動畫產業價值鏈專業分工機制已具雛形

網路動畫產業的經營模式，不像過去網際網路剛剛興起的時代，可輕易獲得各方大量資金的挹注。現今網路動畫產業內各業者之經營模式，多以「專業分工」的方式合作經營，而非盲目地相互投資。產業內，專業分工的經營模式已逐漸成形，在網路交易收入之拆帳比例上也已產生共識，但是，在內容製作業者的拆帳比例方面，可能還有相當的調整空間。

對一般影音產品來說，在寬頻網路上的銷售已屬於加值業務的部分，所以，大部分的內容業者對於獲利率要求不高。然而，絕大多數的網路動畫在網路上的曝光，卻是原創的第一版播放，目前因消費大眾的付費欣賞網路動畫觀念尚未建立，未來，研究者認為，如繼續以此模式拆分，對於網路動畫內容製作業者的成長絕非益事，甚至可能因此牽動產業價值鏈上業者的興衰。

三、網路動畫產業在內容上仍有加強的空間

由於網路的無國界性，網路動畫為提升其加值性及國際性，製作跨國界及跨語言之動畫應是業者最需努力的目標。目前國內網路動畫多偏向製作三至五分鐘的小品類型，對於消費者的吸引力不及長篇作品，也無法如長篇作品容易建立忠誠觀眾群。必須以消費者為導向，顧及消費者的需求，未來網路動畫產業才能有「利」可圖。

第六節　建議

本研究針對網路動畫產業的發展狀況、產業架構、成員及價值鏈分析，以及上下游業者經營模式及策略聯盟、異業合作等方面之分析探討後，提出以下建議，做為未來網路動畫產業發展之參考：

一、網路動畫業者仍需積極提升競爭力

目前網路動畫產業，在內容方面，所需競爭的對象，除產業內同質的製作業者外，主要就是亞洲市場的內容製作業者。另外，在肖像授權上，同時又受到國外大廠如迪士尼的競爭，因此，提升競爭實力是刻不容緩的。然而，依據訪談結果發現，國內的網路動畫製作人才不足，技術也不如韓國業者，因此，如何培訓人才及提升內容的強度，是該產業必須深思的課題。研究者認為，台灣政府可以以韓國經驗為借鏡，有計畫地培訓我國數位內容產業人才，一旦網路內容提升，便能進而激發價值鏈上相關業者的提升。

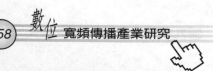

二、提升網路動畫的附加價值

由於目前網路動畫以線上收費的獲利模式尚未成熟，因此，如何以周邊利益增進其附加價值，是值得網路動畫業者思考的方向。目前可行的作法包括有：

1. 設計跨語言、跨文化、跨國界的網路動畫作品，利用網路無國界的優勢提升其附加價值。
2. 結合非線上媒體產業整合行銷，有助於降低總體宣傳製作成本，並提升宣傳效果，增加網路動畫的附加價值。

三、適當協助網路動畫製作業者，創造雙贏利基

從網路動畫產業的價值鏈來說，內容製作是一個辛苦的藝術創作與娛樂創作的工作。如果沒有了內容，價值鏈上的其他環節將形同虛設，且內容產業的成長對於網際網路的成長有相輔相成的功效。政府或企業，若能針對網路動畫製作業者的困境，適時提供實值的協助，例如：增加其曝光機會、營利拆分比的優惠，都能讓網路內容動畫製作業者有茁壯成熟的機會。

四、持續提供專業分工與整合服務的經營模式

目前，在網路媒體經營模式上，「專業分工」的共識逐漸產生，在網路動畫產業方面，也可以以此一概念持續進行合作。重點包括有：

1. 上游（內容製作業者）：負責網路動畫內容之創造與製作。
2. 中游（網路服務業者）：負責軟體建構、提供管理機制，及網路行銷等工作。

3. 下游（網路通路業者）：負責提供更具親和力的平台介面，以便於消費者接觸、搜尋及使用。

4. 後勤活動支援業者：提供金流、物流及網路通訊基礎建設之合作。

5. 拆帳比例建議：（以收入為基準）上游約60到70%；中游約10到15%。下游：約15到20%。

6. 成本方面：內容業者可因中下游及後勤的合理拆分比及協助，專心於內容的開發與製作，並降低人事物力成本，對於內容的品質及整體產業的提升將有實質的助益。

7. 電信業者如要介入服務，提供公正具信用的整合式帳單系統應是最實際的。

　　台灣的網路動畫因為寬頻網路的無遠弗屆，終於有機會伸展到世界舞台，若欲提升產業結構的實力，除了品牌的建立、內容的強度、人才的培訓之外，與其他非線上媒體產業整合行銷，具親和力的播放搜尋介面及公正具安全性的金流機制、便利而廣大的通路、穩定的頻寬品質都是穩固網路動畫產業的基石。

附錄一 深度訪談名單

訪談時間：二○○二年八月一日至八月三十日

公司名稱	業者於產業中的定位	受訪對象
在線上網際股份有限公司 許譙龍	網路動畫內容製作業者 (包含自製及代理韓國動畫)	總經理特助 戰克傑 先生
洛可可KOKORO動畫電影館 吳若權電影小說館	網路動畫內容製作業者 (作品內容改編自小說)	副總經理 靳鐵章 先生
番薯藤數位科技股份有限公司 卡通頻道	入口網站 (提供自家及他家網路動畫公司作品於卡通頻道中)	資訊整合服務處服務 三部專案經理（卡通 頻道負責人） 游千慧 小姐
影音網科技股份有限公司 Gotowatch.tv	包裝代理發行公司 應用軟體、收費機制平台建置業者	總經理 劉財源 先生
愛爾達科技 第五台 Channel 5	包裝代理發行公司 應用軟體、收費機制平台建置業者	總經理 陳怡君 小姐

公司名稱	在線上網際股份有限公司 許譙龍	洛可可KOKORO 動畫電影館 吳若權電影小說館	番薯藤數位科技股份有限公司 卡通頻道	影音網科技股份有限公司 Gotowatch.tv	愛爾達科技 第五台 Channel 5
網址	www.ch1.com.tw	www.kokoro.com.tw	www.yam.com	www.about-media.com.tw www.gotowatch.tv	www.ch5.tv
訪問對象	總經理特助 戰克傑 先生	副總經理 靳鐵章 先生	資訊整合服務處服務三部專案經理（卡通頻道負責人） 游千慧小姐	總經理 劉財源 先生	總經理 陳怡君 小姐
公司電話	(02)2761-6600	(02)2371-3781	(02)2502-3000	(02)8773-4000	(02)2341-1100
公司地址	臺北市八德路四段760號7樓	台北市武昌街一段77號7樓之17	臺北市建國北路一段140號	臺北市松山區南京東路三段248號10樓	臺北市仁愛路二段2號8樓
收入來源	周邊產品 產品代言 唱片	周邊產品（圖畫書、原聲帶）、音樂授權（「摘星」真人連續劇）、動畫製作代工（Flash MTV……）	網路廣告60% 企業應用40%	線上收入70% 軟硬體建置案30%	線上收入80% HI CHANNEL 20%
製作成本	四十五秒動畫平均成本為新台幣二十至三十萬	三至五分鐘動畫約新台幣十五萬，製作時間三周	無法提供	內容是與版權所有者合作使用	內容是與版權所有者合作使用
預估營收	三千萬元（今年）	八百萬（今年）	五億元（今年）	三千五百萬元（今年）	八千萬（去年）資本額一億五千萬
公司組織	製作十五人、業務四人、網管三人	動畫十人、音樂二人	總計一百七十至二百人	技術、多媒體、行銷	管理四人、業務七人、工程二十五人，總計三十六人
產品定位	經營肖像	原創內容及原創音樂的網路動畫連續劇	提供廣告託播平台，並與動畫網站合作，達成雙贏（蕃薯藤增加廣告收益，動畫網站提高流量與知名度）	網路的頻道商	網路的頻道商 建立數位影音市場的BUSSINESS MODEL

公司名稱	在線上網際股份有限公司 許謙龍	洛可可KOKORO動畫電影館 吳若權電影小說館	番薯藤數位科技股份有限公司 卡通頻道	影音網科技股份有限公司 Gotowatch.tv	愛爾達科技 第五台 Channel 5
代表作品	許謙龍	網路動畫連續劇（摘星、花季……），最高日流量一萬六千人，且曾在台視及三立播出。	YAMIE、士立架廣告	綜藝、戲劇、寫真	戲劇、娛樂、電影
網站流量		1萬／日	25-26萬／日（卡通頻道）		
收費模式	無	無	無 一般卡通無上架費 廣告式卡通上架費為3萬／日	以信用卡、Hinet AAA、ATM、郵政劃撥、中華電信839、玉山E-coin、遠傳i-style等方式付款，購買點數消費	有包月、包片（如一次40集）、PPV等數種計費方法，付費方式以Hinet AAA為主，其他方式為輔。
拆帳模式	周邊商品部分，廠商需繳交保證金並達成一定銷售量，之後的商品則以抽成20%計算	與吳若權合作圖畫書，版稅平分。 與環球唱片出版原聲帶（版稅依照一般唱片計算）	與合作的卡通網站，依契約比例與點閱次數拆帳	本身50% ICP 30-40% 代收業者20%	以HI CHANNEL為例 HINET 30% ICP 50% ELTA 20%
合作對象	代理韓國動畫「雨衣男孩」TNN	ISP（Hinet、So-net）作家吳若權（提供原創故事）台視（摘星真人版）國內動畫網站		電信業者 內容提供者	ICP 亞洲市場的ISP（新加坡電信、中國電信）
未來拓展方向	線上遊戲 動畫電影（策劃中）電視卡通	所有的娛樂出版業（電視台、出版公司、廣告公司、科技公司、唱片公司、影視製作公司）	四格漫畫 3D動畫（目前用戶頻寬問題無法克服）	在美、日設置網站 代理日本節目（台灣尚未播出的）與國外相同性質公司合作（ISP、TELECOM）STB、數位電視 華納唱片合作	亞洲市場的ISP 手機的VIDEO RING TONE

公司 名稱	在線上網際 股份有限公司 許譙龍	洛可可KOKORO 動畫電影館 吳若權電影小說館	番薯藤數位科技 股份有限公司 卡通頻道	影音網科技 股份有限公司 Gotowatch.tv	愛爾達科技 第五台 Channel 5
與電信業者互動關係	與TNN合作，提供頻寬的服務	與So-net合作，對方負責頻寬、主機，洛可可提供內容 租用HINET主機	租用頻寬，收費以「用量」計算	租用頻寬 主機代管 代收費用	與Hinet合作，對方負責頻寬、主機及付費機制，愛爾達負責ICP的整合洽談
問題困境	政府相關人才的培訓、寬頻的推廣	人才的來源	內容的強度	盜版的問題	片源 安全機制的問題 穩定的播放平台
對於網路動畫產業看法	動畫本身無法成為獲利的工具，經營肖像及週邊產品的販賣才是收入的主要來源。也就是利用內容本身的價值，去創造利益。因此，網路動畫目前還不足以成為一個產業。	在經營動畫網站的規劃當中，認為收費式的動畫，會使得觸及的人口大幅降低，目前網路使用者的習慣已經將之視為理所當然的免費服務。真正的商機並不在於收費機制或是廣告的利益上，而是在於內容的吸引力及發展潛能，以異業結盟的方式去賺取與『版權』相關的收益。	目前與動畫網站的合作當中，認為一個網站的成功關鍵因素在於創造流量，可以得到最基本的廣告收益。目前正在發展的商業模式為： 1.為廠商設計製作專案式的動畫。 2.在動畫當中做插卡廣告。	卡通與動畫在消費者的心目中，其實是差不多的東西。目前國內的網路動畫要與其他國家如日本的卡通、韓國的網路動畫比較，還不足以吸引消費者在線上進行消費。因此網路動畫的付費模式，還需仰賴加強內容吸引力。	網路上的影音服務是有其前景可言，尤其是當PC上的隨選視訊、繼次付費的使用習慣養成之後，相同的內容轉換到TV端使用時，消費者可以很快的接受此種模式。而網路動畫如果想要在這個競爭環境下生存，最重要的還是要回歸到內容上，製作具價值、具吸引力的動畫，以維持穩定的收看群。

參考文獻

■書籍報章期刊資料

McKinsey譯，2002，〈寬頻娛樂的三個新獲利模式〉，《E天下》，2002年8月，頁156-159。

王年宏、唐宜傑，2001，《Quick Time影音技術實務》，台北市：學貫行銷股份有限公司。

王皓正，2002，〈數位視訊協會帶動產業起飛〉，《經濟日報》，2002年8月30日。http://udnnews.com/NEWS/INFOTECH/IT/969349.shtml。

伊芸，2002，〈阿貴耍個寶，大陸日本笑彎腰〉，《TechVantage》，2002年3月，頁76-77。http://udnnews.com/NEWS/INFOTECH/BNEXT/906215.shtml

林柏青，2001，〈迎接線上音樂／影像／動畫的時代——串流媒體探討〉，《X-Magazine》，2001年4月，頁235-237。

陳文琦，2002，〈PC寬頻結合，邁向新電腦時代〉，《經濟日報》，2002年8月30日。

陳韋伶，2002，〈影音內容網站經營模式與關鍵成功因素分析〉，國立台灣大學商學研究所碩士論文。

黃彥達，2002，〈無線通訊產業的四大發展（下）電信媒體金融三合一〉，《數位之牆》，2002年9月1日。http://www.digitalwall.com/scripts/display.asp?UID=163

黃聖鑌，2000，〈數位影音發展新趨勢〉，《FM103.3 X-Station》，2000年4月，頁56-60。

鄭志強、李文中，2000，《網路影音即時播放》，台北：學貫行銷股份有限公司。

Gary W. Dickson, Gerardine DeSanctis, 2000. E-Business Models, Making Sense of the Internet Business Landscape. *Information Technology and the Future*

Enterprise, December 15, 2000, Chapter 3.

Timmers, P.,1998. Business models for electronic markets. *Electronic Markets,* Vol.8, No.2, 1998, pp.3-8.

■網站資料

互動式多媒體設計

　　http://techart.tnua.edu.tw/~suchu/media/streaming-a-v.html#streaming

自由電子新聞網

　　http://www.libertytimes.com.tw/2001/new/feb/22/today-i1.htm

東森新聞網

　　http://www.ettoday.com/2002/08/29/91-1345557.htm#

第十章
網路多媒體教學系統建構之研究

——以世新大學規劃「台灣史」與「媒體識讀」
　課程爲例

引言

　　網路多媒體教學隨著人類社會結構的改變與電腦網際網路的普遍運用，已逐漸成為現代人和高等教育機構所採行的學習與教學型態之一。許多文獻資料均顯示，網路教學是未來不可避免的趨勢，同時運用多媒體的教材呈現，也有助於提升學習者之學習成效。

　　世新大學為一所以「傳播」為主軸的台灣高等教育學府，為落實「知識經濟」的發展方向，特別選擇了二門具有通識特色的課程—「台灣史」與「媒體識讀」做為該校發展多媒體網路教學的踏腳石。因此，本章以世新大學規劃「台灣史」與「媒體識讀」二門網路多媒體教學課程為案例，深入探討其規劃經驗，以分析高等教育發展網路教學的可行性。

第一節　知識經濟下網路多媒體教學的發展背景

近代經濟的發展，來自於生產力長期的累積，而生產力長期持續增加的原因，即來自於知識與經驗不斷的累積與有效的應用。近十年以來，由於傳播科技所帶動的資訊社會變革，已徹底改變了人類生活與生產的模式，預估在二十一世紀，資訊化的指標將成為影響各國經濟發展榮枯的重要因素。

依照我國行政院所通過的「知識經濟發展方案」中說明，一九九六年國際知名的「經濟合作開發組織」（OECD）曾發表一份「知識經濟報告」，認為以知識為本位的經濟即將改變全球經濟發展型態；知識已成為生產力提升與經濟成長的主要驅動力（經建會，2000）。隨著資訊通訊科技的快速發展與高度應用，「知識經濟」已普遍受到各國專家學者與政府的高度重視。

所謂的「知識經濟」，就是直接建立在知識與資訊的激發、擴散和應用之上的經濟，以創造知識和應用知識的能力與效率。回顧歐美先進國家，特別是美國這十幾年的經濟發展，便是在政府及企業的通力合作之下，掌握發展知識經濟的契機，從而達到高成長、高所得、低物價與低失業率的成就。因此，許多學者認為美國的經濟發展模式，已成為各國知識經濟發展的典範，並逐漸影響世界各國經濟發展的方向。再者，先進國家如日本、英國、新加坡等國，也紛紛採取具體措施，以充分落實發展知識經濟的方向（經建會，2000）。

在台灣，依目前行政院經建會的規劃，「知識經濟」已成為我國中央政府的主要施政方針，其目的即是要讓國人知悉並運用「知識與資訊」的能力自我提升，以強化國家整體競爭力。這樣的政策，同時也必須落實在我國的高等教育規劃中；其中，建立網路學習體系，例如遠距、網路、多媒體教學之規劃、實施，已成為高等教育發展的重點之一（經建會，2000）。

第二節　網路多媒體教學的發展現況

一、多媒體應用於教學的趨勢

　　國內運用視聽媒體於教育上，始於一九三五年的「電化教育」，而後結合視聽教育與教學科技的理念而成「教育科技學派」。該學派大師Heinich曾主張，目前的教育應全面推展以媒體科技為主體之教學模式，透過應用性研究，證明該等模式之效益與效率，求諸社會的認同，從而反求學校因應社會的需求，在整體教學方式甚或體制上作改變（朱則剛，2000）。在教育科技的文獻中常提到，如果只用聽覺作為學習管道，一週後學後保持（Retention）百分率約為20%。如果除了聽覺外，對視覺也提供刺激資訊，則學後保持率可增加到40%。如果除了聽、看之外，使用者還能參與互動（interaction）的話，則學後保持率顯著提升到70%，可見多媒體教學之學習成效相當優越（趙正平，1997）。一般而言，多媒體教學具有下列特性：

1.可混合不同類型及來源的資訊。
2.可使教材規劃者能選擇最適當的傳播通路來展示資訊。
3.可激勵使用者及學習者。
4.可節省訓練或展示成本。
5.可攜帶性高（portability）。

趙正平（1997）同時指出，運用多媒體在教學上還具有下列優點：

1.以音樂、語音、圖形、動畫、動態影像展示教材資訊，可以吸引學生的注意力。
2.數位化的巨大儲存空間，可以提供程度不同、表達方式不同的資訊，使學習者更容易受益。

多媒體對於提供學習者測驗方面更是比傳統媒介能夠發揮，例如：以多媒體呈現考題評量，或根據學習者的成績提供不同程度的測驗內容，並提供充分而適當的回饋（feedback）等等。可見，將多媒體應用在教學上是相當符合現代人需求的。

二、網際網路在教育上的應用

隨著資訊社會的來臨，以網路為概念而建立的「國家資訊化基礎建設」（National information Infrastructure, NII）除了運用在商業活動外，學習活動也成為網路應用的另一個重點。許多資訊社會的相關統計與預測數字，均顯示出網路學習的發展潛力。例如：

1. 據統計，新知識每七年會增加一倍，現有技能每三年至五年會被淘汰。
2. 麥肯錫公司預測，美國85%和歐洲80%的工作將是以知識、軟體、或技術為基礎。
3. 美國一億三千萬就業人口中，將近七成的工作是暴露在快速被淘汰的技術裏。
4. 美國以具有知識創造的產業來維繫國家的經濟成長，創造絕大部分的國家競爭優勢，例如電腦軟體、醫療照顧、通訊業、教育、娛樂業、會計、法律、出版業、顧問、廣告、零售業、批發業和運輸業，這些產業占現今美國所有工作的79%和國民生產毛額的76%（洪明洲，1999b）。

從以上數據顯示，網路的使用已成為全世界的熱潮，其應用範圍亦是有增無減，然而網際網路在教育與學習層面的應用卻相當薄弱。依據創市際市場研究顧問公司（2003）所發表的「台灣網路生活型態報告」顯示，遠距教學與線上學習的活動在台灣遠落後於其他網路使用行為（如娛樂、商業交易、尋找資訊等目的）。而且，目前網路資源多數被資本家所壟斷，政府對網路資源的支配權仍舊有限，多數教育工作者也尚未覺醒，還不懂

得如何善用網路，從網路世界爭取教育的實權。但是，網路發展的最終意義，乃是成爲平民百姓的發聲媒體，因此，網際網路的普及度與個人使用網路的能力，便成爲衡量一個國家及個人是否進入資訊時代的指標。

隨著網路發展不斷突破技術瓶頸，網路頻寬及品質逐年改善，利用此尖端網路技術與通信科技的教學型態——網際網路遠距教學（簡稱「網路教學」）於焉誕生。其最大的優點，是運用科技與網路的遍布，不需在特定的時間與定點教學，節省教育成本，使學習機會普及化，同時亦有分享教育資源的優點。

一般而言，網路教學課程的理念與特色，可以分爲下列幾點：

1.彈性的教學與學習空間。
2.彈性調整學習步調與進度，不需配合其他學習者的進度。
3.透過網路上的豐富資訊，提升教材與學習內容的深度與廣度。
4.將學習者的學習態度從「被動」轉爲「主動」。
5.透過非同步教學系統中的「自我評量」、「討論群」與「線上登錄」紀錄，使教學者可精確觀察學生的參與度，並給予獎勵或關懷。
6.擴大學習者層面，舉凡在校生、外校生、在學生、一般社會大眾，均能參與學習。
7.非同步教學系統中的「討論群」可以發揮同儕學習效果，節省教學者回答相同問題的時間。

「網路學習」就是伴隨著網路上的同儕互動，而逐漸完成學習的過程。其學習空間是虛擬的，且由於互動方式的不同，傳統以教師爲主的教學模式也將會大幅改變，不僅授課方式與教材內容必須全面更新，教師與學生之間的角色關係也會有所變化。課程教師除了傳授知識外，更必須注重培養學生主動的學習態度，透過網路學習的新模式，使學習者好奇，進而在網路上尋找、分析、應用資訊，解決問題。在過程中學習團隊合作、溝通、表達自己、尋求協助，同時也需要發揮創造力、批判性思考及懂得如何學習，進而養成汲取新知識的習慣。

若干文獻指出，教育機構在規劃提供網路教學予學習者之際，通常有

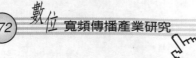

三個因素必須考量，其一為行政支援，其二為基礎建設，再者為教學態度（Tsai, 1993；趙美聲、陳姚真編譯，1999）。網路教學規劃若無行政系統之支援，特別是教育機構主管之授權與支持，通常都難以持續執行。此外，網路骨幹與基礎建設是網路教學的必要基本條件，正如交通工具若無良好的公路設施配合，亦無法發揮其運輸功能一般。再者，網路教學不同於一般傳統教學的型態，教學者必須以投入的態度，設計適合學習者的教材與互動方式，方能使網路教學達到最大的效果。因此，前述三個因素可以說是規劃網路教學成功與否的關鍵。

過去幾年，許多教育工作者確實看到政府規劃使用網際網路來改造教育的做法，例如，教育部積極發展遠距教學、校園電腦化等方案、推動e-mail（電子郵件）到中小學計畫、鼓勵高中職及國中小教師與學生使用電子郵件及電子布告欄、各大學院校持續開辦遠距教學課程等等。政府方面，也不斷地改善電腦網路設備，讓各級學校、研究單位、社教機構都能連接網路，應用網際網路或全球資訊網，營造一個可以進行終身教育學習的社會環境，使人民都具有能適應未來資訊社會所需要的知識與技能。

依據台灣地區網際網路使用人口調查，估計大專院校學生曾使用網路者約為七十七萬七千人，占學生總數的94.3%。此一資料顯示，幾乎所有大專學生均曾使用過網際網路。這些曾使用網路的大專學生中，每週使用網際網路超過兩小時者大約有三十九萬人，每週使用網際網路五小時以上者約有十六萬人。這些曾使用網路的大專學生中，24.1%的使用者每天都使用網路，而29.4%的受訪者二至四天上網一次，21.6%一週上網一次，合計每週至少使用一次網路者，共占75.1%，若以此比率推算，則每週至少上網一次者約為五十八萬人（王鴻龍，1998）。

在政府提倡與學校當局重視下，「網路教學」確實是教育改革聲浪中最具體之行動之一。然而，網路是否應被採用？網路應用是否達成大家期盼的成效？如此的問題，如果直接點閱瀏覽各大學院校網路教學課程的網頁，從課程之維護更新、學生學習之互動留言、探訪人數之稀落，以及各教學網站間的連結，在在都顯示國內網路教學的情況，仍屬有待開發的「荒漠」。

顯然的，目前網際網路在商業上的應用比教育上的應用超前許多，學校不如企業勇於創新，更不如企業有激烈的市場競爭在鞭策教育的改造。許多教育工作者以為購買電腦設備，連接網路，讓學生上網瀏覽、收發e-mail，就是NII（國家資訊化基礎建設）的實現；也有教師以為必須裝置多媒體器材配備，將教室改裝為錄影現場，然後運用網路傳輸技術作「隨選」或「群播」，或將「教材上網」，就做到了「網路教學」？其實並非如此。真正完善的網路教學規劃與設計，應兼具學習誘因與人性，使其使用者皆能積極主動參與。

三、網際網路為教學帶來的效益

網際網路究竟能在教育上應用哪些功能與特性？除了藉由電子郵件、電子公布欄（BBS）、全球資訊網（WWW）傳送教材外，它還能做到哪些教學功能？達成哪些成效？實際上，網路教學並非只是利用網路或電腦作為資料的傳輸和儲存的工具，其實，網路技術還具有相當多的教學優勢屬性可供利用，例如（田耐青，1997；洪明洲，1997）：

1.非同步：師生不必同時上線，可依其需求自行選擇教學與學習時間。
2.多方向：師生可以有群體且雙向的溝通。
3.個別化：學習者可依其需要選擇合適之進度或教材來學習。
4.自動記錄：網路的任何行為或溝通都可以留下資料，利於查索與追蹤。

前述這些特性可為網路教學帶來以下的效益：

1.便利性：學習者可彈性選擇學習的時間、空間，只要透過基本的電腦配備即可進行同步或非同步的教學活動。
2.主動性：學習者可以依其實際需要和個人興趣選擇課程，並依自身程度、意願、能力、學習狀況，決定教學內容與進度，不受固定課程安排的限制，完全採取主動式的學習，給予學習者在學習行為上更多的

主控權。

3.互動性：在網路上的互動是一種「群播」狀態，學習不再處於被動、單向的狀態，而是多元互動，甚至是彈性的、有選擇性的互動，進而能提高學習的樂趣。

4.合作性：藉由網路通訊，可以突破時空障礙，使分散不同地區的學習者可以交換資料、經驗，或是共同針對某個主題進行研討，在線上合作完成專案。

5.多樣化：由於全球資訊網支援各類多媒體教材之呈現，能讓師生選擇用各種形式表現其作品，並留存於網路，網路能扮演線上資料庫的角色，提供師生各式各樣可供擷取的資料。

6.開放性：網路上的學習是開放式的，網路提供一個非強迫性與無階級性的學習環境，所有參與者同時扮演著「教」與「學」的角色，打破師生隸屬關係，提供平等的溝通。

綜上所述，運用網際網路來作為教學使用，其目的並非取代傳統的面授教學，而是提供教學者與學習者的另類選擇。再者，網際網路的種種特性，也極適合作為「輔助教學」的工具，以提升教學品質，或加強「教」與「學」之間的互動。

第三節　研究目的與方法

為了落實政府「知識經濟發展方案」，許多高等教育機構紛紛於校務發展計劃中將網路環境建構、網際網路教學與網路影音資料庫運用列為重點發展項目。世新大學也在一九九八年成立「數位影音暨網路教學中心」，規劃推動前項重點業務。本章主要目的，即以世新大學為個案，透過瞭解該校規劃推動網路多媒體教學的經驗，並以「台灣史」與「媒體識讀」課程為例，做為網路教學模式建構之經驗分享。

此項計畫係結合世新大學的教務、電算、網路教學、通識教育中心及

傳播學院等教學單位，跨院、跨單位合作，使用網際網路教學的方式推動「台灣史」與「媒體識讀」兩門課程。台灣史與媒體識讀是當前備受大家矚目的學科，以大專學生使用最頻繁的網際網路做爲教學傳授管道，並且輔以影音、圖像、文字、超連結等多媒體呈現方式教學，即將成爲當今與未來的高等教育型態之另類選擇，教育工作者均應給與相當之關注。

本研究所使用之研究方法，包括文獻分析、資料蒐集、深度訪談等，最後，再彙整資料，規劃可行方案執行之。

第四節　研究個案

一、個案背景分析

「世新大學」是一所以傳播爲主軸，貫穿現代人文學科、社會科學的綜合大學，對內致力於新聞傳播諸領域的研究，對外則嘗試推動以傳播整合人文、社會等諸領域。「世新大學」從一九五六年創校開始，雖體制名稱因時而有異，以「新聞」、「傳播」爲立校根本則始終不變。在傳播、電腦與通訊科技整合的新世代中，廣播與電視已經與電訊傳播產業的發展形成了緊密而不可區分的關係。有鑒於大眾傳播媒介的迅速發展，其重要性和影響力與日俱增，並爲了因應二十一世紀新科技時代來臨與社會多元化之需要，世新大學開始配合新傳播科技的發展，設計完備的影音傳播教育。

爲響應教育部資源共享及終身學習的教育理念，該校自一九九七年七月開始籌備遠距教學相關事宜，並於一九九八年二月開辦視訊同步遠距教學課程。在選擇合作對象時，是以地區與學術專長作爲考量，由於該校在傳播課程的專長已有長久歷史，因此，原始構想是將其專長之傳播科目與他校分享，所選擇之學校，包括曾經合作過的國立東華大學（東部）、國立清華大學（北部）、國立成功大學（南部）等，相互分享教育資源。

依據台灣地區網際網路使用人口調查（王鴻龍，1998），估計大專院校

學生曾使用網路者約為七十七萬七千人，占學生總數的94.3%。此資料顯示幾乎所有大專學生均曾使用過網際網路。因此，該校從一九九九年起，開始試辦非同步教學課程「認識電視影像」，由於課程設計活潑精采，學生上課反應十分熱絡，在課程網站上進行閱讀、各種討論與作業繳交，已達到相當程度的遠距教學成果。二○○○年，接續開辦「理財與生活」、「網路程式設計」兩門非同步遠距教學課程，兩門課程修課人數也都額滿。

之後，該校將網路資訊教育納入中程校務發展計畫之中，並明文「發展遠距教學，提供多元而便利的學習機會，使學習不受時間與空間之限制」，同時積極建設校園網路，推動教務行政電腦化，透過校園網路，隨時公布相關訊息，以便教職員、學生能及時掌握最新訊息，並增進校園瞭解。

在多媒體輔助教學方面，該校已於二○○一年完成寬頻（Giga）網路之架設，並由校內之數位影音暨網路教學中心建立數位影音資料庫，在網路上提供影音資料傳播，同時輔助教師利用網路上之影音資料進行教學、討論及研究。因此，該校在執行多媒體教學的網路硬體工程及軟體技術支援上，皆具實務經驗及成果。世新大學匯集開辦近四年遠距教學的豐富經驗，並經由遠距教學推廣委員會（包括校長、教務長、研發長、通識中心、電算中心、數位影音暨網路教學中心等相關單位主管參與）決議，擬定以網際網路教學形態推廣「台灣史」與「媒體識讀」兩門通識課程，期望藉由網路的教學方式，提昇學生對於台灣的基本認識與媒體判讀的能力。

在人力資源上，該校集多年在傳播教育之經驗，由傳播界與史學界多位著名之學者共同參與，並由該校教務長，主導整個網路教學計畫的推行。在網路教學環境建置方面，由該校數位影音暨網路教學中心主管協同教學團隊，進行各分項計畫的溝通與支援協助工作。在「台灣史」課程執行方面，以李筱峰、趙慶河與陳墀吉等三位教授為主導，結合國立中央圖書館台灣分館的珍貴史實與各力優秀客座教師之精采對談，力求台灣史教材之完整呈現。在「媒體識讀」課程執行方面，則由該校通識教育中心主任羅曉南教授，協同新聞系余陽洲、廣電系李泳泉、口傳系管中祥等三位

老師，共同規劃。

二、個案規劃多媒體網路教學之重點

　　世新大學規劃網路教學的主要重點，首先在於「建置多媒體網路教學環境」，並以規劃「台灣史」與「媒體識讀」二門課程為執行之課程。由於課程內容之規劃與設計必須與網路教學環境相互配合，是故有必要整合多媒體教學環境建置與課程設計規劃，期使運用網路多媒體教學，提升大學學生基本學科素養之目標得以實現。

　　現今各級學校均積極著重於電腦資訊教育，期藉此提升全國人民素質，躋身資訊國家之列，幾年的努力下，上網已成了基本技能，小學生也會使用電腦輕鬆上網，網路的虛擬世界更令許多莘莘學子流連忘返，並在其間發展出一套獨特的人際關係與行為模式。網路儼然成為生活的基本條件，有鑑於此，該校將「台灣史」與「媒體識讀」兩門課程建構在網路教學的環境之上，藉由大學學生所熟悉的操作環境，輔以多媒體教材的呈現方式，期能引起學生的學習興趣，進而主動學習。由於該兩門課程皆與日常生活息息相關，也是大學基礎教育加強的重點，透過網路教學，不僅能培養學生識讀判斷的能力，更能加強學生的世界觀與奠定終身學習的基礎。

　　綜合言之，世新大學在規劃該項網路多媒體教學的重點工作上，可分為三個分項計畫。茲將各分項計畫的目的與工作內容敘述如下：

(一)分項計畫一：建構網路教學環境

　　本分項計畫的目標是在世新大學構築「網際網路教學環境」，以推廣通識或共同課程教育為應用主題，並運用多媒體、影音素材多元教學，以提升傳統通識課程的教學品質，期使大學生的通識學習成效得以加強。

　　基於前述計畫目標，透過教育協同組織所規劃的「網路虛擬教學平台」（請參見網站http://www.distance.shu.edu.tw），結合了所有的學生、學習內容以及學習軟體，同時也改變了傳統學習的方式，藉由一起參與教師所設計

的特定學習活動，如合作、討論、競爭等方式，進行群體互動學習，以提升大學的教學品質。

此分項計畫除建構世新大學整體網路教學軟硬、體環境外，更積極宣導全校師生利用網路進行教學活動，促使教學多元化。發展初期先以「台灣史」與「媒體識讀」兩門通識教育課程為推行重點，未來將擴展至其他學門。

同時，該校務發展計畫中，將網路環境建構、網際網路教學與網路影音資料庫運用列為發展重點。此外，為配合國家「知識經濟」之政策發展，該校擬結合校內相關系所之研究與教育資源，設置此兩門具前瞻性的網路教學課程，培養學生對於本土文化的關懷與認識傳媒的能力，使校內人文教育之發展更臻理想。

(二)分項計畫二：進行臺灣史課程網路教學規劃

有鑒於網路科技的普遍使用，已使整體高等教育結構深受衝擊，為使學習機會普及，不受特定時間、地點的影響，並節省教育成本，該校以「台灣史」課程為範例，規劃網路教學，供教育工作者參考使用。

台灣史課程網路教學的規劃目的，係為矯正以往歷史教育過度偏重以中國為中心的思考，以此突顯台灣的主體意識，並經由歷史教育產生居住者與環境互動，消除疏離感，避免居住者對居住地的認同混淆，造成族群對立。至於所謂的台灣主體意識應具備以下要點：

1.必須是以居住地為主體思考的在地觀念。
2.必須超越族群，原住民、鶴佬（福佬）、客家及戰後新住民，彼此寬容，形成共同意識。
3.必須具有世界性格，即所謂「立足台灣，放眼世界」。

因此，該課程的教學設計重點在於：

1.建立台灣主體性的歷史意識。
2.明瞭台灣與周邊國家的關係。

3.確立台灣在世界史的地位。

4.整理大台北地區的鄉土史，回饋鄉土，並與社區發展結合。

第二分項計畫負責的工作包括台灣史課程之設計、資料蒐集、影音資料的攝製與建立、歷史地圖的繪製以及資料庫的建置等。基本上，台灣史課程預定製作三十教學單元，每一單元除單元課程主題外，另邀三位以上相關學者參與錄製教學討論，並製作歷史地圖及相關名詞索引之影視與文字資料庫，附掛於教學網頁內。

(三)分項計畫三：進行媒體識讀課程網路教學規劃

現今傳播科技日益發達，與生活緊密結合的特質更加深其重要性，藉由傳播科技帶來全球化的資訊，也使得各地發生的新聞事件不再局限於當地媒體，透過衛星、網路等科技，瞬間即可傳播到全球。傳播科技精進造成時空壓縮現象，於是傳統文化中「守門人」的重要角色即被穿透，大量的媒體訊息暴露在閱聽人眼前。

現今的大學生接觸到的媒體訊息十分多元，或許有謂大學生們擁有豐富的媒體接觸經驗與較成熟的心智，因此可做出正確判斷，所以無論民間或官方，投入大學（專）媒體素養教育的力量，似乎單薄了許多。然而隨著傳播科技的快速發展與媒介的高度普及和深入生活，大學生，一如兒童青少年與社會大眾，顯然無法自外於傳媒所建構的世界，更不可能因為高教育程度而對媒體的影響「免疫」。

因此，世新大學選擇以「媒體識讀」課程作為實驗網路教學的課程內容，期望能培養大學生在當今資訊社會中所需的媒體判讀能力，並結合網路教學的學習方式，讓學生在網路上進行各種課程，如團體討論、案例判讀分析等等互動，養成發揮創造力、批判性思考及懂得如何學習，從而汲取新知識的習慣。

「媒體識讀」主要在教導學習者如何觀看媒體、瞭解媒體、分清真實與虛幻、學習廣告與特效，以及瞭解媒體所傳達的各種訊息，如暴力、種族、性別態度等內容所造成的影響，使大學生妥善檢視自己接收訊息的行

為，並懂得批判、監督媒體，成為耳聰目明的閱聽人。

有鑑於此，「媒體識讀」這門課程建構在網路教學的環境中，藉由大學生熟悉的操作環境，再輔以多媒體教材的呈現方式，以引起學生的學習興趣，誘使學生主動學習，培養大學生處此資訊爆炸的時代如何解讀媒體的能力，在媒體內容解放的今天加強對媒體的認識。

這門課與生活息息相關，更是現今的顯學與大學基礎教育加強的重點，透過網路教學，不僅能培養學生識讀判斷的能力，更能加強他們的世界觀，奠定終身學習的能力。

三、個案規劃多媒體網路教學之整體架構

世新大學推動網路教學計畫的整體架構圖示說明如**圖**10-1。

該計畫從二○○一年至二○○五年，共分為四年逐步推動，整體構想

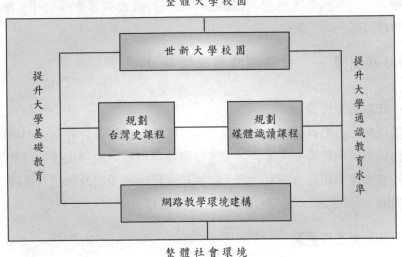

圖10-1　世新大學推動網路教學計畫之整體架構

資料來源：作者研究整理。

是以總計畫下轄三個分項計畫為基本架構，各年度進度規劃如下：

■總計畫：世新大學網路多媒體教學系統建構計畫（以台灣史與媒體識讀課程為例）

■第一年計畫工作重點：課程建置、教學環境建置

建構整體網路教學軟、硬體環境，「台灣史」與「媒體識讀」課程教材資料蒐集與內容建置，包括多媒體、影音等素材之建構。

■第二年計畫工作重點：課程實行

舉辦課程說明會與宣傳活動，開放在校學生選修，實際授課並記錄觀察實施狀況。

■第三年計畫工作重點：課程評估修改，持續執行課程

依學生上課反應與實施狀況評估修改教學計畫與教學設施。

■第四年計畫工作重點：實行修改後課程並舉辦遠距教學課程研討會

總評估四年成效，並舉辦遠距教學說明研討會並著手推廣「台灣史」與「媒體識讀」兩門課程。

（一）分項計畫一：建構網路教學環境

■第一年計畫工作重點

成立教學小組群建構網路學習環境，系統規劃組負責評估校內所需架設網路伺服器與教學平台，評估後進行購買與架設。教學支援組協助課程教師及其製作小組建置課程內容，提供相關諮詢，並與教學平台廠商合辦訓練講座，協助教師及相關人員熟悉系統及操作流程。

■第二年計畫工作重點

系統規劃組負責維護遠距教學系統運作順暢，舉辦學生講座，協助修課學生使用教學系統。教學支援組負責協調各單位有關遠距教學課程之相關課務事宜，提供授課教師相關諮詢並觀察記錄此教學系統之使用狀況各

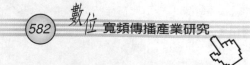

項反應。

■第三年計畫工作重點

依第二年課程施行結果，針對各需求做補強工作。

■第四年計畫工作重點

依第二年課程施行結果，針對各需求做補強工作。整合四年之實施結果，舉辦「台灣史」、「媒體識讀」課程總成果研討會，討論主題分為學術研討與執行層面兩大部分，並與慈濟大學等有意合作之學校研擬合作開課事項。

(二)分項計畫二：進行臺灣史課程網路教學規劃

■第一年計畫工作重點

蒐集、拍攝文字及影視教材，建構教學環境，完成前十五單元之教材。其中有關台灣歷史之史跡、文物、遺址將進行田野調查與攝製，並尋求與相關單位合作。

■第二年計畫工作重點

以第一年之基礎，完成後十五單元之教材製作。並將第一年所完成之前十五單元教材，進行教學實驗，由世新大學通識教育中心試行開放選修。

■第三年計畫工作重點

進行第二年完成之後十五單元之教材製作，並依課程實驗心得及學生反應，進行前十五單元之修訂，修訂容量以五單元之製作工作量估算。

■第四年計畫工作重點

進行後十五單元之修訂，一樣以五單元之製作工作量估算，完成所有教材之製作，並撰寫結案報告，配合總計畫舉辦遠距教學說明研討會及學術會議。

(三)分項計畫三：進行媒體識讀課程網路教學規劃

■第一年計畫工作重點

規劃詳細整年度課程內容，撰寫授課內容並蒐集與製作相關文字、圖片、影音等教材。

■第二年計畫工作重點

進行實際網路授課活動，評估選修學生學習狀況，並加以修改與調整課程內容。

■第三年計畫工作重點

進行實際網路授課活動，評估選修學生學習狀況，並加以修改與調整課程內容。

■第四年計畫工作重點

進行實際網路授課活動，評估選修學生學習狀況，並加以修改與調整課程內容。彙總課程活動評估結果，舉辦遠距教學研討會

整體計畫由世新大學教務長主持並統籌整體方向，同時協調各教學單位工作與資源。各分項計畫亦分別成立執行小組，分項計畫一的執行小組負責建構環境、訓練教師與整體評估，分項計畫二與分項計畫三的執行小組負責課程內容製作與授課。課程經實施與評估修改後，再與其他學校合作，開放外校學生選修或課程教材共用，以達成知識分享之目的。該計畫與世新大學校內各院系及校外之互動關係如圖10-2。

四、網路教學實施方式

規劃中的兩門課程「台灣史」、「媒體識讀」，均為世新大學通識共同選修課程，且為全學年四學分（上學期二學分，下學期二學分）的課程安排。過去，在該校教務處與通識教育中心的安排之下，皆以傳統的面對面授課方式執行，而在此一網路教學計畫推動後，可將部分的授課班級改為

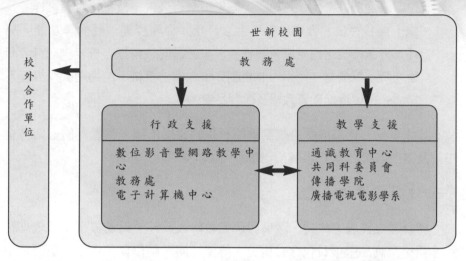

圖10-2　參與世新大學網路教學計畫之各單位互動關係

資料來源：作者研究整理。

網路教學的方式，提供學生不同於傳統教學的另類選擇。

該計畫擬定之網路教學開課方式如下：

1. 於學生選課前，開辦說明會及網路宣傳，使學生及老師瞭解網路授課方式，並提高參與意願。
2. 學生註冊、繳費方式依該校原一般生及學分班學生之規定方式辦理。
3. 老師於開學第一周，在網路及課堂上向修課學生說明非同步課程之使用方式及授課規則，並固定每月一次課堂面授，加強師生間之互動。
4. 其他課堂教授、活動及作業繳交，以非同步教學系統之教學互動為主。
5. 期中及期末考以課堂考試舉行。
6. 老師除可安排時間於課程討論區中與學生對話外，學生也可以透過討論群與同學互相學習以獲得新知。
7. 該校採購之非同步系統所提供之系統功能，力求符合高等教育主管單

位要求之項目。例如：教學部分必須包含公告、教材、討論、作業、線上自我評量、教學者對學生之評量、課程評鑑、註冊等功能。另外，考量系統之穩定度，該校要求系統需同時可以容量至少七百名同學同時上線瀏覽、使用，並規劃完整之備份系統，使遠距教學課程不需因系統環境而影響教學及學習品質。

以上準則亦作為該計畫規劃網路教學的實施依據，整體實施細則再交由總計畫所聘請之專家學者諮詢顧問小組討論。

(一)總計畫實施方式

總計畫之實施方式為，除參與研究教學人員外，另邀專家學者成立諮詢小組，諮詢小組成員包含台灣史、傳播媒體、教學科技專家，他們定期協調及監督各子計畫工作進度，並協調各子計畫之工作方向及未來規劃。

■多媒體網路教學內容呈現方式

為了使「台灣史」與「媒體識讀」兩門網路課程內容活潑化，在規劃與設計多媒體教材方面，該計畫特別設計了動畫虛擬人物，安排在課程中穿插呈現。例如：在「台灣史」課程中，以兩位名為「阿福」與「莎莎」（福爾摩莎之寓意，參見圖10-3）的動畫虛擬學生，在每一章節中以Flash動畫表現該講次的主題故事，做為上課學生瞭解每一章節主題的導引。此外，課程教材規劃小組並計劃以台灣地區重要歷史據點外景攝錄的方式製作影音教材，供教學使用。如同「台灣史」課程所設計的虛擬學生，在「媒體識讀」課程中，也設計了一位虛擬老師-「媒體博士」（Dr. Media）（參見圖10-4）在教學網頁平台（參見圖10-5）上參與教學，使修課學生能在動畫人物的活潑表現中，感受到課程設計的活潑性，並加深學習者的學習興趣。

圖10-3　世新大學遠距教學網站與虛擬人物「阿福」、
　　　　「莎莎」

資料來源：世新大學遠距教學網站。

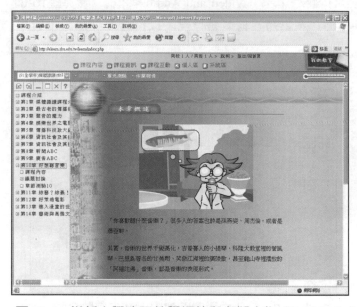

圖10-4　世新大學遠距教學網站與虛擬人物 "Dr. Media"

資料來源：世新大學遠距教學網站。

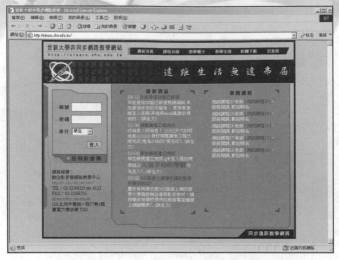

圖10-5　世新大學遠距教學網站平台

資料來源：世新大學遠距教學網站。

　　除了虛擬動畫人物加入課程表現之外，兩門課程中每一章節的教材設計，都包含有圖像、影音、Video and Audio等教材（參見圖10-6），甚至於測驗與評量亦以多媒體互動型態呈現，以符合多媒體線上教學的規劃原則。

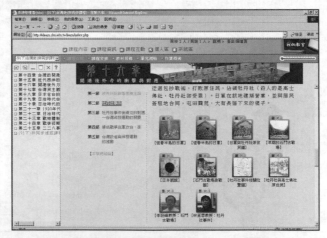

圖10-6　世新大學遠距教學網站多媒體介面

資料來源：世新大學遠距教學網站。

(二)第一分項計畫——建構網路教學環境之實施方式

■ 第一年

1.評估世新整體校園網路環境、學生上課人數（人次）與上課環境所能
負荷之伺服器、授課教師製作教材軟體與教學平台所提供的功能是否
符合教育部規定與該校實際之使用狀況等項目。

2.建構世新網路遠距教學環境。

3.成立教學輔助小組，針對授課教師與其教學製作小組開設課程製作訓
練研習講座，幫助熟悉教材網路化之方法及運用多媒體豐富教材內
容。

4.提供教師熟悉製作影音素材之器材，如攝影機等相關設備。

■ 第二年

1.開辦課程說明講習，使修課學生熟悉學習環境。

2.提供教師授課介面諮詢，以便教師熟悉教學平台操作。

3.協助處理相關課務，使得教學課務運作順暢。

4.評估系統運作效能並修正與補齊不足之處。評估方向分為兩大類：

   (1)教師教學評估：以印刷或電子問卷方式，蒐集教師使用網路教學
所遇困難，與第一年所做規劃實際實施狀況。

   (2)系統使用評估：調查系統是否能負荷上課人次並且有效率地運
作，以及本校師生實際使用狀況。

5.舉辦焦點座談，交換教學平台使用意見。

■第三年

同第二年計畫內容。

■第四年

同第二年計畫內容。並匯集所有評估報告與實施成效，舉辦綜合性研
討會。基於資源共享的目標，將依據該計劃實施成果，與其他學校商議推

動校際課程互選。

(三)第二分項計畫——台灣史網路教學實施方式

本分項計畫之實施，與分項計畫——「網路教學環境之建構研究」相互配合，由本分項計劃蒐集資料、編寫教材、實施教學活動，將文字與影視資料成果製作成網路教學及遠距教學。其實施方式如下：

■規劃教學活動，並錄製成電子檔：

該計畫設計是以台灣史一學年之教材份量規劃，總計三十單元，上下學期各十五單元。每一單元均有主題，事先編寫教材，配合影視資料的方式進行歷史背景介紹。每一單元亦設計有相關討論問題，由主持人向邀約之相關者訪問（每一單元邀約三位以上學者出席，所有出席者均為本子計畫之諮詢顧問），所有教學過程均錄製成影音資料存檔。

■建立影視資料庫

所有教學過程（包括學者討論），將就其顯現之相關專有名詞，建立文字及影視資料庫，供進一步學習及教學使用。該資料庫包括文字說明、圖片顯示兩部分，本分項計畫將完成文字檔及圖片檔，以供將來製作成網路教學教材使用。

■編製歷史地圖，並做田野考察

為使教學顯現空間與時間結合的效果，每一單元將製作歷史地圖，讓學習者可以將歷史事件與目前的生活環境結合，避免使教育與環境疏離，強化對自身土地的認同。製作歷史地圖與建立資料互相配合，依地圖所顯現的歷史遺址及景點，前往拍攝影片資料。

■編輯並出版教材及相關補充教材

所有三十單元課程活動、資料庫及歷史地圖均將製成文字及圖片教材，除進一步可設計成網路教學之用外，亦可供傳統教學使用。

■試辦教學實驗

該計畫之三十教學單元與教材，均有一年的實驗期，由該校學生選修實驗，另有一年時間修正。

■舉辦教學研討會及學術會議

總計畫於第四年完成，完成後舉辦教學研討會及學術會議。

■籌設台灣影視史料研究室

所有本分項計畫購買之圖書、攝製編輯之圖片、教材資料，可考慮成立「台灣影視史料研究室」，長期與相關學術單位協同研究，例如：中央圖書館台灣分館、中研院台史所、國史館、中國國民黨黨史會、吳三連台灣史料基金會、二二八紀念館，以及中國歷史學會、中國近代史學會、台灣歷史學會等，均可長期合作，並做為民間台灣史研究及大學院校台灣史教學的支援單位。

（四）第三分項計畫——媒體識讀網路教學實施方式

該計畫擬結合公益性社會團體，如「媒體觀察基金會」、「媒體識讀推廣中心」，共同開辦媒體識讀教育遠距教學。期望該計畫課程與「媒體識讀推廣中心」的結合，可協助培訓國小校園教師，做為媒體識讀網上資訊最快速、最豐富的訊息交流中心，不僅提供課程和最新訊息以協助教師製作教案，更可以提供學生上網與老師互動，進而達到全民教育的目的。其課程實施方式如下：

1. 週數：該計畫課程分為上下兩學期各十八週實施，扣除期中與期末考週，每學期正式上課週數為十六週，每週兩小時。

2. 課程內容與進度：「媒體識讀」課程，目的在養成閱聽人認識傳播媒體、解讀媒體訊息，進而擁有創作、傳遞個人訊息的能力，甚至能夠起身抗拒損及社會公益的媒介表現。循此，該課程內容上學期著重於介紹傳統大眾媒介與新傳播科技、主要的通俗媒介文本和對立面的精緻與傳統藝術，最後縮小討論範圍，聚焦在本土的傳媒歷史流變。下

學期，則深入探討（主流的）傳媒運作與表現，和有別於主流傳播，但具備相輔相成之效的另類媒體與訊息內容。最後，配合閱聽人可能或可以採取的解讀策略，以及各種相對積極的因應抵制之道，以維護自身權利、保障社會公益。

第五節　結論

「網路多媒體」教學的意涵不僅是運用網路科技於教學之中，同時它也涵蓋了規劃多媒體化的教學內容，此種教學方式，誠如本章前文所強調的，並非用來取代傳統教學，而是提供另一種教學型態的選擇。網路教學可讓遭遇時間、空間障礙的學習者，得以透過此一教學型態，達成學習的目的。

從文獻資料中發現，網路教學是未來不可避免的趨勢，再者運用多媒體化的教學內容能讓學習者更有學習成效。網路科技經過多年的發展與演進，所使用的教學平台已趨向人性化、互動化與活潑化，因此教育工作者在規劃網路課程與教材時，可運用的空間越來越大，也期待不同學門、不同領域的課程都能參與，以豐富網路教學的內容。

在通識教育課程方面，高等教育更應注重人文、社會、科技三大領域知識均衡發展，完成全人教育之理念。同時，教育應智能與情感教育並重，使知識訓練與道德陶冶和諧發展，以培養身心平衡具開闊視野之大學生，促成有特色校園文化之產生。由於大學教育的發展趨勢逐漸步向通識化，教育工作者在規劃網路課程之際，以通識課程為優先考量亦為順應趨勢之舉。

是故，個案（世新大學）規劃、執行中的兩門網路教學課程──「台灣史」與「媒體識讀」，目的是以提升大學基礎教育，培養通識智能為主要之考量，而且該二門課程皆為當今社會所注目之顯學，有必要列為網路教學的發展重點。由於，該校以往在通識課程中，即規劃相當多有關台灣史的教學課程，除主要課程「台灣史」之外，另開設有台灣變遷系列課程，分

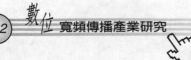

別包括台灣的政治變遷、社會變遷、文化變遷、經濟變遷、台灣人與台灣意識、台灣文學等課程，因此具有豐富的台灣史課程設計與教學經驗。此外，「媒體識讀」為該校具有悠久歷史傳統的課程，有關傳播領域之教學、師資與研究經驗良好，足以發展網路課程。

綜觀本研究個案規劃多媒體網路教學的過程與經驗，研究者認為，個案成功地將網路教學應用於「台灣史」與「媒體識讀」課程上，其關鍵因素在於克服了三個面向：行政支援、基礎建設與教學者態度。這三個關鍵因素也供後續有意執行網路教學規劃的參考

該項網路多媒體課程教學之規劃，結合傳播、歷史領域之專業師資群，加上完整的資料蒐集與內容製作，集各方菁萃所呈現之教材，可提供予其他同質性課程之教學設計參考。

參考文獻

文志超、陳侯君、陳景章，1997，〈應用ATM網路實現遠距教學〉，《遠距教育》，頁29-33。

王文科，1993，《教育研究法》，台北：五南。

王鴻龍等，1998，〈台灣地區網際網路使用人口調查〉。http://icm.cm.nsysu.edu.tw/yang/WK4-9.HTM

田耐青，1997，〈運用教學科技經營兒童的多元智慧〉，台北：邁向二十一世紀教學科技國際學術研討會。

朱則剛，2000，《教育傳播與科技》，台北：師大書苑。

行政院經濟建設委員會，2000，《知識經濟發展方案》，台北：行政院經濟建設委員會。

洪明洲，1997，〈網路技術在企管個案教學構建創造學習環境的應用〉，台北：邁向二十一世紀教學科技國際學術研討會。

洪明洲，1999a，〈網路教學課程設計對學習成效的影響研究〉，《遠距教學系統化教材設計國際研討會論文集》。

洪明洲，1999b，《網路教學Teaching on Internet》，台北：華彩軟體。

梁朝雲，2000，〈虛擬大學的媒體服務體系〉，虛擬大學之組織與管理國際研討會。

陳年興，1997，〈以網際網路為基礎之學習環境〉，《電腦學刊》，第9卷第2期，頁16-32。

陳年興、石岳峻，2000，〈網路大學教學管理系統之探討〉，虛擬大學之組織與管理國際研討會。

陳年興、曾建翰，1997，〈全球資訊網上Web Title之製作〉，《遠距教育》，1997年2月，頁12-21。

創市際市場研究顧問公司，2003，《台灣網路生活型態報告》，台北：創市際市場研究顧問公司。

趙正平，1997，《多媒體系統及應用》，台北：五南。

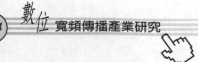

趙美聲、陳姚眞編譯（Michael G. Moore & Greg Kearsley原著），1999，
《遠距教育—系統觀》（Distance Education—A Systems View），台北：
松崗。

Alexander, Shirley, 2000. "Managing the Appropriate Use of Communication
and Technologies in the Virtual University", 虛擬大學之組織與管理國際
研討會.

Etzioni, Oren, 1996. "The World-Wide Web: Quagmire or Gold Mine?"
Communications of the ACM 39, November: 65-68.

Moore, Michael G., 2000. "Technology-Driven Change: Where Does it Leave
the Faculty", *The American Journal of Distance Education.* Vol.14 No.1.

Tsai, Niann Chung ,1993. *A Strategic Plan for Nontraditional, off-campus,*
Bachelor's Degree-completion Programs at the World College of Journalism
& Communications. Unpublished Dissertation, Nova University: Fort
Louderdale, FL.

William W. Lee, Diana L. Owens., 2003. *Multimedia-based instructional Design:*
Computer-based Training, Web-based Training, and Distance Learning. NY:
John Wiley & Sons.

電訊傳播 1

數位寬頻傳播產業研究

作　　者／蔡念中
出 版 者／揚智文化事業股份有限公司
發 行 人／葉忠賢
登 記 證／局版北市業字第 1117 號
地　　址／台北市新生南路三段 88 號 5 樓之 6
電　　話／(02)2366-0309
傳　　真／(02)2366-0310
網　　址／http://www.ycrc.com.tw
　E-mail ／yangchih@ycrc.com.tw
郵撥帳號／19735365
戶　　名／葉忠賢
法律顧問／北辰著作權事務所　蕭雄淋律師
印　　刷／鼎易印刷事業股份有限公司
　ISBN　／957-818-561-8
初版一刷／2003 年 11 月
定　　價／新台幣 600 元

國家圖書館出版品預行編目資料

數位寬頻傳播產業研究 = The studies of
digital broadband communication industry
/蔡念中著. -- 初版. -- 臺北市：揚智文
化, 2003[民 92]
　　面；　公分. -- （電訊傳播；1）
含參考書目
ISBN　957-818-561-8（平裝）

1. 大眾傳播業　2. 寬頻網路

541.83　　　　　　　　　　92016133